KBO 스카우팅 리포트

2026 프로야구 퍼펙트 가이드

2026 프로야구 퍼펙트가이드

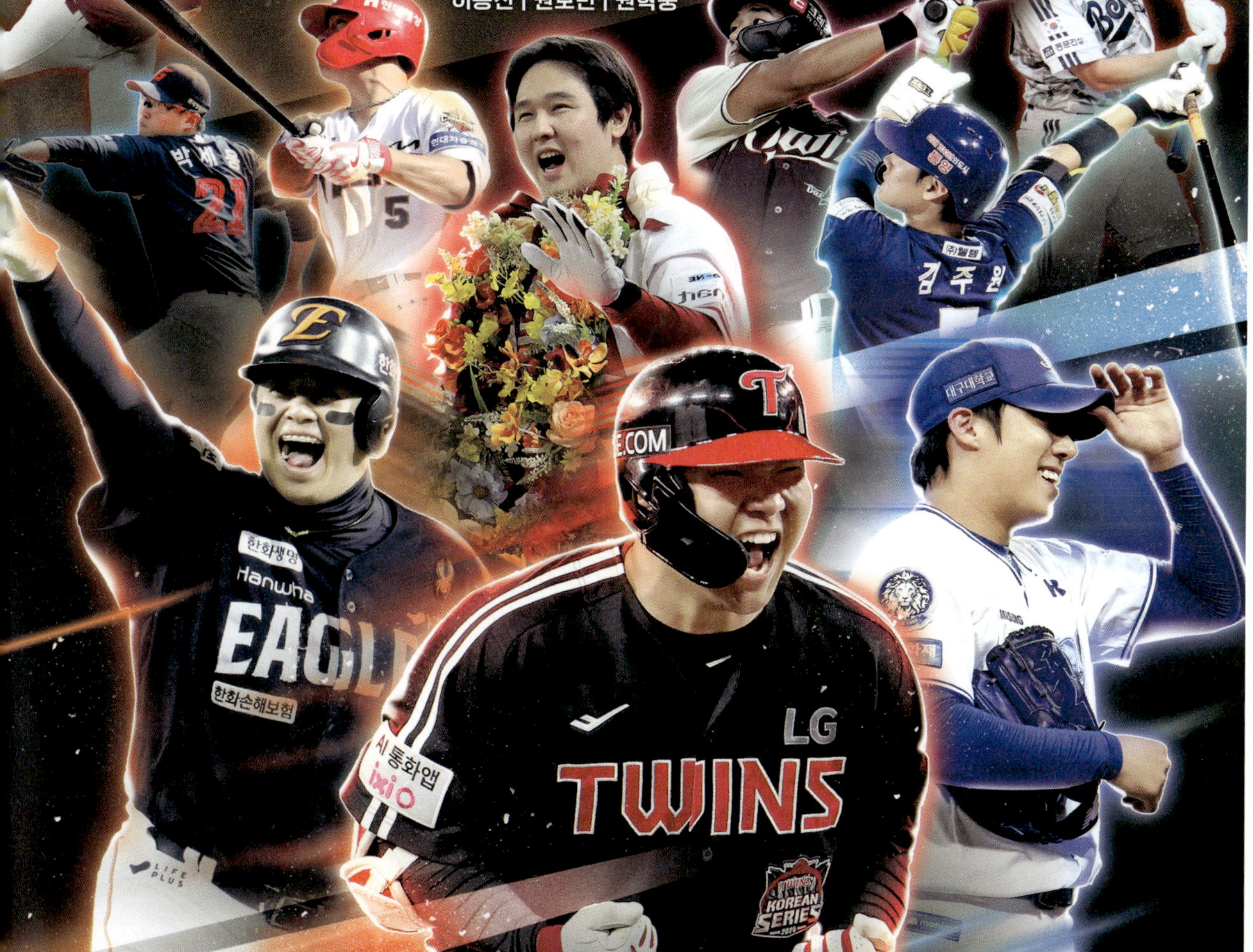

야구 알 수 없다? 데이터는 말한다!

나만의 승부 예측과 순위 전망 · 프로야구 100배 즐기기 가이드북

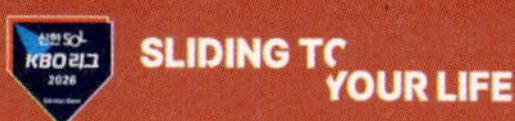

야구 용어 총정리

이것만 알면 당신도 야알못 탈출!
높을수록 좋은 것은 (Up), 낮을수록 좋은 것은 (Down)으로 표기.

1. 타격지표: 공격의 기록

기초 기록

- 경기수(G): 경기에 출장한 횟수. 선수의 성실함과 내구성 의미. (Up)
- 타석(PA): 타자가 타석에 들어선 총 횟수.
- 타수(AB): 타석에서 볼넷, 사구, 희생플라이 등을 제외한 수치. 타율 계산의 기준.
- 안타(H): 타자가 공을 쳐서 베이스에 나간 횟수. (Up)
- 홈런(HR): 담장을 넘기는 야구 최고의 타격. (Up)
- 득점(R): 주자가 홈을 밟아 점수를 올린 횟수. (Up)
- 타점(RBI): 타격으로 주자를 홈으로 불러들인 점수. (Up)
- 도루(SB): 발과 센스로 베이스를 훔친 횟수. (Up)
- 볼넷(BB): 볼 4개를 골라 출루한 횟수. (Up)
- 사구(HBP): 공에 몸을 맞아 출루한 횟수.
- 삼진(SO): 스트라이크 3개로 아웃된 횟수. (Down)
- 병살타 (GDP): 좋지 못한 타구로 타자와 주자가 동시에 아웃. (Down)

비율 및 세부 지표

- 타율(AVG): 타수가 안타를 칠 확률. (Up)
- 출루율(OBP): 어떤 방식으로든 베이스에 나간 비율. (Up)
- 장타율(SLG): 타율에 2루타, 홈런 등의 가중치를 더한 수치. (Up)
- OPS: 출루율 + 장타율. 타자의 종합적인 생산성 지표. (Up)
- 순출루율(IsoD): 출루율 - 타율. 선수의 순수한 선구안. (Up)
- 순장타율 (IsoP): 장타율 - 타율. 선수의 순수한 파워. (Up)

- wRC+: 리그 평균 대비 득점 창출력. 100이 평균. (Up)
- WAR: 대체 선수 대비 승리 기여도. 선수의 총체적 가치. (Up)
- WPA: 승리 확률 기여도. 결정적인 순간의 활약상. (Up)

2. 투수지표: 마운드의 기록

기초 기록

- 경기수(G): 등판한 총 경기 횟수.
- 이닝(IP): 투수가 책임진 경기 분량. 아웃카운트 3개당 1이닝. (Up)
- 승(W) / 패(L): 승리 투수와 패전 투수가 된 횟수.
- 승률(WPCT): 승리 / (승리 + 패배) 비율. (Up)
- 홀드(HLD): 리드를 지키고 물러난 중간 계투의 성적. (Up)
- 세이브(SV): 경기 승리를 지켜낸 마무리 투수의 성적. (Up)
- 탈삼진(SO): 타자를 삼진으로 돌려세운 횟수. (Up)
- 투구수(NP): 한 경기에서 던진 총 공의 개수.
- 피안타(H) / 피홈런(HR): 상대에게 허용한 안타와 홈런 수. (Down)
- 볼넷(BB) / 사구(HBP): 상대에게 허용한 사사구 횟수. (Down)
- 실점(R): 내준 모든 점수. (Down)
- 자책점(ER): 수비 실책을 제외하고 투수 본인이 내준 점수. (Down)

비율 및 심화 지표

- 평균자책점(ERA): 9이닝당 내준 자책점. 낮을수록 우수. (Down)
- 피안타율(AVG): 상대 타자에게 안타를 내준 확률. (Down)
- WHIP: 이닝당 출루 허용수. 투수의 안정감 지표. (Down)
- K/9: 9이닝당 평균 탈삼진 개수. 투수의 구위 지표. (Up)
- BB/9: 9이닝당 평균 볼넷 허용 개수. 투수의 제구력 지표. (Down)

- QS(퀄리티 스타트): 선발이 6이닝 이상 3자책 이하로 막은 경기. 투수의 꾸준함 지표. (Up)
- FIP: 수비 도움을 제외한 투수 본인의 힘만 계산한 방어율. (Down)
- WAR: 대체 선수 대비 승리 기여도. 선수의 총체적 가치. (Up)
- WPA: 승리 확률 기여도. 결정적인 순간의 활약상. (Up)

3. 구종의 이해: 투수의 무기

- 포심: 가장 빠르고 정직한 기본구.
- 투심/싱커: 마지막에 살짝 가라앉아 땅볼 유도.
- 커터: 포심처럼 오다 끝에서 날카롭게 꺾이는 공.
- 슬라이더: 옆으로 빠르게 휘며 헛스윙 유도.
- 스위퍼: 슬라이더보다 훨씬 크게 옆으로 쓸어버리듯 휘는 구종. 최신 트렌드!
- 커브: 큰 포물선을 그리며 위에서 아래로 뚝 떨어짐.
- 포크볼/스플리터: 직구 궤적으로 오다 수직으로 낙하하며 헛스윙 유도.
- 체인지업: 직구와 같은 폼이지만 느린 속도로 타이밍을 뺏음.
- 너클볼: 회전이 거의 없어 불규칙하게 흔들리며 날아가는 마구.

4. 현대 야구 및 경기 용어: 기술과 운영

- 컨트롤: 공을 스트라이크 존 안으로 던지는 능력.
- 커맨드: 존 안에서도 원하는 지점에 정확히 꽂는 능력. 컨트롤 이상의 정교함 필요.
- 타구 속도: 배트에 맞고 나가는 공의 속도. 빠를수록 위력적.
- 발사각(발사각도): 타구가 배트에 맞고 나가는 각도. 25~35도가 홈런과 좋은 타구를 위한 최적의 각도.
- 배럴 타구: 타구 속도와 발사각도의 조합이 최상인 타구. 안타나 홈런이 될 확률이 매우 높다. (Up)
- 라인 드라이브: 직선으로 날카롭게 뻗는 타구. 안타 확률 가장 높음. (Up)

- 뜬공(FB): 공중으로 뜬 타구. 뜬공 투수는 외야 수비가 좋은 팀에 유리.
- 땅볼(GB): 바닥을 구르는 타구. 땅볼 투수는 내야 수비가 좋은 팀에 유리.
- 스프레이 히트: 타구를 구장 전역으로 골고루 보내는 타격 능력.
- 회전수(RPM): 공의 분당 회전수. 보통 높을수록 구위가 좋음.
- 익스텐션: 투수가 공을 놓는 지점과 홈의 거리. 길수록 체감 구속 상승.
- 피칭 디자인: 투수가 타자를 이겨내기 위해 설계한 투구 전략.
- 피치 터널: 다른 구종 간 투구 궤적의 일치성.
- 수직/수평 무브먼트: 공이 위아래나 옆으로 휘거나 변하는 정도.

⚾ 운영 및 규칙

- 완투(CG): 선발 투수가 경기 종료 시까지 혼자 책임지고 던지는 것. (Up)
- 완봉(SHO): 완투를 하면서 상대 팀에게 단 1점도 내주지 않고 승리하는 것. (Up)
- ABS: '로봇 심판'. 자동 투구 판정 시스템으로 공정성 확보.
- DER(수비 효율): 팀 수비력을 평가하는 가장 직관적인 지표. (Up)
- 인필드 플라이: 주자가 있을 때 내야 뜬공 시, 야수가 잡지 않아도 타자를 즉시 아웃시키는 규칙.
- 본헤드 플레이: 판단 착오로 저지르는 어처구니없는 실수. (Down)
- 클러치 히터: 찬스에 유독 강한 타자. 승부처에서 해결사 역할을 함.

KBO 리그 경기를
즐기는 가장 쉬운 방법, **ruta**

경기 전부터 경기 후까지 내 팀 중심으로 알아서 보여줘요

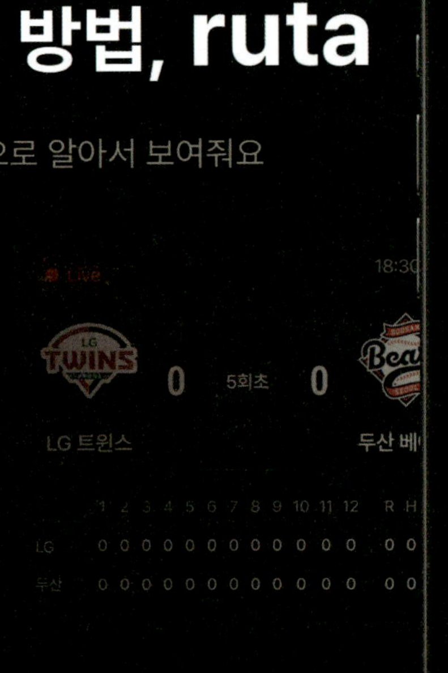

SOLUTION

복잡함은 걷어내고,
꼭 필요한 정보만 내팀 중심으로모았어요.

경기 상태에 맞게	놓치지 않도록	나만을 위한
자동으로 바뀌는 화면	**핵심 정보만**	**개인화 경험**

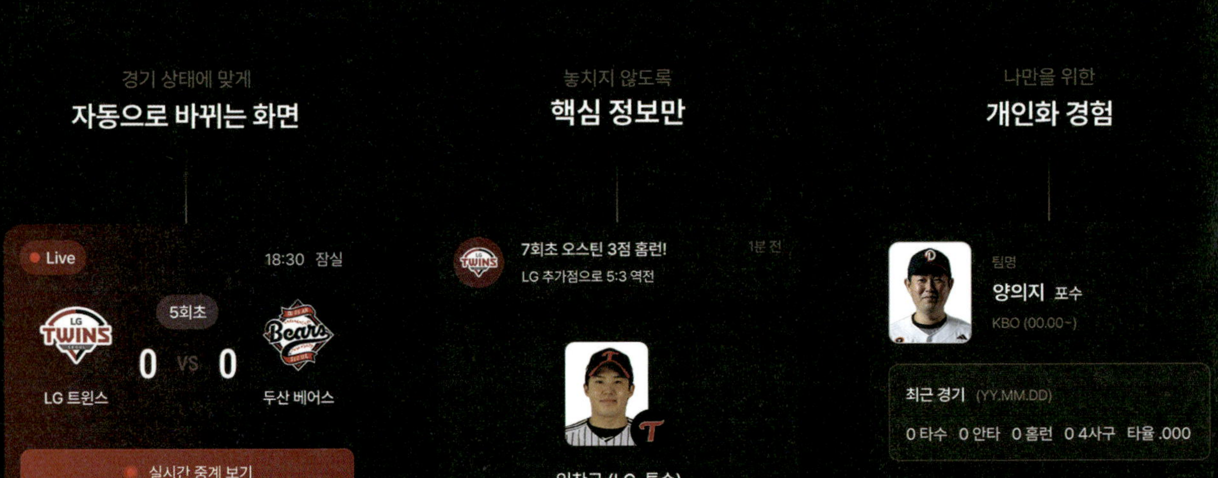

핵심기능

실시간 경기
경기 전·중·후 필요한 정보가 알아서 구성되고,
득점과 주요 장면을 바로 확인해요

선수 & 팀 데이터
시즌 기록부터 주요 스탯까지,
선수와 팀의 모든 기록을 한 곳에서 봐요

개인화 알림
응원하는 팀·선수 기준으로 알림을 설정하면,
경기 시작부터 결과까지 놓치지 않아요

경기 흐름 요약
승부의 흐름을 바꾼 장면만 골라서,
복잡한 기록 없이 핵심만 전달해요

앱 미리보기

ruta 지금 바로 시작해요

Contests

PART 1 Scouting Report

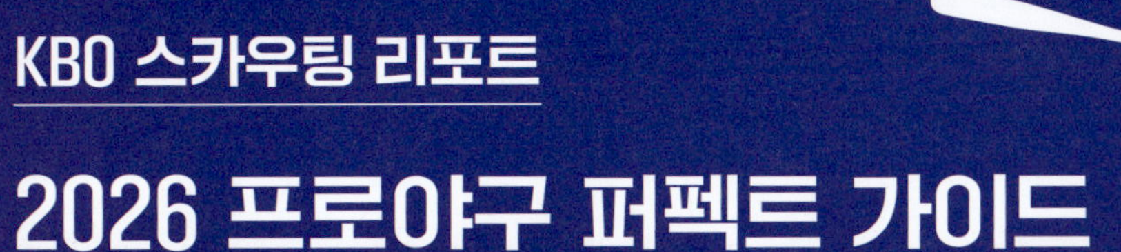

KBO 스카우팅 리포트
2026 프로야구 퍼펙트 가이드

LG 트윈스

창단연도	1982년
연고지	서울특별시
홈구장	서울종합운동장 야구장
한국시리즈 우승	1990, 1994, 2023, 2025
야구철학	신바람 야구
구단연혁	MBC 청룡(1982~1989) LG 트윈스(1990~)

2025 시즌 리뷰

2024년의 좌절을 교훈삼아 2025시즌을 앞두고 KIA 장현식, 두산 김강률을 영입하며 불펜을 보강했다. 이름값에 얽매이지 않는 합리적인 행보와 기본 전력의 완성도가 더해져 강력한 우승 후보로 꼽혔다. 실제로 시즌 초반은 그야말로 압도적이었다. 개막 후 22경기 최고 승률(18승 4패)을 기록하면서 KBO 역대 최고 승률도 가능하다는 전망까지 나왔다.

그러나 4월 15일 외국인 투수 에르난데스의 부상 후, 3연속 루징시리즈로 2위와 1.5게임 차까지 좁혀졌다. 장현식과 김강률이 부상으로 이탈했으며, 에이스급 리드오프인 홍창기가 무릎 인대 손상으로 시즌아웃, 6월에는 기어이 9승 1무 12패에 그치며 한화에게 1위를 빼앗겼다.

그러나 올스타 브레이크 시점, LG는 승부수 대신 휴식이라는 정석을 택했다. 선발진에 휴식을 부여하고 불펜을 철저히 이원화한 운영이 후반기 반등을 이끌었다. 7월 이후 1위 한화를 2게임 차까지 추격, 8월에는 무려 18승 6패로 쾌속 질주하며 1위를 재탈환했고, 이후 뒷심을 잃지 않으며 정규리그 1위를 확정지었다.

한국시리즈에서도 선발들이 단단히 버텨주고, 타선이 폭발하며 4승 1패로 통합 우승에 성공했다. 2025년은 대성공 그 자체였다. 암흑기의 기억을 완전히 떨쳐내고 왕조를 향한 도전이 꿈이 아님을 보여주었다.

과거의 약팀은 잊어라. 이제 LG 트윈스의 시대다.

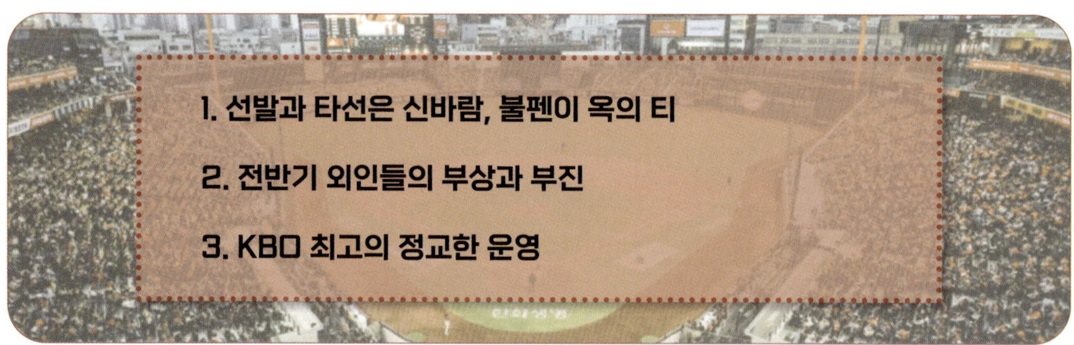

🥎 최근 10년간 팀 순위 (4-6-8-4-4-4-3-1-3-1)

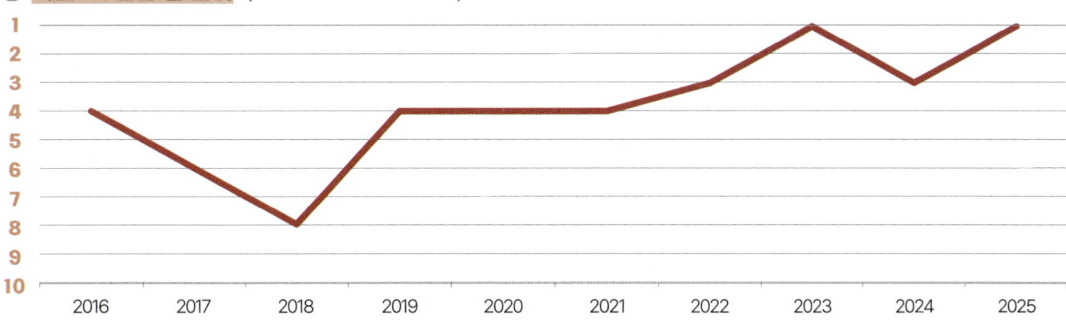

팀 공격력

팀 타율 0.278
팀 출루율 0.361
팀 장타율 0.409
팀 OPS 0.770

팀 마운드

팀 방어 3.79
팀 피안타율 0.254
팀 WHIP 1.35
팀 탈삼진 1080

팀 수비

팀 실책 92
팀 도루 저지율 0.195%

🥎 팀 최애 선수 (유니폼 마킹순)

1. 임찬규

2. 홍창기

3. 박해민

2025 승리의 알고리즘

🥎 팀 WAR

	타자 WAR	투수 WAR	수비효율 (DER)
리그	22.5	14.57	0.679
LG	34.8	21.59	0.686
순위	1	3	4

🥎 구장 특징

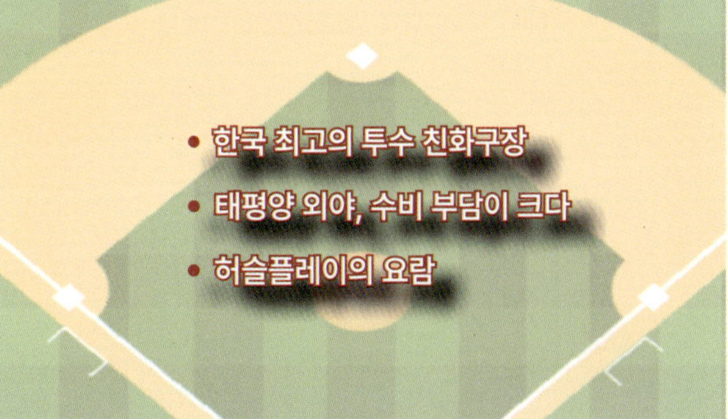

⚾ 투수진

	톨허스트
	치리노스
선발투수	임찬규
	손주영
	송승기
	김진성
필승조	김영우
	장현식
마무리	유영찬

⚾ Plan B

포수	이주헌, 김준태
1루수	천성호, 이영빈
2루수	구본혁, 천성호
3루수	구본혁, 천성호
유격수	구본혁, 이영빈
좌익수	이재원, 최원영, 송찬의
중견수	최원영
우익수	문성주, 이재원, 천성호
지명타자	문성주
대체선발	웰스, 김윤식, 이민호

스토브리그 성적표 & 운명의 갈림길

 스토브리그 성적표

B

 2026 시즌 예상 순위

1

IN) 주요 선수 영입

1. 웰스(아시아쿼터)
2. 이재원(상무 전역)
3. 김윤식(사회복무요원 전역)
4. 이민호(군 전역)

아시안쿼터 최고의 자원 중 하나였던 웰스를 영입했고, 박해민 잔류에 성공했다. 하지만 핵심 전력 김현수의 이탈을 막지 못했다.

OUT) 주요 선수 이탈

1. 김현수(FA 계약)
2. 김범석(군 입대)
3. 박관우(상무 입대)
4. 박명근(상무 입대)

기존 전력이 워낙 강력하고, 거기에 경쟁팀들의 전력 손실까지 있었다. 이변이 없는 한 1위를 예상한다.

BEST CASE_SCENARIO

① WBC를 경험한 선수들이 대폭 스텝업.
② 장현식, 함덕주 등 필승조들의 부활.
③ 문보경, 오지환이 기복 없이 시즌 내내 고른 활약.
④ 2위와 압도적인 경기 차로 정규리그 1위.
⑤ 한국시리즈 4대 0 셧아웃, 왕조 선언.

WORST CASE_SCENARIO

① WBC에 차출된 선수들이 과부하로 부상 및 부진.
② 대체선발 자원들도 고전.
③ 불펜의 여전한 부진.
④ 타선의 힘으로 가을야구에 진출하지만 광속 탈락.
⑤ 두산베어스의 잠실 우승 세리머니 직관.

 ### 대체 불가 자원 TOP 3

TOP 1: 문보경
LG가 자랑하는 최고의 클러치히터 강타자. 그 공백은 너무나 클 것.

TOP 2: 오스틴
잠실 30홈런 거포의 이탈은 경기를 뒤집을 원동력의 상실을 의미한다.

TOP 3: 김진성
현 시점 LG 불펜의 핵심. 노쇠화나 부상 이탈 시 불펜 붕괴 도미노 효과 가능

 ### 우승을 위해 반드시 이겨야 할 팀 TOP 3

1) 삼성
무서운 타격을 자랑하는 강팀. 가을에는 더 강해져서 요주의!

2) 한화
타이브레이크까지 몰릴 뻔했던 호적수. 일찌감치 따돌려야 뒤탈이 없다.

3) 키움
중요한 분기점마다 발목을 잡았던 상대. 올 시즌은 달라야 한다.

 ### 입문자를 위한 핵심 포인트 TOP 3

1) 엘린이에서 유광잠바까지. 세대를 잇는 압도적인 팬덤 보유

2) 원년부터 서울을 연고지로 사용한 전국구 인기팀.

3) 분업화와 육성 시스템으로 어느덧 왕조 건설까지 눈앞.

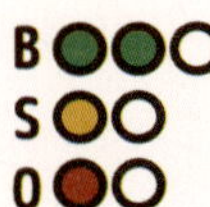

염경엽, 승리를 향한 질주, 독점의 함정을 경계하라

Character

2025시즌 정규시즌 1위와 한국시리즈 우승에 동시에 성공하며 2024시즌의 아쉬움을 털어냈다. 현미경으로 매뉴얼을 들여다보는 듯한 세밀한 야구의 추구는 여전하다. 그러나 전보다는 부담으로 인한 경직이 덜하고, 그것이 긍정적인 시너지를 끌어내고 있다.

Strength

어떤 의미로건 책임감이 강하고, 그것이 특유의 집요한 야구로 나타난다. 상대의 허점을 파고드는 기동력 야구와 철저한 분석에 기반한 팀 운영은 장기 레이스에서 기복 없이 승수를 쌓는 가장 효율적인 무기가 된다. KBO에서 가장 분업화가 잘된 LG 구단의 특성과 결합하면서 만기친람의 유혹에서도 많이 벗어난 모습이다.

Weakness

승리에 대한 강박이 벤치의 과부하를 부른다. 모든 상황을 감독이 통제하려는 '독점의 함정'은 특정 불펜 투수의 혹사와 야수들의 전술적 피로도로 직결된다. 변수를 지우려는 노력이 피로도라는 더 큰 변수를 낳는 악순환을 끊어야 한다.

문보경 2

LG TWINS

내야수 (우투좌타)

Basic info

생년월일	2000년 7월 19일
신장/체중	182cm/88kg
연봉	4억 8,000만 원
출신학교	송중초(동대문구리틀)-덕수중-신일고

Narrative 지독했던 LG의 3루수 잔혹사를 단숨에 종결시킨 주인공이다. 데뷔 4년 차인 2022년부터 잠재력을 폭발시키며 매년 OPS 8할 이상, 20홈런을 생산하는 완성형 프랜차이즈 스타로 우뚝 섰다. 그의 등장은 LG가 암흑기를 끝내고 3년간 두 번의 한국시리즈 우승을 거머쥐며 새로운 왕조 건설을 노리는 결정적인 기폭제가 되었다.

Ceiling 잠실을 홈으로 쓰면서도 매년 20홈런 이상을 보장하는 파워와 정교한 레벨 스윙을 겸비했다. 리그 최고 수준의 선구을 바탕으로 질 좋은 라인드라이브 타구를 양산하며, 공수주 모두에서 리그 평균 이상의 안정감을 보여준다. 특히 큰 경기에 강해 2025년 한국시리즈와 WBC에서 결정적인 맹타를 휘둘렀다.

Variable 가장 큰 숙제는 시즌 중 나타나는 극심한 기복이다. 2025년에도 준수한 성적을 냈으나 후반기 부진으로 2군을 다녀오는 등 컨디션 조절에 어려움을 겪었다. 이러한 업앤다운만 줄일 수 있다면 향후 10년 LG의 핫코너를 책임질 자원이 될 자질이 충분하다. 이제 가을의 강자를 넘어 시즌 내내 마운드를 압도하는 '상수'가 되어야 한다.

Tier 1 Detailed Stats Grid

타율 0.276	경기수 141	타석 607	타수 515	득점 91
안타 142	2루타 21	3루타 1	홈런 24	루타 237
타점 108	도루 3	볼넷 79	삼진 108	병살타 15
출루율 0.371	장타율 0.46	OPS 0.831	WAR 4.67	WPA 0.39

Tier 2

[Core Stats]	[Wish List]
잠실 15홈런 (리그 1위)	3할 타율 회복
잠실 65타점 (리그 1위)	25홈런 달성
79볼넷 (리그 1위)	기복 줄이기

Tracking Data

평균 타구속도(km)
140.4

평균발사각(°)
16.5

Hitting Data

타구분포 (%)	
Left	30.5
Center	27.2
Right	42.3

핫/콜드존

0.292	0.300	0.172
0.327	0.444	0.414
0.433	0.281	0.229

왕조를 정조준하는 잠실의 성골 3루수

임찬규  1

투수 (우투우타)

Basic info

생년월일	1992년 11월 20일
신장/체중	185cm/80kg
연봉	2억 원
출신학교	가동초-청원중-휘문고

Legacy 그처럼 투수가 겪어야 할 모든 고난을 다 겪은 경우도 드물다. 자신의 특성을 살리면서 한계를 극복한 좋은 사례다. 빠른 공이 강점인 투수들은 구속을 잃으면 멘탈도 같이 무너지는 경우가 많지만 임찬규는 이를 이겨낸 특별한 케이스다. 다만 극복의 서사는 그만큼 정교한 관리를 요한다. 2025시즌에도 전반기와 후반기 차이가 적지 않았다. 한번 자리잡은 스타일을 계속 끌고 나가려면 관리가 중요하다.

Standard 2025시즌 기준으로 최고 구속이 144km에 그쳤지만 커리어 하이를 기록했다. 체력이나 빠른 공의 위력보다는 변화구 조합 등 피칭 디자인에 집중한 덕분이었다. 자기 스타일을 재설계하며 LG의 전력 분석과 잠실의 이점을 영리하게 활용한 결과다. 2025시즌 27경기 160.1이닝으로 11승, 시즌 초반 완봉승을 기록하는 등, 이닝 소화력도 많이 올라왔다.

Horizon 장점을 유지해야 할 때다. 자신이 완성한 피칭 디자인에 집중한다면 무난히 2025시즌의 커리어 하이를 이어갈 확률이 높다. 계산이 되는 국내 선발인 점도 임찬규의 가치를 고평가하게 하는 부분. 불의의 변수가 아니라면 2026년도 기대할 만하다.

Tier 1 Detailed Stats Grid

평균자책점 3.03	경기수 27	승리 11	패배 7	홀드 0
세이브 0	이닝 160.1	탈삼진 107	볼넷 40	승률 0.611
피안타 163	피홈런 9	실점 61	자책점 54	피안타율 0.265
투구수 2490	QS 15	WHIP 1.27	WAR 3.82	WPA 3.80

Tier 2

[Core Stats]	[Wish List]
160.1이닝 (국내 4위)	통산 100승
QS 15회 (국내 4위)	포스트시즌 활약
BB/9 2.25 (국내 4위)	시즌 풀타임 완주

Pitch Repertoire (구종별 데이터)

구종(Type)	구사비율(Usage %)	평균 구속(Avg, km)	최고 구속(Max, km)	피안타율(BAA)
직구	직구	138.4	144.2	0.322
슬라이더	커브	109	120.5	0.244
체인지업	체인지업	125.3	133	0.23
투심	슬라이더	130.3	135.8	0.242
커브	커터	130.8	134.1	0.25

극복의 에이스, 피칭 아티스트의 길을 향하여

오지환 10

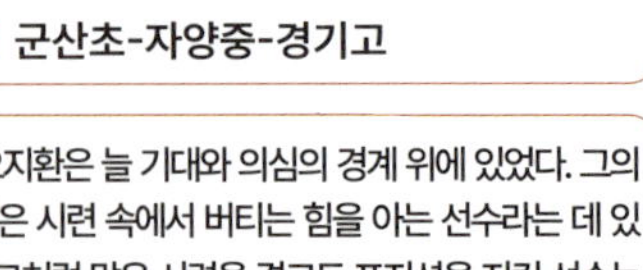

내야수 (우투좌타)

Basic info

생년월일	1990년 3월 12일
신장/체중	185cm/80kg
연봉	14억 원
출신학교	군산초-자양중-경기고

Legacy 오지환은 늘 기대와 의심의 경계 위에 있었다. 그의 진가는 수많은 시련 속에서 버티는 힘을 아는 선수라는 데 있다. LG에서 그처럼 많은 시련을 겪고도 포지션을 지킨 선수는 없다. 현재의 오지환은 증명의 상징이다. 2025년에도 전반기 부진을 딛고 후반기 공수 양면의 안정적인 활약으로 팀을 이끌었다. 흔들릴지언정 무너지지 않는다.

Standard 오지환은 팀 내야의 기준으로 작용한다. LG 내야 수비의 안정성은 오지환의 위치 선정과 판단을 중심으로 설계될 수밖에 없다. 공격 측면에서도 출루와 상황 대응을 통해 LG 타선 화력 폭발의 시발점이 된다. 가장 어려운 포지션을 가장 오래 소화한 선수로서 젊은 선수들의 목표 기준이기도 하다. 신인들에게 그 이상으로 LG 팀 문화의 교과서 역할을 할 수 있는 선수는 아직 팀 내에 보이지 않는다.

Horizon 2026년 키워드는 유지와 전환이다. 오지환 개인을 넘어 LG의 향후 10년을 좌우할 부분이다. 언제까지나 그가 주전일 수는 없고, 키워야 할 신인이 있다. 다음 세대로 전환하는 과정에서 완충과 기준점 역할을 수행해야 한다. 팀이 필요로 하는 역할에 최선일 때, 팀은 왕조의 여명으로, 그의 발걸음은 레전드의 발자취로 재탄생한다.

Tier 1 Detailed Stats Grid

타율 0.253	경기수 127	타석 472	타수 419	득점 57
안타 106	2루타 24	3루타 1	홈런 16	루타 180
타점 62	도루 9	볼넷 77	삼진 115	병살타 4
출루율 0.314	장타율 0.430	OPS 0.744	WAR 2.86	WPA -1.78

Tier 2

[Core Stats]	[Wish List]
실책 9개 (주전 유격수 최소)	통산 1,900안타
KT 상대 타율 0.469	출루율 0.350 회복
직구 상대 타율 0.331	좌투수 상대 타율 개선

Tracking Data

평균 타구속도(km)
138.9
평균발사각(°)
22.8

Hitting Data

타구분포 (%)	
Left	28.5
Center	25.3
Right	46.2

핫/콜드존

0.421	0.394	0.148
0.269	0.250	0.318
0.407	0.395	0.189

오지환이라는 이름이 곧 LG의 무너지지 않는 자존심

손주영  29

투수 (좌투좌타)

Basic info

생년월일	1998년 12월 2일
신장/체중	191cm/95kg
연봉	2억 9,000만 원
출신학교	울산대현초-개성중-경남고

Narrative 2차 1라운드 지명 후 성급하게 불펜으로 쓰지 않고 2군에서 선발로만 정성껏 키워낸 LG 화수분 야구의 상징이다. 오랜 담금질 끝에 2024년 토종 4선발 자리를 꿰차며, 그의 성공이 결코 운이 아닌 시스템의 승리임을 증명했다. 토종 선발 트로이카의 허리로서 이제는 팀의 육성 시스템이 도달한 현재를 마운드에서 보여주고 있다.

Ceiling 최고 150.6km의 직구와 K/9 7 이상을 찍는 구위는 리그 최상위권 좌완의 잠재력을 입증한다. 포크, 슬라이더 등 다양한 구종을 던지면서도 BB/9 2.7의 정교한 제구력까지 갖춘 육각형 투수다. 만 29세의 나이에 베테랑 못지않은 완급 조절 능력까지 장착하며, 차기 리그를 지배할 좌완 에이스로의 성장을 눈앞에 두고 있다.

Variable 커브를 제외한 변화구들의 기복이 심해 피안타율이 전부 3할에 육박 혹은 그 이상이라는 점은 큰 숙제다. 또한, 번트 수비와 송구 등 투수 수비에서의 약점은 박빙의 상황에서 팀 수비진의 평정심을 흔들 수 있는 치명적인 변수다. 진정한 에이스로 거듭나기 위해서는 공을 던진 직후 제9의 야수로서의 완성도를 얼마나 빠르게 높이느냐가 관건이다.

Tier 1 Detailed Stats Grid

평균자책점 3.41	경기수 30	승리 11	패배 6	홀드 0
세이브 0	이닝 153	탈삼진 132	볼넷 49	승률 0.647
피안타 153	피홈런 8	실점 67	자책점 58	피안타율 0.262
투구수 2496	QS 14	WHIP 1.32	WAR 3.28	WPA 2.49

Tier 2

[Core Stats]	[Wish List]
BB/9: 2.88 (국내 6위)	2점대 방어율
HR/9: 0.47 (리그 5위)	15승 달성
직구 피안타율 0.245	150탈삼진

Pitch Repertoire (구종별 데이터)

구종(Type)	구사비율(Usage %)	평균 구속(Avg, km)	최고 구속(Max, km)	피안타율(BAA)
직구	52.3	145.4	150.6	0.245
커브	22.7	120.3	128.6	0.266
슬라이더	12.1	133.5	139.4	0.345
커터	6.6	135.2	140.3	0.229
포크	5.7	131.8	144.8	0.294

8년의 인내가 빚어낸 걸작, LG 화수분 야구가 쏘아 올린 좌완의 승전보

박해민 17

외야수 (우투좌타)

Basic info

생년월일	1990년 2월 24일
신장/체중	180cm / 75kg
연봉	8억 원
출신학교	영중초-양천중-신일고-한양대

Legacy 박해민의 진가는 수치 너머 팀 전체 흐름과 공수 맥락을 볼 때 비로소 드러난다. 수비 범위와 주루 압박은 개별 데이터로 온전히 담기 어려운 영역이며, 타석에서의 제한적인 폭발력을 상쇄하고도 남을 만큼 팀의 실점과 득점을 동시에 관리하는 핵심 장치이다. 이는 곧 두 번의 통합 우승을 거둔 오늘날 LG 야구의 정체성을 지탱하는 보이지 않는 뿌리다.

Standard 박해민의 활약에 따라 경기의 템포가 달라진다. 2025시즌 한화의 흐름을 끊어낸 수비 판단은 그의 가치를 증명한 장면이었다. 특히 9번 타자로서 테이블세터의 타석 전 상대 투수의 멘탈을 흔드는 심리적 압박은 팀 공격의 실질적인 도화선이 된다. 이러한 특성은 그를 단기전의 게임 체인저로 격상시키며, 박해민에 대한 체력 안배와 효율적인 기용 자체가 곧 승부처에서 상대의 허를 찌르는 전략적 운용으로 이어진다.

Horizon 전성기와 전환기 사이, 체력 관리를 통한 공수 집중도 유지와 효용 극대화가 요구된다. 단순히 발이 빠르다는 이유로 상위에 묶는 현상적 운영보다, 상황에 따라 타순을 오가는 전략적 안배가 필수적이다. 필요한 순간의 정확한 선택을 통한 효율의 정교화가 커리어 두 번째 왕조를 꿈꾸는 박해민의 다음 키워드다.

Tier 1 Detailed Stats Grid

타율 0.276	경기수 144	타석 544	타수 442	득점 80
안타 122	2루타 18	3루타 2	홈런 3	루타 153
타점 43	도루 49	볼넷 68	삼진 94	병살타 7
출루율 0.379	장타율 0.346	OPS 0.725	WAR 3.51	WPA -0.86

Tier 2

[Core Stats]	[Wish List]
4년 연속 전 경기 출장	통산 500도루
49도루 (리그 1위)	통산 1800안타
KT 상대 타율 0.364	5년 연속 전 경기 출장

Tracking Data

평균 타구속도(km)
129.7

평균발사각(°)
21.7

Hitting Data

타구분포 (%)	
Left	28.3
Center	27.5
Right	44.3

핫/콜드존

0.143	0.304	0.263
0.333	0.325	0.368
0.250	0.385	0.167

기록으로 가늠할 수 없는 승리의 창끝

오스틴 23

내야수 (우투우타)

Basic info

생년월일	1993년 10월 14일
신장/체중	183cm/97kg
연봉	110만 달러
출신학교	미국 Klein Collins(고)

Legacy LG 팬들에게 오스틴은 두산의 니퍼트에 비견되는 상징적 존재다. 입단 3년 만에 골든글러브 2회, 타점왕, 그리고 두 번의 우승을 이끌며 지독했던 용병 잔혹사를 완벽히 종결시켰다. 팀의 레전드를 향해 가는 그의 행보는 이제 LG 트윈스의 찬란한 미래와 같은 방향을 가리키고 있다.

Standard 잠실에서도 30홈런을 가볍게 넘기는 압도적 파워가 전매특허다. 빠른 스윙 스피드를 앞세운 레벨 스윙으로 담장을 직선타로 넘기는 괴력을 발휘하며, 배드볼 히터이면서도 정교한 커트 능력과 선구안을 겸비했다. 부상을 모르는 금강불괴의 내구성과 견고한 1루 수비, 인사이드 더 파크 홈런을 칠 만큼 준수한 주력까지 갖춘 완성형 타자다.

Horizon 4년 차를 맞이해 더욱 정교해질 상대의 집중 견제를 넘어서는 것이 관건이다. 불의의 충돌 부상으로 부침을 겪은 2025년의 아쉬움을 딛고, 특유의 금강불괴 면모를 회복해 시즌 후반기까지 화력을 유지해야 한다. 잠실의 왕좌를 수성하며 자신의 커리어 하이를 넘어 OPS 1.0 고지를 점령하는 것, 그것이 오스틴이 전설로 각인되기 위한 마지막 증명이다.

Tier 1 Detailed Stats Grid

타율 0.313	경기수 116	타석 499	타수 425	득점 82
안타 133	2루타 25	3루타 1	홈런 31	루타 253
타점 95	도루 3	볼넷 61	삼진 62	병살타 11
출루율 0.393	장타율 0.595	OPS 0.988	WAR 5.67	WPA 2.14

Tier 2

[Core Stats]	[Wish List]
장타율 0.595 (리그 2위)	3할 타율 유지
OPS 0.988 (리그 3위)	40홈런 달성
NC 상대 OPS 1.364	OPS 1.000

Tracking Data

평균 타구속도(km)
138.9
평균발사각(°)
25.7

Hitting Data

타구분포 (%)	
Left	49.4
Center	26.2
Right	24.3

핫/콜드존

0.444	0.366	0.304
0.333	0.365	0.344
0.172	0.294	0.364

전설의 반열로 향하는 트윈스의 헤라클레스

내야수 (우투좌타)

Basic info

생년월일	1996년 1월 21일
신장/체중	171cm/67kg
연봉	3억 8,000만 원
출신학교	서흥초-동인천중-인천고

Narrative 2015년 육성선수로 입단해 8년간 무명의 대주자로 머물렀던 신민재는 2023년 주전 도약 이후, 2025년 타율 0.313, OPS 0.777을 기록하며 리그 최정상급 2루수로 우뚝 섰다. 하위 라운더와 신고선수들에게 불가능은 없음을 몸소 증명한 그는 이제 LG 트윈스의 프랜차이즈 스타이자 수많은 미생들이 선망하는 독보적인 롤모델이다.

Ceiling '슈퍼소닉' 이대형에 비견되는 압도적 주력으로 루상을 지배하는 클래식 리드오프. 탁월한 컨택 능력과 선구안을 바탕으로 정교한 라인드라이브 타구를 생산하며, 넓은 수비 범위와 정확한 송구로 내야의 안정감을 책임진다. 장타력의 부재를 영리한 주루와 높은 출루율로 상쇄하는 리그 최고 수준의 테이블 세터다.

Variable 넓은 수비 범위의 필연적인 부산물인 실책을 줄여 수비의 무결성을 확보하는 것이 당면 과제다. 또한 커리어 하이인 OPS 0.777을 넘어 8할 고지에 안착하기 위한 장타력이 보강되어야 한다. 주력에 비해 떨어지는 주루 센스와 스타트로 62.5%까지 떨어진 도루 성공률도 끌어올려야 한다. 미생의 꼬리표를 떼어내고, 기복 없는 수비력까지 갖춘 완전체 2루수로 진화할 수 있느냐가 이번 시즌 성패의 관건이다

Tier 1 Detailed Stats Grid

타율 0.313	경기수 135	타석 538	타수 463	득점 87
안타 145	2루타 15	3루타 7	홈런 1	루타 177
타점 61	도루 15	볼넷 62	삼진 57	병살타 7
출루율 0.395	장타율 0.382	OPS 0.777	WAR 3.99	WPA 0.64

Tier 2

[Core Stats]	[Wish List]
타율 0.313 (리그 9위)	3할 타율 유지
좌완 상대 타율 0.347	OPS 0.800
직구 상대 타율 0.343	도루 성공률 70%대 회복

Tracking Data

평균 타구속도(km)
129.8

평균발사각(°)
10.5

Hitting Data

타구분포 (%)

Left	39.5
Center	26.2
Right	34.3

핫/콜드존

0.278	0.348	0.423
0.419	0.273	0.235
0.524	0.298	0.476

미생에서 완생으로, KBO를 질주하는 육성선수 신화

유영찬 54

투수 (우투좌타)

Basic info

생년월일	1997년 3월 7일
신장/체중	185cm/90kg
연봉	2억 4,000만 원
출신학교	덕성초(안산리틀)-배명중-배명고-건국대

Legacy 이상훈-봉중근-고우석으로 이어지는 LG 마무리 계보의 후계자다. 2023년 필승조로 우승에 기여한 뒤, 2024년 26세이브로 마무리 보직에 완벽히 연착륙했다. 특히 2025년 부상을 딛고 한국시리즈 3연투라는 투혼을 발휘하면서 팀의 우승을 매듭짓는 헹가레 투수의 영광을 안았다. 이제 그는 잠실 마운드의 가장 높은 곳에서 트윈스의 승리를 선포하는 대체 불가능한 클로저다.

Standard 묵직한 직구와 압도적인 탈삼진 능력을 갖춘 우완 정통파다. 우타자용 슬라이더와 좌타자용 스플리터라는 명확한 결정구를 보유했으며, 어떤 위기 상황에서도 표정 변화 없이 자기 공을 던지는 강철 멘탈이 최대 강점이다. 연투를 소화할 수 있는 체력과 큰 경기를 즐길 줄 아는 멘탈은 유영찬이 리그 최정상급 마무리라는 근거다.

Horizon 마무리 투수치고 다소 높은 1.32의 이닝당 출루 허용률을 낮추는 것이 급선무다. 압도적인 구위로 실점 위기를 스스로 탈출하는 능력은 탁월하지만, 잦은 출루 허용은 벤치와 팬들의 불안감을 증폭시킨다. 진정한 무결점 수호신으로 거듭나기 위해서는 정교한 제구력을 바탕으로 깔끔한 삼자범퇴 비중을 높여 뒷문의 안정감을 더해야 한다.

Tier 1 Detailed Stats Grid

평균자책점 2.63	경기수 39	승리 2	패배 2	홀드 1
세이브 21	이닝 41	탈삼진 52	볼넷 23	승률 .0.5
피안타 31	피홈런 2	실점 27	자책점 12	피안타율 0.208
투구수 672	QS 0	WHIP 1.32	WAR 1.59	WPA 3.82

Tier 2

[Core Stats]	[Wish List]
포크볼 피안타율 0.111	부상 없는 시즌
슬라이더 피안타율 0.123	30세이브 달성
K/9: 11.41	국제대회 활약

Pitch Repertoire (구종별 데이터)

구종(Type)	구사비율(Usage %)	평균 구속(Avg, km)	최고 구속(Max, km)	피안타율(BAA)
직구	41.1	146.8	151	0.323
슬라이더	39.3	132.6	137.4	0.123
포크	19.5	133.9	138.6	0.111

트윈스 수호신의 적통, 우승을 완성하는 '최후의 헹가레 투수'

포지션	투수		신장/체중	185cm/83kg
투타유형	좌투좌타		출신학교	Hunter Sports(고)
생년월일	1997년 2월 27일		연봉	20만 달러

평균자책점 3.15	경기수 4	승리 1	패배 1	홀드 0
세이브 0	이닝 20	탈삼진 16	볼넷 6	승률 0.500
피안타 18	피홈런 0	실점 8	자책점 7	피안타율 0.234
투구수 329	QS 2	WHIP 1.2	WAR 0.54	WPA 0.49

호주야구에서 MVP 이력이 있고 WBC 국가대표에 꾸준히 선출되는 좌완 투수다. 2025시즌 키움에서 부상 대체 외인으로 합류해 4경기 1승 1패 방어율 3.15를 기록했고, 이 활약을 바탕으로 2026시즌 아시안쿼터로 LG 유니폼을 입었다. 높은 타점에서 내리꽂는 투구폼으로 평균 144km대의 직구를 던지며, 커브와 체인지업으로 헛스윙을 유도한다. 5선발 또는 롱릴리프로 로테이션의 빈틈을 메워주는 것이 우선 과제다.

포지션	투수		신장/체중	188cm/102kg
투타유형	우투우타		출신학교	U.E.N heroes nigales(고)
생년월일	1993년 12월 26일		연봉	90만 달러

평균자책점 3.31	경기수 30	승리 13	패배 6	홀드 0
세이브 0	이닝 177	탈삼진 137	볼넷 36	승률 0.684
피안타 173	피홈런 5	실점 71	자책점 65	피안타율 0.253
투구수 2809	QS 17	WHIP 1.18	WAR 4.62	WPA 3.84

시즌 초반 리그 최상위 수준의 투구를 펼쳤으나 중반에는 방출 후보에 오르는 등 극심한 부침을 겪었다. 그러나 에르난데스의 방출 이후 점차 회복세를 타며 최종적으로 177이닝 13승 방어율 3.31를 기록해 재계약에 성공했다. 평균 147km, 최고 153.6km의 투심을 적극적으로 존에 꽂아 넣는 전형적인 땅볼 유도형 투수로, 177이닝 동안 피홈런 5개에 불과할 정도로 장타 억제 능력이 뛰어나다. 2026시즌에는 기복없는 투구로 시즌을 완주하는 것이 목표다.

포지션	투수		신장/체중	193cm/86kg
투타유형	우투우타		출신학교	미국 Grossmont(대)
생년월일	1999년 9월 13일		연봉	80만 달러

평균자책점 2.86	경기수 8	승리 6	패배 2	홀드 0
세이브 0	이닝 44	탈삼진 45	볼넷 16	승률 0.750
피안타 39	피홈런 2	실점 15	자책점 14	피안타율 0.238
투구수 713	QS 5	WHIP 1.25	WAR 1.30	WPA 1.06

에르난데스의 부상 대체 외인으로 후반기에 합류해 8경기 6승 2패 방어율 2.86으로 맹활약, LG 팬들을 미소짓게 했다. 커리어 첫 포스트시즌였던 한국시리즈에서도 1차전 선발이라는 중책을 맡아 6이닝 2실점으로 호투하며 팀 우승에 기여했다. 평균 149.6km, 최고 153.7km의 포심과 커터, 포크볼로 타자를 압도하는 스타일로, 1선발 에이스 자질을 갖췄다는 평가를 받는다. 2026시즌에는 풀타임 에이스로서 그 가치를 증명해야 한다.

포지션	내야수		신장/체중	177cm/75kg
투타유형	우투우타		출신학교	중대초-잠신중-장충고-동국대
생년월일	1997년 1월 11일		연봉	2억 3,000만 원

타율 0.286	경기수 131	타석 397	타수 343	득점 41
안타 98	2루타 16	3루타 2	홈런 1	루타 121
타점 38	도루 10	볼넷 36	삼진 44	병살타 4
출루율 0.353	장타율 0.364	OPS 0.717	WAR 2.11	WPA -1.15

LG의 멀티 포지션 유틸리티 플레이어다. 2루수, 유격수, 3루수, 좌익수를 모두 높은 수준으로 소화할 수 있는 수비 능력이 최대 강점으로, 필요한 포지션에 투입해 주전 선수에게 휴식을 줄 수 있다는 점에서 팀 체력 안배에 큰 역할을 한다. 타격이 약점이었으나 2025시즌에는 타율 0.286에 OPS 0.7을 넘기며 공격에서도 성장을 보였다. 타격 성장이 꾸준하게 이어진다면 유틸리티 그 이상의 존재감을 발휘할 수 있다.

포지션	투수		신장/체중	185cm/90kg
투타유형	우투우타		출신학교	양원초(서대문구리틀)-신월중-서울고
생년월일	2005년 1월 14일		연봉	8,500만 원

평균자책점 2.40	경기수 66	승리 3	패배 2	홀드 7
세이브 1	이닝 60	탈삼진 56	볼넷 30	승률 0.600
피안타 49	피홈런 2	실점 17	자책점 16	피안타율 0.228
투구수 957	QS 0	WHIP 1.32	WAR 1.58	WPA 0.39

2025시즌 고졸 신인으로 데뷔해 강한 인상을 남긴 우완 투수다. 평균 151km, 최고 156.7km의 패스트볼과 최고 147.3km의 고속 슬라이더를 앞세운 정통파 파이어볼러로, 60이닝 방어율 2.40을 기록하며 신인왕 후보에 오를 만한 활약을 펼쳤다. 전반기에는 제구 불안을 보였으나 후반기에는 안정을 되찾으며 진가를 발휘했다. 2026시즌에도 필승조의 한 축을 담당할 것으로 기대된다.

김영우(67)

포지션	투수		신장/체중	186cm/90kg
투타유형	우투우타		출신학교	인헌초-성남중-성남서고
생년월일	1985년 3월 7일		연봉	4억 5,000만 원

평균자책점 3.44	경기수 78	승리 6	패배 4	홀드 33
세이브 1	이닝 70.2	탈삼진 63	볼넷 24	승률 0.600
피안타 61	피홈런 7	실점 28	자책점 27	피안타율 0.236
투구수 1235	QS 0	WHIP 1.20	WAR 1.51	WPA 1.24

NC의 철벽 불펜 출신으로 LG에서 필승조로 부활해 두 차례 한국시리즈 우승에 공헌하며 제2의 전성기를 보내고 있다. 패스트볼과 스플리터를 앞세운 파워피처로, 경험에서 오는 강심장과 필승조, 롱릴리프, 마무리 등 어떤 불펜 보직이든 소화할 수 있는 유연성이 강점이다. 불혹이 넘은 나이에도 한국시리즈에서 1승 2홀드 방어율 제로를 기록하며 여전히 대체 불가한 존재임을 증명했다. 2026시즌에는 왕조의 필승조 한 축을 목표로 한다.

김진성(42)

포지션	외야수		신장/체중	175cm/78kg
투타유형	좌투좌타		출신학교	포항서초-포항제철중-경북고-강릉영동대
생년월일	1997년 2월 20일		연봉	2억 8,000만 원

타율 0.305	경기수 135	타석 542	타수 475	득점 57
안타 145	2루타 20	3루타 2	홈런 3	루타 178
타점 70	도루 4	볼넷 54	삼진 59	병살타 10
출루율 0.375	장타율 0.375	OPS 0.75	WAR 2.99	WPA 0.22

10라운드 출신임에도 주전급으로 도약한 인간 승리의 주인공. 뛰어난 선구안과 컨택으로 매년 3할 타율과 4할 출루율이 가능한 타자다. 2025시즌에도 135경기에서 3할 타율을 기록하며 변함없는 활약을 이어갔다. 다만 장타력 부재와 잦은 실책은 여전한 약점이다. 허리 부상으로 한국시리즈에서 아쉬운 모습을 보인 만큼, 2026시즌에는 건강 관리가 우선이다. 핵심 유망주 이재원과의 좌익수 주전 경쟁에서 승리하려면 꾸준한 폼을 유지해야 한다.

문성주(8)

포지션	포수		신장/체중	178cm/92kg
투타유형	우투우타		출신학교	양정초-개성중-개성고
생년월일	1990년 4월 7일		연봉	5억 원

타율 0.253	경기수 139	타석 523	타수 451	득점 57
안타 114	2루타 25	3루타 0	홈런 22	루타 205
타점 76	도루 4	볼넷 62	삼진 124	병살타 10
출루율 0.455	장타율 0.342	OPS 0.797	WAR 3.61	WPA 0.08

한국시리즈 우승 2회를 함께하며 LG의 황금기를 장식하고 있는 주전 포수. 잠실에서 매년 20홈런 이상을 기대할 수 있는 장타력이 최대 강점이다. 한국시리즈에서도 타율은 낮았지만 류현진과 김서현을 상대로 결정적인 홈런을 터뜨리며 클러치 상황에서 장타 능력을 입증했다. 불안한 포구와 홈 태그 수비는 여전한 약점으로, 2025시즌 후반기에 수비 부진이 두드러졌다. 2026시즌에는 베테랑의 리더십을 보여주며 수비 안정성 회복도 노려야 한다.

박동원(27)

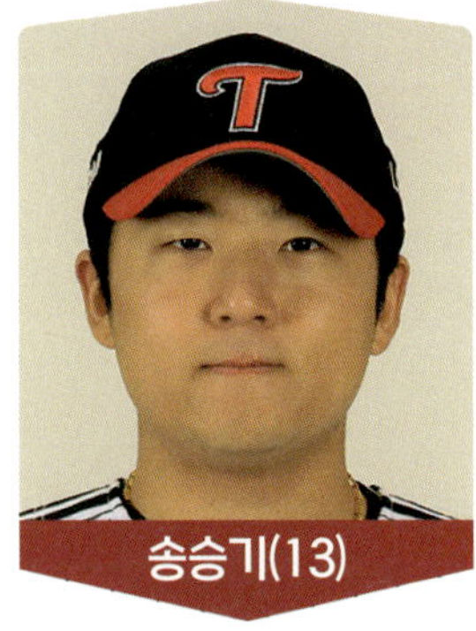

포지션	투수		신장/체중	181cm/90kg
투타유형	좌투좌타		출신학교	삼일초-매향중-야탑고
생년월일	2002년 4월 10일		연봉	1억 3,600만 원

평균자책점 3.50	경기수 28	승리 11	패배 6	홀드 0
세이브 0	이닝 144	탈삼진 125	볼넷 49	승률 0.647
피안타 149	피홈런 15	실점 61	자책점 56	피안타율 0.261
투구수 2523	QS 10	WHIP 1.38	WAR 2.68	WPA 2.17

상무 전역 후 첫 시즌을 5선발로 성공적으로 소화했다. 본래 선발 경험이 전무했음에도 규정이닝을 채우며 11승 7패 방어율 3.58을 기록했고, 한국시리즈에서는 3경기에 구원 등판해 2경기를 퍼펙트로 틀어막으며 강한 인상을 남겼다. 평균 143.3km, 최고 148.5km대의 포심 패스트볼을 앞세운 땅볼 유도형 정통파 좌완으로, 슬라이더, 체인지업, 포크볼 모두 완성도가 높다. 2026시즌에는 한 단계 더 성장한 모습으로 로테이션의 중심을 목표로 해야 한다.

송승기(13)

포지션	외야수		신장/체중	192cm/105kg
투타유형	우투우타		출신학교	청주석교초-서울경원중-서울고
생년월일	1999년 7월 17일		연봉	7,000만 원

타율 -	경기수 -	타석 -	타수 -	득점 -
안타 -	2루타 -	3루타 -	홈런 -	루타 -
타점 -	도루 -	볼넷 -	삼진 -	병살타 -
출루율 -	장타율 -	OPS -	WAR -	WPA -

LG의 핵심 우타 거포 유망주. 아직 1군에서 검증되지 않은 미완의 자원이지만 타고난 툴만큼은 확실하다는 평가다. 190cm에 100kg 넘는 압도적인 피지컬에서 나오는 파워는 정타만 나왔다면 홈런을 보장하며, 강한 어깨를 바탕으로 한 외야 수비 능력도 갖추고 있다. 다만 극단적인 볼넷/삼진 비율과 잦은 부상이 큰 문제다. 2026시즌 1군 무대에 본격적으로 올라선 만큼, 미래 자원이 아닌 즉시 전력의 가치를 증명하는 것이 과제다.

이재원(52)

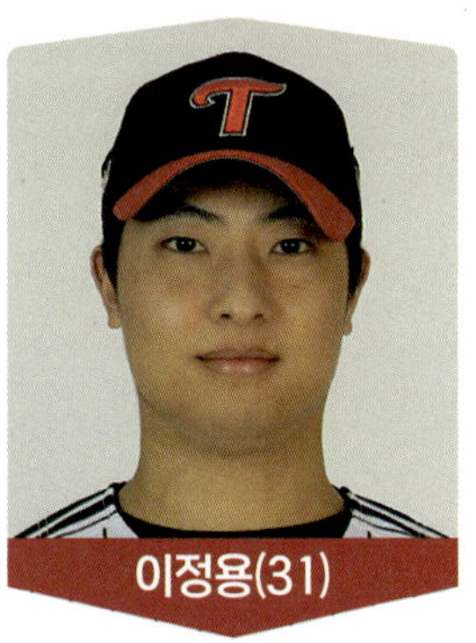

포지션	투수		신장/체중	186cm/85kg
투타유형	우투우타		출신학교	영일초-성남중-성남고-동아대
생년월일	1996년 3월 26일		연봉	2억 7,000만 원

평균자책점 5.03	경기수 39	승리 6	패배 1	홀드 7
세이브 1	이닝 34	탈삼진 26	볼넷 12	승률 0.857
피안타 32	피홈런 3	실점 19	자책점 19	피안타율 0.258
투구수 575	QS 0	WHIP 1.29	WAR 0.13	WPA 0.94

LG의 1차 지명 출신 선발 유망주다. 2023년 선발 전향 후 7승을 올렸고, 한국시리즈에서도 불펜의 핵심으로 호투하며 팀 우승에 기여해 팬들에게 '우승요정'으로 불렸다. 2024년 상무 입대 후 허리 부상으로 거의 출전하지 못했고, 2025년 6월 전역 후 복귀했으나 전성기 모습을 되찾지 못하며 불펜에서 방어율 5.03을 기록했다. 2026시즌에는 체력을 끌어올리고 선발 자리를 되찾는 것이 과제다.

이정용(31)

포지션	투수		신장/체중	183cm/85kg
투타유형	우투우타		출신학교	수원선일초-수원북중-소래고
생년월일	1999년 7월 2일		연봉	1억 1,000만 원

평균자책점 5.32	경기수 43	승리 1	패배 2	홀드 4
세이브 3	이닝 47.1	탈삼진 39	볼넷 24	승률 0.333
피안타 50	피홈런 4	실점 29	자책점 28	피안타율 0.270
투구수 883	QS 0	WHIP 1.56	WAR 0.12	WPA 0.07

평균 144.5km, 최고 150km의 패스트볼을 앞세워 슬라이더, 커브, 체인지업, 포크볼 등 다양한 변화구를 구사하는 불펜 투수다. 공의 무브먼트는 꾸준히 좋은 평가를 받아왔지만, 확실한 피칭 디자인을 갖추지 못한 채 제구 불안을 드러냈다. ABS 도입 이후 이런 경향이 심화되며 부진한 시즌을 보냈다. 필승조에 진입하려면 ABS 존에 맞는 맞춤형 제구 개선이 우선되어야 한다.

이지강(32)

포지션	투수		신장/체중		181cm/91kg
투타유형	우투우타		출신학교		신도초-서울이수중-서울
생년월일	1995년 2월 2일		연봉		15억 원

평균자책점 4.35	경기수 56	승리 3	패배 3	홀드 5
세이브 10	이닝 49.2	탈삼진 38	볼넷 21	승률 0.500
피안타 65	피홈런 4	실점 27	자책점 24	피안타율 0.317
투구수 884	QS 0	WHIP 1.73	WAR 0.21	WPA 0.13

NC 선발 유망주 시절부터 KIA의 홀드왕을 거쳐 KIA와 LG에서 각각 우승 반지를 끼기까지, 그야말로 파란만장한 커리어를 걸어온 우완 투수다. 평균 145.5km, 최고 150.1km의 패스트볼과 슬라이더, 고속 포크볼이 주무기다. 전성기 대비 직구 구속이 떨어지며 피안타율이 4할에 육박했고, 주무기인 고속 포크볼의 무브먼트도 저하되며 직구와의 변별력을 잃어 큰 부진을 겪었다. 2026시즌 부활의 열쇠는 직구 구위 회복에 달려 있다.

장현식(50)

포지션	투수		신장/체중		193cm/99kg
투타유형	우언우타		출신학교		가평초-강남중-서울고
생년월일	1999년 08월 19일		연봉		1억 원

평균자책점 20.25	경기수 4	승리 0	패배 0	홀드 0
세이브 0	이닝 2.2	탈삼진 3	볼넷 4	승률 -
피안타 1	피홈런 1	실점 6	자책점 6	피안타율 0.125
투구수 56	QS 0	WHIP 1.88	WAR -0.28	WPA 0.13

데뷔 즉시 신인왕을 수상한 초대형 유망주였다. 전성기에는 사이드암으로 평균 150km를 넘는 속구를 던지며 임창용의 뒤를 잇는 고속 사이드암으로 각광받았다. 그러나 제구 문제를 겪으면서 해결책으로 팔 각도를 올리기 시작했고, 이 선택이 오히려 더 깊은 부진으로 이어졌다. 제구 불안이 심화된 데다 평균 구속도 143km대로 떨어지며 2군에서도 방어율 9.82를 기록했다. 2026시즌을 앞두고 쓰리쿼터로 투구폼을 전환하며 돌파구를 모색하고 있다.

정우영(18)

포지션	투수		신장/체중		181cm/78kg
투타유형	좌투좌타		출신학교		일산초-원주중-원주고
생년월일	1995년 1월 13일		연봉		8억 원

평균자책점 6.00	경기수 31	승리 2	패배 3	홀드 1
세이브 0	이닝 27	탈삼진 26	볼넷 18	승률 0.400
피안타 14	피홈런 1	실점 19	자책점 18	피안타율 0.159
투구수 463	QS 0	WHIP 1.19	WAR -0.10	WPA -0.06

LG의 29년 만의 우승 주역이자 38억 원의 FA 계약을 맺은 좌완 투수다. 구속은 빠르지 않으나 독특한 디셉션과 긴 익스텐션으로 타자 타이밍을 뺏는 위력적인 투구가 강점이다. 수술 여파로 구위 저하와 제구 불안을 겪기도 했으나, 2025년 한국시리즈 호투로 큰 경기에 강한 면모를 다시금 입증했다. 2026시즌에는 건강을 회복해 필승조의 한 축으로서 마운드 안정감을 더하는 것이 최우선 과제다.

함덕주(11)

포지션	외야수		신장/체중		189cm/94kg
투타유형	우투좌타		출신학교		대일초-매송중-안산공고-건국대
생년월일	1993년 11월 21일		연봉		5억 2,000만 원

타율 0.287	경기수 51	타석 215	174	득점 32
안타 50	2루타 4	3루타 0	홈런 1	루타 57
타점 16	도루 3	볼넷 29	삼진 40	병살타 4
출루율 0.399	장타율 0.328	OPS 0.727	WAR 1.23	WPA -0.23

압도적인 선구안을 바탕으로 KBO 통산 출루율 1위에 등극한 LG의 상징적인 타자다. 2020시즌 이후 세 차례의 출루율 왕을 차지했으며, 매년 4할 중반대의 출루율을 유지하는 리그 최고의 출루 머신이다. 2025시즌 파울 타구 처리 중 무릎 인대 파열이라는 대형 부상을 당해 9월에야 복귀하는 진통을 겪었다. 2026시즌에는 부상 후유증을 완전히 씻어내고 전매특허인 출루 능력과 기동력을 복원해 건강하게 풀타임 시즌을 완주해야 한다.

홍창기(51)

김강률 (37) 투수 - 구속은 여전히 건재, 건강한 풀타임 시즌이 급선무

투타유형	우투우타				신장/체중		187cm/95kg		
생년월일	1988년 8월 28일				출신학교		문촌초(일산리틀)-장성중-경기고		

평자 1.46	경기수 12	승리 1	패배 0	홀드 4	세이브 1	이닝 12.1	탈삼진 9	볼넷 8	승률 1.000
피안타 7	피홈런 0	실점 2	자책점 2	AVG 0.167	투구수 182	QS 0	WHIP 1.22	WAR 0.41	WPA 0.62

김대현 (12) 투수 - 11년차 우완, 위기 관리 능력 향상만이 1군 복귀의 길

투타유형	투수				신장/체중		188cm/100kg		
생년월일	우투우타				출신학교		홍연초(마포구리틀)-홍은중-선린인터넷고		

평자 -	경기수 -	승리 -	패배 -	홀드 -	세이브 -	이닝 -	탈삼진 -	볼넷 -	승률 -
피안타 -	피홈런 -	실점 -	자책점 -	AVG -	투구수 -	QS -	WHIP -	WAR -	WPA -

김민수(62) 포수 - LG로 시적한 백업 포수, 마지막 얻은 반등의 기회

투타유형	우투우타				신장/체중		177cm/80kg		
생년월일	1991년 3월 2일				출신학교		대구옥산초-경복중-대구상원고-영남대		

타율 -	경기수 -	타석 -	타수 -	득점 -	안타 -	2루타 -	3루타 -	홈런 -	루타 -
타점 -	도루 -	볼넷 -	삼진 -	병살타 -	출 -	장 -	OPS -	WAR -	WPA -

김유영 (0) 투수 - 좌완 필승조로 활약했던 24년의 기억을 되찾아야 한다.

투타유형	좌투좌타				신장/체중		180cm/83kg		
생년월일	1994년 5월 2일				출신학교		양정초-개성중-경남고		

평자 12.46	경기수 6	승리 0	패배 0	홀드 0	세이브 0	이닝 4.1	탈삼진 5	볼넷 4	승률 -
피안타 8	피홈런 0	실점 6	자책점 6	AVG 0.4	투구수 108	QS 0	WHIP 2.77	WAR -0.17	WPA -0.08

김정율 (14) 내야수 - 10년간 안 터진 3루 유망주, 2군 본즈 탈출이 과제

투타유형	우투우타				신장/체중		184cm/97kg		
생년월일	1998년 3월 18일				출신학교		서화초-동산중-제물포고		

타율 0.182	경기수 13	타석 13	타수 11	득점 0	안타 2	2루타 0	3루타 0	홈런 2	루타 2
타점 1	도루 1	볼넷 1	삼진 6	병살타 0	출 0.231	장 0.182	OPS 0.413	WAR -0.06	WPA -0.07

김주성 (5) 외야수 - 10년차 맞아 본헤드와 실책 근절이 절실하다

투타유형	우투우타				신장/체중		180cm/81kg		
생년월일	1998년 1월 30일				출신학교		수원신곡초-덕수중-휘문고		

타율 0.200	경기수 16	타석 17	타수 15	득점 3	안타 3	2루타 0	3루타 0	홈런 1	루타 6
타점 1	도루 0	볼넷 1	삼진 2	병살타 0	출 0.294	장 0.4	OPS 0.694	WAR -0.10	WPA -0.39

김주온 (57) 투수 - 11년차지만 1군 실적 전무, 마지막 기회일 것

투타유형	우투우타				신장/체중		187cm/89kg		
생년월일	1996년 12월 8일				출신학교		울산대현초-구미중-울산공고		

평자 27.00	경기수 1	승리 0	패배 1	홀드 0	세이브 0	이닝 0.1	탈삼진 1	볼넷 2	승률 0.000
피안타 0	피홈런 0	실점 1	자책점 1	AVG -	투구수 23	QS 0	WHIP 6	WAR -0.06	WPA -0.16

김진수 (45) 투수 - 한국시리즈 엔트리 발탁의 주인공, 주어진 기회를 살려야

투타유형	우투우타				신장/체중		179cm/82kg		
생년월일	1998년 8월 31일				출신학교		이세초-군산중-군산상고-중앙대		

평자 9.00	경기수 4	승리 0	패배 0	홀드 0	세이브 0	이닝 5	탈삼진 6	볼넷 1	승률 -
피안타 11	피홈런 2	실점 5	자책점 5	AVG 0.423	투구수 104	QS 0	WHIP 2.4	WAR -0.12	WPA -0.02

김현종 (66) 외야수 - 2년차 외야 유망주, 1군 동행으로 육성 중

투타유형	우투우타				신장/체중		186cm/85kg		
생년월일	2004년 8월 4일				출신학교		상인천초-동인천중-인천고		

타율 0.400	경기수 10	타석 6	타수 5	득점 3	안타 2	2루타 1	3루타 0	홈런 0	루타 3
타점 0	도루 0	볼넷 1	삼진 0	병살타 0	출 0.5	장 0.6	OPS 1.1	WAR 0.09	WPA 0.02

백승현 (61) 투수 - 155km를 던지는 파이어볼러, 제구 개선만이 생존의 유일한 길

투타유형	우투우타				신장/체중		183cm/90kg		
생년월일	1995년 5월 26일				출신학교		소래초-상인천중-인천고		

평자 3.90	경기수 33	승리 1	패배 0	홀드 2	세이브 0	이닝 30	탈삼진 27	볼넷 28	승률 1.000
피안타 28	피홈런 2	실점 13	자책점 13	AVG 0.246	투구수 583	QS 0	WHIP 1.87	WAR 0.20	WPA -0.60

성동현 (34) 투수 - 7년차 우완, 심각한 제구 개선이 기회의 출발선

투타유형	우투우타				신장/체중		189cm/108kg		
생년월일	1999년 5월 18일				출신학교		백마초-홍은중-장충고		

평자 9	경기수 12	승리 0	패배 0	홀드 0	세이브 0	이닝 9	탈삼진 6	볼넷 9	승률 -
피안타 10	피홈런 2	실점 9	자책점 9	AVG 0.286	투구수 201	QS 0	WHIP 2.11	WAR -0.33	WPA -0.05

손용준 (15) 내야수 - 2년차 유격수, 본헤드 근절이 1군 정착의 관건

투타유형	우투우타				신장/체중		178cm/85kg		
생년월일	2000년 2월 15일				출신학교		김해화정초(김해리틀)-내동중- 김해고-동원과학기술대		

타율 0.2	경기수 9	타석 16	타수 15	득점 3	안타 3	2루타 0	3루타 0	홈런 -0	루타 3
타점 1	도루 1	볼넷 0	삼진 5	병살타 2	출 0.25	장 0.2	OPS 0.45	WAR -0.09	WPA -0.12

송찬의 (55) 외야수 - 기대주였으나 최근 크게 부진, 실력 향상이 신뢰 회복의 열쇠

투타유형	우투우타				신장/체중		182cm/80kg		
생년월일	1999년 2월 20일				출신학교		화곡초-선린중-선린인터넷고		

타율 0.211	경기수 66	타석 166	타수 147	득점 18	안타 31	2루타 9	3루타 1	홈런 3	루타 51
타점 20	도루 2	볼넷 9	삼진 49	병살타 4	출 0.291	장 0.347	OPS 0.638	WAR 0.18	WPA -1.21

우강훈 (20) 투수 - 사이드암 유망주, 제구 안정이 최우선 과제다

투타유형	우언우타				신장/체중		183cm/88kg		
생년월일	2002년 10월 3일				출신학교		희망대초-매송중-야탑고-롯데		

평자 4.66	경기수 11	승리 0	패배 0	홀드 0	세이브 0	이닝 9.2	탈삼진 5	볼넷 6	승률 -
피안타 12	피홈런 0	실점 5	자책점 5	AVG 0.324	투구수 180	QS 0	WHIP 1.86	WAR 0.02	WPA -0.04

이민호 (26) 투수 - 사회복무 제대 후 우하향 커리어를 극복해야 한다

투타유형	우투우타				신장/체중		189cm/93kg		
생년월일	2001년 8월 30일				출신학교		부산수영초-부산중-부산고		

평자 -	경기수 -	승리 -	패배 -	홀드 -	세이브 -	이닝 -	탈삼진 -	볼넷 -	승률 -
피안타 -	피홈런 -	실점 -	자책점 -	AVG -	투구수 -	QS -	WHIP -	WAR -	WPA -

이영빈 (26) 내야수 - 2차 1라운더지만 4년간 정체, 타격에서 알을 깨야 한다

투타유형	우투좌타				신장/체중		189cm/93kg		
생년월일	2001년 8월 30일				출신학교		서울학동초-대치중-휘문고		

타율 0.208	경기수 44	타석 75	타수 72	득점 12	안타 15	2루타 1	3루타 1	홈런 3	루타 27
타점 9	도루 1	볼넷 1	삼진 35	병살타 1	출 0.216	장 0.375	OPS 0.591	WAR -0.03	WPA -0.56

이우찬 (21) 투수 - 젊은 좌완들의 등장으로 위기, 반등이 절실하다

투타유형	좌투좌타				신장/체중		185cm/97kg		
생년월일	1992년 8월 4일				출신학교		온양온천초-온양중-북일고		

평자 1.89	경기수 23	승리 0	패배 1	홀드 0	세이브 0	이닝 19	탈삼진 20	볼넷 14	승률 0.000
피안타 13	피홈런 0	실점 6	자책점 4	AVG 0.186	투구수 338	QS 0	WHIP 1.42	WAR 0.36	WPA -0.19

장시환(28) 투수 - 라스트 유니콘의 LG 마지막 기회, 반드시 잡아야 한다

투타유형	우투우타				신장/체중		184cm/97kg		
생년월일	1987년 11월 1일				출신학교		태안초-태안중-북일고		

평자 -	경기수 -	승리 -	패배 -	홀드 -	세이브 -	이닝 -	탈삼진 -	볼넷 -	승률 -
피안타 -	피홈런 -	실점 -	자책점 -	AVG -	투구수 -	QS -	WHIP -	WAR -	WPA -

조건희 (48) 투수 - 퓨처스 홀드 1위 좌완, 콜업이 눈앞에 다가왔다

투타유형	좌투좌타				신장/체중		184cm/84kg		
생년월일	2002년 3월 26일				출신학교		계상초(노원구리틀)-상명중-서울고		

평자 -	경기수 -	승리 -	패배 -	홀드 -	세이브 -	이닝 -	탈삼진 -	볼넷 -	승률 -
피안타 -	피홈런 -	실점 -	자책점 -	AVG -	투구수 -	QS -	WHIP -	WAR -	WPA -

천성호 (53) 내야수 - 9년차 슈퍼 백업, 주전 도약을 노려야 한다

투타유형	우투좌타				신장/체중		183cm/85kg		
생년월일	1997년 10월 30일				출신학교		광주화정초-충장중-진흥고-단국대		

타율 0.237	경기수 83	타석 199	타수 173	득점 24	안타 41	2루타 9	3루타 2	홈런 1	루타 57
타점 17	도루 3	볼넷 17	삼진 29	병살타 2	출 0.323	장 0.329	OPS 0.652	WAR 0.29	WPA -0.41

최원영(3) 외야수 - 4년차 준주전 외야수, 선구안 개선이 입지 확대의 변수

투타유형	우투우타				신장/체중		174cm/76kg		
생년월일	2003년 7월 18일				출신학교		부산수영초-사직중-부산고		

타율 0.282	경기수 119	타석 115	타수 103	득점 37	안타 29	2루타 5	3루타 0	홈런 0	루타 34
타점 2	도루 8	볼넷 4	삼진 20	병살타 4	출 0.33	장 0.33	OPS 0.660	WAR -0.18	WPA -1.34

최지명 (16) 투수 - 대체선발과 추격조로 입증한 가치, 그 이상을 노려야

투타유형	좌투좌타				신장/체중		186cm/97kg		
생년월일	1995년 1월 22일				출신학교		동천초-포항중-대구상원고-한양대		

평자 5.28	경기수 13	승리 0	패배 1	홀드 2	세이브 0	이닝 29	탈삼진 21	볼넷 14	승률 0.000
피안타 35	피홈런 3	실점 17	자책점 17	AVG 0.302	투구수 507	QS 0	WHIP 1.69	WAR 0.11	WPA -0.14

함창건 (24) 외야수 - 2년 연속 1할대, 6년차 타격·수비 반등만이 답

투타유형	좌투좌타				신장/체중		176cm/83kg		
생년월일	2001년 8월 18일				출신학교		백운초-충암중-충암고		

타율 0.188	경기수 15	타석 36	타수 32	득점 2	안타 6	2루타 2	3루타 0	홈런 0	루타 8
타점 2	도루 0	볼넷 3	삼진 9	병살타 1	출 0.25	장 0.25	OPS 0.5	WAR -0.21	WPA -0.93

한화 이글스

창단연도	1986년
연고지	대전광역시
홈구장	대전 한화생명 볼파크
한국시리즈 우승	1999
야구철학	마리한화
구단연혁	빙그레 이글스(1986~1993) 한화 이글스(1994~)

2025 시즌 리뷰

2024년의 착오에 대한 반성과 함께 KT 심우준과 엄상백 영입으로 전력을 보강하며 2025시즌을 견실하게 준비했다.

시즌 초반, 엄상백의 부진과 타선 집단 침체로 단독 최하위를 기록하며 비관적인 분위기가 깔리기 시작했다.

4월 5일, 삼성 상대 극적 역전승을 시작으로 분위기는 반전되었다. 문현빈을 비롯한 젊은 선수들의 활약으로 타선이 살아나며 2위로 올라섰다. 폰세와 와이스라는 최고의 외국인 선발 원투펀치, 그리고 젊은 투수들이 주축을 이룬 철벽 불펜도 빼놓을 수 없었다. 기세를 몰아 6월에 1위를 탈환하였고, 7월에도 14승 5패를 하며 완전히 1위를 굳히는 듯 보였다.

그러나 8월부터 불펜이 흔들렸다. 마무리 김서현이 무너졌고, 투타 엇박자로 인해 1위를 LG에게 빼앗기고 말았다. 9월의 맹추격 또한 김서현이 부진을 벗어나지 못하면서 코앞에서 좌절, 정규시즌 2위에 머물렀다.

플레이오프에서 문현빈의 대활약과 국내 에이스 문동주, 외국인 에이스 와이스의 불펜 등판 투혼으로 강적 삼성을 물리치고 한국시리즈 진출에 성공했다. 그러나 거듭된 총력전으로 인해 투수들은 이미 지친 상태였고, 아쉽게 4대 1로 준우승에 그쳤다

우승에는 실패했지만 오랜 암흑기와 약팀 이미지를 완전히 떨쳐내고, 위닝 멘탈리티를 장착한 성공적인 시즌이었다. 전력손실에 대한 우려가 적지 않지만, 독수리는 2026시즌에도 우승을 꿈꾼다.

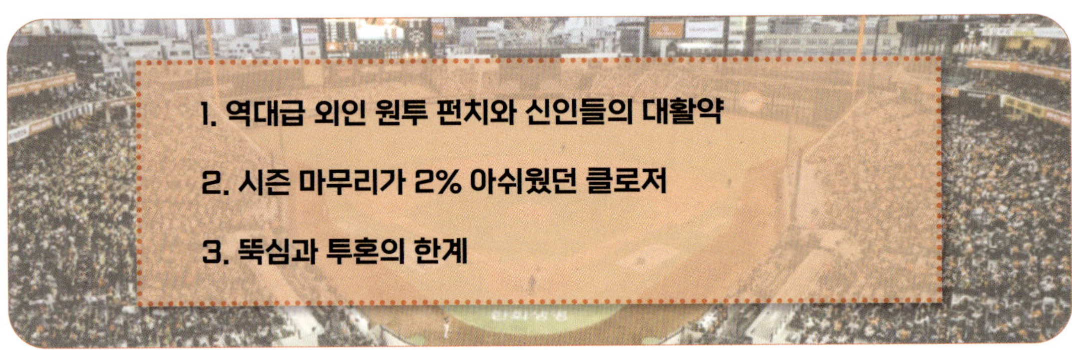

2025 팀 기록

⚾ 최근 10년간 팀 순위 (7-8-3-9-10-10-10-9-8-2)

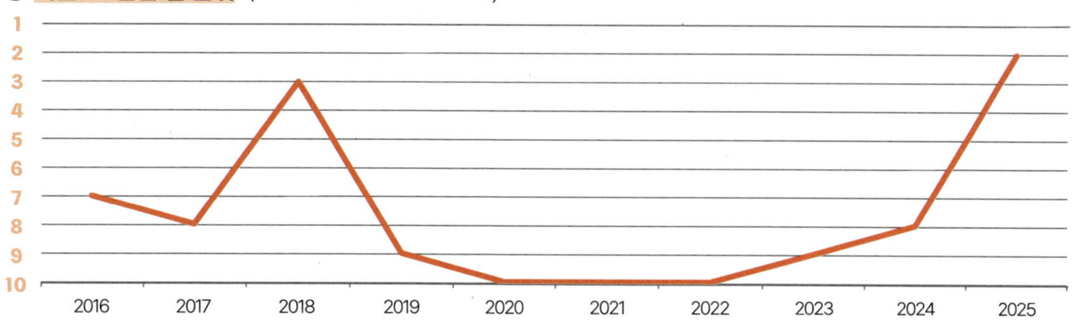

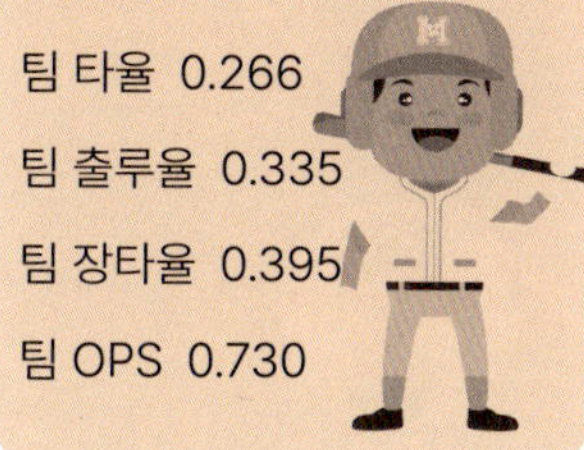

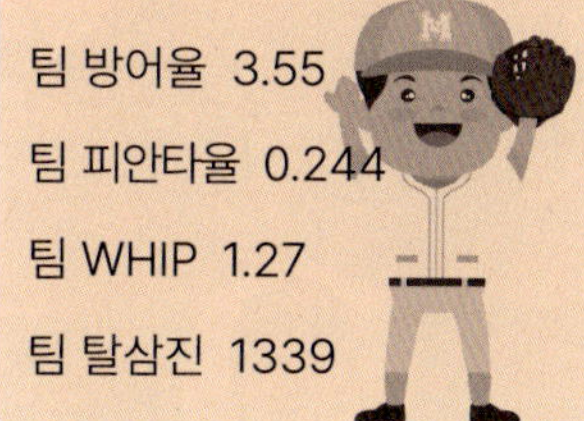

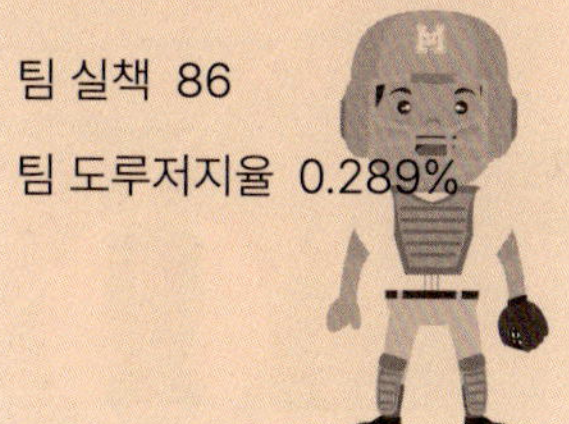

⚾ 팀 최애 선수(유니폼 마킹순)

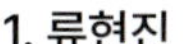

1. 류현진

2. 문동주

3. 노시환

2025 승리의 알고리즘

⚾ 팀 WAR

	타자 WAR	투수 WAR	수비효율 (DER)
리그	22.5	14.57	0.679
한화	23	27.96	0.678
순위	5	1	6

⚾ 구장 특징

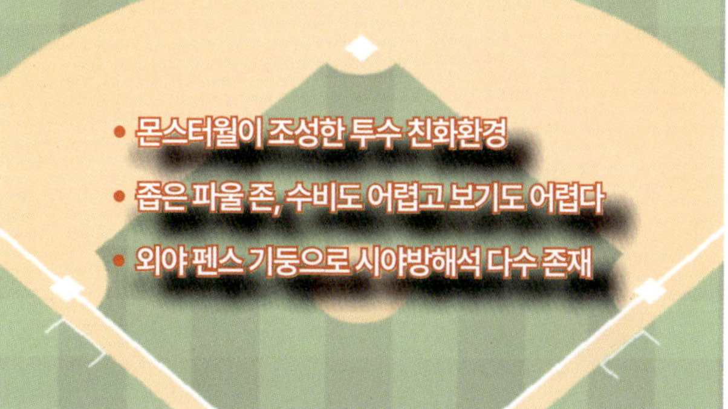

투수진

선발투수	화이트	
	에르난데스	
	류현진	
	문동주	
	왕옌청	
필승조	박상원	
	조동욱	
	황준서	
마무리	김서현	

Plan B

포수	허인서, 장규현
1루수	강백호, 김태연
2루수	황영묵, 이도윤, 정은원
3루수	이도윤, 박정현
유격수	하주석, 황영묵, 이도윤
좌익수	손아섭, 이진영, 최인호
중견수	이원석, 이진영
우익수	강백호, 김태연, 이진영
지명타자	손아섭, 이진영
대체선발	정우주, 엄상백, 윤산흠

⚾ 스토브리그 성적표

⚾ 2026 시즌 예상 순위

IN) 주요 선수 영입

1. 강백호(FA)
2. 왕옌청(아시아쿼터)
3. 양수호(FA 보상선수)
4. 에르난데스(외국인선수)
5. 화이트(외국인선수)
6. 페라자(외국인선수)

대형 매물 강백호를 영입하며 쾌조의 출발을 했지만, 불펜의 핵심 전력이 대거 이탈하는 모습을 지켜보기만 했다.

OUT) 주요 선수 이탈

1. 코디 폰세(계약종료)
2. 라이언 와이스(계약종료)
3. 한승혁(FA 보상선수)
4. 김범수(FA)
5. 안치홍(2차 드래프트)
6. 이태양(2차 드래프트)

역대 최고 원투펀치의 이탈만으로도 뼈아픈데 불펜 전력의 이탈까지 막대하여 타격의 팀으로 강제 변모하는 결과를 낳았다.

BEST CASE_SCENARIO

① 외인 투수들 대활약. 전임자 이름도 기억 나지 않음.
② 불펜진이 김범수, 한승혁의 공백을 완벽하게 메움.
③ 정우주가 계산이 서는 선발로 정착.
④ 강백호 부활, 류현진, 손아섭 등 전부 회춘.
⑤ 김경문 감독 각성, 신들린 작전으로 KS 첫 우승

WORST CASE_SCENARIO

① WBC에 다녀온 선수들이 과부하로 고전.
② 대체선발 정우주, 엄상백 등이 들어가지만 역부족.
③ 외인들 중도 퇴출. 폰와만 찾는 팬들의 성난 민심.
④ 트라우마 극복에 실패한 김서현. 표류하는 불펜진.
⑤ 김경문 감독 폭주, 5강 실패. 암흑기의 도래.

 ### 대체 불가 자원 TOP 3

TOP 1: 노시환
풀타임 출장 시 30홈런 100타점을 넘보는 3루수. 확실한 백업도 없다.

TOP 2: 최재훈
높은 출루율의 공수겸비 포수. 포수 유망주들은 아직 검증되지 않았다.

TOP 3: 문현빈
외야진 수비 변수가 큰 상황에서 문현빈의 이탈은 외야 붕괴를 의미.

우승을 위해 반드시 이겨야 할 팀 TOP 3

1) LG
과거 약팀으로 함께 묶였지만, 이제는 정상에서 만나는 팀.

2) 삼성
공포의 타격으로 한화를 정규시즌, 가을야구 가리지 않고 괴롭혔다.

3) 두산
작년 한화의 상승세 중 유독 자주 발목을 잡았던 천적.

입문자를 위한 핵심 포인트 TOP 3

1) 성심당과 함께 대전 최고의 명물.

2) 만년 꼴찌에서 1등을 노린다는 극적인 서사.

3) 류현진과 강백호, 문동주 등 슈퍼스타가 즐비한 스타군단.

김경문, '믿음'의 뚝심, 신념과 아집 사이

Character

2025시즌 전 전문가 예측 순위는 4위, 그러나 특유의 뚝심 운영으로 젊은 선수들을 앞세워 예상을 뒤엎고 상당기간 정규 시즌 1위를 고수했다. 그러나 투수 교체 박자나 대타 기용에서 보여준 올드스쿨 방식의 한계가 후반기의 동요와 준우승으로 이어졌다.

Strength

두산 시절부터 야수 육성과 타선 최적화는 김경문의 트레이드 마크다. 살갑게 다가가지는 않지만 묵직하게 믿고 맡기는 것이 선수들을 강하게 한다. 그가 불어넣은 자신감은 젊은 한화 타선에 확실한 동기 부여가 됐다. 믿음 야구 아래서 심리적 안정을 찾은 유망주들이 2026년 만개한다면, 한화는 리그에서 가장 화끈한 공격 야구를 선보일 것이다.

Weakness

한번 믿으면 끝까지 가는 뚝심은 양날의 검이다. 가을야구와 김경문 감독의 유난한 엇박자는 질긴 믿음보다 빠른 결단을 요하는 가을야구의 특성 때문이다. 컨디션이 바닥인 선수를 이름값이나 믿음으로 기용하는 행태가 반복된다면, 현대 야구와의 기 싸움에서 패배하는 건 감독 본인이 될 것이다.

노시환 

내야수 (우투우타)

Basic info

생년월일	2000년 12월 3일
신장/체중	185cm/105kg
연봉	10억 원
출신학교	부산수영초-경남중-경남고

Narrative 90년대 빙그레 다이너마이트 타선의 혈통이 끊긴 후, 한화 팬들의 갈증을 해소하며 등장한 2000년생 거포가 바로 노시환이다. 2023년 홈런왕 등극에 이어 2025시즌에도 32홈런 101타점을 기록하며 이제는 의심의 여지 없는 상수로 거듭났다. 팀 타선의 상징으로 등극한 그에게 한화는 11년 총액 307억이라는 전무후무한 계약을 안겼다.

Ceiling 노시환의 실링은 리그 유일의 전 경기 출장 3루수라는 내구성과 압도적인 피지컬에서 기인한다. 정통 우타 거포의 파워를 유지하면서도 채은성의 타격폼을 이식해 선구안까지 진화시켰다. 14도루를 기록할 정도의 주루 센스와 1,262이닝을 소화하며 완성한 견고한 핫코너 수비는, 그를 단순한 빅뱃을 넘어선 공수주 겸장 괴수로 격상시킨다.

Variable 다음 단계로 넘어가기 위한 과제는 '기복의 알고리즘'을 제어하는 것이다. 2025시즌 보여준 결정적인 상황에서의 침묵과 하체를 활용하지 못하는 타격 메커니즘의 불안정은 반드시 해결해야 할 숙제다. 이제는 재능의 발휘를 넘어, 이승엽이나 이대호처럼 경기를 설계하고 지배하는 정교한 승부사의 태도를 장착해야 할 시점이다.

Tier 1 Detailed Stats Grid

타율 0.260	경기수 144	타석 624	타수 539	득점 97
안타 140	2루타 28	3루타 2	홈런 32	루타 268
타점 101	도루 14	볼넷 70	삼진 125	병살타 22
출루율 0.354	장타율 0.497	OPS 0.851	WAR 3.33	WPA -0.37

Tier 2

[Core Stats]	[Wish List]
1,262.1이닝 수비 (리그 1위)	기복 줄이기
전 경기 출장 (리그 6명)	2년 연속 30홈런-100타점
32홈런 (리그 3위)	OPS 0.900 회복

Tracking Data

평균 타구속도(km)
142.4

평균발사각(°)
25.6

Hitting Data

타구분포 (%)	
Left	45.2
Center	27.2
Right	27.7

핫/콜드존

0.324	0.326	0.406
0.368	0.284	0.289
0.240	0.407	0.471

증명을 끝낸 괴수 8호, '시대'를 지배하는 신화가 되려면

류현진  99

투수 (좌투우타)

Basic info

생년월일	1987년 3월 25일
신장/체중	190cm/113kg
연봉	21억 원
출신학교	창영초-동산중-동산고

Legacy 한국프로야구 황금기를 상징하는 마지막 자존심으로서 2025시즌 ERA 3.23으로 건재함을 과시했다. 이름값에 대한 기대와 노장의 현실 사이 엇갈린 시선 속에서도, 노쇠화로 부진에 빠진 라이벌들과 달리 여전히 팀의 영원한 버팀목임을 스스로 증명해 냈다. 한국시리즈 준우승의 아쉬움은 만 39세의 몬스터에게 멈추지 않을 강력한 동기부여가 되고 있다.

Standard ABS 시스템에 완벽히 적응했으며, 과거 레전드 감독들도 바꾸지 못한 팀 분위기를 특유의 '바텀업' 리더십으로 완전히 혁신했다. 젊은 투수들에게 그의 피칭은 살아있는 교과서가 되며, WBC 승선으로 증명된 국제 무대 경쟁력은 한화가 가진 가장 압도적인 무형 자산이다. 흔들림 없는 그의 존재감은 팀에 치열함과 포기하지 않는 정신을 심었다.

Horizon 만 39세에 접어든 체력이 최대 변수다. 2025년 고전했던 폭염과 혹한 속 컨디션 난조를 극복할 체계적인 안배가 필수적이다. 자존심 강한 몬스터에게 한 뼘 부족했던 준우승은 만족 대신 새로운 불꽃이 되었다. 기록 달성에 대한 압박 대신 고효율 피칭 디자인을 유지하는 것이, 그가 평생을 갈망해 온 '한화의 우승'이라는 성배를 찾는 유일한 열쇠다.

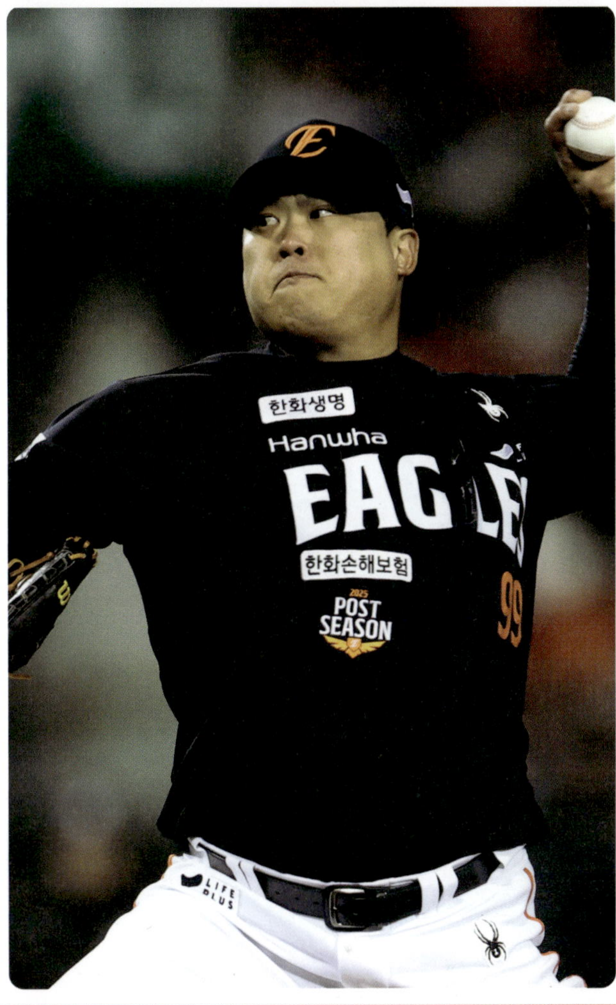

Tier 1 Detailed Stats Grid

평균자책점 3.23	경기수 26	승리 9	패배 7	홀드 0
세이브 0	이닝 139.1	탈삼진 122	볼넷 25	승률 0.563
피안타 144	피홈런 12	실점 54	자책점 50	피안타율 0.267
투구수 2268	QS 12	WHIP 1.21	WAR 3.64	WPA 3.15

Tier 2

[Core Stats]	[Wish List]
BB/9: 1.61 (리그 2위 수준)	한미 통산 200승
K/BB: 4.88 (리그 3위 수준)	규정 이닝 및 선발 10승
초구 스트라이크 비율: 63.7%	한국시리즈 우승

Pitch Repertoire (구종별 데이터)

구종(Type)	구사비율(Usage %)	평균 구속(Avg, km)	최고 구속(Max, km)	피안타율(BAA)
직구	43.1	141.8	147.6	0.311
체인지업	24.1	127.4	136.1	0.267
커터	18.9	133.6	141	0.235
커브	13.7	112	119.2	0.155
투심	0.2	138.5	139.4	0

그럼에도 그는, 그렇기에 그는 "코리안 몬스터"

문동주 1

투수 (우투우타)

Basic info

생년월일	2003년 12월 23일
신장/체중	188cm/97kg
연봉	2억 2,000만 원
출신학교	광주화정초-무등중-진흥고

Narrative 문동주는 한국형 구속 혁명의 가장 순수한 결정체다. 2025년 플레이오프의 161.8km는 한국인 투수도 물리적 한계를 돌파할 수 있다는 혁명의 포고문이었다. 특히 포스트시즌 삼성 타선을 무력화시킨 퍼포먼스는 류현진의 왕의 귀환을 넘어 문동주 시대의 대관식을 알린 상징적인 장면이다. 이제 팬들에게 그는 에이스의 정통 후계자로 선명히 각인되었다.

Ceiling 직구 의존도를 벗어나 고속 스플리터를 장착하며 최적의 피칭 디자인을 완성했다. 유연한 골반 회전과 회복된 어깨 탄력으로 뿌리는 라이징 패스트볼은 9이닝당 탈삼진 10.04개라는 경이로운 수치로 직결된다. 토종 선발 중 탈삼진율이 9를 넘는 유일한 투수이며, 정교한 컨트롤까지 갖춘 그의 공은 이미 한국 야구 정점의 속도에 도달해 있다.

Variable 강속구 투수에게 부상은 피할 수 없는 숙명과도 같다. 구속 증가에 따른 메커니즘의 부하 관리가 롱런의 관건이다. 2024년 견갑골 부상은 에이스로 가는 길목에서 만난 경고등이었다. 이제 무리한 이닝 이팅보다 규정 이닝 안팎에서 위력을 극대화하며 리스크를 관리하는 전략이 혁명을 '상수'로 만드는 가장 확실한 길이 될 것이다.

Tier 1 Detailed Stats Grid

평균자책점 4.02	경기수 24	승리 11	패배 6	홀드 0
세이브 0	이닝 121	탈삼진 135	볼넷 31	승률 0.688
피안타 112	피홈런 7	실점 57	자책점 54	피안타율 0.243
투구수 1947	QS 11	WHIP 1.18	WAR 2.84	WPA 2.16

Tier 2

[Core Stats]	[Wish List]
최고 구속 161.8km	부상 없는 시즌
K/9 10.04 (국내 1위 수준)	규정 이닝 달성
K/BB 4.35 (리그 4위 수준)	기복 줄이기

Pitch Repertoire (구종별 데이터)

구종(Type)	구사비율(Usage %)	평균 구속(Avg, km)	최고 구속(Max, km)	피안타율(BAA)
직구	47.1	149.6	158.7	0.289
포크	19.8	135.1	146.3	0.137
슬라이더	17.4	134.8	143.6	0.23
커브	14.5	122.9	134.8	0.298
투심	1.2	139.9	145	0.667

구속 혁명을 이끄는 흑발의 로베스피에르

김서현 44 

투수 (우투우타)

Basic info

생년월일	2004년 5월 31일
신장/체중	188cm/86kg
연봉	1억 6,800만 원
출신학교	효제초-자양중-서울고

Narrative 2025년 김서현은 전반기 '미스터 제로'의 영광과 우승 문턱의 비극을 동시에 맛봤다. 시즌 초 마무리로서 보여준 위력은 '처형안' 그 자체였으나, 70이닝에 달하는 과부하와 흔들린 메커니즘은 8월의 폭락으로 이어졌다. 정규시즌 우승을 놓친 SSG전 피홈런은 가혹한 성장의 대가였다. 이제 그는 차가운 겨울을 지나며, 조연이 아닌 승리의 주연으로 복귀하기 위해 부러진 칼날을 다시 벼린다.

Ceiling 최고 158.1km에 달하는 포심과 뱀처럼 휘어지는 지저분한 무브먼트는 타자의 배트를 무력화하는 강점이다. 슬라이더 비중을 30%까지 끌어올린 피칭 디자인은 그를 마무리로 격상시킨 히트 상품이었다. 구속을 유지하며 메커니즘의 완성도를 높이고 릴리스 포인트를 일정하게 관리한다면, 그는 2020년대를 상징하는 리그 최고의 클로저로 성장할 잠재력을 지녔다.

Variable 기술보다 시급한 것은 가을의 실패 기억을 지워낼 심리적 복구다. 불안할 때마다 투구 폼을 바꾸며 스스로 밸런스를 무너뜨렸던 습관을 버리고, 70이닝의 과부하를 견뎌낸 신체 회복에 집중해야 한다. 마운드 위에서 다시 배짱 있게 투구할 수 있느냐가 2026년 그의 운명을 결정할 것이다.

Tier 1 Detailed Stats Grid

평균자책점 3.14	경기수 64	승리 2	패배 4	홀드 2
세이브 33	이닝 63	탈삼진 81	볼넷 35	승률 0.333
피안타 52	피홈런 4	실점 23	자책점 22	피안타율 0.222
투구수 1124	QS 0	WHIP 1.38	WAR 1.99	WPA 4.1

Tier 2

[Core Stats]	[Wish List]
최고 구속 158.1km	트라우마 극복
슬라이더 피안타율 0.117	커맨드 증가
K/9: 9.68	포심 구위 증대

Pitch Repertoire (구종별 데이터)

구종(Type)	구사비율(Usage %)	평균 구속(Avg, km)	최고 구속(Max, km)	피안타율(BAA)
직구	59.3	150.8	158.1	0.246
슬라이더	31.4	132.7	142.9	0.117
체인지업	6.4	140.1	146.7	0.235
투심	2.2	151	155.1	0.778
커브	0.5	124.8	132.4	-

부러진 칼날을 다시 벼리는 한화의 처형인

강백호 50

내야수 (우투좌타)

Basic info

생년월일	**1999년 7월 29일**
신장/체중	**184cm/98kg**
연봉	**9억 원**
출신학교	**부천북초-이수중-서울고**

Narrative 고교 시절 최고의 재능으로 10개 구단 모두의 관심을 받으며 '강백호 리그'라는 신조어를 탄생시켰던 천재 소년. 화려한 데뷔와 동시에 리그의 아이콘이 되었으나, 2021년 우승 이후 찾아온 밸런스 붕괴는 4년간의 깊은 슬럼프로 이어졌다. 이제 그는 부진의 사슬을 끊고 천재의 귀환을 알리기 위해 오렌지색 유니폼을 입었다. 그의 부활 선언은 곧 한화 이글스의 우승 열망과 궤를 같이한다.

Ceiling 무너진 밸런스 속에서도 손목 힘만으로 담장을 넘기는 파워는 여전히 독보적이다. 검증된 강속구 대응력과 포스트시즌 OPS .926의 '빅게임 본능'은 타의 추종을 불허한다. 김경문 감독의 신뢰 아래 노시환과 구축할 좌우 쌍포는 상대 마운드에 공포 그 자체이며, 전성기 메커니즘만 회복한다면 리그 지배구조를 뒤흔들 파괴력을 발휘할 것이다.

Variable 부활의 열쇠는 포지션 정착을 통한 심리적 안정과 타격 응집력 회복이다. 지난 3년간의 부상 잔혹사를 끊어낼 내구성이 전제되어야 하며, 감각에만 의존하던 '재능의 함정'에서 벗어나 체계적인 이론으로 무장해야 한다. 본능을 넘어 완성의 단계에 진입할 때, 비로소 그는 미완의 천재를 넘어 한 시대의 이름으로 기록될 것이다.

Tier 1 Detailed Stats Grid

타율 0.265	경기수 95	타석 369	타수 321	득점 41
안타 85	2루타 18	3루타 1	홈런 15	루타 150
타점 61	도루 2	볼넷 44	삼진 64	병살타 9
출루율 0.358	장타율 0.467	OPS 0.825	WAR 1.82	WPA 0.58

Tier 2

[Core Stats]	[Wish List]
PS 통산 OPS 0.926	120경기 경기 이상 출장
투심 상대 타율 0.458	20홈런-100타점
순장타율 0.202(국내 6위)	전담 수비 포지션 확립

Tracking Data

평균 타구속도(km)
141.6

평균발사각(°)
20.3.

Hitting Data

타구분포 (%)

Left	28
Center	23.6
Right	48.4

핫/콜드존

0.412	0.250	0.421
0.296	0.364	0.071
0.500	0.405	0.333

추락한 최애의 아이, 독수리의 날개와 함께 비상을 꿈꾸다

정우주 61 

투수 (우투우타)

Basic info

생년월일	2006년 11월 7일
신장/체중	184cm/88kg
연봉	7,000만 원
출신학교	구남초(남양주리틀)-건대부중-전주고

Narrative 정우주의 데뷔 시즌은 그야말로 거대한 빅뱅이었다. 8월 키움전에서 단 9개의 직구로 완성한 무결점 이닝을 시작으로, 삼성과의 플레이오프 및 도쿄돔 한일전에서 보여준 압도적 호투는 야구계를 경악케 했다. 문동주, 김서현조차 첫해에 보여주지 못한 파괴적인 구위와 흔들리지 않는 강심장을 입증한 그는, 이제 이글스 마운드에서 가장 밝게 빛나는 새로운 태양으로 우뚝 섰다.

Ceiling 그의 포심 패스트볼은 타구 궤적을 왜곡시키는 '블랙홀'에 비견된다. 최고 154.8km의 속도보다 무서운 것은 전성기 오승환에 비견되는 최고 2,600대의 경이로운 RPM이다. 이미 완성형인 직구에 더해 슬라이더와 커브의 비중을 스스로 높이며 피칭 디자인을 확장해 나가는 영리함은, 그가 왜 보법이 다른 신인인지를 명확히 보여주는 증거다.

Variable 우주의 완성을 위해서는 직구 의존도를 낮추는 피칭 디자인의 다변화가 필수적이다. 타순이 돌 때 발생하는 컨택 허용률을 제어하고 변화구의 완성도를 높이는 것이 선결 과제다. 불펜의 조커를 넘어 선발진의 대들보로 안착하기 위한 김경문 감독의 체계적인 보직 관리와 이닝 소화 능력 입증이 2026년 정우주의 운명을 결정할 마지막 퍼즐이 될 것이다.

Tier 1 Detailed Stats Grid

평균자책점 2.85	경기수 51	승리 3	패배 0	홀드 3
세이브 0	이닝 53.1	탈삼진 82	볼넷 21	승률 1.000
피안타 34	피홈런 6	실점 17	자책점 54	피안타율 0.177
투구수 1007	QS -	WHIP 1.02	WAR 1.17	WPA 1.64

Tier 2

[Core Stats]	[Wish List]
직구 최고 구속 154.8km	선발 전환 성공
직구 피안타율 0.176	피칭 디자인 완성
직구 헛스윙률 15.9%	국제대회 활약

Pitch Repertoire (구종별 데이터)

구종(Type)	구사비율(Usage %)	평균 구속(Avg)	최고 구속(Max)	피안타율(BAA)
직구	77.1	148.4	154.8	0.178
슬라이더	16.1	132.3	139.8	0.214
커브	6.3	121.9	131.8	0.111
체인지업	0.5	130.6	133.7	-

우주의 탄생, 고졸 신인이 빚어낸 '빅뱅'

문현빈 51

 Eagles

외야수 (우투좌타)

Basic info

생년월일	2004년 4월 20일
신장/체중	174cm/82kg
연봉	2억 3,000만 원
출신학교	대전유천초-온양중-북일고

Narrative 2025시즌 초반 백업에 머물던 문현빈은 4월 5일 터뜨린 극적인 대타 역전 스리런 한 방으로 자신의 모든 서사를 바꿔놓았다. 시즌 타율 0.320, 169안타를 기록하며 한화의 핵심으로 우뚝 섰다. 특히 가을야구에서 보여준 역대급 클러치 능력은 그를 승부처에서 팀이 가장 신뢰하는 최고의 타자로 만들었다.

Ceiling 매일 아침 7시 훈련장에 나타나는 집요한 성실함이 성장의 원동력이다. 정교한 컨택에 뛰어난 손목 회전을 더해 작은 체구의 한계를 넘는 펀치력을 증명했다. 특히 최근 박해민에게 전수받은 타구 판단과 최단거리 설정 노하우를 빠르게 흡수하며 중견수로서의 디테일을 채워가고 있다. 팀의 요구를 정확히 이해하고 수행하는 스마트한 야구가 그의 실링을 끝없이 확장한다.

Variable 한화의 오랜 숙원인 센터라인 구축의 열쇠를 쥐고 있다. 강백호와 페라자의 수비 부담까지 홀로 메워야 하는 중견수로서, 다소 부족한 주력을 압도적인 수비 센스로 극복해내야 한다. 언제나 합리적 의심을 실력으로 부수며 성장해 온 그가 톱레벨의 수비력까지 입증한다면, 한화 이글스의 대권 도전은 더욱 현실에 가까워진다.

Tier 1 Detailed Stats Grid

타율	0.320	경기수	141	타석	592	타수	528	득점	71
안타	169	2루타	30	3루타	2	홈런	12	루타	239
타점	80	도루	17	볼넷	38	삼진	82	병살타	11
출루율	0.370	장타율	0.453	OPS	0.823	WAR	4.52	WPA	1.16

Tier 2

[Core Stats]

169안타 (리그 4위)
클러치 타율 0.429
150km 이상 타율 0.353

[Wish List]

주전 중견수 안착
15홈런 달성
부상 없는 시즌

Tracking Data

평균 타구속도(km)	
134.4	
평균발사각(°)	
18.9	

Hitting Data

타구분포 (%)

Left	24.8
Center	28.4
Right	46.8

핫/콜드존

0.211	0.452	0.147
0.366	0.393	0.347
0.385	0.375	0.333

꿈꾸는 돌멩이, 대전의 별이 되다

채은성  22

내야수 (우투우타)

Basic info

생년월일	1990년 2월 6일
신장/체중	186cm/92kg
연봉	4억 원
출신학교	순천북초-순천이수중-효천고

Legacy 한화가 패배주의의 터널에 갇혀있던 시절, 채은성의 영입은 단순한 전력 보강 이상의 의미였다. 6년 90억원의 가치는 그의 방망이보다 무너진 팀 문화를 재건할 '워크에식'에 있었다. 그는 단절된 세대를 잇는 가교가 되어 팀에 이기는 법을 이식했으며, 류현진과 강백호 등 대형 자원들이 합류할 수 있는 심리적 안전장치 역할을 완벽히 수행했다.

Standard 스트라이크 존에 얽매이지 않고 자신의 스윙을 관철하는 고전적인 배드볼 히터다. 탄탄한 메커니즘으로 매년 20개 내외의 홈런을 보장하며, 특히 큰 경기에 강한 '빅게임 플레이어'의 면모를 자랑한다. 발가락 신경 상실을 감수하고 한국시리즈 투혼을 발휘한 희생정신은, 단순한 성적을 넘어 팀 전체의 동기부여를 극대화하는 캡틴의 상징 그 자체다.

Horizon 만 36세에 접어든 에이징 커브와 늘어나는 지명타자 비중은 피할 수 없는 현실이다. 그러나 2025시즌 기록한 OPS .814의 성적은 여전히 그가 중심타선에서 경쟁력이 있음을 증명한다. 이제 남은 과제는 'LG 이적생'을 넘어 '한화의 레전드'로 남는 것이다. 2028년까지 이어질 라스트 댄스의 종착역은 한화의 두 번째 우승 별이어야만 한다.

Tier 1 Detailed Stats Grid

타율 0.288	경기수 132	타석 527	타수 480	득점 54
안타 138	2루타 27	3루타 1	홈런 19	루타 224
타점 880	도루 1	볼넷 31	삼진 96	병살타 4
출루율 0.347	장타율 0.467	OPS 0.814	WAR 2.42	WPA 0.27

Tier 2

[Core Stats]
150km 이상 상대 타율 0.417
득점권 타율 0.333
체인지업 상대 타율 0.447

[Wish List]
20홈런 회복
포스트시즌 맹활약
통산 1500안타

Tracking Data

평균 타구속도(km)
137
평균발사각(°)
20

Hitting Data

타구분포 (%)	
Left	48
Center	25.2
Right	26.8

핫/콜드존

0.333	0.217	0.333
0.347	0.450	0.174
0.308	0.326	0.474

독수리 요새의 주춧돌, 신질서를 개척한 '캡틴의 로망'

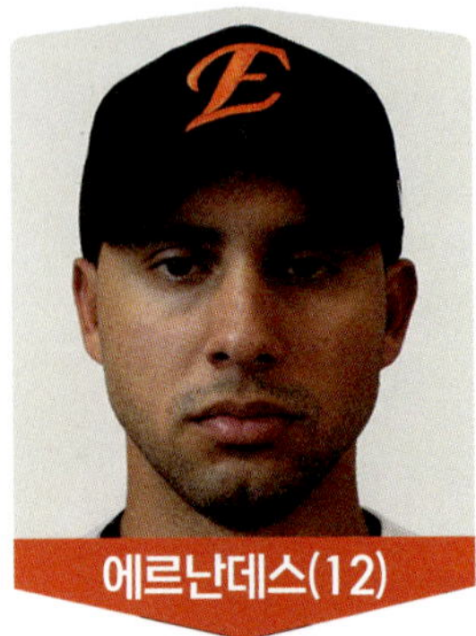

에르난데스(12)

포지션	투수		신장/체중	190cm/88kg
투타유형	우투우타		출신학교	베네수엘라 Pedro Camejo(고)
생년월일	1999년 4월 13일		연봉	65만 달러

평균자책점	-	경기수	-	승리	-	패배	-	홀드	-
세이브	-	이닝	-	탈삼진	-	볼넷	-	승률	-
피안타	-	피홈런	-	실점	-	자책점	-	피안타율	-
투구수	-	QS	-	WHIP	-	WAR	-	WPA	-

스리쿼터로 평균 150km의 속구를 던지는 투수다. 싱커로 뜬공을 많이 유도하며 파워피처보다는 피네스피처에 가깝다. 체인지업이 가장 좋은 변화구이고, 슬라이더는 우타자 상대로 효과적인데, MLB 기준으로는 평범했지만 한국에서는 충분히 통할 수준이다. 2025시즌 트리플A에서 90이닝당 볼넷 3.5개를 기록했다. 싱커의 무브먼트가 ABS와 궁합이 맞는다면 와이스처럼 급성장할 가능성도 있다. 5일 휴식에 적합항 로테이션 관리가 중요하다.

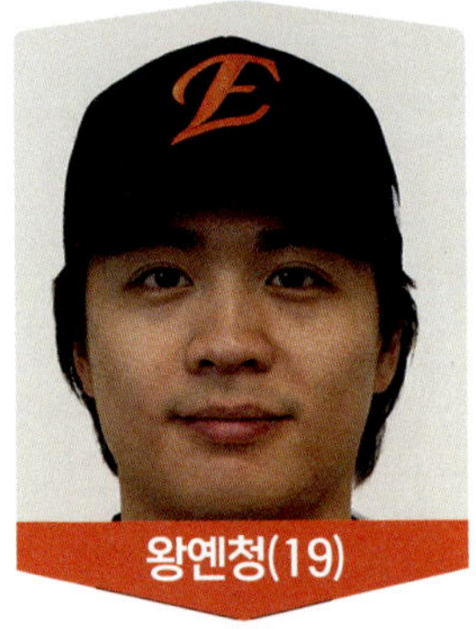

왕옌칭(19)

포지션	투수		신장/체중	180cm/82kg
투타유형	좌투좌타		출신학교	대만 Ku-Pao(고)
생년월일	2001년 2월 14일		연봉	10만 달러

평균자책점	-	경기수	-	승리	-	패배	-	홀드	-
세이브	-	이닝	-	탈삼진	-	볼넷	-	승률	-
피안타	-	피홈런	-	실점	-	자책점	-	피안타율	-
투구수	-	QS	-	WHIP	-	WAR	-	WPA	-

2025시즌 라쿠텐 2군에서 116이닝, 평균자책점 3.26, 10승 5패를 기록하며 팜 최고의 선발 중 하나로 평가 받았다. 평균 140대 중후반, 최고 154km의 패스트볼과 슬라이더가 주무기며, 체인지업과 포크볼도 구사한다. 좌타자 상대 피안타율 0.121로 압도적이지만 우타자 상대는 약점이다. 몸에 맞는 공 9개로 제구에 기복이 있다. 만 25세로 성장형 투수이며, 일본 2군에서 폰세가 압도적 성적 후 한국에서 성공한 사례처럼 가능성이 충분하다.

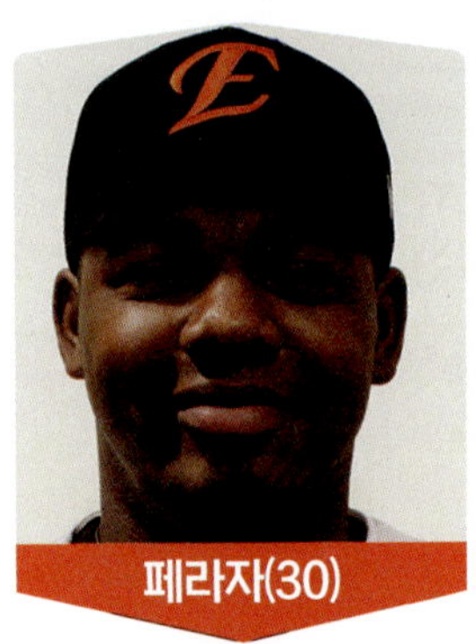

페라자(30)

포지션	외야수		신장/체중	175cm/88kg
투타유형	우투양타		출신학교	San Isidro Labrador(고)
생년월일	1998년 11월 10일		연봉	70만 달러

평균자책점	-	경기수	-	승리	-	패배	-	홀드	-
세이브	-	이닝	-	탈삼진	-	볼넷	-	승률	-
피안타	-	피홈런	-	실점	-	자책점	-	피안타율	-
투구수	-	QS	-	WHIP	-	WAR	-	WPA	-

2024시즌 부상 전까지 폭발적인 활약을 펼친 외인타자. 2025시즌 트리플A에서 풀타임을 소화하며 건강 리스크를 해소했고, 2루타 49개로 리그 1위를 기록하는 등 강한 타구 생산 능력을 입증했다. 평균 타구속도와 하드 히트 비율 모두 리그 상위권에 속했다. 높은 삼진율과 배드볼 히터 성향, 신체능력에 의존하는 불안한 수비는 여전한 약점이다. 베테랑 코칭 스태프의 지도를 통해 기본기를 보완한다면 롱런하는 외인의 길을 걸을 수 있다.

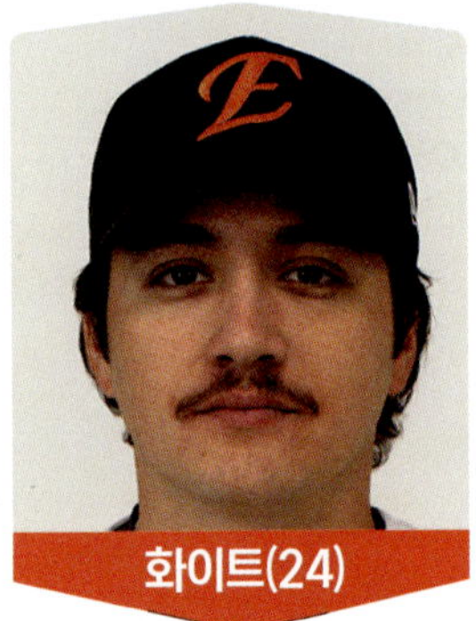

화이트(24)

포지션	투수		신장/체중	190cm/90kg
투타유형	우투우타		출신학교	미국 Carson(고)
생년월일	1999년 8월 9일		연봉	80만 달러

평균자책점	-	경기수	-	승리	-	패배	-	홀드	-
세이브	-	이닝	-	탈삼진	-	볼넷	-	승률	-
피안타	-	피홈런	-	실점	-	자책점	-	피안타율	-
투구수	-	QS	-	WHIP	-	WAR	-	WPA	-

폰세-와이스 모델을 따라 영입한 투수다. 폰세처럼 다채로운 패스트볼과 변화구를 구사하고, 와이스처럼 스위퍼가 주무기다. 뛰어난 운동 신경으로 2023년까지 상위권 유망주였으나 트리플A에서 제구 불안으로 부진했다. 평균 149km 포심은 MLB에서 평균 이하지만 한국에서는 충분히 위력적이다. ABS가 제구 문제를 보완하고 스위퍼 위력을 배가한다면 기대 이상의 활약이 가능하다. 뛰어난 습득력을 지녔기에 스프링캠프 코칭이 성패를 좌우할 것이다.

포지션	내야수		신장/체중		178cm/96kg
투타유형	우투우타		출신학교		서울청구초-덕수중-야탑고
생년월일	1997년 6월 10일		연봉		1억 3,300만원

타율 0.261	경기수 120	타석 340	타수 303	득점 40
안타 79	2루타 15	3루타 0	홈런 3	루타 103
타점 20	도루 5	볼넷 23	삼진 62	병살타 10
출루율 0.329	장타율 0.34	OPS 0.669	WAR 1.44	WPA -2.84

데뷔 첫타석 초구 홈런으로 강한 인상을 남긴 유틸리티 우타자다. 준수한 컨택과 선구안으로 주전에 오른 적도 있었지만, 명확한 수비 포지션을 찾지 못하며 여러 자리를 오갔다. 2025시즌에는 타격도 부진했고 득점권 타율 0.197을 기록하며 백업으로 밀려났다. 강백호, 노시환, 문현빈, 페라자, 하주석 등 공수 양면에서 장점이 뚜렷한 선수들과 경쟁해 주전으로 도약하려면 자신만의 확실한 무기를 찾아야 한다.

김태연(25)

포지션	투수		신장/체중		187cm/98kg
투타유형	우투우타		출신학교		백운초-서울이수중-휘문고-연세대
생년월일	1994년 9월 9일		연봉		2억 6,300만 원

평균자책점 4.19	경기수 74	승리 4	패배 3	홀드 16
세이브 0	이닝 66.2	탈삼진 52	볼넷 21	승률 0.571
피안타 0.267	피홈런 4	실점 17	자책점 31	피안타율 0.177
투구수 1128	QS 0	WHIP 1.32	WAR 0.69	WPA 0.70

팀의 어려운 시기부터 한화 필승조를 담당해온 불펜 투수다. 평균 144.7km의 직구와 위력적인 포크볼, 고속 슬라이더로 공격적인 피칭을 펼치지만 최근 기복이 있다. 2024시즌에는 전반기 부진 후 후반기 맹활약을 보였고, 2025시즌에는 반대로 전반기에 좋은 모습을 보였지만 후반기와 가을야구에서 신뢰를 주지 못했다. 한승혁과 김범수의 이탈로 불펜 공백이 커진 만큼, 2026시즌에는 시즌 내내 안정적인 활약을 보여주는 것이 과제다.

박상원(58)

포지션	외야수		신장/체중		174cm/84kg
투타유형	우투좌타		출신학교		양정초-개성중-부산고
생년월일	1988년 3월 18일		연봉		1억 원

타율 0.288	경기수 111	타석 340	타수 372	득점 39
안타 107	2루타 22	3루타 3	홈런 1	루타 138
타점 50	도루 0	볼넷 37	삼진 59	병살타 3
출루율 0.352	장타율 0.371	OPS 0.723	WAR 1.27	WPA -0.84

KBO 통산 최다 안타 기록 보유자로, 전성기에는 매년 3할 타율과 4할 출루율을 기록하며 한국야구 최고의 교타자로 평가받았다. 한화가 우승을 위한 핵심 전력으로 영입했지만, 기대에 못 미치는 활약으로 팀은 준우승에 그쳤고 본인도 FA 협상에서 난항을 겪었다. 2026시즌에는 최고의 워크에식을 바탕으로 공수 양면에서 부활을 노린다. 목표는 우승과 전인미답의 3000안타, 그 과정에서 명예 회복도 함께 이뤄낼 것이다.

손아섭(31)

포지션	내야수		신장/체중		183cm/75kg
투타유형	우투우타		출신학교		송정동초-언북중-경기고-(영남사이버대)
생년월일	1995년 4월 28일		연봉		4억 원

타율 0.231	경기수 94	타석 275	타수 247	득점 39
안타 57	2루타 9	3루타 1	홈런 2	루타 74
타점 22	도루 11	볼넷 17	삼진 49	병살타 4
출루율 0.287	장타율 0.3	OPS 0.587	WAR 0.39	WPA -1.77

총액 50억 원에 영입된 FA 첫 해는 기대에 못 미쳤다. 본래에도 수비에 더 강점이 있는 유격수였지만, 멘도사 라인에 가까운 타율은 아쉬웠고 결국 주전 자리를 하주석에게 내줬다. 다만 한국시리즈에서 팀을 승리로 이끈 결정적 적시타를 터뜨리며 반등의 가능성을 보였다. 수비에서는 이미 실력을 인정받고 있는 만큼, 2026시즌에는 전성기 시절의 타격 감각을 되찾는 것이 과제다.

심우준(7)

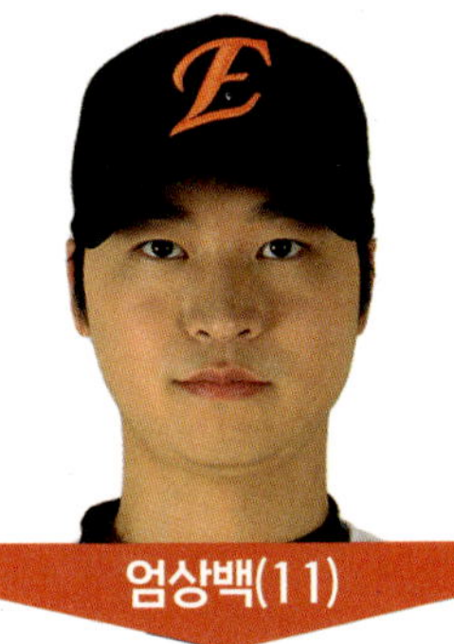

엄상백(11)

포지션	투수		신장/체중		187cm/72kg
투타유형	투수(우언우타)		출신학교		역삼초-언북중-덕수고
생년월일	1996년 10월 4일		연봉		9억 원

평균자책점 6.58	경기수 28	승리 2	패배 7	홀드 1
세이브 0	이닝 80.2	탈삼진 74	볼넷 38	승률 0.222
피안타 106	피홈런 13	실점 60	자책점 59	피안타율 0.324
투구수 1128	QS 2	WHIP 1.79	WAR -0.39	WPA -0.57

제구력 실종에 따른 결정구 체인지업의 가치 저하가 2025시즌의 좌절로 이어졌다. 6점대 평균 자책점과 규정이닝의 7할에 불과한 이닝 소화력으로 커리어 로우를 기록한 것. 반등을 위해서는 주무기 체인지업의 컨트롤 회복이 급선무다. 아직 에이징 커브를 우려할 나이도 아니고, 내구성도 좋은 편이지만 마운드에서 동요가 크고, 피칭 메커니즘 회복이 쉽지 않은 사이드암 투수라는 점이 걸림돌이다. 대체 선발 내지 가비지 이닝용 롱릴리프 요원이 유력하다.

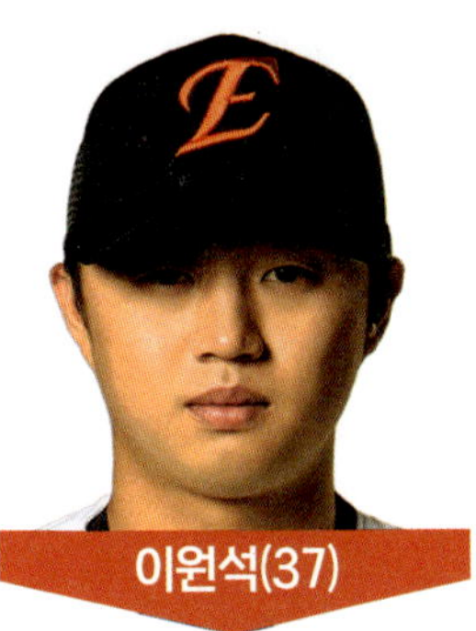

이원석(37)

포지션	외야수		신장/체중		177cm/80kg
투타유형	우투우타		출신학교		화곡초-충암중-충암고
생년월일	1999년 3월 31일		연봉		6,500만 원

타율 0.203	경기수 129	타석 248	타수 212	득점 60
안타 43	2루타 7	3루타 0	홈런 4	루타 62
타점 24	도루 22	볼넷 23	삼진 51	병살타 4
출루율 0.29	장타율 0.292	OPS 0.582	WAR 0.17	WPA -1.50

2025시즌 개인 최다인 129경기에 출전하며 외야 백업으로 자리를 잡았다. 빠른 발과 준수한 수비로 5년 동안 꾸준히 기회를 받아왔다. 그러나 타격의 성장 정체는 우려된다. 통산 타율 0.195, 2025시즌 타율 0.203을 기록했고, 최근 3년 연속 OPS 0.600을 넘기지 못했다. 선구안이 있어 출루율은 타율 대비 높지만, 전반적인 공격 기여도는 낮은 편이다. 외야 경쟁이 더욱 치열해진 만큼, 로스터 자리를 지키려면 타격 향상이 절실하다.

이진영(10)

포지션	외야수		신장/체중		183cm/89kg
투타유형	우투우타		출신학교		둔촌초-선린중-선린인터넷고
생년월일	1997년 7월 21일		연봉		1억 1,000만 원

타율 0.274	경기수 115	타석 366	타수 321	득점 49
안타 88	2루타 13	3루타 0	홈런 11	루타 134
타점 43	도루 1	볼넷 38	삼진 93	병살타 8
출루율 0.35	장타율 0.417	OPS 0.767	WAR 2.13	WPA -1.01

2025시즌 타율 0.274, 출루율 0.350, 11홈런을 기록하며 공격 면에서 커리어 하이를 달성했다. 그러나 수비와 주루 플레이에서 약점을 보이며 주전 자리를 확보하지 못했다. 타격 능력만큼은 인정받지만, 외야 수비와 작전 수행에서 약점이 드러나며 주로 대타로 활용됐다. 코너 외야 경쟁자들도 수비에서 두각을 보이지 못하는 만큼, 수비 기본기를 다진다면 주전 경쟁에서 유리한 고지를 점할 수 있다.

주현상(66)

포지션	투수		신장/체중		177cm/92kg
투타유형	우투우타		출신학교		청주우암초-청주중-청주고-동아대
생년월일	1992년 8월 10일		연봉		1억 8,700만 원

평균자책점 5.18	경기수 48	승리 5	패배 2	홀드 3
세이브 1	이닝 41.2	탈삼진 37	볼넷 10	승률 0.714
피안타 59	피홈런 8	실점 25	자책점 24	피안타율 0.331
투구수 776	QS 0	WHIP 1.66	WAR -0.04	WPA -0.52

평균 142.7km에서 최고 147.6km의 직구와 슬라이더, 체인지업을 구사하며 스트라이크 존을 공격적으로 공략하는 투수다. 2024시즌에는 한화의 마무리로 맹활약했지만, 2025시즌에는 직구 구위가 떨어지고 변화구 제구가 흔들리며 방어율 5.18을 기록, 추격조로 밀려났다. 과감한 투구가 강점이었던 만큼, 2026시즌에는 직구 위력을 회복해 신뢰를 되찾고 필승조 재진입을 노려야 한다.

포지션	포수		신장/체중	178cm/94kg
투타유형	우투우타		출신학교	화곡초-덕수중-덕수고-(방송통신대)
생년월일	1989년 8월 27일		연봉	4억 원

타율 0.286	경기수 121	타석 348	타수 269	득점 28
안타 77	2루타 15	3루타 0	홈런 1	루타 95
타점 35	도루 1	볼넷 46	삼진 48	병살타 4
출루율 0.414	장타율 0.353	OPS 0.767	WAR 2.81	WPA 0.18

4할 출루율을 기록할 수 있는 뛰어난 선구안과 정상급 수비력을 지닌 한화의 주전 포수다. 2025시즌에는 출루율 0.414에 OPS 0.767을 기록하며 공격에서 좋은 모습을 보였지만, 포일 8개와 20% 초반대 도루 저지율을 기록하며 수비에서는 커리어 최저 성적을 냈다. 특히 후반기로 갈수록 체력 저하가 드러나며 수비 퍼포먼스가 떨어졌다. 2026 시즌에는 백업 포수진의 적절한 활용을 통해 컨디션을 유지하며 시즌을 풀가동하는 것이 중요하다.

최재훈(13)

포지션	내야수		신장/체중	185cm/92kg
투타유형	우투좌타		출신학교	강남초-덕수중-신일고
생년월일	1994년 2월 25일		연봉	2억 원

타율 0.297	경기수 95	타석 305	타수 276	득점 34
안타 82	2루타 14	3루타 0	홈런 4	루타 108
타점 28	도루 2	볼넷 12	삼진 66	병살타 10
출루율 0.337	장타율 0.391	OPS 0.728	WAR 1.51	WPA -2.34

초고교급 유격수로 데뷔해 한화의 원클럽맨으로 팀을 지켜온 베테랑이다. 2025시즌 FA 자격을 얻었지만 부진과 논란으로 낮은 연봉에 재계약했고, 결국 그 이상의 가치를 증명해냈다. 2루수로 공수 양면에서 준수한 활약을 보였고, 심우준의 공백이 생겼을 때는 유격수로 자리를 옮겨 안정적으로 소화했다. 95경기에서 타율 0.297을 기록하며 부활에 성공했다. 2026시즌에는 심우준과 주전 경쟁을 넘어 파트너로서 키스톤 콤비를 완성해야 한다.

하주석(16)

포지션	내야수		신장/체중	177cm/80kg
투타유형	우투좌타		출신학교	수진초-성일중-충훈고
생년월일	1999년 10월 16일		연봉	9,600만 원

타율 0.273	경기수 117	타석 286	타수 260	득점 40
안타 71	2루타 17	3루타 1	홈런 1	루타 93
타점 22	도루 1	볼넷 20	삼진 37	병살타 4
출루율 0.329	장타율 0.358	OPS 0.687	WAR 0.95	WPA -0.37

최강야구 출신으로 3할 타율을 기대할 수 있을 정도로 컨택이 뛰어나지만 장타력이 부족하고 변화구 대응에 약점이 뚜렷하다. 수비는 날렵한 신체 능력을 바탕으로 호수비를 보여주지만 기본기가 아쉽다는 평. 2025시즌에는 주로 백업으로 출전했지만, 8월부터 OPS 0.962를 기록하며 맹타를 휘둘렀고 클러치 상황에서 적시타를 터뜨리며 강한 인상을 남겼다. 2026시즌에는 수비 안정성과 장타력을 보완해 주전 경쟁에 나서야 한다.

황영묵(95)

포지션	투수		신장/체중	185cm/78kg
투타유형	좌투좌타		출신학교	면일초(중랑구리틀)-상명중-장충고
생년월일	2005년 8월 22일		연봉	8,200만 원

평균자책점 5.30	경기수 23	승리 2	패배 8	홀드 0
세이브 0	이닝 56	탈삼진 57	볼넷 26	승률 0.200
피안타 54	피홈런 7	실점 37	자책점 33	피안타율 0.255
투구수 1012	QS 2	WHIP 1.43	WAR 0.23	WPA 0.48

고교 시절 최고의 좌완 유망주로 불리며 큰 기대를 받았던 투수다. 아마추어 시절 최고 150km의 직구를 던졌지만 프로 무대에서는 체력 문제로 평균 구속이 떨어졌고, 시즌 후반으로 갈수록 힘이 빠지는 모습이 뚜렷하게 나타났다. 직구와 포크볼 위주의 투피치 패턴도 상대 팀에 분석되면서 타선의 집중 공략을 받았다. 2026시즌에는 체력 보강과 함께 새로운 구종을 개발해 레퍼토리를 다양화하는 것이 과제다.

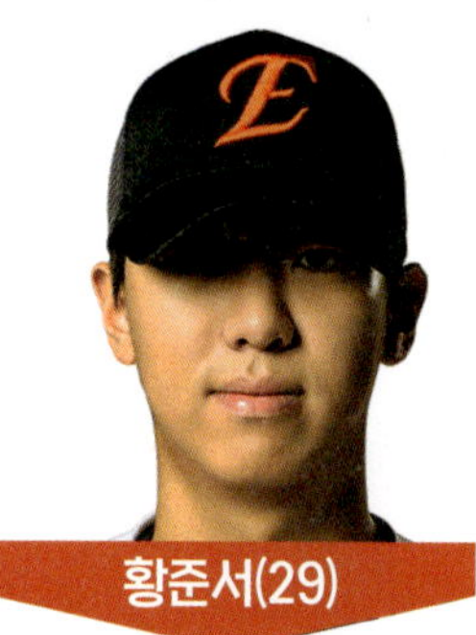
황준서(29)

강재민(55) 투수 - 전성기 구위와 구속 회복이 재도약의 열쇠

투타유형	우투우타				신장/체중		180cm/89kg		
생년월일	1997년 4월 3일				출신학교		양덕초-마산중-용마고-단국대		

평자 9.00	경기수 4	승리 0	패배 0	홀드 0	세이브 0	이닝 4	탈삼진 5	볼넷 2	승률
피안타 6	피홈런 1	실점 4	자책점 4	AVG 0.375	투구수 92	QS 0	WHIP 2	WAR -0.09	WPA -0.03

권광민(17) 외야수 - 거포 잠재력은 인정받았으나 컨택 개선이 우선

투타유형	좌투좌타				신장/체중		189cm/102kg		
생년월일	1997년 12월 12일				출신학교		서울청구초-홍은중-장충고		

타율 0.167	경기수 15	타석 18	타수 18	득점 2	안타 3	2루타 1	3루타 0	홈런 0	루타 4
타점 0	도루 0	볼넷 0	삼진 5	병살타 1	출 0.167	장 0.222	OPS 0.389	WAR -0.19	WPA -0.24

권민규(64) 투수 - 가능성을 보인 고졸 신인, 구위 향상이 과제

투타유형	좌투좌타				신장/체중		188cm/90kg		
생년월일	2006년 5월 13일				출신학교		청주석교초-세광중-세광고		

평자 8.44	경기수 5	승리 0	패배 0	홀드 0	세이브 0	이닝 5.1	탈삼진 4	볼넷 7	승률 -
피안타 5	피홈런 1	실점 5	자책점 5	AVG 0.250	투구수 129	QS 0	WHIP 2.25	WAR -0.11	WPA 0.12

김건(56) 내야수 - 컨택형 2루수, 장타력을 더 끌어올려야 할 시점

투타유형	우투우타				신장/체중		183cm/79kg		
생년월일	2000년 2월 23일				출신학교		양정초-개성중-경남고		

타율 -	경기수 -	타석 -	타수 -	득점 -	안타 -	2루타 -	3루타 -	홈런 -	루타 -
타점 -	도루 -	볼넷 -	삼진 -	병살타 -	출 -	장 -	OPS -	WAR -	WPA -

김도빈(46) 투수 - 구위는 출중하나 제구 불안이 발목

투타유형	우투우타				신장/체중		190cm/95kg		
생년월일	2001년 1월 5일				출신학교		서화초-경기신흥중-성지고-강릉영동대		

평자 -	경기수 -	승리 -	패배 -	홀드 -	세이브 -	이닝 -	탈삼진 -	볼넷 -	승률 -
피안타 -	피홈런 -	실점 -	자책점 -	AVG -	투구수 -	QS -	WHIP -	WAR -	WPA -

김민우(53) 투수 - 성공적인 재활 복귀가 팀에 천군만마

투타유형	우투우타				신장/체중		186cm/123kg		
생년월일	1995년 7월 25일				출신학교		사파초-마산중-용마고		

평자 -	경기수 -	승리 -	패배 -	홀드 -	세이브 -	이닝 -	탈삼진 -	볼넷 -	승률 -
피안타 -	피홈런 -	실점 -	자책점 -	AVG -	투구수 -	QS -	WHIP -	WAR -	WPA -

김승일(14) 투수 - 공격적 피칭은 합격, 극심한 제구 불안은 숙제

투타유형	우언우타				신장/체중		183cm/85kg		
생년월일	2001년 7월 7일				출신학교		해강초(해운대리틀)-센텀중-경남고		

평자 23.63	경기수 5	승리 0	패배 0	홀드 0	세이브 0	이닝 2.2	탈삼진 3	볼넷	승률 -
피안타 3	피홈런 1	실점 7	자책점 7	AVG 0.273	투구수 68	QS 0	WHIP 2.25	WAR -0.26	WPA -0.01

김종수(38) 투수 - 재활 후 호성적, 제구 개선으로 필승조 진입 노려야

투타유형	우투우타				신장/체중		180cm/88kg		
생년월일	1994년 6월 3일				출신학교		성동초-덕수중-울산공고		

평자 3.25	경기수 63	승리 4	패배 5	홀드 5	세이브 0	이닝 63.2	탈삼진 59	볼넷 36	승률 0.444
피안타 57	피홈런 5	실점 30	자책점 23	AVG 0.245	투구수 1104	QS 0	WHIP 1.46	WAR 0.62	WPA -0.13

남지민(군 복무) 투수 - 변화구 개선 여부가 팀 기여도를 가를 핵심

투타유형	우투우타		신장/체중	181cm/100kg					
생년월일	2001년 2월 12일		출신학교	양정초-개성중-부산정보고					

평자 -	경기수 -	승리 -	패배 -	홀드 -	세이브 -	이닝 -	탈삼진 -	볼넷 -	승률 -
피안타 -	피홈런 -	실점 -	자책점 -	AVG -	투구수 -	QS -	WHIP -	WAR -	WPA -

박상언(42) 포수 - 10년차 백업 포수, 수비력이 생존의 열쇠

투타유형	우투우타		신장/체중	185cm/90kg					
생년월일	1997년 3월 3일		출신학교	무원초-영남중-유신고					

타율 -	경기수 -	타석 -	타수 -	득점 -	안타 -	2루타 -	3루타 -	홈런 -	루타 -
타점 -	도루 -	볼넷 -	삼진 -	병살타 -	출 -	장 -	OPS -	WAR -	WPA -

박정현(63) 내야수 - 뎁스 강화로 기회 줄어, 가능성을 넘어선 실력 필요

투타유형	우투우타		신장/체중	183cm/80kg					
생년월일	2001년 7월 27일		출신학교	부천북초-부천중-유신고					

타율 0	경기수 2	타석 2	타수 2	득점 0	안타 0	2루타 0	3루타 0	홈런 0	루타 0
타점 0	도루 0	볼넷 0	삼진 1	병살타 0	출 0	장 0	OPS 0	WAR 0	WPA 0

박준영(96) 투수 - 구위는 합격, 제구 불안 해결이 선결 과제

투타유형	우투우타		신장/체중	190cm/103kg					
생년월일	2003년 3월 2일		출신학교	청주우암초(청주시리틀)-세광중-세광고					

평자 3.60	경기수 1	승리 0	패배 0	홀드 0	세이브 0	이닝 5	탈삼진 3	볼넷 6	승률 -
피안타 3	피홈런 0	실점 2	자책점 2	AVG 0.176	투구수 110	QS 0	WHIP 1.8	WAR 0.07	WPA 0.08

배민서(45) 투수 - 2군 에이스지만 구속 부족, 대체 무기 개발이 관건

투타유형	우언우타		신장/체중	184cm/90kg					
생년월일	1999년 11월 18일		출신학교	대구수창초-경운중-대구상원고					

평자 -	경기수 -	승리 -	패배 -	홀드 -	세이브 -	이닝 -	탈삼진 -	볼넷 -	승률 -
피안타 -	피홈런 -	실점 -	자책점 -	AVG -	투구수 -	QS -	WHIP -	WAR -	WPA -

양수호(47) 투수 - 좋은 피지컬의 장기 육성 프로젝트

투타유형	우투우타		신장/체중	187cm/82kg					
생년월일	2006년 9월 9일		출신학교	보성초(대전중구리틀)-공주중-공주고					

평자 -	경기수 -	승리 -	패배 -	홀드 -	세이브 -	이닝 -	탈삼진 -	볼넷 -	승률 -
피안타 -	피홈런 -	실점 -	자책점 -	AVG -	투구수 -	QS -	WHIP -	WAR -	WPA -

원종혁(48) 투수 - 강속구는 있다, 변화구 개발만이 답

투타유형	우투우타		신장/체중	184cm/92kg					
생년월일	2005년 8월 27일		출신학교	서울도곡초-휘문중-구리인창고					

평자 16.20	경기수 2	승리 0	패배 0	홀드 0	세이브 0	이닝 1.2	탈삼진 1	볼넷 2	승률 -
피안타 3	피홈런 1	실점 3	자책점 3	AVG 0.429	투구수 37	QS 0	WHIP 3	WAR -0.1	WPA -0.01

유로결(33) 외야수 - 본헤드 플레이 근절이 재기의 첫걸음

투타유형	우투우타		신장/체중	186cm/83kg					
생년월일	2000년 5월 30일		출신학교	광주서림초-광주동성중-광주제일고					

타율 0.154	경기수 20	타석 16	타수 13	득점 1	안타 2	2루타 0	3루타 0	홈런 0	루타 2
타점 0	도루 1	볼넷 0	삼진 4	병살타 0	출 0.214	장 0.154	OPS 0.368	WAR -0.08	WPA -0.33

유민(65) 외야수 - 피지컬은 합격, 타격 메커니즘 완성이 과제

투타유형	우투우타				신장/체중		187cm/92kg		
생년월일	2003년 1월 20일				출신학교		역삼초-대치중-배명고		

타율 -	경기수 -	타석 -	타수 -	득점 -	안타 -	2루타 -	3루타 -	홈런 -	루타 -
타점 -	도루 -	볼넷 -	삼진 -	병살타 -	출 -	장 -	OPS -	WAR -	WPA -

윤산흠(49) 투수 - ABS를 날개 삼아 필승조 도약을 노린다

투타유형	우투우타				신장/체중		178cm/74kg		
생년월일	1999년 5월 15일				출신학교		광주화정초-진흥중-영선고		

평자 3.78	경기수 12	승리 0	패배 0	홀드 0	세이브 0	이닝 16.2	탈삼진 17	볼넷 5	승률 -
피안타 16	피홈런 1	실점 7	자책점 7	AVG 0.246	투구수 268	QS 0	WHIP 1.26	WAR 0.29	WPA -0.45

이도윤(5) 내야수 - 타격 툴은 준수, 공격력 개선이 주전의 열쇠

투타유형	우투좌타				신장/체중		175cm/79kg		
생년월일	1996년 10월 7일				출신학교		고명초-배재중-북일고		

타율 0.260	경기수 113	타석 277	타수 250	득점 37	안타 65	2루타 11	3루타 3	홈런 1	루타 85
타점 36	도루 1	볼넷 11	삼진 52	병살타 5	출 0.296	장 0.34	OPS 0.636	WAR 0.24	WPA -1.26

이민우(27) 투수 - 잃어버린 구위를 되찾는 것이 필승조 복귀의 전부

투타유형	우투우타				신장/체중		185cm/104kg		
생년월일	1993년 2월 9일				출신학교		순천북초-순천이수중-효천고-경성대		

평자 -	경기수 -	승리 -	패배 -	홀드 -	세이브 -	이닝 -	탈삼진 -	볼넷 -	승률 -
피안타 -	피홈런 -	실점 -	자책점 -	AVG -	투구수 -	QS -	WHIP -	WAR -	WPA -

이상규(18) 투수 - 151km 강속구 회복이 재도약의 출발선

투타유형	우투우타				신장/체중		185cm/77kg		
생년월일	1996년 10월 20일				출신학교		흥인초-청원중-청원고		

평자 8.00	경기수 5	승리 0	패배 1	홀드 0	세이브 0	이닝 9	탈삼진 5	볼넷 4	승률 0
피안타 16	피홈런 0	실점 9	자책점 8	AVG 0.372	투구수 155	QS 0	WHIP 2.22	WAR -0.15	WPA -0.55

이재원(20) 포수 - 플레잉 코치로 젊은 포수진을 이끌 베테랑

투타유형	우투우타				신장/체중		185cm/98kg		
생년월일	1988년 2월 24일				출신학교		인천숭의초-상인천중-인천고		

타율 0.200	경기수 98	타석 151	타수 125	득점 4	안타 25	2루타 1	3루타 1	홈런 1	루타 32
타점 12	도루 1	볼넷 14	삼진 23	병살타 3	출 0.28	장 0.256	OPS 0.536	WAR -0.56	WPA -1.17

임종찬(9) 외야수 - 파워는 출중, 변화구 대처 능력이 기회의 분수령

투타유형	우투좌타				신장/체중		184cm/85kg		
생년월일	2001년 9월 28일				출신학교		청주우암초-청주중-북일고		

타율 0.167	경기수 17	타석 35	타수 30	득점 2	안타 5	2루타 1	3루타 0	홈런 1	루타 9
타점 2	도루 2	볼넷 5	삼진 13	병살타 0	출 0.286	장 0.3	OPS 0.586	WAR -0.11	WPA -0.68

장규현(32) 포수 - 공격력은 검증, 수비력 보완이 1군 정착의 관건

투타유형	우투좌타				신장/체중		183cm/96kg		
생년월일	2002년 6월 28일				출신학교		인성초(미추홀구리틀)-동안천중-인천고		

타율 1.000	경기수 2	타석 2	타수 1	득점 1	안타 1	2루타 0	3루타 0	홈런 0	루타 1
타점 0	도루 0	볼넷 1	삼진 0	병살타 0	출 1.000	장 1.000	OPS 2.000	WAR 0.09	WPA 0.00

정민규(2) 내야수 - 꾸준한 성장 중, 조급함 없는 장기 육성이 답

투타유형	우투우타			신장/체중		183cm/101kg			
생년월일	2003년 1월 10일			출신학교		광일초(부산서구리틀)-경남중-부산고			

타율 -	경기수 -	타석 -	타수 -	득점 -	타점 -	도루 -	볼넷 -	삼진 -	병살타 -
안타 -	2루타 -	3루타 -	홈런 -	루타 -	출 -	장 -	OPS -	WAR -	WPA -

정은원(군 복무) 내야수 - 골든글러브 출신, 수비와 선구안 회복이 절실

투타유형	우투우타			신장/체중		177cm/82kg			
생년월일	2000년 1월 17일			출신학교		상인천초-상인천중-인천고			

타율 -	경기수 -	타석 -	타수 -	득점 -	타점 -	도루 -	볼넷 -	삼진 -	병살타 -
안타 -	2루타 -	3루타 -	홈런 -	루타 -	출 -	장 -	OPS -	WAR -	WPA -

정이황(34) 투수 - 유망주 딱지 뒤엔 12점대 방어율, 전면 재정비가 필요

투타유형	우투우타			신장/체중		190cm/89kg			
생년월일	2000년 3월 7일			출신학교		부산수영초-경남중-부산고			

평자	경기수	승리	패배	홀드	세이브	이닝	탈삼진	볼넷	승률
피안타	피홈런	실점	자책점	AVG	투구수	QS	WHIP	WAR -	WPA -

조동욱(57) 투수 - 좌타 킬러로 활약, 패스트볼 피안타율 극복이 과제

투타유형	좌투좌타			신장/체중		190cm/82kg			
생년월일	2004년 11월 2일			출신학교		소래초-영남중-장충고			

평자 4.05	경기수 68	승리 3	패배 3	홀드 5	세이브 2	이닝 60	탈삼진 43	볼넷 29	승률 0.500
피안타 77	피홈런 4	실점 29	자책점 27	AVG 0.313	투구수 1068	QS 0	WHIP 1.77	WAR 0.62	WPA 0.65

최인호(41) 외야수 - 타격은 합격, 수비 향상만이 주전의 길

투타유형	우투좌타			신장/체중		178cm/82kg			
생년월일	2000년 1월 30일			출신학교		송정동초-광주동성중-포항제철고			

타율 0.259	경기수 78	타석 159	타수 139	득점 7	안타 36	2루타 9	3루타 0	홈런 2	루타 51
타점 19	도루 1	볼넷 13	삼진 29	병살타 5	출 0.342	장 0.367	OPS 0.709	WAR 0.68	WPA -0.24

한경빈(6) 내야수 - 2군 타율 0.331로 가능성 입증, 뎁스 속 틈새 찾아야

투타유형	우투좌타			신장/체중		178cm/69kg			
생년월일	1998년 12월 11일			출신학교		인천서림초-상인천중-동산고-인천재능대			

타율 -	경기수 -	타석 -	타수 -	득점 -	타점 -	도루 -	볼넷 -	삼진 -	병살타 -
안타 -	2루타 -	3루타 -	홈런 -	루타 -	출 -	장 -	OPS -	WAR -	WPA -

허관회(26) 포수 - 2군 출전마저 줄어, 차별화된 강점 발굴이 절실

투타유형	우투우타			신장/체중		176cm/93kg			
생년월일	1999년 2월 12일			출신학교		경동초(의정부리틀)-건대부중-경기고			

타율 -	경기수 -	타석 -	타수 -	득점 -	타점 -	도루 -	볼넷 -	삼진 -	병살타 -
안타 -	2루타 -	3루타 -	홈런 -	루타 -	출 -	장 -	OPS -	WAR -	WPA -

허인서(59) 포수 - 파괴적 장타력의 소유자, 컨택 개선이 미래를 가른다

투타유형	우투우타			신장/체중		182cm/93kg			
생년월일	2003년 7월 11일			출신학교		순천북초-여수중-효천고			

타율 0.172	경기수 20	타석 30	타수 29	득점 2	안타 5	2루타 1	3루타 0	홈런 0	루타 6
타점 2	도루 0	볼넷 0	삼진 12	병살타 1	출 0.200	장 0.207	OPS 0.407	WAR -0.09	WPA -0.51

SSG 랜더스

창단연도	2000년
연고지	인천광역시
홈구장	인천 SSG 랜더스필드
한국시리즈 우승	2007, 2008, 2010, 2018, 2022
야구철학	한국형 머니볼
구단연혁	SK 와이번스(2000~2020) SSG 랜더스(2021~)

2025 시즌 리뷰

2024시즌 후 스토브리그 농사는 나쁘지 않아 보였다. 국가대표 후보로 거론되었던 파이어볼러 미치 화이트를 새로 영입했으며, 앤더슨, 에레디아와 재계약에 성공했다.

그러나 시즌 초반은 매우 답답했다. 선발진과 불펜진은 준수했지만, 타선이 리그에서 최하위 수준이었다. 이전 시즌에 잘해 주었던 정준재, 최정, 한유섬 등이 모두 부진에 빠진 것이 원인이었다. 전반기에 기록한 스윕 시리즈가 0개일 정도로 압도적인 면이 전혀 보이지 않았고, 전반기 성적도 6위에 그쳤다.

다행히 가을 경쟁팀 롯데가 무너지면서 SSG의 뒷심이 발휘되기 시작했다. 8월 승률 3위, 9~10월 승률 1위로 엄청난 상승세를 보이며 정규리그 3위로 마무리했다. 타선은 큰 변화가 없었지만, 마운드가 뒷심을 발휘했던 결과였다.

포스트시즌은 아쉬웠다. 삼성 타선이 평소답지 않게 부진했지만, SSG가 더 부진했다. 경기당 평균 3점 이상을 기대 못할 물타선에, 외국인 원투펀치 앤더슨과 화이트가 컨디션 관리에 실패했던 것이 결정타였다. 준플레이오프 1승 3패로 씁쓸하게 가을야구를 끝냈다.

2025년은 절반의 성공이었다. 타격은 아쉬웠지만, 마운드에서는 신인들의 놀라운 성장세가 돋보였다. 고명준, 조형우, 조병현, 김건우, 이로운 등 젊은 선수들의 기량이 본격적인 궤도에 올랐다는 평가를 받는다. 그들이 2026시즌에도 연착륙에 성공한다면 미래가 가장 밝은 팀이 될지도 모른다.

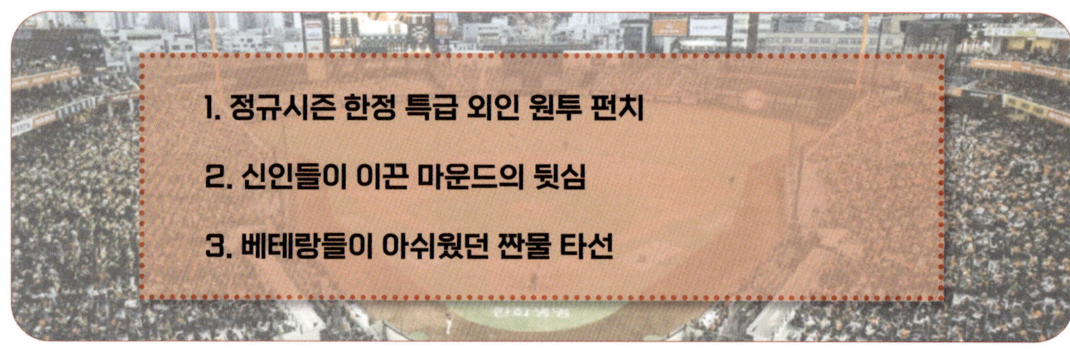

⚾ 최근 10년간 팀 순위 (6-5-1-3-9-6-1-3-6-3)

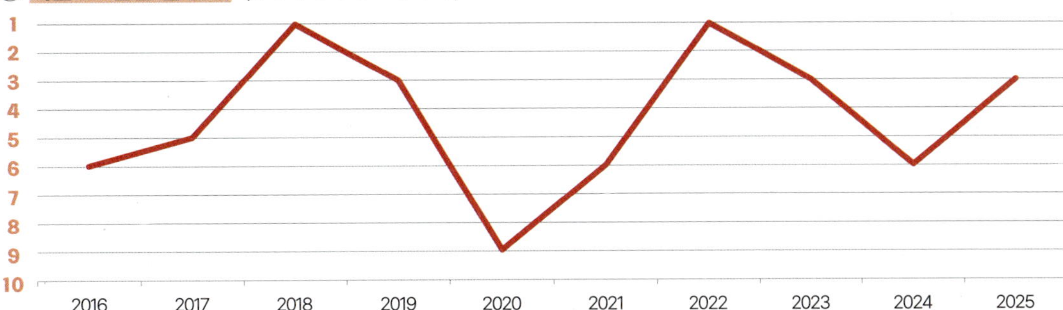

팀 공격력

팀 타율 0.256

팀 출루율 0.330

팀 장타율 0.376

팀 OPS 0.706

팀 마운드

팀 방어 3.63

팀 피안타율 0.244

팀 WHIP 1.30

팀 탈삼진 1193

팀 수비

팀 실책 106

팀 도루저지율 0.295

⚾ 팀 최애 선수(유니폼 마킹순)

1. 최정

2. 최지훈

3. 박성한

2025 승리의 알고리즘

⚾ 팀 WAR

	타자 WAR	투수 WAR	수비효율 (DER)
리그	22.5	14.57	0.679
SSG	16.6	23.17	0.693
순위	9	2	1

⚾ 구장 특징

⚾ 투수진

	화이트
	베니지아노
선발투수	김건우
	타케다
	김광현
	김민
필승조	이로운
	노경은
마무리	조병현

⚾ Plan B

포수	이지영, 김민식
1루수	전의산, 오태곤, 현원회
2루수	안상현, 석정우
3루수	석정우, 안상현
유격수	안상현, 김요셉
좌익수	김재환, 최준우, 류효승
중견수	김성욱, 오태곤
우익수	임근우, 최준우, 하재훈
지명타자	최정, 류효승, 현원회
대체선발	윤태현, 조요한, 김민준

 **스토브리그 성적표**

C

 **2026 시즌 예상 순위**

3

IN) 주요 선수 영입

1. 김재환(자유계약 영입)
2. 타케다(아시아쿼터 영입)
3. 베니지아노(외국인선수 영입)
4. 전의산 (상무 전역)

타자친화적인 구장을 고려하면 김재환의 영입은 플러스 요인이지만, 앤더슨의 이탈은 그 이상으로 뼈아팠다.

OUT) 주요 선수 이탈

1. 앤더슨(계약종료)
2. 송영진(상무 입대)
3. 박지환(상무 입대)
4. 이율예 (상무 입대)

작년 3위의 전력은 유지되었다는 평가이지만 그 이상을 노리려면 타선에 획기적인 전환점이 필요하다.

BEST CASE_SCENARIO

① 문학에서 40홈런을 기록하며 부활하는 김재환.
② 김재환과 함께 폭발하는 타선.
③ 투타 베테랑들의 부활.
④ 앤더슨을 완벽하게 대체하는 베니지아노.
⑤ 투타 조화로 2026시즌 제패.

WORST CASE_SCENARIO

① 잠실과 다르지 않은 문학 김재환.
② 베테랑들의 에이징 커브 가속.
③ 단체 슬럼프에 허덕이는 타선.
④ 쌓여만 가는 불펜진의 과부하.
⑤ 멀어지는 가을, 시작되는 쇠퇴.

 **대체 불가 자원 TOP 3**

TOP 1: 박성한
공수겸비 유격수. 팀 내 대체제가 없는 대표적인 자원.

TOP 2: 조병현
WBC에서 가치를 입증한 최고의 철벽 마무리.

TOP 3: 노경은
시간을 거스르는 불펜의 핵. 부진할 시 불펜 붕괴 연쇄작용 가능.

 **우승을 위해 반드시 이겨야 할 팀 TOP 3**

1) 삼성
가을에서 깊은 트라우마를 남긴 팀. 특급 불펜 마저 뚫는 타선이 압권.

2) LG
정규 시즌에서 큰 열세를 보인 강적. 전력과 전술 모두 밀렸다.

3) KIA
작년 상대전적 열세를 기록한 전통의 라이벌.

 **입문자를 위한 핵심 포인트 TOP 3**

1) 정용진 구단주의 애정과 무한한 투자.

2) 스포테인먼트로 무장한 뛰어난 마케팅과 현대적인 야구장

3) 구도 인천을 대표하는 간판 프로 스포츠 구단.

이숭용, 스텔스 리더십, 자유와 방임의 경계

Character
2025시즌, 프런트와 현장의 조화를 내세우며 권한을 대폭 이양하는 '스텔스 리더십'을 선보였다. 포스트시즌 진출에는 성공했으나, 승부처에서 감독의 존재감이 지워지며 "이길 경기를 잡지 못한다"는 팬들의 원성은 시즌 내내 그를 따라다녔다.

Strength
개인의 카리스마가 아닌 구단 시스템에 의한 합리적인 야구는 팀의 급격한 붕괴를 막는 안전장치다. 감정에 치우치지 않는 운영과 자율적인 분위기는 베테랑이 많은 SSG 선수단이 장기 레이스를 완주하는 데 긍정적인 요소다.

Weakness
위기 상황에서 '자유'는 종종 '방임'으로 읽힌다. 흐름을 끊어야 할 결정적인 순간에 감독이 칼을 빼들지 않는다면, 시스템 야구는 그저 책임 회피를 위한 세련된 포장지에 불과하다.

최정 14

내야수 (우투우타)

Basic info

생년월일	1987년 2월 28일
신장/체중	180cm/90kg
연봉	22억 원
출신학교	대일초-평촌중-유신고

Legacy 조용하지만 확실했다. 매시즌 같은 자리에 서서 같은 스윙을 반복했다. 그 반복이 하나의 기록으로 꽃피었다. KBO 최초 500홈런은 리그의 트렌드, 자신의 변화, 투수들의 진화를 모두 이겨낸 역사의 축적이다. 변하지 않는다. 도전을 쉽게 이야기하지도 않는다. 그러나 여전히 홈런을 친다.

Standard 최정의 스윙과 존 설정에 따라 SSG 타선이 다이너마이트와 소총을 오간다는 것은 과장일 수는 있어도 거짓은 아니다. 파워는 여전하며, 꾸준한 장타 생산 능력도 있다. SSG 타선 설계에서 최정은 여전히 기준으로 작동한다. 최정은 달변은 아니다. 나를 따르라고 나서지도 않는다. 경기에서의 모습만으로도 충분히 교과서가 될 수 있다. 그의 타석을 보면서 SSG 젊은 타자들이 배워야 할 것은 테크닉이 아니라 태도다.

Horizon 베테랑을 배제하면 중심을 잃고, 의존하면 팀이 늙는다. 최정의 존재감이 언제 필요한지 벤치가 명확하게 파악할 필요가 있다. 최정 개인의 미덕은 욕심이 없다는 것이지만, 그 또한 지속의 설계에서 중요한 부분이다. 이제 기록을 따라가는 선수가 아니라, 기록이 따라오는 선수가 되었다. 결정적 순간에 대한 선택과 집중이 선수 플레이에서도 많이 요구될 때다.

Tier 1 Detailed Stats Grid

타율 0.244	경기수 95	타석 406	타수 340	득점 54
안타 83	2루타 12	3루타 0	홈런 23	루타 164
타점 63	도루 1	볼넷 51	삼진 94	병살타 10
출루율 0.36	장타율 0.482	OPS 0.842	WAR 1.9	WPA 0.81

Tier 2

[Core Stats]	[Wish List]
10년 연속 20홈런	통산 550홈런
18시즌 연속 OPS 0.8	통산 1700타점
순장타율 0.238 (리그 4위 수준)	500 타석 회복

Tracking Data

평균 타구속도(km)
136.5

평균발사각(°)
28.1

Hitting Data

타구분포 (%)	
Left	58.6
Center	17.6
Right	23.8

핫/콜드존

0.235	0.194	0.263
0.261	0.448	0.333
0.256	0.385	0.300

기록을 넘어 상징으로, 세대와 시대를 잇다

조병현  19

투수 (우투우타)

Basic info

생년월일	2002년 5월 8일
신장/체중	182cm/90kg
연봉	2억 5,000만 원
출신학교	온양온천초-온양중-세광고

Narrative 뒷문을 지키면서 기량이 만개한 케이스. 신체 조건과 투구폼, 포지셔닝이 균형을 찾으면서 폭발적으로 성장했다. 상무에서부터 마무리 역할을 맡기 시작하면서 적성을 찾았다. 빠른 공을 던지면서도 타자가 공략하기 어려운 돌직구형 투수라는 점에서 구속과 구위가 일치하지 않는 경우가 많았던 SK-SSG 투수들 중에서는 드문 유형이다. 2025시즌 최저 평균자책점(1.60), WHIP 1위, 리그 구원 WAR 1위(3.31), 30세이브를 기록하면서 팀의 수호신으로 완전히 정착했다.

Ceiling 전성기 오승환을 떠올리게 하는 돌직구의 소유자. 좌타자와 우타자에게 각각 포크볼과 커브를 나눠 구사할 수 있는 완성도 높은 피칭 레퍼토리로 경기 중 몰리는 상황이 적고, 표적 공략도 어렵다. 2025년 정규시즌 기준 67.1이닝을 소화하면서 79탈삼진을 기록할 정도로 검증된 파워피처.

Variable 보직 파괴의 위험은 거의 없으며, 피지컬, 워크에식도 좋아서 부상 우려도 적다. 관건은 포크볼의 정착, 커맨드가 안정되면 더 위력이 올라갈 수 있다. 좌타 비중이 높은 KBO에서 우완 정통파 마무리가 구사하는 포크볼의 완성도가 올라간다는 것은 그만큼 더 뛰어난 활약을 보장한다.

Tier 1 Detailed Stats Grid

평균자책점 1.60	경기수 69	승 5	패 4	홀드 0
세이브 30	이닝 67.1	삼진 79	볼넷 18	승률 0.556
피안타 42	피홈런 5	실점 13	자책점 12	피안타율 0.179
투구수 1088	QS 0	WHIP 0.89	WAR 3.31	WPA 4.48

Tier 2

[Core Stats]	[Wish List]
방어율 1.60 (마무리 1위)	2년 연속 30세이브
WHIP: 0.89 (마무리 1위)	2년 연속 1점대 방어율
K/9: 10.56	국제대회 활약

Pitch Repertoire (구종별 데이터)

구종(Type)	구사비율(Usage %)	평균 구속(Avg, km)	최고 구속(Max, km)	피안타율(BAA)
직구	73.7	146.3	150.7	0.184
포크	21	131.5	140.7	0.156
커브	5.3	124.3	131.5	0.25

오승환을 잇는 돌직구의 정통 후계자

김광현 29 

투수 (좌투좌타)

Basic info

생년월일 **1988년 7월 22일**

신장/체중 **188cm/88kg**

연봉 **15억 원**

출신학교 **성초(안산리틀)-안산중앙중-안산공고**

Legacy 김광현은 인천야구 팬들에게 영원한 야구소년으로 여겨졌다. 승부에 열정적이고, 투구는 역동적이며, 감정에 솔직했다. 팀의 전성기와 함께 에이스로 꽃피었고 팀의 상징으로 활약했다. 김광현이 인천야구에 갖는 의미가 각별한 이유다. 그것이 김광현의 자산이며, 또한 숙제다.

Standard 포심과 슬라이더의 위력은 2025시즌에도 입증되었다. 최소 경기, 최소 이닝 2000 탈삼진과 역대 최다 단일 시즌 두자릿수 승수(2025시즌 10승) 기록을 함께 달성했고, K/9은 데뷔 후 최고 수준이다. 그러나 에이징 커브에서 자유롭지 못했다. 초반에 강하고, 중반에 흔들리고, 후반에 무너지기 일쑤였다. 특유의 역동성이 스트라이크 존 앞에서 방황하는 결정구로 나타나는 것은 불길한 신호다. 빠른 공 구속은 여전하고, 슬라이더는 삼진을 잡아내는데 어려움이 없다. 4, 5선발로 마운드의 중심을 잡아주기에는 충분하다.

Horizon 류현진과 양현종처럼 김광현도 이제 다음 세대를 준비할 단계에 접어들었다. 다만 기계적인 리빌딩은 세대교체가 아니라 세대 단절이 될 수 있다. 여전히 현역 전력으로 가치가 크다. 체력 배분과 부상 관리가 관건이며, 새로운 변신에 도전하기보다는 잘 풀릴 때의 노하우를 유지하는 것이 숙제다.

Tier 1 Detailed Stats Grid

평균자책점 5.00	경기수 28	승 10	패 10	홀드 0
세이브 0	이닝 144	삼진 138	볼넷 50	승률 0.500
피안타 164	피홈런 13	실점 86	자책점 80	피안타율 0.286
투구수 2453	QS 9	WHIP 1.49	WAR 1.5	WPA 1.32

Tier 2

[Core Stats]	[Wish List]
K/9: 8.63 (국내 2위)	10승 유지
HR/9: 0.81 (국내 6위)	규정 이닝 유지
5년 연속 규정 이닝	4점대 ERA 복귀

Pitch Repertoire (구종별 데이터)

구종(Type)	구사비율(Usage %)	평균 구속(Avg, km)	최고 구속(Max, km)	피안타율(BAA)
슬라이더	37.2	133.5	143.3	0.268
직구	30.3	143.2	149.1	0.297
체인지업	16.7	130.6	138.6	0.372
커브	15.1	113.4	120.6	0.247
포크	0.7	117.8	138.3	0

영원한 인천의 야구소년, 이제 '그다음'을 준비할 때

에레디아 27

SSG Landers

외야수 (좌투우타)

Basic info

생년월일	1991년 1월 31일
신장/체중	178cm/88kg
연봉	80만 달러
출신학교	Eide Luis Agusto Tursios Lima

Legacy 대체 불가능한 인천의 총사령관이다. 3년 연속 수비상 수상과 2024년 타격왕 등극으로 공수 양면의 압도적 클래스를 입증했다. 매년 3할 이상의 타율과 0.9에 육박하는 OPS를 생산하는 명실상부한 팀의 에이스다. 가을 무대의 침묵과 적지 않은 나이에도 불구하고 그가 내뿜는 독보적인 에너지와 기여도는 SSG가 리스크를 감수하며 최우선 재계약을 선택하는 확실한 근거가 된다.

Standard 정교한 컨택으로 3할 중반의 타율과 4할대 출루율을 보장하는 호타준족의 정석이다. 적극적인 타격 성향으로 타율과 출루율 격차는 작으나 압도적 생산성으로 이를 상쇄한다. 수비에선 타구 판단부터 레이저 송구까지 결점 없는 좌익수의 교과서와 같다. 다만 매 시즌 반복되는 잔부상과 내구성 관리는 완벽한 시즌을 위해 해결해야 할 과제다.

Horizon 가을 잔혹사를 끊는 것이 2026년의 핵심 목표다. 2023년과 2025년 포스트시즌 모두 1할대 타율에 머물며 침묵한 것은 가장 뼈아픈 지점이다. 정규시즌의 파괴력을 찬바람 부는 무대까지 이어가는 것이 중요하다. 에레디아가 가을에도 본연의 실력을 발휘해 팀을 우승으로 이끄는 마침표를 찍는다면, 로맥과 같은 전설적 외인 반열에 오르게 된다.

Tier 1 Detailed Stats Grid

타율 0.339	경기수 96	타석 415	타수 375	득점 46
안타 127	2루타 18	3루타 0	홈런 13	루타 184
타점 54	도루 1	볼넷 31	삼진 62	병살타 9
출루율 0.398	장타율 0.491	OPS 0.889	WAR 3.66	WPA 0.97

Tier 2

[Core Stats]	[Wish List]
타율 0.339 (리그 1위 수준)	가을야구 활약
직구 상대 타율 0.378	20홈런 회복
LG 상대 OPS 1.287	120경기 경기 이상 출장

Tracking Data

평균 타구속도(km)
135.9

평균발사각(°)
18.9

Hitting Data

타구분포 (%)	
Left	45.9
Center	25.1
Right	29

핫/콜드존

0.238	0.385	0.421
0.385	0.370	0.393
0.385	0.308	0.333

인천 함대를 이끄는 외국인 총사령관

노경은 38

투수 (우투우타)

Basic info

생년월일	1984년 3월 11일
신장/체중	187cm/100kg
연봉	4억 원
출신학교	화곡초-성남중-성남고

Legacy 젊은 시절과 결이 다르다. 플레이 스타일, 마운드에서의 위상. 존재 자체로 마운드의 기준으로 작동하고 있다. 2022년 SSG 이적 후, 파워 피처에서 기교파 투수로 변신하면서 노경은을 간과하고 SSG를 상대할 수 없게 된 것이다. 2023시즌부터 2025시즌까지 매년 불펜에서만 80이닝 전후를 소화하는 강행군을 했는데도, 3년 연속 30홀드를 기록하는 것은 물론, 불혹을 넘긴 2025시즌에 35홀드로 리그 최다 홀드를 기록하며 정상급 불펜투수로 우뚝 섰다.

Standard 최고 5가지 구종을 한 경기에 모두 구사하는 기교파로 완전히 자리를 잡았다. 빠른 공 구속이 여전히 시속 140km 중후반대에 육박하는데 정면승부를 고집하는 것이 아니라 상황마다 다양한 구종을 혼합하여 승부하기 때문에 타자로서는 대단히 까다로운 상대다.

Horizon 그의 기술은 단순히 피칭에만 국한될 뿐 아니라, 자기관리에서도 빛을 발한다. 40세가 넘은 나이에도 활약할 수 있는 것은 타고난 체질보다는 자신에 대한 연구와 제어가 그만큼 뛰어나다는 뜻이다. 코칭스태프 품귀 현상을 빚고 있는 KBO 리그에서는 충분히 미래를 기대할 수 있는 지도자 자원이기도 하다. 나이가 나이인만큼, 플레잉 코치로서의 가능성에도 눈을 돌려야 할때.

Tier 1 Detailed Stats Grid

평균자책점 2.14	경기수 77	승 3	패 6	홀드 35
세이브 3	이닝 80	삼진 68	볼넷 25	승률 0.333
피안타 60	피홈런 2	실점 22	자책점 19	피안타율 0.215
투구수 1177	QS 0	WHIP 1.06	WAR 3.06	WPA 3.1

Tier 2

[Core Stats]	[Wish List]
역대 최고령 홀드왕	2점대 방어율 유지
직구 피안타율 0.181	통산 150홀드
포크볼 피안타율 0.135	최고령 홀드왕 갱신

Pitch Repertoire (구종별 데이터)

구종(Type)	구사비율(Usage %)	평균 구속(Avg, km)	최고 구속(Max, km)	피안타율(BAA)
직구	30.5	144.9	149.3	0.181
포크	27.7	133.6	138.9	0.135
슬라이더	20.4	136.1	142.3	0.364
투심	11.6	143.8	148.5	0.265
커브	8.7	113.7	118.8	0.2

베테랑 투수 생존의 매뉴얼

김재환 32

외야수 (우투좌타)

Basic info

생년월일	1988년 9월 22일
신장/체중	184cm/98kg
연봉	5억 원
출신학교	영랑초-상인천중-인천고

Legacy 가능성에 주목한 장기적 육성이라는 가장 두산적인 육성 코스를 밟았다. 명암을 가르는 키워드는 컨택이다. 특유의 메커니즘과 어퍼스윙이 합쳐지면서 낮은 코스에 강하고 하이 볼에 약한 모습이 나왔다. 이것이 유지되려면 타격 메커니즘의 정립과 유지가 필수인데, 그것이 가능했던 시점이 김재환의 전성기였고, 위기를 맞이한 것이 2025시즌이었다.

Standard 포수 출신에게 기대할 수 있는 인사이트 플레이는 김재환의 영역이 아니다. 수비 감각이 좋지 않기 때문이다. 전형적인 파워 히터의 타격이기 때문에 이 부분에 집중할 필요가 있다. 지금의 김재환은 원래의 특징을 밀어붙여야 할 시점이다. 2024년 변화구에 대한 집착을 버리고 삼진을 감수하고 장타를 늘렸던 것이 좋은 예가 될 것이다.

Horizon 2025시즌 SSG는 타자친화적인 문학을 홈으로 사용하면서도 팀 타격지표에서 리그 평균을 밑돌았다. 잠실에서 커리어 로우를 기록하면서도 두 자릿수 홈런을 쳐냈던 김재환과는 상성이 맞는다. 거포형 타자는 약점을 극복하려고 하면 더 큰 약점을 갖게 된다. 2025시즌에 명백히 하락했던 생산성의 반등이 필요하다. 다행히 홈구장은 타자친화적, 특히 홈런 생산성이 높은 구장이기 때문에 여기에 집중할 필요가 있다.

Tier 1 Detailed Stats Grid

타율 0.241	경기수 103	타석 407	타수 344	득점 42
안타 83	2루타 13	3루타 2	홈런 13	루타 139
타점 50	도루 7	볼넷 57	삼진 96	병살타 4
출루율 0.354	장타율 0.404	OPS 0.758	WAR 1.84	WPA -0.49

Tier 2

[Core Stats]	[Wish List]
직구 상대 타율 0.341	통산 300홈런
2025 문학 타율 0.294	타율 0.280 회복
145~149km 상대 타율 0.368	80타점 회복

Tracking Data

평균 타구속도(km)	
139.1	
평균발사각(°)	
24.9	

Hitting Data

타구분포 (%)	
Left	25
Cneter	27.5
Right	47.5

핫/콜드존

0.421	0.222	0.143
0.240	0.409	0.256
0.250	0.333	0.357

가장 두산적이었던 사나이, 그의 인천 상륙작전

이로운 92

투수 (우투우타)

Basic info

생년월일	2004년 09월 11일
신장/체중	185cm/105kg
연봉	2억 원
출신학교	본리초-경복중-대구고

Narrative 고교 시절 최대어 중 하나로 지명과 동시에 필승조로 낙점된 재목이었다. 데뷔 후 2년간 6점대 방어율로 혹독한 성장통을 겪었으나, 그 시련은 폭발적 각성을 위한 거름이 되었다. 필승조의 축으로 77이닝 ERA 1.99, 33홀드를 기록하며 만 21세 이하 신기록을 갈아치웠다.

Ceiling 최고 152.3km의 직구와 뛰어난 익스텐션이 주된 특징이다. 9이닝당 볼넷 3.04의 준수한 제구력을 바탕으로 몸쪽을 파고드는 배짱을 갖추고 있으며, 피안타율이 전부 1할대에 그치는 우타자용 슬라이더(0.194)와 좌타자용 체인지업(0.145)의 완성도 또한 리그 정상급이다. 4연투를 감수하는 체력도 증명한 만큼, 향후 인천의 뒷문을 10년 이상 책임질 차세대 불펜 에이스로 성장할 자질이 충분하다.

Variable 3년간 급증한 이닝 소화량(50→63→75이닝)에 따른 누적 피로 관리가 최우선 과제다. 지난 가을야구에서 노출된 구위 저하는 과부하에 대한 경고등이었다. 김민, 조병현 등과 함께 최강의 필승조를 유지하기 위해서는 벤치의 관리가 필수적이다. 이로운의 건강과 기복없는 컨디션 유지가 랜더스의 2026시즌 성공과 큰 성관관계가 있음을 기억해야 한다.

Tier 1 Detailed Stats Grid

평균자책점 1.99	경기수 75	승 6	패 5	홀드 33
세이브 1	이닝 77	삼진 66	볼넷 26	승률 0.545
피안타 56	피홈런 7	실점 19	자책점 17	피안타율 0.206
투구수 1261	QS 0	WHIP 1.06	WAR 2.52	WPA 4.22

Tier 2

[Core Stats]	[Wish List]
33 홀드 (리그 2위)	홀드 1위
슬라이더 피안타율 0.194	소포모어 징크스 극복
체인지업 피안타율 0.146	가을야구 활약

Pitch Repertoire (구종별 데이터)

구종(Type)	구사비율(Usage %)	평균 구속(Avg)	최고 구속(Max)	피안타율(BAA)
직구	46.1	146.6	152.3	0.213
체인지업	23.6	125.1	130.6	0.145
슬라이더	19.8	135.9	140.9	0.194
커브	10.5	123.7	129.2	0.5

불길을 두려워하지 않는 21세의 당돌한 소방수

화이트 55 

투수 (우투우타)

Basic info

생년월일	1994년 12월 28일
신장/체중	190cm/95kg
연봉	80만 달러
출신학교	미국 Santa Clara(대)

Narrative 국가대표 발탁 설이 끊이지 않을 만큼 빼어난 구위로 2025년 부상 공백을 완벽히 지워내며 인천 팬들의 마음을 사로잡았다. ERA 2.87이라는 성적표로 클래스를 입증했으며, 이는 2026년 재계약이라는 확신으로 이어졌다. 앤더슨이 떠난 지금, 그는 혈통과 실력을 모두 겸비한 1선발로서 랜더스의 운명을 짊어진 채 가장 높은 곳을 조준한다.

Ceiling 외모와 스타일 모두 박찬호를 연상시켜 '백찬호'라 불린다. 155.6km의 직구와 153.4km의 투심은 리그 최정상급 위력이다. 특히 ABS 존의 사각지대를 공략하는 영리한 피칭은 제구 불안 우려를 지웠다. 다채로운 구종 중 피안타율 0.156의 커브는 가장 강력한 무기다. 번트 수비 시 흔들리는 멘탈과 대처 능력을 보완한다면 무결점 에이스로 진화할 수 있다.

Variable 명실상부한 1선발로서 부상 없이 풀타임 규정 이닝을 소화하는 것이 최우선 과제다. 변화구의 정교한 커맨드 확립과 취약한 번트 수비 보완은 그가 A급을 넘어 리그를 지배하는 특급 외인으로 남을지 결정할 핵심 변수다. 화이트가 에이스의 중압감을 견디며 15승 고지로 순항할 수 있다면 SSG의 대권 도전도 꿈은 아니다.

Tier 1 Detailed Stats Grid

평균자책점 2.87	경기수 24	승 11	패 4	홀드 0
세이브 0	이닝 134.2	삼진 137	볼넷 44	승률 0.733
피안타 111	피홈런 9	실점 51	자책점 43	피안타율 0.221
투구수 2165	QS 12	WHIP 1.15	WAR 3.51	WPA 2.95

Tier 2

[Core Stats]	[Wish List]
최고 구속 155.6km	15승 달성
직구 스트라이크 비율 70.3%	규정이닝 충족
K/9: 9.16 (리그 6위 수준)	가을야구 활약

Pitch Repertoire (구종별 데이터)

구종(Type)	구사비율(Usage %)	평균 구속(Avg, km)	최고 구속(Max, km)	피안타율(BAA)
직구	46.5	150.4	155.6	0.235
커브	19.6	125.6	132.8	0.156
커터	17.7	142.3	148.2	0.261
투심	8.7	148.5	153.4	0.2
슬라이더	4.2	133.6	137.6	0.174

인천의 마운드를 적시는 코리안 블러드

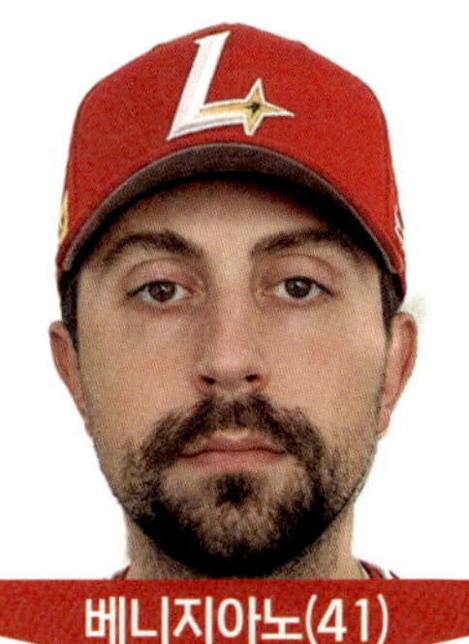

베니지아노(41)

포지션	투수		신장/체중		198cm/102kg
투타유형	좌투좌타		출신학교		Warren Hills Regional(고)
생년월일	1997년 9월 1일		연봉		85만 달러

평균자책점 -	경기수 -	승리 -	패배 -	홀드 -
세이브 -	이닝 -	탈삼진 -	볼넷 -	승률 -
피안타 -	피홈런 -	실점 -	자책점 -	피안타율 -
투구수 -	QS -	WHIP -	WAR -	WPA -

평균 150km의 패스트볼과 뛰어난 무브먼트의 스위퍼를 주무기로 하는 좌완 파이어볼러다. 좌타자 상대로는 스위퍼를, 우타자 상대로는 슬라이더를 결정구로 사용한다. 스위퍼는 완성도가 높지만, 직구와 슬라이더의 완성도가 낮아 우타자 상대로 취약하다는 평이다. 거기에 구위는 좋지만 제구력 역시 약점으로 보는 평이 지배적이다. KBO 무대에서의 성공을 위해선 우타자 상대 변화구의 개선과 순조로운 ABS 적응이 필수적이다.

타케다(23)

포지션	투수		신장/체중		187cm/92kg
투타유형	우투우타		출신학교		일본 미야자키일본대학고
생년월일	1993년 04월 03일		연봉		20만 달러

평균자책점 -	경기수 -	승리 -	패배 -	홀드 -
세이브 -	이닝 -	탈삼진 -	볼넷 -	승률 -
피안타 -	피홈런 -	실점 -	자책점 -	피안타율 -
투구수 -	QS -	WHIP -	WAR -	WPA -

일본 프로야구 소프트뱅크에서 12시즌을 뛰며 1선발과 국가대표 선발까지 경험한 베테랑. 현재는 잦은 부상으로 성적과 구속이 하락, 리스크가 있는 영입으로 평가받는다. 수술 이후 강속구를 상실하여 평균 143km의 패스트볼과 커브, 슬라이더로 변화구 위주의 피칭을 펼치며 제구력도 저하되었다. 다만 한국 무대에서는 여전히 통할 수 있는 실력을 갖췄다는 평으로, 부상 없이 풀타임을 소화할 수 있다면 SSG는 솔리드한 로테이션의 한 축을 얻게 된다.

고명준(18)

포지션	내야수		신장/체중		185cm/94kg
투타유형	우투우타		출신학교		서원초-세광중-세광고
생년월일	2002년 7월 8일		연봉		1억 6,000만 원

타율 0.278	경기수 130	타석 500	타수 471	득점 46
안타 131	2루타 20	3루타 1	홈런 17	루타 204
타점 64	도루 2	볼넷 20	삼진 99	병살타 12
출루율 0.306	장타율 0.433	OPS 0.739	WAR 2.01	WPA -2.89

SSG의 우타 거포 유망주 1루수. 뛰어난 파워를 지녔지만 부족한 선구안이 치명적인 단점으로 꼽힌다. 2025시즌 타율 0.278을 기록했으나 출루율이 0.306에 불과해 아쉬운 생산성을 보였다. 17홈런을 터뜨렸지만 99삼진에 20볼넷으로 여전한 선구안 이슈를 노출했다. 다만 포스트시즌에서 3경기 연속 홈런을 치며 클러치 능력을 과시한 부분은 향후 커리어에 있어 강한 플러스 요인. 보는 눈이 개선되면 강력한 주전 타자로 성장할 여지가 크다.

김건우(39)

포지션	투수		신장/체중		186cm/88kg
투타유형	좌투좌타		출신학교		가현초(인천서구리틀)-동산중-제물포고
생년월일	2002년 7월 12일		연봉		6,500만 원

평균자책점 3.82	경기수 35	승 5	패 4	홀드 2
세이브 0	이닝 66	삼진 68	볼넷 49	승률 0.556
피안타 53	피홈런 2	실점 31	자책점 28	피안타율 0.22
투구수 1241	QS 0	WHIP 1.55	WAR 0.93	WPA 0.63

최고 149.6km의 직구로 많은 삼진을 잡아내는 구위형 좌완 투수. 2025시즌 이중 키킹을 도입해 고질적인 제구 불안을 누그러뜨렸고, 5승 방어율 3.82로 커리어하이를 만들어냈다. 준플레이오프에서 6연속 탈삼진이라는 포스트시즌 신기록을 세우며 단기전 멘탈까지 증명했다. 김광현의 부상으로 토종 1선발이라는 중책을 맡은 만큼, 여전히 BB/9가 6.68에 달하는 제구 문제와 좌타자 상대 ERA 6.26이라는 약점을 해소하는 것이 급선무다.

포지션	투수		신장/체중	185cm/88kg
투타유형	우투우타		출신학교	인천숭의초-평촌중-유신고
생년월일	1999년 04월 14일		연봉	2억 1,000만 원

평균자책점 2.97	경기수 70	승 5	패 2	홀드 22
세이브 1	이닝 63.2	삼진 65	볼넷 17	승률 0.714
피안타 60	피홈런 7	실점 23	자책점 21	피안타율 0.251
투구수 944	QS 0	WHIP 1.21	WAR 1.37	WPA 2.65

베이징 키즈 최고의 투수 중 하나로 불렸던 유망주로 최고 151.1km의 투심과 130km 후반의 슬라이더의 투피치로 승부하는 우완 파이어볼러다. 2025시즌 SSG로 트레이드된 후 필승조로 각성하며 평균자책점 2점대와 22홀드를 기록해 커리어 하이를 달성했다. 직구를 과감하게 버리고 투심에 집중한 것이 큰 성공으로 이어졌다는 평가다. 다만 투피치의 한계로 좌타자 상대 방어율이 4.58로 높은 편이라는 점은 개선이 필요한 지점이다.

김민(1)

포지션	외야수		신장/체중	181cm/83kg
투타유형	우투우타		출신학교	광주서림초-충장중-진흥고
생년월일	1993년 5월 1일		연봉	1억 원

타율 0.195	경기수 56	타석 132	타수 123	득점 10
안타 24	2루타 6	3루타 0	홈런 2	루타 36
타점 13	도루 1	볼넷 7	삼진 35	병살타 2
출루율 0.244	장타율 0.293	OPS 0.537	WAR -0.57	WPA -1.03

매년 20홈런 가까이를 기록할 수 있는 장타력과 준수한 수비력을 갖췄지만, 아쉬운 컨택이라는 상반된 특성을 갖춘 외야수. 2025시즌 SSG로 트레이드됐고, 잦은 부상으로 타율 0.209의 아쉬운 시즌을 보냈다. 시즌 중 만 33세가 되는 나이를 고려하면 선택과 집중을 해야할 시점이다. 동 포지션의 많은 경쟁자들을 이겨내기 위해선 수비 면에서 압도적인 퍼포먼스를 보이거나 타자 친화적인 홈구장 이점을 살려 거포 외야수로서의 가치를 증명해야 한다.

김성욱(31)

포지션	투수		신장/체중	185cm/90kg
투타유형	좌투좌타		출신학교	창영초-재능중-동산고
생년월일	1996년 10월 10일		연봉	1억 5,000만 원

평균자책점 2.78	경기수 25	승 0	패 0	홀드 1
세이브 0	이닝 22.2	삼진 14	볼넷 10	승률 -
피안타 19	피홈런 0	실점 7	자책점 7	피안타율 0.235
투구수 371	QS 0	WHIP 1.28	WAR 0.36	WPA 0.08

2022시즌 마무리와 셋업맨을 오가며 불펜 에이스로 군림했던 좌완 베테랑이다. 전역 후 2025시즌 25경기에서 방어율 2.78을 기록하며 복귀를 신고했다. 다만 군 입대 전 트레이드마크였던 묵직한 구위가 사라졌고, 구속은 유지됐지만 K/9가 급격히 하락하며 추격조로 밀려났다. 좌완 불펜 자원이 부족한 만큼 기회는 주어질 것이다. 2026시즌에는 구위를 회복해 필승조 재진입을 노려야 한다.

김택형(43)

포지션	투수		신장/체중	180cm/88kg
투타유형	우투우타		출신학교	가동초-배명중-배명고-고려대
생년월일	1989년 11월 28일		연봉	8억 원

평균자책점 5.13	경기수 23	승 4	패 7	홀드 0
세이브 0	이닝 105.1	삼진 61	볼넷 38	승률 0.364
피안타 109	피홈런 16	실점 61	자책점 60	피안타율 0.273
투구수 1783	QS 5	WHIP 1.4	WAR 0.42	WPA 0.60

선발부터 마무리까지 모두 겪어본 베테랑 우완 투수. 준수한 제구력을 앞세워 140km 중후의 직구, 체인지업, 슬라이더, 커브 등 다양한 구종을 구사하는 피네스 피처다. 2025시즌 전반기에는 4선발로 안정적인 활약을 펼쳤지만, 부상 복귀 후 후반기 흔들리며 5.13의 방어율을 기록했다. 2026시즌은 5년 55억 다년 계약의 마지막 해다. 롱릴리프 출장이 예고된 만큼 피홈런을 억제하며 실점 지표를 개선하고 풍부한 경험으로 젊은 투수진을 이끌어야 한다.

문승원(42)

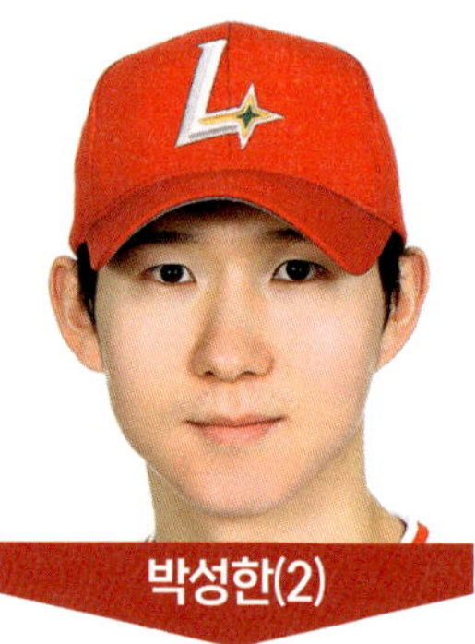

박성한(2)

포지션	내야수		신장/체중	180cm/77kg
투타유형	우투좌타		출신학교	순천북초-여수중-효천고
생년월일	1998년 03월 30일		연봉	4억 2,000만 원

타율 0.274	경기수 127	타석 538	타수 452	득점 73
안타 124	2루타 23	3루타 2	홈런 7	루타 172
타점 48	도루 5	볼넷 79	삼진 93	병살타 6
출루율 0.384	장타율 0.381	OPS 0.765	WAR 3.77	WPA -0.66

SSG의 유격수 공백을 해결한 프랜차이즈 스타. 뛰어난 컨택과 선구안으로 3할 타율을 두번 기록했으며, 3할 후반의 출루율은 이제 상수에 가깝다. 수비 역시 넓은 수비 범위와 빠른 순발력으로 내야에 안정감을 더한다. 2025시즌에는 초반과 최후반 부진, 부상으로 인한 결장에도 불구하고 볼넷왕에 오르며 팀에 필수적인 존재라는 점을 입증했다. 허벅지 부상이 점차 고질적으로 변하고 있음을 감안해서 좀 더 보수적으로 시즌에 임하는 자세가 필요한 시점이다.

박시후(57)

포지션	투수		신장/체중	182cm/88kg
투타유형	좌투좌타		출신학교	상인천초-상인천중-인천고
생년월일	2001년 05월 10일		연봉	9,500만 원

평균자책점 3.27	경기수 52	승 6	패 2	홀드 3
세이브 0	이닝 52.1	삼진 34	볼넷 29	승률 0.75
피안타 45	피홈런 5	실점 24	자책점 19	피안타율 0.233
투구수 930	QS 0	WHIP 1.41	WAR 0.32	WPA 0.26

최고 147.2km의 투심과 슬라이더를 주무기로 하는 투피치 좌완 불펜 유망주다. 2025시즌 방어율 3.27로 커리어 하이를 달성하며 차기 좌완 필승조로서의 가능성을 보였다. 다만 세부 지표에서 구위와 제구 모두 특출나지 않았고, 슬라이더 외에는 결정구가 없다는 점이 아쉽다. 2026시즌에는 새로운 결정구를 개발하거나 제구를 안정화해 믿고 맡길 수 있는 필승조의 한 축으로 거듭날 수 있도록 해야 한다.

오태곤(37)

포지션	내야수		신장/체중	186cm/88kg
투타유형	우투우타		출신학교	쌍문초-신월중-청원고
생년월일	1991년 11월 18일		연봉	5억 원

타율 0.201	경기수 122	타석 229	타수 194	득점 31
안타 39	2루타 6	3루타 0	홈런 5	루타 60
타점 26	도루 25	볼넷 30	삼진 59	병살타 4
출루율 0.31	장타율 0.309	OPS 0.619	WAR 0.07	WPA -0.75

내외야 전 포지션 소화가 가능한 베테랑 유틸리티 플레이어. 2025시즌 타율 0.201로 저조했으나, 대타, 대수비, 대주자로 자주 투입되며 25도루를 기록해 백업 역할을 충실히 수행했다. 적지 않은 나이지만 유틸리티 자원으로서의 가치를 높이려면 2026시즌에는 타율을 더 끌어올려야 한다. 강점인 주력과 수비 범용성을 유지하면서 공격 기여도를 개선한다면 팀에게 더욱 필수적인 베테랑으로 거듭날 수 있다.

정준재(3)

포지션	내야수		신장/체중	165cm/68kg
투타유형	우투좌타		출신학교	상인천초-동인천중-강릉고-동국대
생년월일	2003년 01월 03일		연봉	1억 3,000만 원

타율 0.245	경기수 132	타석 442	타수 371	득점 58
안타 91	2루타 10	3루타 3	홈런 0	루타 107
타점 25	도루 37	볼넷 51	삼진 93	병살타 4
출루율 0.34	장타율 0.288	OPS 0.628	WAR 1.78	WPA -2.66

2024년 데뷔 시즌부터 2루수 주전을 차지하며 기대를 모은 유망주다. 30도루 이상을 기록할 수 있는 빠른 발과 수비, 좋은 컨택이 장점이지만 장타력 부족과 낮은 BQ가 단점이라는 평이다. 1년차에는 타율 0.307, 출루율 0.371, 장타율 0.405의 준수한 성적으로 큰 기대를 모았지만, 2년차에는 전반기 극심한 부진과 잦은 본헤드 플레이로 슬럼프를 겪었다. 2026시즌에는 소포모어 징크스를 극복하고 안정적인 주전 2루수로 자리잡아야 한다.

포지션	포수		신장/체중	187cm/95kg
투타유형	우투우타		출신학교	송정동초-무등중-광주제일고
생년월일	2002년 4월 4일		연봉	1억 2,500만 원

타율 0.238	경기수 102	타석 294	타수 269	득점 23
안타 64	2루타 8	3루타 0	홈런 4	루타 84
타점 29	도루 0	볼넷 19	삼진 64	병살타 5
출루율 0.294	장타율 0.312	OPS 0.606	WAR 0.57	WPA -1.83

강견으로 뛰어난 도루 저지 능력과, 안정적인 블로킹과 볼배합을 갖췄다는 평가를 받는 SSG의 포수 유망주다. 2025시즌 이지영의 노쇠화로 주전 기회를 잡고 5년차답지 않은 안정적인 수비를 보여주면서 주전 포수로서의 가치를 증명했다. 다만 0.238에 그친 타율과 저조한 공격 지표들은 매우 아쉬운 부분이다. 김형준과 함께 차세대 국가대표 포수로 자리매김하기 위해서는 타격 지표 개선이 1순위 목표가 되어야 한다.

조형우(20)

포지션	투수		신장/체중	178cm/83kg
투타유형	우투우타		출신학교	부산수영초-경남중-경남고
생년월일	1999년 6월 11일		연봉	1억 원

평균자책점 3.97	경기수 40	승 2	패 2	홀드 1
세이브 0	이닝 65.2	삼진 44	볼넷 24	승률 0.5
피안타 72	피홈런 6	실점 34	자책점 29	피안타율 0.289
투구수 1172	QS 0	WHIP 1.46	WAR 0.49	WPA 0.87

140km 초중반의 패스트볼과 130km 중반의 고속 포크볼과 고속 슬라이더, 낙차 큰 커브를 구사하는 우완 정통파 투수. 2025시즌 롱릴리프와 대체 선발을 오가며 방어율 3.97을 기록해 전천후 자원으로 활약했다. 2026시즌에는 김광현의 부상으로 선발 후보 중 하나로 올라섰다. 지난 시즌 후반기에 체력 부족으로 크게 허덕였던 점을 감안하면 로테이션 진입과 필승조 안착 어느 쪽이든 관건은 체력 안배를 통한 안정적인 풀타임 소화가 될 것이다.

최민준(30)

포지션	외야수		신장/체중	178cm/82kg
투타유형	우투좌타		출신학교	광주수창초-무등중-광주제일고
생년월일	1997년 07월 23일		연봉	3억 7,000만 원

타율 0.284	경기수 140	타석 574	타수 517	득점 66
안타 147	2루타 16	3루타 4	홈런 7	루타 192
타점 45	도루 28	볼넷 43	삼진 87	병살타 2
출루율 0.342	장타율 0.371	OPS 0.713	WAR 2.34	WPA -1.63

넓은 수비 범위와 정교한 송구, 준수한 타격을 갖춘 중견수로 2020년 데뷔 때부터 주전을 지키고 있는 프랜차이즈 스타. 2025시즌 중반 부진을 겪었으나 9월 타율 0.458로 폭발하며 반등해 타율 0.284를 기록, 팀의 3위 수성을 견인했다. 갑작스런 변화를 노리기 보다는, 이미 상수로 평가받는 컨택과 주력을 바탕으로 팀의 리드오프이자 주전 중견수로 꾸준한 활약을 목표로 해야 한다. 최지훈이 제 역할을 하기만 해도 팀의 공격 생산력이 달라진다.

최지훈(54)

포지션	외야수		신장/체중	190cm/105kg
투타유형	우투좌타		출신학교	중앙초(해운대리틀)-대천중-경남고-경성대
생년월일	1989년 8월 9일		연봉	9억 원

타율 0.273	경기수 128	타석 511	타수 455	득점 50
안타 124	2루타 24	3루타 0	홈런 15	루타 193
타점 71	도루 1	볼넷 46	삼진 120	병살타 6
출루율 0.347	장타율 0.424	OPS 0.771	WAR 2.05	WPA -0.49

KBO 대졸 신인 최초로 40홈런을 기록한 SSG의 거포 외야수. 2025시즌에는 트레이드였던 장타와 홈런은 줄어들었지만 컨택에 집중하여 타율을 0.273, 출루율을 0.347까지 회복했다. 만 36세의 베테랑인 만큼 획기적인 개선보다는 자신이 할 수 있는 역할에 대한 확실한 선택이 필요한 시점이다. 일발장타 혹은 찬스에서의 확률을 조금이라도 올릴 수 있는 컨택형 타자. 어떤 쪽이든 베테랑이 자신의 역할을 알고 수행할 때 팀의 조직력이 상승한다.

한유섬(35)

김민식(24) 포수 - 2번의 우승 경험 포수, 떨어진 기량 반등이 절실

투타유형		우투좌타			신장/체중		180cm/80kg		
생년월일		1989년 6월 28일			출신학교		양덕초-마산중-마산고-원광대		

타율 -	경기수 -	타석 -	타수 -	득점 -	타점 -	도루 -	볼넷 -	삼진 -	병살타 -
안타 -	2루타 -	3루타 -	홈런 -	루타 -	출 -	장 -	OPS -	WAR -	WPA -

김창평(64) 외야수 - 퓨처스 타율 0.170, 극적인 반등이 필요한 시점

투타유형		우투좌타			신장/체중		185cm/85kg		
생년월일		2000년 6월 14일			출신학교		학강초-무등중-광주제일고		

타율 -	경기수 4	타석 0	타수 0	득점 1	안타 0	2루타 0	3루타 0	홈런 0	루타 0
타점 0	도루 0	볼넷 0	삼진 0	병살타 0	출 -	장 -	OPS -	WAR -	WPA 0

김태윤(36) 내야수 - 고3 출루율 0.529를 기록한 내야 유망주, 김지찬을 롤모델 삼아야

투타유형		우투좌타			신장/체중		170cm/65kg		
생년월일		2003년 2월 28일			출신학교		창우초(하남시리틀)-배명중-배명고		

타율 0.5	경기수 8	타석 4	타수 2	득점 0	안타 1	2루타 0	3루타 0	홈런 0	루타 1
타점 0	도루 1	볼넷 2	삼진 0	병살타 0	출 0.75	장 0.5	OPS 1.25	WAR 0.08	WPA 0.03

류효승(45) 외야수 - 2025시즌 103타석 OPS 0.882, 잦은 부상 관리로 주전 도약을 목표해야

투타유형		우투우타			신장/체중		190cm/100kg		
생년월일		190cm/100kg			출신학교		칠성초-경상중-대구상원고-성균관대		

타율 0.287	경기수 27	타석 103	타수 94	득점 18	안타 27	2루타 5	3루타 0	홈런 6	루타 50
타점 16	도루 0	볼넷 7	삼진 28	병살타 1	출 0.35	장 0.532	OPS 0.882	WAR 0.76	WPA 0.34

박기호(66) 투수 - 언더핸드 선발 유망주, 피안타를 줄이는 것이 우선

투타유형		우언우타			신장/체중		184cm/80kg		
생년월일		2005년 7월 26일			출신학교		샛별초(청주시리틀)-현도중-청주고		

평자 3	경기수 18	승 0	패 0	홀드 2	세이브 0	이닝 24	삼진 13	볼넷 12	승률 -
피안타 23	피홈런 3	실점 10	자책점 8	AVG 0.267	투구수 451	QS 0	WHIP 1.46	WAR 0.09	WPA -0.04

박종훈(50) 투수 - 과거의 언더핸드 에이스, 쓰리쿼터로 찾고 있는 반등의 열쇠

투타유형		우언우타			신장/체중		186cm/90kg		
생년월일		1991년 8월 13일			출신학교		군산중앙초-군산중-군산상고		

평자 7.11	경기수 5	승 0	패 2	홀드 0	세이브 0	이닝 19	삼진 10	볼넷 18	승률 0
피안타 15	피홈런 4	실점 17	자책점 15	AVG 0.231	투구수 370	QS 1	WHIP 1.74	WAR -0.47	WPA -0.27

백승건(59) 투수 - 토미존 후 복귀, 전반적인 투구 능력 회복이 필수

투타유형		좌투좌타			신장/체중		183cm/85kg		
생년월일		2000년 10월 29일			출신학교		동막초-상인천중-인천고		

평자 -	경기수 -	승리 -	패배 -	홀드 -	세이브 -	이닝 -	탈삼진 -	볼넷 -	승률 -
피안타 -	피홈런 -	실점 -	자책점 -	AVG -	투구수 -	QS -	WHIP -	WAR -	WPA -

서진용(22) 투수 - 2023년 42세이브 후 부상 늪, 안정감 회복이 절실

투타유형		우투우타			신장/체중		184cm/88kg		
생년월일		1992년 10월 2일			출신학교		남부민초-대동중-경남고		

평자 6.75	경기수 2	승 0	패 0	홀드 0	세이브 0	이닝 1.1	삼진 0	볼넷 3	승률 -
피안타 1	피홈런 0	실점 1	자책점 1	AVG 0.25	투구수 27	QS 0	WHIP 3	WAR -0.04	WPA 0.05

신범수(25) 포수 - 제3포수의 입지 확보, 타격 향상이 백업 자리 확보의 열쇠

투타유형	우투		신장/체중	177cm/83kg				
생년월일	1998년 1월 25일		출신학교	광주대성초-광주동성중-광주동성고				

타율 0.182	경기수 29	타석 39	타수 33	득점 1	안타 6	2루타 1	3루타 0	홈런 1	루타 10
타점 3	도루 0	볼넷 5	삼진 7	병살타 0	출 0.308	장 0.303	OPS 0.611	WAR 0.03	WPA -0.43

신지환(60) 투수 - 2라운더 선발 기대주, 1년차는 제구 면에서 숙제를 남겼다

투타유형	좌투좌타		신장/체중	180cm/81kg				
생년월일	2006년 4월 17일		출신학교	강남초-성남중-성남고				

평자 0	경기수 1	승 0	패 0	홀드 0	세이브 0	이닝 1	삼진 1	볼넷 0	승률 -
피안타 0	피홈런 0	실점 0	자책점 0	AVG 0	투구수 18	QS 0	WHIP 0	WAR 0.02	WPA 0.01

안상현(10) 내야수 - 최정 백업으로 입지 확보, 수비 개선이 주전 도약의 시금석

투타유형	우투우타		신장/체중	178cm/74kg				
생년월일	1997년 1월 27일		출신학교	사파초-선린중-용마고				

타율 0.264	경기수 102	타석 289	타수 258	득점 38	안타 68	2루타 8	3루타 2	홈런 6	루타 98
타점 15	도루 17	볼넷 18	삼진 85	병살타 2	출 0.314	장 0.38	OPS 0.694	WAR 0.88	WPA -1.37

윤태현(12) 투수 - 차세대 언더핸드 선발 후보, 투구폼 안정화가 핵심 과제

투타유형	우언우타		신장/체중	189cm/93kg				
생년월일	2003년 10월 10일		출신학교	상인천초-동인천중-인천고				

평자 -	경기수 -	승리 -	패배 -	홀드 -	세이브 -	이닝 -	탈삼진 -	볼넷 -	승률 -
피안타 -	피홈런 -	실점 -	자책점 -	AVG -	투구수 -	QS -	WHIP -	WAR -	WPA -

이건욱(16) 투수 - 제구 문제로 2군 방어율 8.05, 반드시 컨트롤을 개선해야

투타유형	우투우타		신장/체중	182cm/85kg				
생년월일	1995년 2월 13일		출신학교	신도초-동산중-동산고				

평자 -	경기수 -	승리 -	패배 -	홀드 -	세이브 -	이닝 -	탈삼진 -	볼넷 -	승률 -
피안타 -	피홈런 -	실점 -	자책점 -	AVG -	투구수 -	QS -	WHIP -	WAR -	WPA -

이승민(9) 외야수 - 5툴의 전형적인 원석, 장기 육성 프로젝트로 접근해야 한다

투타유형	좌투좌타		신장/체중	187cm/90kg				
생년월일	2005년 1월 6일		출신학교	서울도곡초-휘문중-휘문고				

타율 0.2	경기수 2	타석 5	타수 5	득점 0	안타 1	2루타 0	3루타 0	홈런 0	루타 1
타점 0	도루 0	볼넷 0	삼진 2	병살타 0	출 0.2	장 0.2	OPS 0.4	WAR -0.05	WPA -0.06

이지영(56) 포수 - 베테랑 포수, 에이징 커브 가운데 리더십 발휘가 관건

투타유형	우투우타		신장/체중	177cm/88kg				
생년월일	1986년 2월 27일		출신학교	서화초-인천신흥중-제물포고-경성대				

타율 0.239	경기수 76	타석 216	타수 197	득점 13	안타 47	2루타 6	3루타 1	홈런 3	루타 64
타점 18	도루 2	볼넷 11	삼진 22	병살타 8	출 0.283	장 0.325	OPS 0.608	WAR -0.11	WPA -2.47

장지훈(21) 투수 - 사이드암 유망주로 폼 교정 성공, 제구 안정화가 다음 과제

투타유형	우투우타		신장/체중	177cm/78kg				
생년월일	1998년 12월 6일		출신학교	김해삼성초-내동중-김해고-동의대				

평자 -	경기수 -	승리 -	패배 -	홀드 -	세이브 -	이닝 -	탈삼진 -	볼넷 -	승률 -
피안타 -	피홈런 -	실점 -	자책점 -	AVG -	투구수 -	QS -	WHIP -	WAR -	WPA -

전영준(28) 투수 - 대체선발부터 추격조까지 소화, 컨트롤 개선이 도약의 열쇠

투타유형	우투우타		신장/체중	190cm/100kg		
생년월일	2002년 4월 16일		출신학교	부곡초-휘문중-대구고		

평자 4.61	경기수 34	승 1	패 5	홀드 0	세이브 0	이닝 52.2	삼진 55	볼넷 26	승률 0.167
피안타 48	피홈런 5	실점 28	자책점 27	AVG 0.249	투구수 993	QS 0	WHIP 1.41	WAR 0.4	WPA 0.08

정동윤(51) 투수 - 1차 지명 10년차지만 실적 부족, 가치를 증명해야 할 때

투타유형	우투좌타		신장/체중	193cm/103kg		
생년월일	1997년 10월 22일		출신학교	덕성초(안산리틀)-중앙중-야탑고		

평자 8.31	경기수 12	승 0	패 0	홀드 0	세이브 0	이닝 17.1	삼진 17	볼넷 12	승률 -
피안타 21	피홈런 2	실점 16	자책점 16	AVG 0.309	투구수 317	QS 0	WHIP 1.9	WAR -0.25	WPA -0.13

조요한(98) 투수 - 160km 초강속구 소유, 선발 합류를 위해선 제구를 잡아야

투타유형	우투우타		신장/체중	191cm/101kg		
생년월일	2000년 1월 6일		출신학교	광주화정초-충장중-광주제일고-동강대		

평자 -	경기수 -	승리 -	패배 -	홀드 -	세이브 -	이닝 -	탈삼진 -	볼넷 -	승률 -
피안타 -	피홈런 -	실점 -	자책점 -	AVG -	투구수 -	QS -	WHIP -	WAR -	WPA -

채현우(15) 외야수 - 대주자, 대수비 자원, 더 많은 기회를 위해서 컨택 반등이 있어야

투타유형	우투우타		신장/체중	182cm/80kg		
생년월일	1995년 11월 21일		출신학교	칠성초-경복중-대구상원고-송원대		

타율 0.188	경기수 41	타석 52	타수 48	득점 8	안타 9	2루타 1	3루타 1	홈런 1	루타 15
타점 9	도루 2	볼넷 3	삼진 13	병살타 1	출 0.231	장 0.313	OPS 0.544	WAR -0.29	WPA 0.09

천범석 (68) 투수 - 서클 체인지업이 무기인 우완, 구위 향상이 우선 지향점

투타유형	우투우타		신장/체중	183cm/86kg		
생년월일	2006년 3월 6일		출신학교			

평자 -	경기수 -	승리 -	패배 -	홀드 -	세이브 -	이닝 -	탈삼진 -	볼넷 -	승률 -
피안타 -	피홈런 -	실점 -	자책점 -	AVG -	투구수 -	QS -	WHIP -	WAR -	WPA -

최용준(67) 투수 - 2차 드래프트 영입 우완, 빠른 재활과 1군 복귀가 관건

투타유형	우투우타		신장/체중	192cm/105kg		
생년월일	2001년 12월 19일		출신학교	양산신양초(양산시리틀)-경남중-부산공고		

평자 -	경기수 -	승리 -	패배 -	홀드 -	세이브 -	이닝 -	탈삼진 -	볼넷 -	승률 -
피안타 -	피홈런 -	실점 -	자책점 -	AVG -	투구수 -	QS -	WHIP -	WAR -	WPA -

하재훈(13) 외야수 - 점차 줄어드는 기회, 강점인 장타력을 확실히 보여줘야

투타유형	우투우타		신장/체중	182cm/90kg		
생년월일	1990년 10월 29일		출신학교	양덕초-마산동중-용마고		

타율 0.143	경기수 18	타석 61	타수 56	득점 6	안타 8	2루타 0	3루타 0	홈런 3	루타 17
타점 8	도루 1	볼넷 4	삼진 21	병살타 1	출 0.197	장 0.304	OPS 0.501	WAR -0.44	WPA -0.45

한두솔(34) 투수 - 151km 좌완 파이어볼러, 필승조 재진입을 위한 구위 회복이 필수

투타유형	좌투좌타		신장/체중	177cm/86kg		
생년월일	1997년 1월 15일		출신학교	광주수창초-진흥중-광주제일고-리세이샤		

평자 4.95	경기수 44	승 2	패 0	홀드 3	세이브 1	이닝 36.1	삼진 27	볼넷 19	승률 1
피안타 46	피홈런 1	실점 22	자책점 20	AVG 0.317	투구수 649	QS 0	WHIP 1.79	WAR 0.13	WPA -0.02

투타유형	우투우타				신장/체중		180cm/95kg		
생년월일	2001년 7월 8일				출신학교		가동초-경상중-대구고		

타율 0.305	경기수 21	타석 62	타수 59	득점 6	안타 18	2루타 1	3루타 0	홈런 1	루타 22
타점 6	도루 0	볼넷 3	삼진 16	병살타 3	출 0.339	장 0.373	OPS 0.712	WAR 0.28	WPA -0.41

삼성 라이온즈

4위

창단연도	1982년
연고지	대구광역시
홈구장	대구 삼성 라이온즈 파크
한국시리즈 우승	1985, 2002, 2005, 2006, 2011, 2012, 2013, 2014
야구철학	관리의 명가
구단연혁	삼성 라이온즈(1982~)

2025 시즌 리뷰

2024년 한국시리즈 진출로 기대가 컸다. 스토브리그에서 우수한 외국인 투수 후라도, 5선발 최원태를 영입해 선발진을 보강했다. 2025시즌 4월까지는 타선의 폭발과 불펜의 선전으로 2위까지 치고 올라갔다.

그러나 5월부터 마무리 김재윤이 최악의 부진을 겪었으며, 외국인들이 제 역할을 하지 못했다. 타선에서는 구자욱의 슬럼프가 뼈아팠다.

결국 무려 8연패를 기록하며 5위로 추락, 레예스를 교체하여 선발진은 정상화되었지만, 불펜진이 무너지면서 한때 7위까지 떨어졌다. 그러나 8월부터 김재윤의 부활, 양창섭, 이승민, 배찬승 등의 선전으로 불펜이 소생하면서 정규리그 4위로 포스트시즌 진출에 성공했다.

포스트시즌에서도 타선이 폭발하여 SSG를 무너뜨리며 가을야구 업셋에 성공, 플레이오프에서 한화 상대로 6할 타자 김영웅을 필두로 5차전까지 갔으나, 결국 마운드 열세를 극복하지 못하고 아쉽게 탈락하였다.

토종 에이스 원태인의 활약과 외국인선수들의 선전, 그리고 마운드에서 특히 불펜 중심으로 뉴페이스들이 속속 발굴되면서 약점을 빠르게 극복하는 모습을 보여준 점이 2025시즌의 주목할 만한 부분이다. 그러나 포스트시즌에서 무려 11경기를 추가로 치르면서 전력이 극단까지 소진되었던 점은 주의해야 한다.

2026시즌 최대의 변수가 될 수 있는 선수 부상 리스크도 그와 무관하지 않다.

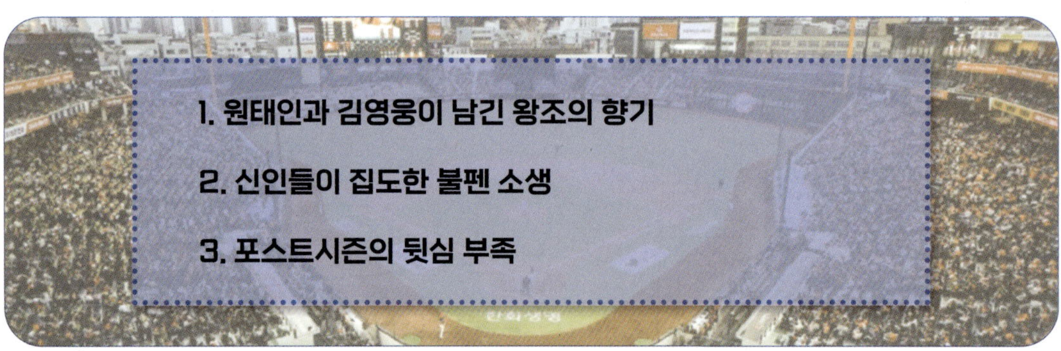

최근 10년간 팀 순위 (9-9-6-8-8-3-7-8-2-4)

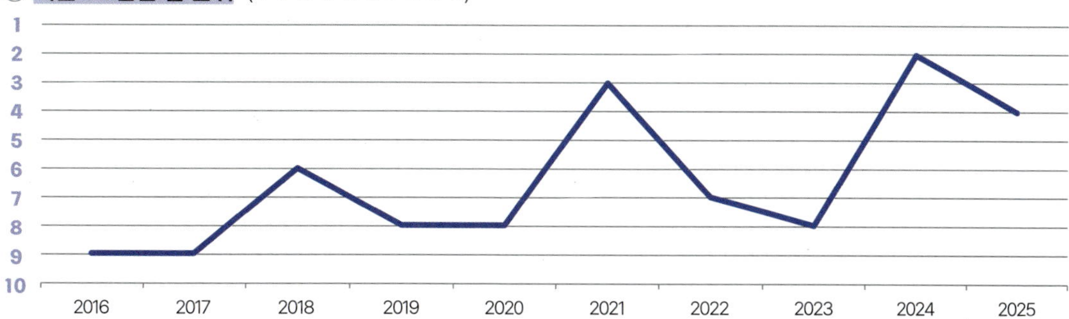

팀 공격력	팀 마운드	팀 수비
팀 타율 0.271 팀 출루율 0.353 팀 장타율 0.427 팀 OPS 0.780	팀 방어율 4.12 팀 피안타율 0.259 팀 WHIP 1.35 팀 탈삼진 1048	팀 실책 87 팀 도루저지율 0.195

팀 최애 선수(유티폼 마킹순)

1. 구자욱

2. 이재현

3. 원태인

2025 승리의 알고리즘

팀 WAR

	타자 WAR	투수 WAR	수비효율 (DER)
리그	22.5	14.57	0.679
삼성	29.2	16.37	0.692
순위	2	5	2

구장 특징

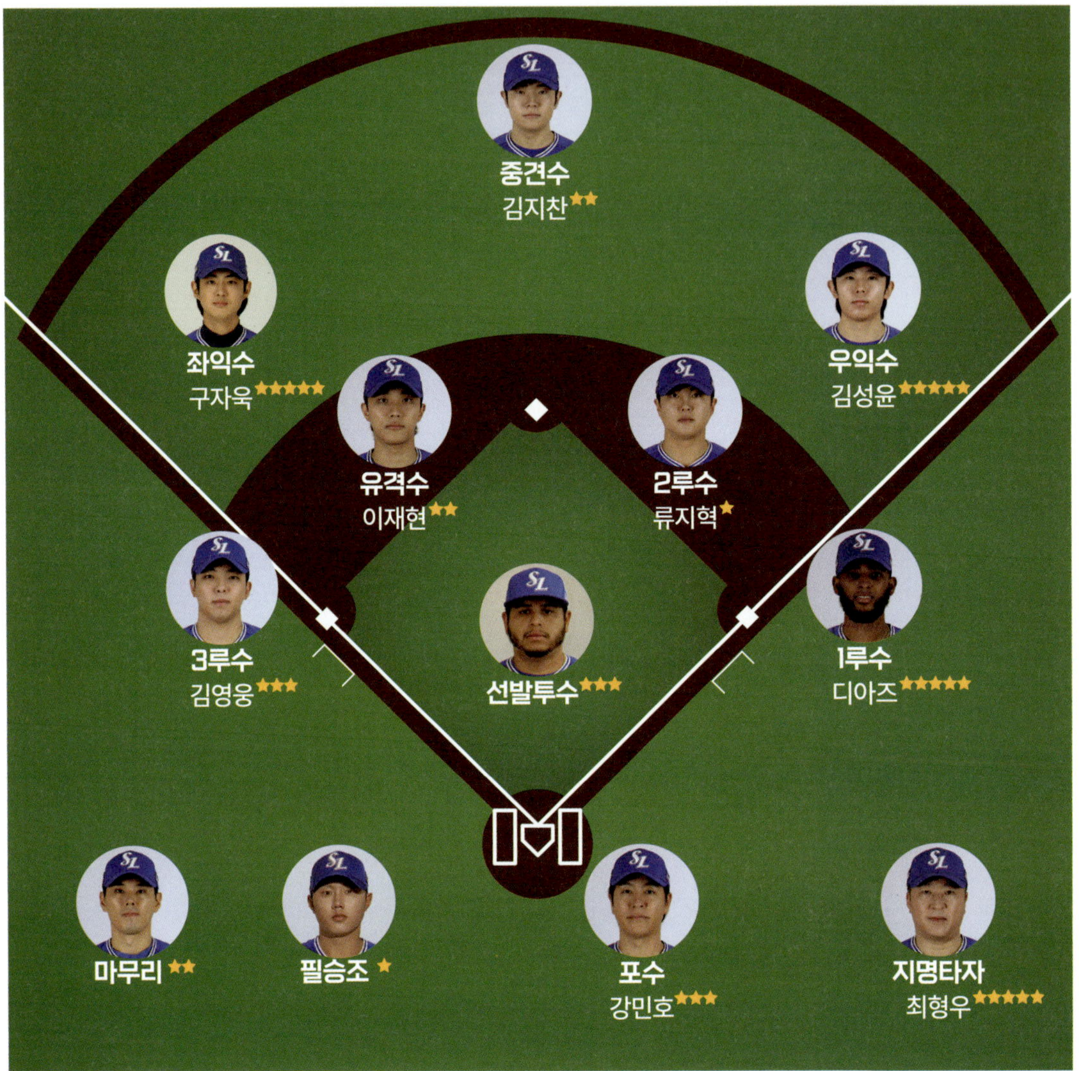

투수진

선발투수	후라도	
	오러클린	
	원태인	
	최원태	
	양창섭	
필승조	배찬승	
	이승민	
	이호성	
마무리	김재윤	

Plan B

포수	박세혁, 이병헌
1루수	이창용, 차승준
2루수	김재상
3루수	전병우
유격수	양우현, 심재훈
좌익수	최형우, 함수호
중견수	박승규
우익수	김태훈, 이성규
지명타자	김태훈
대체선발	이승현, 이호성

스토브리그 성적표&운명의 갈림길

 스토브리그 성적표

A

 2026 시즌 예상 순위

2

IN) 주요 선수 영입

1. 오러클린(외국인선수)

2. 미야지(아시아쿼터)

3. 최형우(FA)

4. 박세혁(3R 지명권과 트레이드)

5. 임기영(2차 드래프트)

전력 유출은 최소화한 상태에서 프랜차이즈 레전드 최형우를 재영입하며 타선의 폭발력을 더했고 포수 박세혁의 영입으로 팀의 부족한 부분을 메웠다.

OUT) 주요 선수 이탈

1. 가리비토(계약종료)

2. 오승환(은퇴)

3. 박병호(은퇴)

4. 임창민(은퇴)

5. 양도근(상무 입대)

6. 최충연(2차 드래프트)

타선은 더 강해졌다. 불펜진도 정상화의 기미가 보인다. 기세를 타면 대권 도전도 보인다. 유일한 변수는 선수들의 부상 관리.

BEST CASE_SCENARIO

① 귀환한 늙은 사자의 포효, 최형우의 대활약

② 건강한 구자욱의 몬스터 시즌

③ 푸른 피의 필승조 배찬승

④ 왕조 불펜의 부활.

⑤ 푸른 왕조의 귀환.

WORST CASE_SCENARIO

① 가는 세월 못 붙잡는 최형우.

② 멀어져 가는 왕조 불펜의 추억.

③ 투수진 단체 과부하.

④ 치지도 달리지도 못하는 타선.

⑤ 푸른 가을은 없다, 잔혹사의 반복.

 ## 대체 불가 자원 TOP 3

TOP 1: 원태인
상징성과 빅게임 멘탈리티까지 갖춘 특급 에이스. 이탈하는 순간 비상 체제다.

TOP 2: 디아즈
50홈런과 150타점의 압도적인 수치는 그 누구도 메울 수가 없다.

TOP 3: 후라도
당장 200이닝의 부담을 젊은 투수들이 나눠야 한다면 그야말로 악몽이다.

 ## 우승을 위해 반드시 넘겨야할 상대 3팀

1) 한화
작년 가을야구에서 아쉬운 패배를 당한 호적수. 특히 문동주는 요주의.

2) KT
작년 최악의 상대전적을 기록한 천적. 극복하지 못하면 대권 도전도 없다.

3) KIA
한국시리즈에서 4번 만나고 4번 모두 패한 운명의 라이벌. 꼭 이기고 싶다.

입문자를 위한 핵심 포인트 TOP 3

1) 영남야구의 맹주, 역사와 전통과 실적이 모두 있는 강팀

2) 구자욱, 원태인, 김영웅, 눈을 즐겁게 하는 젊은 사자들

3) 국내 최고 타자 친화구장 라이온즈 파크에서 즐기는 홈런 쇼

박진만, '재박량'과 '야신'의 하이브리드, 성적도 하이브리드?

Character

두 스승인 김성근, 김재박 감독의 특징을 모두 보여준다. 승부근성과 선수단 관리 능력에서는 김성근 감독, 번트로 대표되는 작전을 통해 파고들어가는 야구는 김재박 감독을 떠올리게 한다. 치밀한 수비와 철저한 관리로 우선 무너지지 않는 것, 그 다음 상대의 빈틈을 찌르는 정교한 야구를 추구한다.

Strength

선수단 관리 능력에서는 타의 추종을 불허한다. 2025시즌 삼성의 아픈 손가락이던 최원태를 가을야구에서 부활시킨 것도 꾸준한 소통과 관리, 그리고 적재적소에의 투입이 큰 몫을 했다. 고전적인 카리스마형 감독상을 제시하지만 의외로 선수들이 편하게 여기는 커뮤니케이션 방식을 활용하는 유연성에도 점수를 줄 수 있다.

Weakness

스승인 두 감독의 약점이 그대로 계승된다. 승부처마다 다소 계산이 빨라지면서 작전과 투수교체 타이밍이 꼬일 때가 많다. 보수적이고 완고한 야구관으로 특정 선수들에게 부담이 집중될 때가 자주 눈에 띈다. 접전 상황에서 유난히 약했던 이유를 복기할 필요가 있다.

원태인 18

투수수 (우투좌타)

Basic info

생년월일 **2000년 4월 6일**

신장/체중 **183cm/92kg**

연봉 **10억 원**

출신학교 **율하초(중구리틀)-경복중-경북고**

Narrative 동세대 영건 중 원태인은 가장 빨리 완성된 케이스다. 아웃라이어 수준의 파워는 없지만 제구와 내구성이 조화된 '육각형의 견고함'이 그의 무기다. 환경과 상황에 대한 적응력으로 2025시즌 20회의 퀄리티 스타트를 기록하며 국내 투수 최다승을 거두었다. 이제 삼성의 상징이자 국내 최고 우완. 부상만 없다면 그의 위상을 의심할 이유는 없다.

Ceiling 원태인의 강점은 컨디션에 따른 유연한 완급 조절에 있다. 이 덕분에 최소 투구수로 커리어 최다 이닝을 소화하는 효율적인 피칭을 완성했다. 150km 강속구를 보유했음에도 타자의 타이밍을 뺏는 노련한 운영은 배영수와 윤성환을 잇는 삼성 에이스의 정통성을 계승한다. 하드 히트와 피장타가 많은 점은 주의할 부분. 팀의 수비 설계가 그의 피칭과 시너지를 낸다면, 진정한 '코리안 매덕스'로의 진화도 충분히 가능하다.

Variable 2026년 원태인의 시선은 세계를 향하고 있으나, 마주한 현실은 녹록지 않다. 시즌 준비 과정에서 입은 부상은 그의 커리어 확장에 있어 가장 큰 시험대다. 대권을 노리는 팀의 에이스로서 짊어진 중압감을 부상을 안고 어떻게 이겨내느냐가 관건이다. 누적된 피로 속에서 에이스의 품격을 유지하는 멘탈 관리가 삼성 우승 전선의 핵심 변수다.

Tier 1 Detailed Stats Grid

평균자책점 3.24	경기수 27	승 12	패 4	홀드 0
세이브 0	이닝 166.2	삼진 108	볼넷 27	승률 0.750
피안타 157	피홈런 20	실점 66	자책점 60	피안타율 0.253
투구수 2493	QS 20	WHIP 1.10	WAR 3.58	WPA 3.90

Tier 2

[Core Stats]	[Wish List]
WHIP 1.10 (국내 1위)	성공적인 부상 극복
5년 연속 규정 이닝	2점대 방어율 회복
방어율 (국내 2위)	피홈런 줄이기

Pitch Repertoire (구종별 데이터)

구종(Type)	구사비율(Usage %)	평균 구속(Avg, km)	최고 구속(Max, km)	피안타율(BAA)
직구	42.5	144.3	149.9	0.281
슬라이더	26.6	132.9	141.7	0.232
체인지업	20.2	124.6	130.6	0.203
커브	6.7	121.2	131.7	0.306
커터	3.9	135.1	142.2	0.231

프라이드 록을 지키는 사자 군단의 푸른 심장

최형우 34

내야수 (우투좌타)

Basic info

생년월일 **1983년 12월 16일**

신장/체중 **186cm/92kg**

연봉 **4억 원**

출신학교 **진북초-전주동중-전주고**

Legacy 세월을 느낄 수 없는 플레이어다. 시작은 화려하지 않았지만 한 번 만개하니 좀처럼 질 기색이 보이지 않는다. 최고령 타자임에도 그의 방망이는 리그 최상이다. 홀로 팀을 지탱했던 퍼포먼스는, 삼성과의 재회가 '헤리티지'를 넘어선 실질적 우승 청부사의 영입임을 증명한다. 이제 그는 야구 인생이 시작된 곳에서 가장 화려한 마지막 장을 쓰려 한다.

Standard 포수 출신다운 영리한 심리 분석과 상황에 맞는 최선의 결과를 도출하는 클러치 본능이 그의 진정한 고점이다. 전성기 이대호나 김태균이 결과에 쫓기거나 만족했다면, 최형우는 철저히 팀이 필요한 결과를 내놓는 데 집중한다. 팀 입장에서는 믿고 맡기는 동시에, 최형우 앞뒤의 타순 설계를 정교하게 해야할 필요가 있다.

Horizon 호랑이의 줄무늬를 벗고 다시 사자의 갈기를 장착한 만큼, 역할 변화에 따른 적응이 관건이다. KIA와 삼성은 타격 철학이 다르고 시즌 설계가 다르다. 삼성은 철저한 체력 안배를 통해 최형우가 결정적인 승부처에만 집중할 수 있는 환경을 조성해야 한다. 최형우로부터 시작되는 타선의 연쇄 반응을 영리하게 활용한다면, 그는 사자 군단의 대권 탈환의 가장 예리한 마지막 조각이 된다.

Tier 1 Detailed Stats Grid

타율 0.307	경기수 133	타석 549	타수 469	득점 74
안타 144	2루타 30	3루타 1	홈런 24	루타 248
타점 86	도루 1	볼넷 67	삼진 98	병살타 9
출루율 0.399	장타율 0.529	OPS 0.928	WAR 4.87	WPA 1.72

Tier 2

[Core Stats]	[Wish List]
타구 속도 139km	KBO 역대 최다 안타 1위
출루율 0.399 (리그 5위)	시즌 20홈런-80타점 유지
OPS 0.928 (리그 5위)	부상없는 시즌

Tracking Data

평균 타구속도(km)
139
평균발사각(°)
21.4

Hitting Data

타구분포 (%)	
Left	34.4
Center	27.4
Right	38.2

핫/콜드존

0.364	0.341	0.261
0.364	0.476	0.422
0.586	0.348	0.190

지금까지 이런 맹수는 없었다. 사자인가 호랑이인가?

구자욱 5

외야수 (우투좌타)

Basic info

생년월일 **1993년 3월 4일**

신장/체중 **189cm/75kg**

연봉 **5억 원**

출신학교 **본리초-경복중-대구고**

Legacy 삼성 왕조가 저물고 시작된 암흑기, 2015년 등장한 구자욱은 팬들이 팀을 포기하지 않게 만든 자존심이었다. 데뷔 시즌 신인왕을 시작으로 11년간 대구의 외야를 지키며 4번의 골든글러브를 수확했고, 기복 없는 타격과 헌신적인 태도로 팀을 다시 우승권으로 끌어올렸다. 라이온즈의 마지막 황태자, 구자욱. 팬들은 그를 보며 무너진 왕조의 재건을 꿈꾼다.

Standard 구자욱의 놀라운 점은 에이징 커브를 역행하는 진화다. 정교한 레벨 스윙으로 양산하는 날카로운 라인드라이브 타구는 리그 최고 수준이며, 해가 갈수록 정교함과 파워가 조화되며 전성기를 갱신하고 있다. 완벽한 비율 스탯을 매년 보장하는 꾸준함은, 그를 상대 투수들이 가장 두려워하는 리그 최고의 중장거리 타자로 자리매김하게 한다.

Horizon 전설로 남기 위한 마지막 과제는 기복과 내구성 극복이다. 시즌 중 찾아오는 슬럼프 주기를 단축하고, 매년 20~30경기를 결장하게 만드는 잔부상 리스크를 관리하는 것이 핵심이다. 영구결번이 예견된 지금, 그에게 남은 유일한 동력은 팀 우승이다. 가을야구의 침묵을 깨고 왕조 재건의 마지막 퍼즐인 우승 반지를 손에 넣는 것이, 마지막 황태자가 황제로 즉위하는 완벽한 서사의 결말이 될 것이다.

Tier 1 Detailed Stats Grid

타율 0.319	경기수 142	타석 616	타수 529	득점 106
안타 169	2루타 43	3루타 2	홈런 19	루타 273
타점 96	도루 4	볼넷 73	삼진 91	병살타 9
출루율 0.402	장타율 0.516	OPS 0.918	WAR 5.1	WPA 3.04

Tier 2

[Core Stats]	[Wish List]
106득점 (리그1위)	기복 줄이기
3년 연속 3할 타율 / 4할 출루율	20홈런 회복
직구 상대 타율 0.376	한국시리즈 우승

Tracking Data

평균 타구속도(km)
136

평균발사각(°)
17.3

Hitting Data

타구분포 (%)

Left	32.4
Center	25.9
Right	41.6

핫/콜드존

0.464	0.235	0.270
0.500	0.431	0.256
0.386	0.339	0.333

푸른 왕조의 재건을 짊어진 마지막 황태자

디아즈 0

내야수 (좌투좌타)

Basic info

- 생년월일 **1996년 11월 19일**
- 신장/체중 **188cm/105kg**
- 연봉 **130만 달러**
- 출신학교 도미니카 **Daniel Smith(고)**

Narrative '라이온 킹'이 이승엽의 이름이었다면, 르윈 디아즈는 그 전설에 비견될 유일한 외국인 타자로 우뚝 섰다. 2025 시즌, KBO 최초의 50홈런-150타점이라는 불멸의 대기록을 작성하며 리그를 초토화했다. 메이저리그의 러브콜을 뒤로하고 2026년 재계약을 선택한 그의 행보는 삼성 라이온즈의 새로운 역사가 되기로 한 위대한 결단으로 여겨진다.

Ceiling 디아즈의 파괴력은 압도적인 파워와 정교해진 선구안의 결합이다. 모든 공에 풀스윙을 가져가면서도 특히 몸쪽 낮은 공을 홈런으로 연결하는 기술은 독보적이다. 2025년 들어 약점으로 지적받던 컨택과 선구안까지 완성형으로 진화하며 리그 최고의 타자로 도약했다. 여기에 1루 수비에서의 골든글러브급 안정감과 팀원들과의 깊은 유대감, 모범적인 워크에식은 그가 왜 푸른 거신병인지를 증명한다.

Variable 팬들에게 디아즈에 관한 걱정은 이별뿐이었다. 하지만 팀을 향한 그의 충성심은 확고하다. 에이징 커브를 논하기엔 너무나 압도적인 폼을 유지하고 있어, 앞으로 얼마나 더 오랜 시간 삼성의 중심을 지켜줄지가 유일한 변수다. 그가 은퇴하는 날까지 푸른 유니폼을 입는다면, 삼성은 또 하나의 영구결번급 전설을 맞이하게 될 것이다.

Tier 1 Detailed Stats Grid

타율 0.314	경기수 144	타석 628	타수 551	득점 93
안타 173	2루타 32	3루타 0	홈런 50	루타 355
타점 158	도루 1	볼넷 60	삼진 100	병살타 15
출루율 0.381	장타율 0.644	OPS 1.025	WAR 6.23	WPA 3.11

Tier 2

[Core Stats]	[Wish List]
158타점 (역대 1위)	홈런 57개 (역대 1위 갱신)
OPS 1.025 (리그 1위)	2년 연속 50홈런-150타점
순장타율 0.330 (리그 1위)	출루율 4할

Tracking Data

평균 타구속도(km)
139.3

평균발사각(°)
24.1

Hitting Data

타구분포 (%)

Left	24.5
Center	28.7
Right	46.8

핫/콜드존

0.346	0.275	0.381
0.485	0.407	0.286
0.485	0.483	0.326

대구의 하늘을 홈런으로 수놓는 푸른 거신병

김영웅 30

내야수 (우투좌타)

Basic info

생년월일	2003년 8월 24일
신장/체중	183c/81kg
연봉	2억 2000만원
출신학교	공주중동초-야로중-물금고

Narrative 2024년 28홈런을 쏘아 올리며 초신성으로 떠오른 김영웅은, 2025년 부상과 소포모어 징크스라는 암초를 만났다. 하지만 후반기 복귀 후 팀 타선에 활력을 불어넣었고, 가을야구에서 타율 0.359, OPS 1.320라는 경이로운 성적을 거두며 영웅 탄생을 알렸다. 이제 그는 위기의 순간 사자 군단을 구원하는 강력한 히어로로 우뚝 섰다

Ceiling 김영웅의 핵심 강점은 타자 친화적인 대구 삼성 라이온즈 파크와의 압도적인 시너지에 있다. 극단적인 어퍼 스윙으로 형성하는 높은 발사 각도는 빗맞은 타구조차 담장 밖으로 보낼 만큼 파괴적이다. 특히 고작 4년 차에 이승엽, 이만수 등 전설들의 이름을 소환하며 가을야구 통산 8홈런을 몰아친 클러치 본능은, 그가 사자 군단의 거포 계보를 잇는 넥스트 라이온킹임을 증명하는 가장 확실한 징표다.

Variable 화려한 장타력 뒤에 가려진 143개의 삼진은 반드시 풀어야 할 숙제다. 리그 최상위권의 삼진 수와 낮은 컨택률은 기복을 만드는 주원인이다. 선구안 개선이 이루어지지 않는다면, 투수들의 집요한 유인구 공략에 고전할 수 있다. 2026년에는 장타력은 유지하되 헛스윙을 줄이도록 진화하는 것이 팀 타선의 상수를 만드는 핵심이다.

Tier 1 Detailed Stats Grid

타율 0.249	경기수 125	타석 499	타수 446	득점 66
안타 111	2루타 22	3루타 2	홈런 22	루타 203
타점 72	도루 6	볼넷 48	삼진 143	병살타 6
출루율 0.323	장타율 0.455	OPS 0.778	WAR 1.64	WPA -1.04

Tier 2

[Core Stats]	[Wish List]
순장타율 0.206	30홈런 달성
단일 PS 15타점 (역대 2위)	OPS 0.800 회복
PS 통산 8홈런 (구단 역대 2위)	80타점

Tracking Data

평균 타구속도(km)
139.6

평균발사각(°)
23.6

Hitting Data

타구분포 (%)	
Left	25.4
Center	26.5
Right	48.1

핫/콜드존

0.263	0.200	0.355
0.471	0.393	0.300
0.280	0.395	0.313

전설을 소환하는 방망이, 왕국을 계승할 넥스트 라이온킹

후라도 75 

투수 (우투우타)

Basic info

생년월일 1996년 1월 30일

신장/체중 188cm/109kg

연봉 130만 달러

출신학교 파나마 San Judas Tadeo(고)

Narrative 대천사의 이름을 가졌으나 마운드 위에서는 상대의 이닝을 폭식하는 마신으로 변모한다. 리그에서 가장 꾸준한 선발 투수로 이닝 소화력이 삼성 이적 후 더욱 만개했다. 비록 지난 가을은 아쉬웠으나, 팀을 위해 200이닝 이상을 던진 그에게 비난은 없다. 자신의 몸을 태워 투수진의 과부하를 막아낸 그에게 누가 돌을 던지랴.

Ceiling 후라도의 진가는 한계를 모르는 이닝 탐식에 있다. 최고 149.7km 강속구부터 벌칸 체인지업까지 6개 구종을 자유자재로 구사한다. 9이닝당 볼넷 2개 미만의 제구와 빠른 템포, 땅볼 유도 능력은 투구수 관리와 야수의 집중력을 동시에 잡는다. 2025시즌 기록한 197.1이닝은 그가 왜 리그의 유일무이한 '바알세불'인지 증명하는 성적표다.

Variable 폭식왕에게 필요한 보상은 아이러니하게도 적절한 휴식이다. 인간의 한계를 시험한 투구량은 포스트시즌 구위 저하로 이어졌다. 후라도라는 상수를 삼성에서 오래 활용하기 위해서는 철저한 관리와 휴식 로테이션이 병행되어야 한다. 마신이 다시 굶주린 채 마운드에 설 수 있게 만드는 관리의 묘수가 삼성의 2026년 우승 전선 복귀의 핵심 변수다.

Tier 1 Detailed Stats Grid

평균자책점 2.60	경기수 30	승 15	패 8	홀드 0
세이브 0	이닝 197.1	삼진 142	볼넷 36	승률 0.652
피안타 177	피홈런 17	실점 65	자책점 57	피안타율 0.239
투구수 2921	QS 23	WHIP 1.08	WAR 5.71	WPA 5.13

Tier 2

[Core Stats]	[Wish List]
218.1이닝 (시즌 총합)	부상 없는 시즌
QS 23회 (리그 1위)	200이닝 달성
BB/9: 1.64 (리그 2위)	가을야구 활약

Pitch Repertoire (구종별 데이터)

구종(Type)	구사비율(Usage %)	평균 구속(Avg, km)	최고 구속(Max, km)	피안타율(BAA)
직구	31.2	144.8	149.7	0.272
체인지업	22	133.7	139.2	0.191
투심	18.4	144	148.8	0.297
커브	11.1	127.7	135.6	0.2
슬라이더	6.7	134.3	143.5	0.242

마운드 위의 고독한 마신, 이닝을 집어삼키는 '바알세불'

최원태 61

투수 (우투우타)

Basic info

생년월일 **1997년 1월 7일**

신장/체중 **184cm/104kg**

연봉 **16억 원**

출신학교 **인헌초(용산구리틀)-서울경원중-서울고**

Narrative 지독했던 가을의 악몽은 삼성에서 마침내 끝났다. 매년 규정 이닝 전후를 책임지는 선발이었으나, 가을에서 부진했던 기억들은 그에게 새가슴이라는 꼬리표를 남겼다. 그러나 2025년 삼성 마운드에 선 그는 달랐다. 가을야구에서 펼친 완벽투는 트라우마를 씻어냈으며, 이제 팬들은 그를 가을의 사나이라 부른다.

Ceiling 최원태의 가치는 화려함보다 5선발의 미학인 꾸준함에 있다. 최고 149.8km 패스트볼을 필두로 6개의 다양한 구종을 노련하게 배분하며 타자의 타이밍을 뺏는다. 특히 피안타율 0.169를 기록한 체인지업은 리그 정상급 결정구다. 제구 불안이라는 변수가 있지만, 9년 연속 100이닝 이상 소화한 능력은 팀 전력을 지탱하는 든든한 자산이다.

Variable 2026년 과제는 가을의 자신감을 정규 시즌으로 전이시키는 것이다. 2025시즌 정규 리그에서 방어율 폭등과 구위 저하로 선발 자리를 위협받은 것은 분명 아쉬운 대목이었다. 하지만 가장 큰 적이었던 가을 공포증을 실력으로 극복해 낸 경험은 확실한 성장의 밑거름이다. 이제는 멘탈을 다잡는 법을 깨달은 만큼, 정규 시즌의 기복을 최소화하여 7년만에 10승 투수의 위상을 되찾는 것이 관건이다.

Tier 1 Detailed Stats Grid

평균자책점 4.92	경기수 27	승 8	패 7	홀드 0
세이브 0	이닝 124.1	삼진 109	볼넷 51	승률 0.533
피안타 128	피홈런 13	실점 72	자책점 68	피안타율 0.271
투구수 2137	QS 8	WHIP 1.44	WAR 1.16	WPA 0.42

Tier 2

[Core Stats]	[Wish List]
9년 연속 1000이닝+	규정 이닝 충족
2025 포스트시즌 ERA 2.20	가을야구의 호투 지속
체인지업 피안타율 0.169	10승 달성

Pitch Repertoire (구종별 데이터)

구종(Type)	구사비율(Usage %)	평균 구속(Avg)	최고 구속(Max)	피안타율(BAA)
직구	47.6	144.8	149.8	0.303
체인지업	15.2	128.5	133.8	0.169
커터	14.4	137.7	144	0.257
슬라이더	11	137.6	143.2	0.319
커브	9.3	121.9	125.7	0.217

가을 트라우마를 극복한 삼성의 가을 왕자

김성윤 39

외야수 (좌투좌타)

Basic info

생년월일	1999년 2월 2일
신장/체중	163cm/62kg
연봉	2억 원
출신학교	창신초(부산진구리틀)-원동중-포항제철고

Narrative KBO 최단신이라는 타이틀은 한때 그에게 신체적 한계라는 꼬리표를 붙였다. 데뷔 초 BQ가 낮다, 똑딱이 타자다 등의 저평가 속에 고전하기도 했으나, 2025년 모든 약점을 폭발적인 포텐셜로 치환했다. 타율 0.331, 출루율 0.419라는 경이로운 수치로 리그 최정상급 외야수 반열에 오른 그는, 이제 삼성 팬들에게 유망주를 넘은 팀의 자부심이다.

Ceiling 김성윤의 실링은 정교한 컨택과 영리한 선구안의 결합이다. 신체적 불리함을 오히려 낮은 스트라이크 존을 활용하는 강점으로 승화시켰고, 압도적인 주력은 루상에서 상대 배터리를 흔드는 강력한 무기다. 특히 2025년 KBO 수비상 수상은 그를 향한 신체적 편견을 실력으로 잠재우며, 공수주를 완벽히 겸비한 작은 거인의 탄생을 알린 결정적 순간이었다.

Variable 2026년 숙제는 성장을 확고한 상수로 굳히는 일이다. 지난 시즌의 커리어 하이가 일시적인 반짝임이 아니었음을 증명하기 위해서는, 상대의 집중 견제 속에서도 기복 없는 타격 사이클을 유지해야 한다. 이제는 상대가 가장 먼저 경계해야 할 리드오프로 급부상한 만큼, 더욱 치밀한 경기 운영 능력과 꾸준함을 바탕으로 삼성 외야의 대들보가 되어야 한다.

Tier 1 Detailed Stats Grid

타율 0.331	경기수 127	타석 538	타수 456	득점 92
안타 151	2루타 29	3루타 9	홈런 6	루타 216
타점 61	도루 26	볼넷 65	삼진 54	병살타 11
출루율 0.419	장타율 0.474	OPS 0.893	WAR 5.78	WPA 1.16

Tier 2

[Core Stats]	[Wish List]
타율 0.331 (리그 3위)	2년 연속 3할 타율 / 4할 출루율
출루율 0.419 (리그 2위)	130경기 이상 출장
BB/K: 1.20 (리그 1위)	출루율 1위

Tracking Data

평균 타구속도(km)
130.2

평균발사각(°)
15.2

Hitting Data

타구분포 (%)	
Left	32.7
Center	27
Right	40.3

핫/콜드존

0.348	0.440	0.222
0.538	0.361	0.410
0.480	0.311	0.238

작은 거인, 가장 낮은 곳에서 가장 높은 곳을 조준하다

포지션	투수		신장/체중	186cm/90kg
투타유형	우투우타		출신학교	일본 도카이대
생년월일	1999년 8월 2일		연봉	10만 달러

평균자책점 -	경기수 -	승 -	패 -	홀드 -
세이브 -	이닝 -	삼진 -	볼넷 -	승률 -
피안타 -	피홈런 -	실점 -	자책점 -	피안타율 -
투구수 -	QS -	WHIP -	WAR -	WPA -

미야지(15)

평균 150km, 최고 158km의 패스트볼을 주무기로 하는 우완 파이어볼러. 커터, 슬라이더, 스플리터를 구사하며 뛰어난 탈삼진 능력을 지녔지만 동시에 제구가 불안한 와일드씽 유형의 투수. 패스트볼과 스플리터의 투피치에 의존해 패턴이 단순하고 좌타자 상대로 약점을 보였다는 평이다. 2026시즌에는 ABS 적응이 필수적이고, 새로운 변화구의 도입으로 좌우 타자 모두를 상대할 수 있는 투수로 성장하는 것이 요구된다.

포지션	투수		신장/체중	196cm/101kg
투타유형	좌투좌타		출신학교	호주 Seaton(고)
생년월일	2000년 03월 14일		연봉	5만 달러

평균자책점 -	경기수 -	승리 -	패배 -	홀드 -
세이브 -	이닝 -	탈삼진 -	볼넷 -	승률 -
피안타 -	피홈런 -	실점 -	자책점 -	피안타율 -
투구수 -	QS -	WHIP -	WAR -	WPA -

오러클린(64)

매닝의 부상으로 급하게 대체외인으로 영입한 호주 출신의 좌투수. WBC에서 한국 전에 선발 등판하여 2이닝 무실점을 기록한 것이 결정적인 키가 되었다. 평균 140대 중반에서 최고 150이 넘는 빠른 공을 던지며, 슬라이더와 체인지업, 커브를 두루 구사한다. WBC와 같은 단기전에서는 좋은 결과를 내왔지만, 풀 시즌에서는 들쑥날쑥한 제구와 구위 부족으로 안정적인 활약을 펼쳐주지 못했다. 단기 기간 동안 최고의 퍼포먼스를 보이는 것이 과제다.

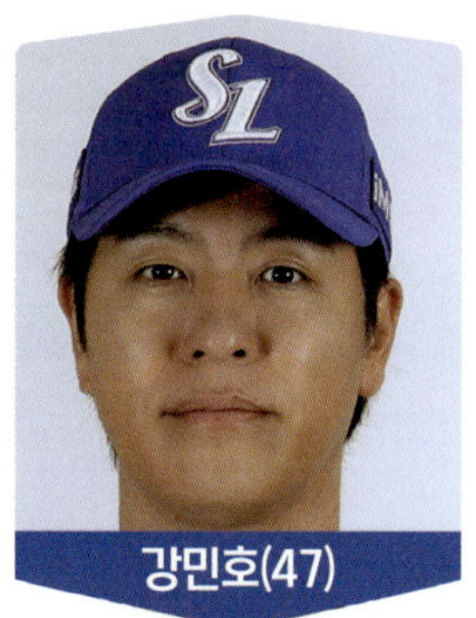

포지션	포수		신장/체중	185cm/100kg
투타유형	우투우타		출신학교	제주신평초-포철중-포철공고-(국제디지털대)
생년월일	1985년 8월 18일		연봉	3억 원

타율 0.269	경기수 127	타석 465	타수 412	득점 37
안타 111	2루타 23	3루타 1	홈런 12	루타 172
타점 71	도루 2	볼넷 38	삼진 69	병살타 16
출루율 0.336	장타율 0.417	OPS 0.753	WAR 2.28	WPA -1.75

강민호(47)

2할 중반대 타율과 12홈런을 기록하며 노장 포수로서는 타선에 충분히 기여했지만, 수비에서는 에이징 커브를 벗어나지 못한 모습이다. 포일이 잦아지고 볼배합 패턴이 무너지면서, 부상이 속출하던 2025시즌 삼성 마운드에 부담을 더했다는 평가. 다만 포스트시즌에서 최원태와 좋은 궁합을 보이며 베테랑다운 관록있는 리드를 보여준 점이나, 이병헌을 비롯한 포수 유망주의 성장이 더딘 점을 감안하면 2026시즌에도 주전으로 시즌을 시작할 것이 유력하다.

포지션	투수		신장/체중	185cm/91kg
투타유형	우투우타		출신학교	서울도곡초-휘문중-휘문고
생년월일	1990년 9월 16일		연봉	8억 원

평균자책점 4.99	경기수 63	승 4	패 7	홀드 3
세이브 13	이닝 57.2	삼진 43	볼넷 13	승률 0.364
피안타 57	피홈런 10	실점 34	자책점 32	피안타율 0.253
투구수 938	QS 0	WHIP 1.21	WAR 0.1	WPA 0.08

김재윤(62)

최고 148km의 직구와 포크볼, 슬라이더로 힘으로 밀어붙이는 삼성의 마무리 투수다. 2025시즌 전반기 직구의 커맨드가 흔들리며 방어율 6.75를 기록했으나, 후반기 영점을 회복하며 방어율 2.81로 반등에 성공했다. 정면승부 유형의 투구 스타일과 타자친화적인 홈 구장의 궁합이 좋지 않아 홈원정 성적 차이가 극심해 원정 방어율 2.81에 비해 홈 방어율은 7.71에 달했다. 2026시즌에는 홈에서의 안정감을 되찾고 삼성 불펜을 이끌어야 한다.

포지션	외야수		신장/체중	163cm/64kg
투타유형	우투좌타		출신학교	백사초(이천시리틀)-모가중-라온
생년월일	2001년 3월 8일		연봉	2억 3,000만 원

타율 0.281	경기수 90	타석 373	타수 317	득점 59
안타 89	2루타 9	3루타 2	홈런 0	루타 102
타점 23	도루 22	볼넷 38	삼진 44	병살타 7
출루율 0.364	장타율 0.322	OPS 0.686	WAR 1.52	WPA -1.26

김지찬(58)

163cm의 단신이나 정교한 컨택과 주력을 앞세워 삼성 타선의 선봉을 맡는 리드오프다. 3할 타율과 4할 출루율이 가능한 재능에도 신체적 한계로 인한 잦은 부상과, 부상으로 인한 지표 하락이 발목을 잡는다. 2025시즌 햄스트링 부상으로 90경기 출전에 그치며 공수주 전반에서 커리어 로우를 기록했다. 2026시즌에는 기동력의 근간인 하체 건강을 회복해 풀타임 리드오프로서의 가치를 증명하는 것이 최우선 숙제이다.

포지션	투수		신장/체중	187cm/101kg
투타유형	우투우타		출신학교	남부민초-대신중-부경고
생년월일	1992년 3월 2일		연봉	3억 원

평균자책점 4.48	경기수 73	승 2	패 6	홀드 19
세이브 2	이닝 66.1	삼진 74	볼넷 26	승률 0.250
피안타 66	피홈런 8	실점 34	자책점 33	피안타율 0.259
투구수 1122	QS 0	WHIP 1.39	WAR 0.8	WPA -0.23

김태훈(27)

마무리 경험까지 있는 베테랑 불펜 투수. 평균 142km 패스트볼과 포크볼, 슬라이더를 주무기로 한다. 2021시즌을 기점으로 해서 제구 문제로 부침을 겪었지만 ABS 도입과 함께 어느 정도 해결, 2025시즌에는 K/9이 10이 넘는 구위형 필승조로 거듭났다. 후반기에 극심한 부진을 겪었지만 6월까지 좋은 모습을 보이면서 최종 방어율 4.48을 기록했다. 20억 FA 계약의 첫 시즌인 만큼, 베테랑 필승조로서 꾸준히 활약하며 불펜진을 이끌어야 한다.

포지션	내야수		신장/체중	181cm/75kg
투타유형	우투좌타		출신학교	청원초-선린중-충암고
생년월일	1994년 1월 13일		연봉	7억 원

타율 0.280	경기수 129	타석 464	타수 400	득점 54
안타 112	2루타 14	3루타 0	홈런 1	루타 129
타점 37	도루 11	볼넷 33	삼진 73	병살타 11
출루율 0.351	장타율 0.323	OPS 0.674	WAR 1.97	WPA -2.20

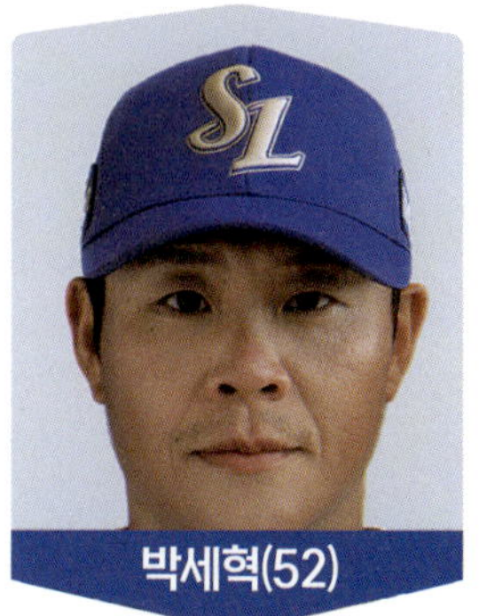

류지혁(16)

두산 화수분 야구의 선두주자였던 베테랑 2루수. 준수한 컨택과 선구안에 비해 장타력이 부족하고 최근 수비 범위가 좁아진 것이 약점이라는 평이다. 삼성 이적 후 다소 기복이 있는 활약을 보여왔다. FA 첫 시즌이었던 2025시즌에도 전반기 3할을 기록하며 부활하는 듯했으나, 후반기 타율 0.220에 수비도 부침을 겪으면서 힘든 시즌을 보냈다. 시즌을 긴 호흡으로 바라보며 기복을 줄이고 공격에서 안정감을 되찾는 것이 반등의 열쇠이다

포지션	포수		신장/체중	181cm/86kg
투타유형	우투우타		출신학교	수유초-신일중-신일고-고려대
생년월일	1990년 1월 9일		연봉	4억 원

타율 0.163	경기수 48	타석 93	타수 86	득점 8
안타 14	2루타 3	3루타 0	홈런 2	루타 23
타점 10	도루 1	볼넷 5	삼진 28	병살타 4
출루율 0.215	장타율 0.267	OPS 0.482	WAR -0.64	WPA -0.59

박세혁(52)

두산 왕조를 지탱한 베테랑 포수로, 그 가치를 인정받아 NC 다이노스와 4년 총액 46억 FA 계약을 맺었다. 그러나 에이징커브로 부상과 부진을 겪으면서 계약 마지막 해를 앞두고 삼성으로 트레이드되었다. 고질적인 무릎 부상으로 인해 타격 지표가 크게 저하되었고, 팀의 기대치도 높지 않다. 그러나 주전 포수 강민호의 나이와, 스프링캠프에서 박세혁이 보여준 호조의 타격 컨디션을 감안하면 팀의 필요에 따라 더 큰 중책을 맡을 가능성도 충분하다.

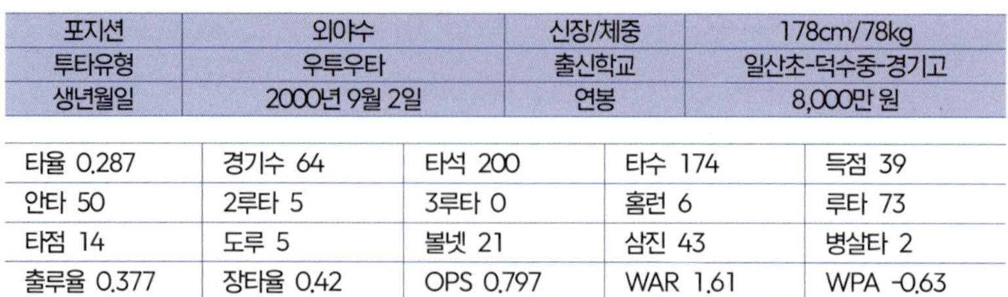

박승규(66)

포지션	외야수		신장/체중	178cm/78kg
투타유형	우투우타		출신학교	일산초-덕수중-경기고
생년월일	2000년 9월 2일		연봉	8,000만 원

타율 0.287	경기수 64	타석 200	타수 174	득점 39
안타 50	2루타 5	3루타 0	홈런 6	루타 73
타점 14	도루 5	볼넷 21	삼진 43	병살타 2
출루율 0.377	장타율 0.42	OPS 0.797	WAR 1.61	WPA -0.63

9라운드 지명 출신임에도 타격 능력을 인정받으며 성장을 기대받고 있는 중견수 유망주. 컨택과 장타 툴이 돋보이고, 빠른 발과 강한 어깨를 지녔다는 평이다. 상무 전역 후 2025시즌 64경기에서 타율 0.280, 6홈런을 기록하고 안정적인 수비를 보여줬으나 8월 손가락에 사구를 맞는 불의의 부상으로 시즌아웃됐다. 주전 타자로서의 가능성을 보여준 만큼 2026시즌에는 성공적인 복귀해 중견수 경쟁에서 우위를 점해야 한다.

배찬승(55)

포지션	투수		신장/체중	180cm/85kg
투타유형	좌투좌타		출신학교	대구옥산초-협성경복중-대구고
생년월일	2006년 1월 1일		연봉	9,000만 원

평균자책점 3.91	경기수 65	승 2	패 3	홀드 19
세이브 0	이닝 50.2	삼진 57	볼넷 34	승률 0.400
피안타 50	피홈런 3	실점 25	자책점 22	피안타율 0.259
투구수 962	QS 0	WHIP 1.66	WAR 0.64	WPA 0.30

2025년 1라운드 지명 출신으로 최고 157.4km의 직구와 평균 135.4km의 슬라이더를 앞세운 좌완 파이어볼러다. 직구의 구속이 빠르고 커터성 움직임으로 땅볼 유도가 좋은 편이다. 다만 투피치에 의존해 우타자 상대 구종이 부족하고, 9이닝당 볼넷 6개로 불안한 제구가 약점이라는 평이다. 데뷔 시즌부터 필승조로 65경기에서 방어율 3.91을 기록하며 성공적인 첫 해를 보냈다. 롱런을 위해서는 제구의 안정화와 새로운 변화구 개발이 0순위 과제다.

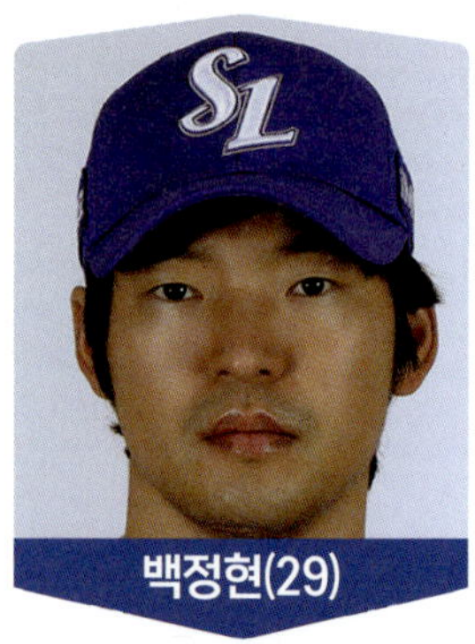

백정현(29)

포지션	투수		신장/체중	184cm/80kg
투타유형	좌투좌타		출신학교	대구옥산초-대구중-대구상원고
생년월일	1987년 7월 13일		연봉	2억 원

평균자책점 1.95	경기수 29	승 2	패 0	홀드 3
세이브 1	이닝 32.1	삼진 31	볼넷 7	승률 1
피안타 19	피홈런 1	실점 7	자책점 7	피안타율 0.165
투구수 505	QS 0	WHIP 0.80	WAR 1.32	WPA 0.65

평균 130km 후반의 느린 패스트볼을 독특한 디셉션으로 보완하는 베테랑 투수. 직구와 변화구 구분을 어렵게 만들어 타자를 공략하지만 한번 리듬을 뺏기면 역으로 공략당한다는 평을 받아왔다. FA 계약 이후 선발로는 기대에 미치지 못했지만 2025시즌 불펜으로 전환, 특급 활약을 펼쳤다. 그러나 6월에 어깨의 불편감으로 시즌 아웃을 당했다. 오승환의 은퇴로 투수조 최고참이 된 만큼 건강하게 마운드를 지키며 유종의 미를 달성해야 한다.

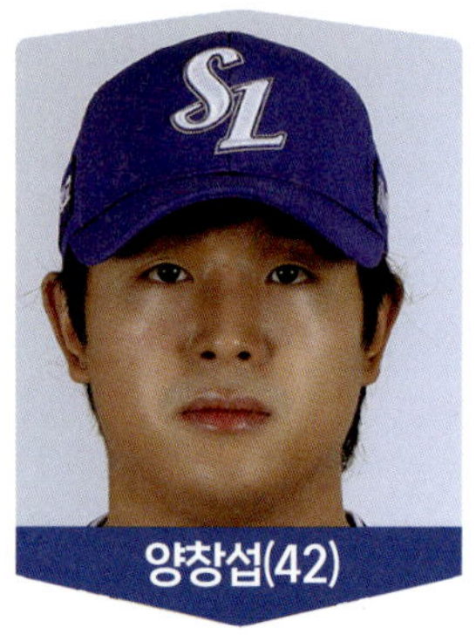

양창섭(42)

포지션	투수		신장/체중	182cm/85kg
투타유형	우투우타		출신학교	녹천초(노원구리틀)-청량중-덕수고
생년월일	1999년 8월 9일		연봉	8,500만 원

평균자책점 3.43	경기수 33	승 3	패 3	홀드 2
세이브 0	이닝 63	삼진 45	볼넷 19	승률 0.500
피안타 67	피홈런 3	실점 29	자책점 24	피안타율 0.278
투구수 969	QS 0	WHIP 1.37	WAR 0.93	WPA 0.36

'베이징 키즈'의 가장 유력한 기대주였으나 모색의 시기가 길었다. 잦은 부상과 그로 인한 메커니즘 문제가 발목을 잡으면서 강점이던 제구력이 무너진 것이 문제. 그러나 최일언 코치의 전담 지도로 2025시즌 후반기 빠른 공 평균 구속을 146km까지 끌어올리면서 롱릴리프로 좋은 모습을 보였다. 포심을 버리고 투심과 체인지업을 장착하며 피안타율을 크게 끌어내린 것도 긍정적인 요소. 5선발 내지 롱릴리프 요원으로 2026시즌이 기대된다.

포지션	외야수	신장/체중		178cm/82kg
투타유형	우투우타	출신학교		광주대성초-광주동성중-광주동성고-인하대
생년월일	1993년 8월 3일	연봉		1억 1,000만 원

타율 0.198	경기수 68	타석 154	타수 126	득점 17
안타 25	2루타 5	3루타 1	홈런 6	루타 50
타점 21	도루 2	볼넷 15	삼진 52	병살타 3
출루율 0.327	장타율 0.397	OPS 0.724	WAR 0.61	WPA -0.82

장타력과 주력, 멀티 포지션 능력이 강점이지만 기복 심한 수비와 부족한 선구안이 약점으로 꼽히는 외야수. 2024시즌 외야 전 포지션을 소화하면서 22홈런을 기록하고 주전 자리에 도전했다. 2025시즌에는 3월 부상의 여파로 컨택과 클러치 능력이 무너지며 극도로 부진했고 백업에 머무르게 되었다. 2026시즌에는 가장 좋았을 때의 컨디션을 되찾아 일발장타를 보이면서 주전 경쟁에서 앞서가는 것이 최우선 목표다.

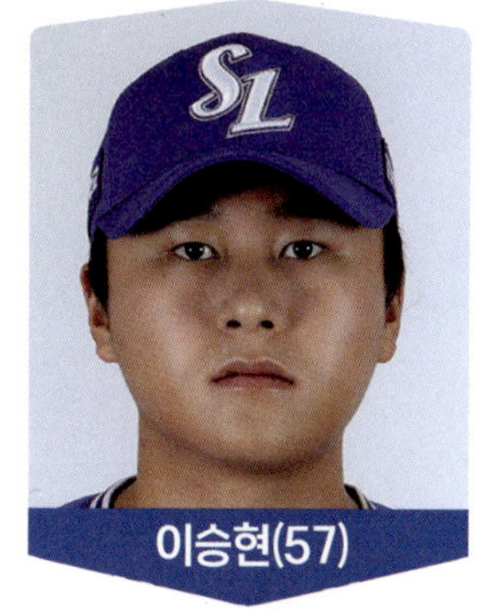
이성규(13)

포지션	투수	신장/체중		183cm/102kg
투타유형	좌투좌타	출신학교		남도초-경복중-대구상원고
생년월일	2002년 5월 19일	연봉		1억 2,000만 원

평균자책점 5.42	경기수 25	승 4	패 9	홀드 0
세이브 0	이닝 101.1	삼진 74	볼넷 46	승률 0.308
피안타 121	피홈런 10	실점 64	자책점 61	피안타율 0.298
투구수 1840	QS 2	WHIP 1.65	WAR 0.56	WPA 0.56

삼성의 1차 지명 출신 좌완 투수로 패스트볼 구속은 평균 139.5km 정도이지만 구위가 좋고, 완성도 높은 커브를 결정구로 사용한다. 느린 구속에도 구위와 제구력을 앞세워 선발 자리를 지켰으나, 2025시즌에는 한계를 드러내며 5.42의 방어율을 기록했다. 시즌 초 선발 카드로 강력하게 고려되고 있는 만큼, 2026년에는 밸런스 재정립과 기술적인 변화를 통하여 한 시즌 동안 믿고 맡길 수 있는 선발로 재탄생하는 길을 모색해야 한다.

이승현(57)

포지션	내야수	신장/체중		180cm/82kg
투타유형	우투우타	출신학교		서울이수초-선린중-서울고
생년월일	2003년 2월 4일	연봉		2억 9,000만 원

타율 0.254	경기수 139	타석 555	타수 457	득점 82
안타 116	2루타 29	3루타 1	홈런 16	루타 195
타점 67	도루 6	볼넷 69	삼진 119	병살타 8
출루율 0.36	장타율 0.427	OPS 0.787	WAR 3.36	WPA -0.95

1차 지명 출신으로 정교한 타격과 뛰어난 신체 능력을 지닌 유격수. 매 시즌 15홈런 이상을 기록할 수 있는 장타력과 타율보다 1할 가까이 높은 출루율을 자랑하는 선구안이 강점이다. 단점으로 지적받는 것은 종잡을 수 없는 심한 기복. 뛰어난 신체 능력을 기반으로 한 준수한 수비에도 23개에 달하는 실책 역시 이러한 기복에서 나왔다. 2025시즌도 천당과 지옥을 계속 오갔다는 평을 들었다. 2026시즌에는 더 안정적인 활약을 펼쳐야 한다.

이재현(7)

포지션	투수	신장/체중		173cm/85kg
투타유형	우투우타	출신학교		감천초-대신중-부산고
생년월일	1998년 03월 13일	연봉		1억 5,000만 원

평균자책점 -	경기수 -	승 -	패 -	홀드 -
세이브 -	이닝 -	삼진 -	볼넷 -	승률 -
피안타 -	피홈런 -	실점 -	자책점 -	피안타율 -
투구수 -	QS -	WHIP -	WAR -	WPA -

최고 149km의 패스트볼과 최고 139.5km의 슬라이더를 주무기로 하는 우완 파이어볼러. 2024시즌 약점들이 개선되며 2.23의 방어율을 기록, 삼성의 핵심 필승조로 승격했다. 토미존 수술의 여파로 1년간 재활에 들어갔지만, 2025년 10월 재활 등판에서 직구 구속 144km를 기록하는 등 회복세가 좋다. 2026시즌에는 성공적으로 복귀해 삼성 불펜의 한 축을 건강하게 담당하는 것이 제1의 목표이다.

최지광(11)

강준서(105) 외야수 - 빠른 발의 외야수, 대주자로 1군 기회를 노린다

투타유형		우투우타			신장/체중		183cm/85kg		
생년월일		2000년 10월 13일			출신학교		부산대연초-대천중-부산공고-동의대		

타율 -	경기수 -	타석 -	타수 -	득점 -	안타 -	2루타 -	3루타 -	홈런 -	루타 -
타점 -	도루 -	볼넷 -	삼진 -	병살타 -	출 -	장 -	OPS -	WAR -	WPA -

권현우(111) 투수 - 어깨 부상으로 첫 시즌은 안식년, 성공적 재활이 관건

투타유형		우투우타			신장/체중		190cm/93kg		
생년월일		2006년 3월 28일			출신학교		광주서림초-충장중-광주제일고		

평자 -	경기수 -	승 -	패 -	홀드 -	세이브 -	이닝 -	삼진 -	볼넷 -	승률 -
피안타 -	피홈런 -	실점 -	자책점 -	AVG -	투구수 -	QS -	WHIP -	WAR -	WPA -

김도환(24) 포수 - 차세대 공격형 포수로 두각, 주전 포수 기회를 노려야

투타유형		우투우타			신장/체중		178cm/90kg		
생년월일		2000년 4월 14일			출신학교		언북초(의정부리틀)-영동중-신일고		

타율 0.286	경기수 6	타석 14	타수 14	득점 3	안타 4	2루타 1	3루타 0	홈런 0	루타 5
타점 1	도루 0	볼넷 0	삼진 4	병살타 0	출 0.286	장 0.357	OPS 0.643	WAR 0.01	WPA -0.19

김상민(107) 외야수 - 2군에서 증명한 4년차 외야 유망주, 주어진 기회를 잡아야

투타유형		우투좌타			신장/체중		2003년 12월 6일		
생년월일		183cm/83kg			출신학교		부산대연초-부산중-부산고		

타율 -	경기수 -	타석 -	타수 -	득점 -	안타 -	2루타 -	3루타 -	홈런 -	루타 -
타점 -	도루 -	볼넷 -	삼진 -	병살타 -	출 -	장 -	OPS -	WAR -	WPA -

김재상(14) 내야수 - 상무 타율 0.344, 컨택의 힘으로 2루수 포지션을 꿈꾼다

투타유형		우투좌타			신장/체중		180cm/81kg		
생년월일		2004년 7월 26일			출신학교		고명초-덕수중-경기상고		

타율 -	경기수 -	타석 -	타수 -	득점 -	안타 -	2루타 -	3루타 -	홈런 -	루타 -
타점 -	도루 -	볼넷 -	삼진 -	병살타 -	출 -	장 -	OPS -	WAR -	WPA -

김재성(2) 포수 - 포수 경쟁에서 뒤쳐졌다. 전반적인 기량 반등이 필요

투타유형		우투좌타			신장/체중		185cm/85kg		
생년월일		1996년 10월 30일			출신학교		신광초-성남중-덕수고		

타율 0.127	경기수 43	타석 73	타수 63	득점 3	안타 8	2루타 2	3루타 0	홈런 0	루타 10
타점 4	도루 0	볼넷 6	삼진 23	병살타 0	출 0.222	장 0.159	OPS 0.381	WAR -0.31	WPA -0.68

김태훈(25) 외야수 - 가을야구 인상적 활약, 선구안 개선이 입지 확보의 관건

투타유형		우투좌타			신장/체중		177cm/78kg		
생년월일		1996년 3월 31일			출신학교		진흥초(안산리틀)-평촌중-유신고		

타율 0.237	경기수 51	타석 98	타수 93	득점 4	안타 22	2루타 1	3루타 0	홈런 2	루타 29
타점 8	도루 1	볼넷 3	삼진 24	병살타 0	출 0.26	장 0.312	OPS 0.572	WAR -0.29	WPA -0.43

김헌곤(32) 외야수 - 피할 수 없는 에이징커브, 백업으로서 결정적인 한 방이 필요

투타유형		우투우타			신장/체중		174cm/81kg		
생년월일		174cm/81kg			출신학교		회원초-경복중-제주관광고-영남대		

타율 0.225	경기수 77	타석 191	타수 173	득점 21	안타 39	2루타 6	3루타 0	홈런 2	루타 51
타점 11	도루 2	볼넷 11	삼진 29	병살타 4	출 0.286	장 0.295	OPS 0.581	WAR -0.67	WPA -1.84

김현준(군 복무) 포지션 - 상무 타율 0.227로 추락, 컨택 반등이 시급하다

투타유형		좌투좌타			신장/체중		178cm/78kg		
생년월일		2002년 10월 11일			출신학교		가산초(부산진구리틀)-센텀중-개성고		

평자	경기수	승리	패배	홀드	세이브	이닝	탈삼진	볼넷	승률
피안타	피홈런	실점	자책점	AVG	투구수	QS	WHIP	WAR -	WPA -

류승민(43) 외야수 - 상무의 주전 중견수로 타율 0.249, 타격 개선이 필요

투타유형		좌투좌타			신장/체중		185cm/90kg		
생년월일		2004년 10월 11일			출신학교		광주화정초-무등중-광주제일		

타율 -	경기수 -	타석 -	타수 -	득점 -	안타 -	2루타 -	3루타 -	홈런 -	루타 -
타점 -	도루 -	볼넷 -	삼진 -	병살타 -	출 -	장 -	OPS -	WAR -	WPA -

박권후(군 복무) 투수 - 스태미너가 강점, 2년의 담금질로 달라진 모습을 보여줘야

투타유형		우투우타			신장/체중		185cm/78kg		
생년월일		2004년 05월 28일			출신학교		진북초-전라중-전주고		

타율 -	경기수 -	타석 -	타수 -	득점 -	안타 -	2루타 -	3루타 -	홈런 -	루타 -
타점 -	도루 -	볼넷 -	삼진 -	병살타 -	출 -	장 -	OPS -	WAR -	WPA -

서현원(54) 투수 - 군 복무 중 만들어낸 벌크업의 위력을 마운드에서 뽑아내야

투타유형		우투우타			신장/체중		187cm/78kg		
생년월일		2004년 2월 28일			출신학교		석교초-세광중-세광고		

평자 -	경기수 -	승 -	패 -	홀드 -	세이브 -	이닝 -	삼진 -	볼넷 -	승률 -
피안타 -	피홈런 -	실점 -	자책점 -	AVG -	투구수 -	QS -	WHIP -	WAR -	WPA -

양우현(53) 내야수 - 아직 부족한 증명, 자신만의 확실한 툴을 찾는게 우선

투타유형		우투좌타			신장/체중		175cm/82kg		
생년월일		2000년 4월 13일			출신학교		남정초-충암중-충암고		

타율 0.188	경기수 14	타석 16	타수 16	득점 3	안타 3	2루타 1	3루타 0	홈런 0	루타 4
타점 4	도루 0	볼넷 0	삼진 2	병살타 0	출 0.188	장 0.250	OPS 0.438	WAR -0.07	WPA 0.11

양현(19) 투수 - 언더핸드의 특수성은 여전, 기회는 아직 남았다

투타유형		우언우타			신장/체중		189cm/104kg		
생년월일		1992년 8월 23일			출신학교		영랑초-한밭중-대전고		

평자 0.00	경기수 4	승 0	패 0	홀드 0	세이브 0	이닝 3.1	삼진 1	볼넷 3	승률 -
피안타 2	피홈런 0	실점 0	자책점 0	AVG 0.167	투구수 65	QS 0	WHIP 1.5	WAR 0.10	WPA -0.10

윤정빈(31) 외야수 - 거포 유망주지만 부진 중, 2024년의 기억을 되찾아야 한다

투타유형		우투좌타			신장/체중		182cm/93kg		
생년월일		1999년 6월 24일			출신학교		신도초-부천중-부천고		

타율 0.175	경기수 25	타석 46	타수 40	득점 3	안타 7	2루타 1	3루타 0	홈런 0	루타 8
타점 3	도루 0	볼넷 4	삼진 18	병살타 1	출 0.239	장 0.2	OPS 0.439	WAR -0.23	WPA -0.49

이병헌(23) 포수 - 5년간 받은 기회 대비 결과 부족, 각성이 절실하다

투타유형		우투우타			신장/체중		180cm/87kg\		
생년월일		1999년 10월 26일			출신학교		인천숭의초-인천신흥중-제물포고		

타율 0.200	경기수 55	타석 59	타수 55	득점 5	안타 11	2루타 3	3루타 0	홈런 1	루타 17
타점 7	도루 0	볼넷 3	삼진 13	병살타 1	출 0.254	장 0.309	OPS 0.563	WAR -0.20	WPA 0.00

이승민(28) 투수 - 뛰어난 활약으로 필승조 승격, 좋은 폼을 유지해야 한다

투타유형	좌투좌타			신장/체중		174cm/79kg		
생년월일	2000년 8월 26일			출신학교		본리초-경상중-대구고		

평자 3.78	경기수 62	승 3	패 2	홀드 8	세이브 0	이닝 64.1	삼진 53	볼넷 26	승률 0.600
피안타 61	피홈런 5	실점 37	자책점 27	AVG 0.249	투구수 1068	QS 0	WHIP 1.35	WAR 0.44	WPA 0.64

이승현(26) 투수 - 30대 중반 베테랑, 클러치 상황 대처 개선이 반등의 열쇠

투타유형	우투우타			신장/체중		181cm/92kg		
생년월일	1991년 11월 20일			출신학교		화순초-진흥중-화순고		

평자 6.31	경기수 42	승 2	패 1	홀드 11	세이브 0	이닝 35.2	삼진 29	볼넷 11	승률 0.667
피안타 43	피홈런 9	실점 26	자책점 25	AVG 0.303	투구수 648	QS 0	WHIP 1.51	WAR -0.46	WPA -0.5

이재익(45) 투수 - 기교파 좌완, 25시즌 7경기 방어율 1.23의 고점 유지가 목표

투타유형	좌투좌타			신장/체중		180cm/76kg		
생년월일	1994년 3월 18일			출신학교		삼일초-중앙중-유신고		

평자 1.23	경기수 7	승 1	패 0	홀드 0	세이브 0	이닝 7.1	삼진 6	볼넷 2	승률 1.000
피안타 8	피홈런 0	실점 1	자책점 1	AVG 0.276	투구수 113	QS 0	WHIP 1.36	WAR 0.27	WPA 0.23

이재희(17) 투수 - 최고 153km 파이어볼러, 토미존 재활 성공이 우선

투타유형	우투좌타			신장/체중		187cm/88kg		
생년월일	2001년 10월 11일			출신학교		대전신흥초-한밭중-대전고		

평자 3.00	경기수 11	승 0	패 2	홀드 4	세이브 0	이닝 9	삼진 9	볼넷 5	승률 0.000
피안타 7	피홈런 0	실점 3	자책점 3	AVG 0.206	투구수 157	QS 0	WHIP 1.33	WAR 0.28	WPA 0.26

이창용(50) 내야수 - 퓨처스 19홈런, 거포로서의 가능성을 극대화해야

투타유형	우투우타			신장/체중		184cm/89kg		
생년월일	1999년 6월 3일			출신학교		을지초(노원구리틀)-청량중-신흥고-강릉영동대		

타율 0.200	경기수 11	타석 17	타수 15	득점 2	안타 3	2루타 1	3루타 0	홈런 1	루타 7
타점 2	도루 1	볼넷 2	삼진 8	병살타 0	출 0.294	장 0.467	OPS 0.761	WAR 0.03	WPA -0.05

이해승(3) 내야수 - 수비와 파워 부족한 유격수, 두 가지 보완이 생존의 길

투타유형	우투우타			신장/체중		180cm/86kg		
생년월일	2000년 8월 1일			출신학교		인천서림초-신흥중-인천고		

타율 0.200	경기수 8	타석 5	타수 5	득점 2	안타 1	2루타 0	3루타 0	홈런 0	루타 1
타점 1	도루 0	볼넷 0	삼진 2	병살타 0	출 0.2	장 0.2	OPS 0.4	WAR -0.14	WPA -0.15

이호성(1) 투수 - 포스트시즌 특급 필승조, 토미존의 성공적인 재활이 급선무

투타유형	우투우타			신장/체중		184cm/87kg		
생년월일	2004년 8월 14일			출신학교		도원초(부천소사리틀)-동인천중-인천고		

평자 6.34	경기수 58	승 7	패 4	홀드 3	세이브 9	이닝 55.1	삼진 69	볼넷 29	승률 0.636
피안타 54	피홈런 7	실점 44	자책점 39	AVG 0.252	투구수 1032	QS 0	WHIP 1.5	WAR -0.47	WPA 0.28

임기영(38) 투수 - 2차 드래프트로 삼성 이적, 구위 회복이 재기의 출발선

투타유형	우언우타			신장/체중		184cm/86kg		
생년월일	1993년 4월 16일			출신학교		대구수창초-경운중-경북고		

평자 13.00	경기수 10	승 1	패 1	홀드 0	세이브 0	이닝 9	삼진 5	볼넷 4	승률 0.500
피안타 23	피홈런 2	실점 13	자책점 13	AVG 0.489	투구수 176	QS 0	WHIP 3	WAR -0.42	WPA -0.45

전병우(61) 내야수 - 작년 백업으로 출루율 0.423 기록, 주전의 가치를 입증하라

투타유형	우투우타		신장/체중	182cm/93kg				
생년월일	1992년 10월 24일		출신학교	동삼초-경남중-개성고-동아대				

타율 0.273	경기수 59	타석 97	타수 77	득점 11	안타 21	2루타 2	3루타 0	홈런 1	루타 26
타점 13	도루 1	볼넷 19	삼진 27	병살타 3	출 0.423	장 0.338	OPS 0.761	WAR 0.67	WPA 0.13

차동영(106) 포수 - 포수 유망주, 2군에서 꾸준한 연마의 시간을 가져

투타유형	우투우타		신장/체중	181cm/82kg				
생년월일	2002년 11월 1일		출신학교	갈곡초(기흥구리틀)-모가중-강릉고				

타율 -	경기수 -	타석 -	타수 -	득점 -	안타 -	2루타 -	3루타 -	홈런 -	루타 -
타점 -	도루 -	볼넷 -	삼진 -	병살타 -	출 -	장 -	OPS -	WAR -	WPA -

최하늘(37) 투수 - 8년차 불펜, 과부하 극복과 체력 보강이 급선무

투타유형	우언우타		신장/체중	190cm/99kg				
생년월일	1999년 03월 26일		출신학교	서울학동초-자양중-경기고				

평자 -	경기수 -	승 -	패 -	홀드 -	세이브 -	이닝 -	삼진 -	볼넷 -	승률 -
피안타 -	피홈런 -	실점 -	자책점 -	AVG -	투구수 -	QS -	WHIP -	WAR -	WPA -

홍원표(65) 투수 - 2군 방어율 8.13, 컨트롤 개선으로 반등의 실마리를 잡아야

투타유형	우투우타		신장/체중	183cm/86kg				
생년월일	2001년 3월 27일		출신학교	신도초-부천중-부천고				

평자 4.50	경기수 2	승 0	패 1	홀드 0	세이브 0	이닝 2	삼진 1	볼넷 2	승률 0
피안타 3	피홈런 0	실점 1	자책점 1	AVG 0.429	투구수 40	QS 0	WHIP 2.5	WAR 0.01	WPA -0.28

홍현빈(51) 외야수 - 수비, 주루는 합격, 최소한의 타격 능력 확보가 숙제

투타유형	우투좌타		신장/체중	174cm/70kg				
생년월일	1997년 8월 29일		출신학교	수원신곡초-매송중-유신고				

타율 0.125	경기수 32	타석 38	타수 32	득점 8	안타 4	2루타 2	3루타 0	홈런 0	루타 6
타점 0	도루 0	볼넷 3	삼진 8	병살타 0	출 0.222	장 0.188	OPS 0.41	WAR -0.37	WPA -0.6

NC 다이노스

창단연도	2011년
연고지	창원시
홈구장	창원 NC 파크
한국시리즈 우승	2020
야구철학	스마트 베이스볼
구단연혁	NC 다이노스(2011~)

2025 시즌 리뷰

2024년, 페디의 공백을 메우지 못하고 선발, 불펜진이 총체적으로 붕괴하여 9위라는 결과를 맞이했다.

초보 감독과 별다른 보강 없는 스토브리그는 큰 기대를 걸기 어려워보였다. 여기에, 시즌 초반 홈구장의 안전사고로 인한 외부 구설수까지 더해지면서 분위기는 최악, 4월 성적은 9위에 머물렀다.

5월부터 부진했던 경기력이 다소 살아나기 시작했다. 외국인 원투펀치 로건-라일리의 활약과 신인 목지훈, 손주환과 김진호의 활약으로 마운드에 힘이 실리고, 타선에서 박민우가 상수로 활약하는 가운데 김휘집의 반등이 팀 분위기를 이끌었다. 7월 기준 성적은 8위였지만, 44승 46패로 가을야구 기대가 살아난 것이 포인트였다. 이후 박건우와 김주원, 마무리 류진욱까지 살아나며 7위까지 반등했고, 건강한 구창모까지 가세하면서 9월 막판의 맹추격으로 극적인 5위 마무리, 가을야구 진출에 성공하였다.

와일드카드전에서는 모처럼 부활투를 펼치며 삼성을 꽁꽁 묶은 구창모의 활약으로 1승을 선취했지만, 타선이 침체되며 다음 경기를 패배하여 아쉽게 탈락하였다.

결과에 관계없이 이번 시즌 NC 다이노스의 행보는, 요기 베라의 '끝날 때까지 끝난 게 아니다' 그 자체, 감독부터 신인까지 모두가 성장하는 모습을 보였다는 점에서, 다음 시즌의 행보를 더욱 기대하게 만든 훌륭한 시즌이었다.

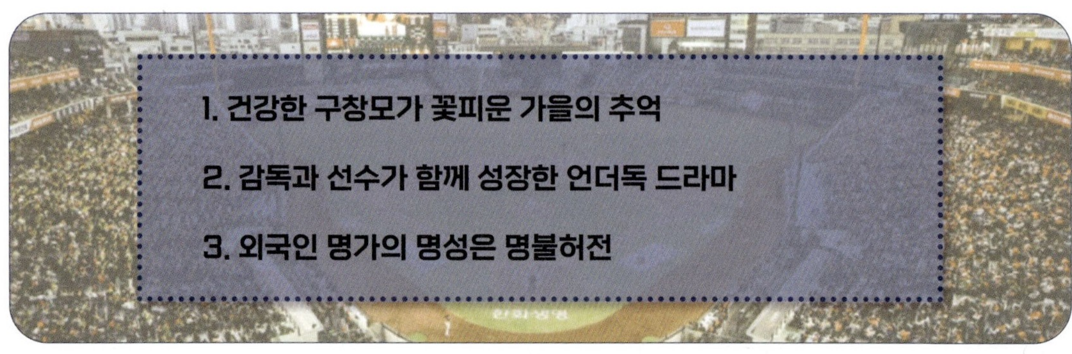

2025 팀 기록

최근 10년간 팀 순위 (2-4-10-5-1-7-6-4-9-5)

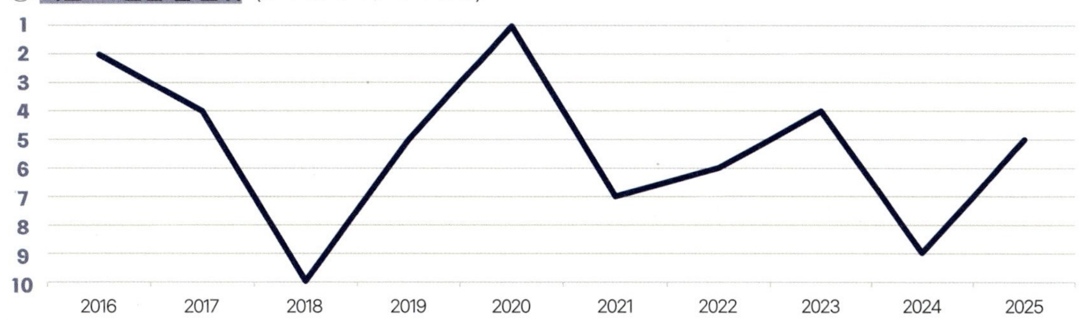

팀 공격력

팀 타율 0.260
팀 출루율 0.344
팀 장타율 0.399
팀 OPS 0.743

팀 마운드

팀 방어율 4.82
팀 피안타율 0.262
팀 WHIP 1.50
팀 탈삼진 1279

팀 수비

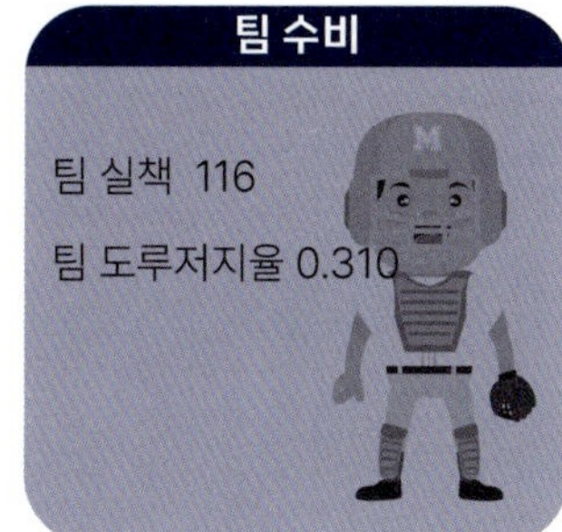
팀 실책 116
팀 도루저지율 0.310

팀 최애 선수(유니폼 마킹순)

1. 박민우

2. 김주원

3. 박건우

2025 승리의 알고리즘

팀 WAR

	타자 WAR	투수 WAR	수비효율 (DER)
리그	22.5	14.57	0.679
NC	26.3	5.41	0.683
순위	3	9	5

구장 특징

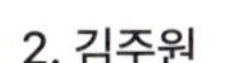

투수진

선발투수	라일리
	테일러
	구창모
	신민혁
	토다
필승조	김영규
	김진호
	배재환
마무리	류진욱

Plan B

포수	안중열, 김정호
1루수	신재인, 오영수
2루수	최정원
3루수	신재인, 서호철
유격수	김한별, 김휘집
좌익수	김휘집
중견수	천재환, 고준휘
우익수	오장한
지명타자	데이비슨, 박건우
대체선발	이재학, 김녹원, 김태경

 스토브리그 성적표

D

 2026 시즌 예상 순위

5

IN) 주요 선수 영입

1. 테일러(외국인선수)

2. 토다(아시아쿼터)

3. 송명기(상무 제대)

전력 보강이 그 어느 때보다 절실했다. 그러나 불필요한 유출만 겹치면서 전력이 오히려 뒷걸음쳤다.

OUT) 주요 선수 이탈

1 로건(계약종료)

2.최원준(FA)

3. 박세혁(트레이드)

4. 이용찬(2차 드래프트)

5. 안인산(2차 드래프트)

보강은 없었지만 구창모와 이재학의 복귀 그 자체가 선발진에 큰 힘이 된다. 안정적인 5위 전력으로 평가받는다.

BEST CASE_SCENARIO

① 건강한 구창모.

② 이재학의 부활.

③ 믿고 보는 NC 외인들의 활약.

④ 선발 로테이션의 안정.

⑤ 언더독들의 승리, 영남 야구의 맹주로 등극.

WORST CASE_SCENARIO

① 또 다치는 구창모.

② 보이지 않는 이재학

③ 불펜 단체 붕괴.

④ 이용찬과 안인산이 아쉬워지는 투타 부진.

⑤ 2025년은 기적이 아닌 우연, 장기 침체 시작.

대체 불가 자원 TOP 3

TOP 1: 김주원
리그 최고의 수비와 준수한 타격의 국가대표 유격수.

TOP 2: 데이비슨
어마어마한 장타 생산 능력을 자랑하는 팀 타선의 핵심.

TOP 3: 박민우
아직도 최고 수준의 기량을 발휘하고 있는 팀의 리더.

우승을 위해 반드시 넘겨야할 상대 3팀

1) LG
늘 숨막히는 혈전을 펼치는 최대의 라이벌. 작년 시즌도 정확히 8:8 동률.

2) 삼성
영남 최고의 팀을 놓고 싸우는 상대팀. 작년 가을야구 탈락의 울분도 갚아야.

3) 롯데
경남의 패권을 놓고 다투는 지역 라이벌. 자존심이 걸려있다.

입문자를 위한 핵심 포인트 TOP 3

1) 스마트 언더 독, IT 기술과 결합한 성장 드라마를 보는 재미

2) 야구 외에도 즐기고 먹을 것 많은 창원 구장의 매력, 안전도 스텝업

3) 부산과 마산의 라이벌리, 화끈한 야구 응원문화의 고향

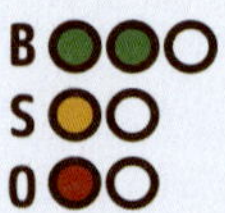

이호준, '호부지'의 승부사 본능, 의외로 유연하다?

Character
2025시즌 선수들의 줄부상과 마운드 붕괴 등 다사다난했던 팀을 초보 감독으로 이끌면서도 특유의 화끈한 인화력과 승부근성으로 기적적인 포스트 시즌 진출을 달성했다. 기본적으로 올드스쿨에 가까운 야구관을 지녔으면서도 외부의 다양한 의견을 적극 수용하며 유연함을 보이려 애쓴 점은 긍정적이었다.

Strength
타격 코치 시절부터 입증된 타자 조련 능력과 격의 없는 소통은 NC의 색깔을 가장 잘 살리는 무기다. 선수들이 두려움 없이 배트를 돌릴 수 있는 환경을 만들어준다는 점에서 공격력만큼은 확실한 반등이 기대된다.

Weakness
여전히 물음표가 붙는 마운드 운영. 일관되지 못한 불펜 투입, 투수 교체 타이밍을 놓치거나 무리한 승부수를 던지는 초보의 실수는 어쩔 수 없는 세금이다. 그러나 초보 티를 확실히 벗은 2026년에도 반복된다면, '반쪽짜리 팀'의 한계를 넘지 못할 것이다.

구창모 ⁵⁹

투수 (좌투좌타)

Basic info

생년월일 1997년 2월 17일

신장/체중 183cm/85kg

연봉 9억 원

출신학교 천안남산초-덕수중-울산공고

Narrative 1군 복귀와 동시에 자신이 왜 NC의 '스페셜 원'인지 증명했다. 기대보다 우려가 컸던 복귀전부터 특급 에이스의 위용을 뽐냈고, 특히 삼성과의 포스트시즌 경기에서 6이닝 1실점 역투로 승리 투수가 되며 강렬한 존재감을 각인시켰다. 이제 짧은 쇼케이스를 끝내고, NC 마운드의 상징으로서 다시 한번 영광의 시대를 열 준비를 마쳤다.

Ceiling 이미 국내 최고 선발의 경지에 올라 있다. 2020년부터 등판했던 4개의 시즌에서 모두 2점대 이하 ERA를 기록한 파괴력은 독보적이다. 평범한 구속임에도 짧고 간결한 팔 스윙과 뛰어난 무브먼트 덕분에 체감 위력은 스피드건을 압도한다. 원래부터 극찬받던 완벽한 커맨드는 ABS와 시너지를 발휘하며 더 강화되었고, 타자들에게 악몽을 선사한다.

Variable 최대 변수는 역시 내구성이다. 커리어 내내 규정이닝을 소화한 적이 없다는 점은 에이스로서 뼈아픈 대목이다. 구단이 안겨준 거액의 비FA 다년계약은 결코 조연을 위한 것이 아니었다. 이제는 건강을 증명하며 시즌 전체를 책임지는 확실한 주연으로 거듭나야 한다. 구창모가 부상이라는 꼬리표를 떼고 시즌 완주에 성공할 때, NC는 다시 한번 찬란한 황금기를 향해 거침없이 전진할 것이다.

Tier 1 Detailed Stats Grid

평균자책점 2.51	경기수 4	승 1	패 0	홀드 0
세이브 0	이닝 140.1	삼진 18	볼넷 3	승률 1.000
피안타 14	피홈런 1	실점 4	자책점 4	피안타율 0.250
투구수 250	QS 0	WHIP 1.19	WAR 0.56	WPA 0.35

Tier 2

[Core Stats]	[Wish List]
직구 피안타율 0.192 BB/9: 1.88 (리그 6위 수준) K/9: 11.30 (리그 3위 수준)	규정 이닝 충족 부상 없는 시즌 15승 달성

Pitch Repertoire (구종별 데이터)

구종(Type)	구사비율(Usage %)	평균 구속(Avg, km)	최고 구속(Max, km)	피안타율(BAA)
직구	48.4	141.4	146.1	0.192
슬라이더	26	130.3	134.3	0.333
포크	22.8	130	134.3	0.188
커브	2.8	114.6	118.6	1
체인지업	40.5	120.2	130	0.265

'스페셜 원'의 귀환, 이제는 쇼케이스를 넘어 증명해야 할 때

김주원 7

내야수 (우투양타)

Basic info

생년월일 2002년 7월 30일

신장/체중 185cm/83kg

연봉 3억 5,000만 원

출신학교 삼일초(군포시리틀)-안산중앙중-유신고

Narrative 완벽한 2025년이었다. 전 경기 출장이라는 강철 내구성에 WAR 5.29를 기록하며 유격수 골든글러브를 거머쥐었다. 전반기 부진을 딛고 후반기 OPS 0.993으로 NC의 미라클을 이끈 주역이다. 특히 WBC 일본과의 평가전 극적 솔로 포는 한국 야구의 미래를 짊어질 차기 국가대표 유격수의 탄생을 알린 장면이었다.

Ceiling 유일 스위치 히터로서 좌우 타석 모두 OPS 0.8 이상을 생산하는 희소성은 그를 특별하게 만든다. 선구안과 장타력, 44도루의 센스를 갖춘 그는 수비에서도 넓은 범위와 탄탄한 기본기를 갖췄다. 비록 포구 안정감이라는 숙제가 남았으나, 유격수와 리드오프로 전 경기 완주라는 내구성은 김주원이 이 시대 최고의 유격수를 향해 질주하고 있음을 증명한다.

Variable 유일한 과제는 고질적 기복과 실책 관리다. 슬로우 스타터 기질을 줄여야 팀의 확실한 상수로 거듭날 수 있다. 넓은 범위 탓에 따라오는 29개의 실책 중 승부처 클러치 에러는 반드시 개선해야 할 숙제다. 포구의 안정감만 더해진다면 김주원은 시대를 상징하는 유격수로 나아갈 것이다. 그 성장은 NC가 다시 한번 비상을 노릴 결정적인 동력이 된다.

Tier 1 Detailed Stats Grid

타율 0.289	경기수 144	타석 624	타수 539	득점 98
안타 156	2루타 26	3루타 8	홈런 15	루타 243
타점 65	도루 44	볼넷 63	삼진 111	병살타 8
출루율 0.379	장타율 0.451	OPS 0.83	WAR 5.29	WPA 1.80

Tier 2

[Core Stats]	[Wish List]
144경기 풀타임 출장	실책 줄이기
44도루 (리그 2위)	100득점 달성
98득점 (리그 3위)	3할 타율

Tracking Data

평균 타구속도(km)
132.7

평균발사각(°)
21.2

Hitting Data

타구분포 (%)

Left	33
Center	26.7
Right	40.2

핫/콜드존

0.241	0.270	0.333
0.347	0.240	0.432
0.395	0.333	0.412

미래를 스위치하는 강철의 유격수

데이비슨 24

내야수 (우투우타)

Basic info

생년월일 1991년 3월 26일

신장/체중 190cm/104kg

연봉 97만 5,000 달러

출신학교 미국 Yucaipa(고)

Legacy 데이비슨은 맥키넌의 차선책이었으나 결과적으로 NC에겐 최고의 선택이 되었다. 2024년 46홈런, 119타점, OPS 1.003의 압도적인 성적을 남겼다. 2025년 역시 부상을 딛고 36홈런 97타점을 몰아치며 에릭 테임즈 이후 가장 위협적인 NC의 외인 거포로서 입지를 공고히 했다.

Standard 0.326이라는 리그 전체 2위 순장타율(ISO)이 뿜어내는 위압감은 독보적이다. 우려되던 컨택 능력 역시 리그에 완벽히 녹아들며 매년 3할에 육박하는 타율을 생산하는 정교함까지 갖췄다. 다만 만 35세의 나이를 고려할 때 1루 수비와 지명타자를 오가는 세밀한 체력 안배가 파괴력 유지의 관건이다. 효율적인 관리만 뒷받침된다면 그의 하드히트 생산력은 2026년에도 마운드를 초토화할 핵심 전력이다.

Horizon 2025년 호성적에도 불구하고 부상으로 인한 30경기 결장을 고려해 연봉 40만 달러 삭감을 수용한 부분은 베테랑의 품격을 보여준다. 이제 남은 과제는 에이징 커브 리스크를 비웃듯 부상 없이 풀타임을 소화하며 건강함을 입증하는 것이다. 포지션 안배를 통해 한 시즌을 온전히 완주할 수만 있다면, 데이비슨은 테임즈의 뒤를 잇는 NC의 전설적인 외인으로 기억될 것이다.

Tier 1 Detailed Stats Grid

타율 0.293	경기수 112	타석 439	타수 386	득점 63
안타 113	2루타 18	3루타 0	홈런 36	루타 239
타점 97	도루 1	볼넷 31	삼진 118	병살타 10
출루율 0.346	장타율 0.619	OPS 0.965	WAR 4.39	WPA 0.70

Tier 2

[Core Stats]	[Wish List]
36홈런 (리그 2위)	130경기 이상 출장
순장타율 0.326 (리그 2위 수준)	3할 타율 달성
97타점 (리그 5위)	40홈런 복귀

Tracking Data

평균 타구속도(km)
139.1

평균발사각(°)
26.2

Hitting Data

타구분포 (%)

Left	42.3
Center	28.7
Right	29

핫/콜드존

0.154	0.579	0.417
0.394	0.394	0.357
0.360	0.406	0.417

볼니르를 휘두르는 창원의 토르

류진욱  41

투수 (우투우타)

Basic info

생년월일	1996년 10월 10일
신장/체중	189cm/88kg
연봉	2억 원
출신학교	양정초-개성중-부산고

Narrative 류진욱은 늦게 핀 꽃의 아름다움을 증명하는 투수다. 두 번의 수술과 공백기를 거쳐 입단 5년 차인 2020년에야 1군 무대를 밟았다. 험난한 여정이었으나 2025년 마무리 전향 후 29세이브, 수성률 96.7%로 리그 1위에 오르며 잠재력을 폭발시켰다. 이제 그는 NC 다이노스의 승리를 매듭짓는 가장 견고한 뒷문의 주인이다. 팬들에게 그의 성장은 기다림이 아깝지 않은 최고의 보상이었다.

Ceiling 최고 149.7km의 패스트볼과 커터를 구사하는 정통파 파워피처다. 몸쪽 직구와 바깥쪽 커터의 조합은 타자를 압도하며, 리그 최상위권 익스텐션 덕에 체감 구속은 5km 이상 상승한다. 여기에 직구와 같은 팔 스윙에서 날아오는 평균 135.8km의 고속 포크볼은 피안타율 0.191로 상대를 무너뜨린다. 정교한 구위와 무브먼트의 조화는 그를 리그 정상급 클로저로 정의하는 확실한 근거가 된다.

Variable 최대 과제는 짝수 해 징크스 타파와 건강한 부상 복귀다. 홀수 해의 특급 활약과 달리 유독 부진했던 짝수 해의 흐름을 완벽히 끊어야 한다. 작년 9월 입은 팔꿈치 부상을 털고 조기에 복귀해 마무리 보직을 사수할 수 있는지 여부가 2026년 NC 불펜 운영의 결정적 핵심 변수다.

Tier 1 Detailed Stats Grid

평균자책점 3.27	경기수 62	승 4	패 3	홀드 0
세이브 29	이닝 66	삼진 57	볼넷 28	승률 0.571
피안타 50	피홈런 6	실점 27	자책점 24	피안타율 0.210
투구수 1061	QS 0	WHIP 1.18	WAR 1.23	WPA 3.35

Tier 2

[Core Stats]	[Wish List]
세이브 수성률 96.7% (리그 1위)	짝수 해 징크스 극복
터프 세이브 5개 (리그 2위)	성공적인 부상 극복
포크볼 피안타율 0.191	30세이브

Pitch Repertoire (구종별 데이터)

구종(Type)	구사비율(Usage %)	평균 구속(Avg, km)	최고 구속(Max, km)	피안타율(BAA)
직구	57	145.9	149.7	0.239
포크	31.5	135.8	140.1	0.191
커터	10.9	137.8	142.7	0.148
슬라이더	0.6	136.3	140	-

만개한 인고의 꽃, 류진욱이라는 찬란한 야생화

박민우 2 

투수 (우투좌타)

Basic info

생년월일	1993년 2월 6일
신장/체중	185cm/80kg
연봉	8억 원
출신학교	마포초(용산구리틀)-선린중-휘문고

Narrative 마지막 남은 창단 멤버인 그는 팀의 역사 그 자체다. 통산 타율 역대 5위라는 지표는 그가 이미 전설의 반열에 올랐음을 증명한다. 우승과 골든글러브를 모두 경험한 베테랑임에도 여전히 3할 타율과 4할에 육박하는 출루율을 유지하는 기량을 과시하고 있다. 다이노스의 과거와 현재를 관통하는 여정은 이제 영구결번을 향해 멈추지 않고 전진한다.

Ceiling 공수주를 겸비한 완성형 2루수로서, 전 방향으로 안타를 생산하는 섬세한 타격 메커니즘은 여전하다. 기동력을 활용하여 발로 장타를 만들어내며 상대 배터리를 흔든다. KBO 수비상 수상으로 증명된 수비 범위와 판단력은 팀 마운드의 든든한 보험이자 상수로 군림한다. 5툴 플레이어로서 보여주는 기술적 완성도는 모든 2루수들이 지향해야 할 교과서와 같다.

Variable 에이징커브를 늦춰 지금의 기량을 최대한 유지해야 한다. 역대 최고의 2루수라는 훈장은 폭발적인 단일 시즌이 아닌, 꾸준한 시즌의 반복에서 완성된다. 젊은 타자들의 성장을 지휘하는 내야의 야전사령관으로 자신의 자리에 오랫동안 남아있는 것. 그것이 곧 팀을 위한 길이자, 기라성 같은 레전드들을 제치고 가장 위대한 2루수로 남을 수 있는 방법이다.

Tier 1 Detailed Stats Grid

타율 0.302	경기수 117	타석 468	타수 404	득점 64
안타 122	2루타 25	3루타 8	홈런 3	루타 172
타점 67	도루 28	볼넷 44	삼진 64	병살타 5
출루율 0.384	장타율 0.426	OPS 0.81	WAR 3.13	WPA 2.25

Tier 2

[Core Stats]	[Wish List]
28도루 (리그 3위)	500타석 이상 출장
득점권 타율 0.432	80득점 회복
KBO 수비상	30도루 회복

Tracking Data

평균 타구속도(km)
137.8

평균발사각(°)
17.5

Hitting Data

타구분포 (%)	
Left	40.6
Center	25.3
Right	34.1

핫/콜드존

0.240	0.318	0.316
0.194	0.378	0.400
0.238	0.294	0.222

창단의 첫 문장에서 영구결번의 마침표를 향해서

김형준 25 

포수 (우투우타)

Basic info

생년월일 1999년 11월 2일

신장/체중 187cm/98kg

연봉 2억 원

출신학교 가동초-세광중-세광고

Narrative 두 번째 풀타임 시즌을 성공적으로 소화했다. 타율은 아쉽지만 18홈런로 커리어 하이를 기록한 점이 수확이다. 수비 면에서는 2024시즌에 이어 준수한 모습을 선보이며 리그 도루저지율 1위(0.356), 도루저지 횟수 2위(26개)를 기록, 명실상부 리그 최고의 포수로 자리매김했다.

Ceiling 동세대 포수들 중 유일한 레귤러 주전이다. 고교 시절부터 투수와의 커뮤니케이션 능력이 뛰어났고, 프로에서 양의지라는 멘토를 만나면서 최근 리그에서는 드물게도 포수 주도 성향이 강하다. 상대적으로 베테랑이 적은 NC 마운드에서 플러스 요소다. 강견과 뛰어난 경기 감각의 소유자로 정수빈, 조수행 등 리그 수위급 주자들조차 잡아내는 강력한 도루저지력은 덤. 떨어지는 컨택 때문에 2할 초반대를 넘지 못하는 타격이 아쉽지만 2025시즌 18홈런을 기록한 일발장타는 하위타선의 불의타로는 충분히 위협적이다.

Variable 2할 초반대 타격으로는 팀 타선 기여에 한계가 있다. 2할 중반대로 타율을 끌어올려야 2026시즌 팀 타격과 본인의 입지가 확고해질 것이다. 2026시즌 국제대회에서는 연령대로 보나 경기력으로 보나 대표팀 발탁이 계속될 전망이기에, 부상 예방과 컨디션 조절도 중요한 변수가 된다.

Tier 1 Detailed Stats Grid

타율 0.232	경기수 127	타석 415	타수 362	득점 51
안타 84	2루타 10	3루타 1	홈런 18	루타 150
타점 55	도루 3	볼넷 45	삼진 126	병살타 7
출루율 0.32	장타율 0.414	OPS 0.734	WAR 2.27	WPA -0.15

Tier 2

[Core Stats]	[Wish List]
도루저지율 0.356 (리그 1위)	타율 0.250
도루저지 횟수 26개 (리그 2위)	20홈런 달성
18홈런 (20대 포수 1위)	100안타 달성

Tracking Data

평균 타구속도(km)
137.2

평균발사각(°)
25.9

Hitting Data

타구분포 (%)	
Left	47.2
Center	21.6
Right	31.2

핫/콜드존

0.240	0.318	0.316
0.194	0.378	0.400
0.238	0.294	0.222

국가대표 주전 포수를 노리는 한국의 카이 타쿠야

신민혁 18

투수 (우투우타)

Basic info

생년월일 1999년 02월 04일

신장/체중 184cm/95kg

연봉 6,000만 원

출신학교 염강초(강서구리틀)-매향중-야탑고

Narrative 선발진이 무너진 지난 5년 동안 묵묵히 팀의 마운드를 지킨 이는 신민혁이었다. 구창모와 이재학의 부재 속에서 팀 내 최다 이닝을 소화하며 황폐해진 마운드의 유일한 기둥 역할을 해왔다. 그에게 부과된 임무는 단순한 선발 한 자리를 넘어 투수진의 재건의 디딤돌이라는 무거운 의무였다.

Ceiling 느린 패스트볼에도 살아남은 비결은 9이닝당 볼넷 1.77개의 정교한 제구력이다. 특히 구사율 40%를 상회하는 체인지업은 직구보다 더 자주 활용되는 전매특허 주무기다. 구위 저하로 인한 피홈런 1위라는 불명예도 안았으나, 현재 NC에서 그만큼 안정적으로 이닝을 책임질 대체 자원은 전무하다. 4-5선발 자원으로 평가받으면서도 팀 마운드의 상수로 군림하는 배경에는 절박한 팀의 사정이 크게 작용했다.

Variable 이제 중압감을 내려놓을 때가 왔다. 구창모와 이재학의 합류로 토종 선발진이 정상화되면서, 비로소 4~5선발로서의 역할에만 집중할 수 있게 되었다. 무거운 짐을 덜어내고 부담감이 줄어든 상태에서 피칭 퀄리티를 끌어올린다면 한층 더 안정적인 투구가 가능하다.

Tier 1 Detailed Stats Grid

평균자책점 4.77	경기수 28	승 6	패 3	홀드 0
세이브 0	이닝 132	삼진 84	볼넷 26	승률 0.667
피안타 148	피홈런 23	실점 76	자책점 70	피안타율 0.281
투구수 2292	QS 5	WHIP 1.32	WAR 0.73	WPA 0.53

Tier 2

[Core Stats]	[Wish List]
5년 연속 110+ 이닝	시즌 풀타임 완주
5년간 팀내 최다 이닝 소화	피홈런 줄이기
BB/9: 1.77 (리그 4위 수준)	QS 10회 달성

Pitch Repertoire (구종별 데이터)

구종(Type)	구사비율(Usage %)	평균 구속(Avg, km)	최고 구속(Max, km)	피안타율(BAA)
체인지업	40.5	120.2	130	0.265
커터	31	131.5	137.1	0.263
직구	18.9	136.8	142.1	0.364
포크	8.8	123	127.9	0.269
커브	0.6	100.6	105.4	-

폐허 위에 홀로 남은 NC의 성벽, 그 고독한 투쟁

박건우 37

외야수 (우투우타)

Basic info

생년월일	1990년 9월 8일
신장/체중	184cm/80kg
연봉	6억 원
출신학교	역삼초-서울이수중-서울고

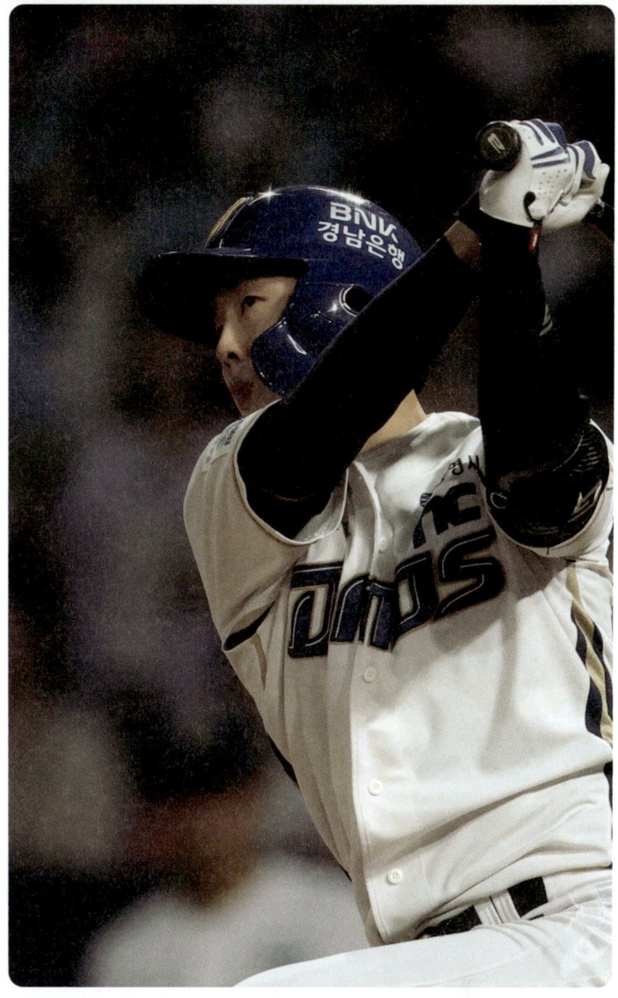

Legacy 6년의 긴 기다림 끝에 두산의 두터운 뎁스를 뚫어 낸 자수성가형 타자. 2015년 이후 매년 3할 타율과 0.9 이상의 OPS를 유지하며 리그를 대표하는 우타자로 자리매김해왔다. NC 입성 뒤에도 변함없는 기량을 선보였지만 2025시즌 OPS 0.8의 벽이 무너지며 에이징커브의 징후를 보였다.

Standard 3-4-5의 이상적인 슬래시라인에 가까운 통산 기록이 증명하듯, 군더더기 없는 레벨 스윙으로 수많은 라인드라이브를 생산하는 타격의 장인이었다. 그러나 2025시즌에는 잦은 햄스트링 부상의 여파로 특유의 하체 밸런스가 무너지며 힘없는 땅볼 타구가 늘어났고, 결국 3할 타율 수성에도 실패했다. 만 35세에 접어든 만큼 이제는 전략적 포지션 안배를 통해 타격 생산성을 회복하는 반등의 실마리를 찾아야 한다.

Horizon 핵심 변수는 30대 중후반에 접어들며 잦아진 부상과 그로 인해 가팔라진 에이징 커브의 시계를 얼마나 늦출 수 있느냐다. 3할 이상의 득점권 타율과 3할 후반대 출루율은 그가 여전히 승부처에서 믿을 수 있는 해결사임을 입증한다. 리스크를 최소화하고 타격 집중력을 극대화하는 전략적 접근이 박건우 개인의 명예 회복은 물론, NC 타선의 재도약을 좌우할 열쇠가 될 것이다.

Tier 1 Detailed Stats Grid

타율 0.289	경기수 124	타석 442	타수 384	득점 43
안타 111	2루타 24	3루타 1	홈런 9	루타 164
타점 67	도루 6	볼넷 47	삼진 63	병살타 6
출루율 0.37	장타율 0.427	OPS 0.797	WAR 2.98	WPA 0.24

Tier 2

[Core Stats]	[Wish List]
직구 상대 타율 .0342	부상 없는 시즌
145km~149km 상대 타율 0.338	3할 타율 회복
10시즌 연속 100+ 안타	OPS 0.800 회복

Tracking Data

평균 타구속도(km)
137.8

평균발사각(°)
17.5

Hitting Data

타구분포 (%)	
Left	40.6
Center	25.3
Right	34.1

핫/콜드존

0.400	0.263	0.350
0.300	0.390	0.387
0.225	0.424	0.176

창원의 그라운드에서 꿈꾸는 타임 스톤의 역행

라일리(3)

포지션	투수		신장/체중		190cm/100kg
투타유형	우투우타		출신학교		미국 Louisville(대)
생년월일	1996년 7월 9일		연봉		60만 달러

평균자책점 3.45	경기수 30	승 17	패 7	홀드 0
세이브 0	이닝 172	삼진 216	볼넷 56	승률 0.708
피안타 136	피홈런 18	실점 76	자책점 66	피안타율 0.212
투구수 2916	QS 16	WHIP 1.12	WAR 3.88	WPA 3.66

최고 155km의 패스트볼과 슬라이더, 포크볼, 너클 커브를 균등하게 구사하는 우완 파워피처다. 뛰어난 패스트볼과 너클 커브의 위력으로 무려 11.30에 달하는 K/9을 자랑한다. 전반기에 비해 후반기 다소 부침이 있었음에도 2025시즌 폰세와 함께 공동 다승왕을 차지하며 에이스로서의 면모를 보였다. 2026시즌에는 피홈런을 줄이고, 체력 안배에 성공하여 후반기에도 안정적인 투구를 유지하는 것이 팀과 자신을 위한 최우선 목표다.

테일러(66)

포지션	투수		신장/체중		198cm/106kg
투타유형	우투우타		출신학교		캐나다 British Columbia(대)
생년월일	1995년 07월 25일		연봉		42만 달러

평균자책점 -	경기수 -	승리 -	패배 -	홀드 -
세이브 -	이닝 -	탈삼진 -	볼넷 -	승률 -
피안타 -	피홈런 -	실점 -	자책점 -	피안타율 -
투구수 -	QS -	WHIP -	WAR -	WPA -

2023시즌 최고의 히트상품이던 에릭 페디를 벤치마킹하여 영입한 외인 투수. 198cm의 큰 키이지만 스리쿼터 유형으로 릴리스 포인트는 낮은 점이 특징이다. 평균 150km의 직구를 던지며 최고의 결정구는 페디의 스위퍼에 비견되는 슬라이더다. 좌타자 상대의 체인지업은 다소 부족함이 있다는 평이었지만 2025시즌 완성도를 크게 끌어올리는 데 성공했다. 어깨와 팔꿈치에 부상 이력이 있는 만큼, 관리를 통해 부상을 예방하며 라일리와 원투펀치를 형성하도록 해야 한다.

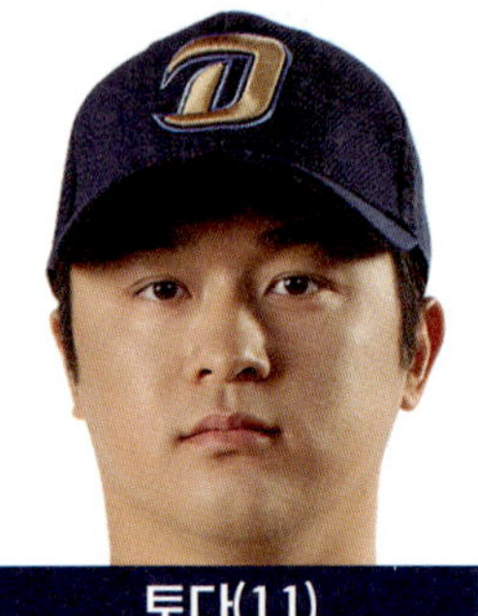

토다(11)

포지션	투수		신장/체중		170cm/80kg
투타유형	우투우타		출신학교		일본 도카이대부고
생년월일	2000년 7월 22일		연봉		10만 달러

평균자책점 -	경기수 -	승 -	패 -	홀드 -
세이브 -	이닝 -	삼진 -	볼넷 -	승률 -
피안타 -	피홈런 -	실점 -	자책점 -	피안타율 -
투구수 -	QS -	WHIP -	WAR -	WPA -

독립리그와 일본프로야구 2군을 오가며 활약한 우완 파이어볼러. 2025년에는 NPB 2군에서 81.2이닝 4승 4패 방어율 2.42를 기록했다. 일본에서는 170cm의 작은 체구의 한계가 뚜렷하다는 평가를 받았지만, 평균 145km, 최고 150km의 포심과 투심 패스트볼은 한국프로야구에서 충분히 매력적이다. 제구력이나 결정구인 슬라이더도 준수하다는 평을 받고 있기 때문에, 매년 선발 난에 시달리는 팀 상황 상 선발로 등판하게 될 가능성이 매우 크다.

권희동(36)

포지션	외야수		신장/체중		177cm/85kg
투타유형	우투우타		출신학교		동천초-경주중-경주고-경남대
생년월일	1990년 12월 30일		연봉		2억 5,000만 원

타율 0.246	경기수 136	타석 456	타수 358	득점 56
안타 88	2루타 24	3루타 0	홈런 6	루타 130
타점 39	도루 5	볼넷 77	삼진 80	병살타 10
출루율 0.393	장타율 0.363	OPS 0.756	WAR 2.97	WPA -0.03

정상급 선구안과 출루 능력을 자랑하는 NC의 베테랑 외야수다. 2025시즌 타율은 0.246으로 하락했지만, 출루율 0.393과 리그 1위에 해당하는 순출루율 0.147, 77볼넷을 기록하며 뛰어난 출루 능력을 입증했다. 다만 OPS 0.756으로 전 시즌 대비 크게 하락하고 장타가 실종된 부분은 옥의 티였다. 만 35세의 베테랑인 만큼 선택과 집중이 요구되는 시점이다. 4할에 가까운 출루율은 여전히 큰 자산이므로, 출루 능력에 집중하며 팀 공격을 이끌어야 한다.

포지션	투수		신장/체중		182cm/88kg
투타유형	우투우타		출신학교		학강초-무등중-광주제일고
생년월일	2003년 5월 17일		연봉		4,900만 원

평균자책점 6.56	경기수 21	승 3	패 4	홀드 1
세이브 0	이닝 70	삼진 37	볼넷 47	승률 0.429
피안타 75	피홈런 10	실점 53	자책점 51	피안타율 0.277
투구수 1290	QS 0	WHIP 1.74	WAR -0.62	WPA 0.00

최고 150.3km의 묵직한 구위의 포심 패스트볼을 주로 구사하며 슬라이더, 체인지업, 커브를 결정구로 구사하는 우완 선발 유망주. 2025시즌에 1군에 첫 등판하였고, 선발로 꾸준한 기회를 받았지만 심각한 제구 문제를 겪으면서 3승 4패 방어율 6.56으로 부진했다. 2026시즌에는 제구를 개선하여 선발 로테이션에 안착해야 한다. 스트라이크 존에 과감하게 공을 넣으면서도 장타 허용률을 낮추는 정교함을 갖추는 것이 선발로서 성공하는 열쇠.

포지션	투수		신장/체중		188cm/86kg
투타유형	좌투좌타		출신학교		광주서석초-무등중-광주제일고
생년월일	2000년 2월 10일		연봉		2억 원

평균자책점 2.86	경기수 45	승 4	패 3	홀드 21
세이브 0	이닝 44	삼진 35	볼넷 18	승률 0.571
피안타 40	피홈런 3	실점 17	자책점 14	피안타율 0.253
투구수 762	QS 0	WHIP 1.32	WAR 0.98	WPA 1.83

최고 147.9km의 포심 패스트볼과 각 좋은 슬라이더를 주무기로 하는 스리피치 유형의 좌완 투수. 뛰어난 디셉션, 빠른 투구 템포, 과감한 제구와 공격적인 피칭이 장점으로 꼽힌다. 2025시즌 부상으로 6월에 합류했지만, 방어율 2.86과 21홀드를 기록하며 팀의 핵심 필승조로 활약했다. 다만 표면적인 수치와는 별개로 세부 지표들이 모두 하락세를 보인 것은 생각해봐야 한다. 2026시즌에는 부상 없이 풀타임을 소화하며 필승조의 한 축을 유지해야 한다.

포지션	투수		신장/체중		183cm/90kg
투타유형	우투우타		출신학교		의왕부곡초-성일중-광주동성고
생년월일	1998년 6월 7일		연봉		1억 3,000만 원

평균자책점 3.36	경기수 76	승 4	패 3	홀드 20
세이브 6	이닝 72.1	삼진 70	볼넷 45	승률 0.571
피안타 53	피홈런 5	실점 30	자책점 27	피안타율 0.205
투구수 1303	QS 0	WHIP 1.35	WAR 1.04	WPA 2.09

최고 151.2km의 패스트볼과 완급 조절이 가능한 체인지업을 던지는 우완 사이드암 투수. 부상으로 2년 가까이 재활한 뒤 복귀한 2025시즌, 무려 72.1이닝을 소화하며 데뷔 첫 20홀드를 달성, 방어율 3.36을 기록하면 팀의 핵심 필승조로 자리잡았다. 피안타를 억제하며 뛰어난 성적을 낸 것은 좋았지만 세부지표에서 BB/9가 5.60에 달한다는 점은 큰 불안 요소. 세부 지표까지 안정되었을 때 비로소 오랫동안 믿고 맡길 수 있는 필승조가 탄생한다는 점을 기억해야 한다.

포지션	내야수		신장/체중		180cm/92kg
투타유형	우투우타		출신학교		양목초(히어로즈리틀)-대치중-신일고
생년월일	2002년 1월 1일		연봉		2억 4,000만 원

타율 0.249	경기수 142	타석 500	타수 429	득점 64
안타 107	2루타 18	3루타 2	홈런 17	루타 180
타점 56	도루 10	볼넷 40	삼진 89	병살타 9
출루율 0.349	장타율 0.42	OPS 0.769	WAR 2.33	WPA 0.10

압도적인 파워를 앞세운 어퍼스윙 유형의 타자로, 매년 순장타율 0.100 이상을 기록하며 장타력을 입증해왔다. 2025시즌 타율 0.249, 17홈런, 팀 내 최다인 11결승타를 기록하며 우타 거포 3루수로서의 가능성을 보였다. 3루수 전향 이후 포구와 타구 판단은 준수하지만 송구 과정에서 실책이 잦은 편. 컨택 능력은 아직 보완이 필요하다는 평이지만, 우선순위를 정한다면 야수에게 수비의 안정화는 타격의 안정화로 이어진다는 점을 기억해야 한다.

목지훈(20)

포지션	투수		신장/체중		181cm/83kg
투타유형	우투우타		출신학교		효제초-청량중-신일고
생년월일	2004년 5월 11일		연봉		4,200만 원

평균자책점 6.05	경기수 16	승 3	패 5	홀드 0
세이브 0	이닝 58	삼진 45	볼넷 42	승률 0.375
피안타 68	피홈런 6	실점 42	자책점 39	피안타율 0.298
투구수 1115	QS 1	WHIP 1.90	WAR -0.21	WPA -0.59

최고 149km의 포심과 슬라이더, 커브를 주로 던지는 우완 투수. 선발로 꾸준한 기회를 받았지만 2025시즌 16경기 3승 5패 방어율 6.05로 부진했고, 8월 팔꿈치 부상으로 시즌아웃되었다. 6.52에 달하는 BB/9 수치가 심각한 편인데, 기본적인 제구력은 갖췄지만 초반 40구 이후 구위와 제구에서 부침이 심해지는 등 체력 문제가 명확하다는 평이다. 2026시즌에는 성공적인 재활에 더해 체력 문제를 개선하여 선발 안착을 노려야 한다.

서호철(5)

포지션	내야수		신장/체중		179cm/85kg
투타유형	우투우타		출신학교		순천남산초-순천이수중-효천고-동의대
생년월일	1996년 10월 16일		연봉		1억 5,000만 원

타율 0.266	경기수 103	타석 292	타수 263	득점 25
안타 70	2루타 7	3루타 1	홈런 3	루타 88
타점 30	도루 7	볼넷 8	삼진 51	병살타 7
출루율 0.301	장타율 0.335	OPS 0.636	WAR 0.02	WPA -1.79

공격적인 배드볼 히터 성향의 NC 내야 유틸리티다. 2할 후반을 노릴 수 있는 컨택 능력과 내야 전 포지션 소화 능력이 강점이다. 다만 한창 좋을 때도 늘 지적되었던 약점은 선구안. 2025시즌에 0.266의 타율에도 0.301의 출루율로 타격 커리어 로우를 기록했다. 그럼에도 1루, 2루, 3루를 가리지 않고 투입되며 내야 뎁스를 지탱한 것은 호재다. NC 주전 내야진의 노쇠화가 조금씩 엿보이기 시작한 만큼 꾸준한 활약을 이어나가는 것이 목표가 되어야 한다.

송명기(군 복무)

포지션	투수		신장/체중		191cm/102kg
투타유형	우투좌타		출신학교		양남초(하남시리틀)-건대부중-장충
생년월일	2000년 8월 9일		연봉		원

평균자책점 -	경기수 -	승리 -	패배 -	홀드 -
세이브 -	이닝 -	탈삼진 -	볼넷 -	승률 -
피안타 -	피홈런 -	실점 -	자책점 -	피안타율 -
투구수 -	QS -	WHIP	WAR -	WPA -

2년차인 2020시즌 한국시리즈 우승에 기여하며 큰 기대를 모았던 투수 유망주. 이후 선발로 꾸준한 기회를 받았지만 기대에 부응하지 못했다. 평균 142km 대의 패스트볼과 슬라이더, 포크볼을 주로 구사하며, 아직까지는 선발로 롱런하기 위한 확실한 컨트롤을 보여주지 못했다는 평이다. 2025시즌 상무에서 선발로 8승 2패를 기록, 가능성을 다시 보였다. 늘 토종 선발 부족에 시름하는 NC인 만큼 전역 후 선발 복귀로 가치를 증명해야 한다.

이우성(55)

포지션	외야수		신장/체중		182cm/95kg
투타유형	우투우타		출신학교		대전유천초-한밭중-대전고
생년월일	1994년 7월 17일		연봉		1억 6,000만 원

타율 0.250	경기수 105	타석 337	타수 300	득점 28
안타 75	2루타 22	3루타 1	홈런 3	루타 108
타점 33	도루 2	볼넷 31	삼진 66	병살타 8
출루율 0.321	장타율 0.36	OPS 0.681	WAR 0.72	WPA -2.10

NC의 베테랑 외야수로, 3할 타율과 4할의 장타율을 기록할 수 있는 타격이 강점으로 꼽히는 중장거리 타자다. 2024년 후반부터 슬럼프로 타격과 수비 모두 급격히 저하된 모습을 보였고, 결국 2025시즌 중 NC로 트레이드되었다. 트레이드 후 타율 0.283에 OPS 0.724로 타격에서 반등을 보여주는데 성공했다. 타격에서는 어느 정도 계산이 서는 타자라는 인상을 준 만큼, 더 많은 출장 기회를 얻기 위해서는 수비에서의 개선이 가장 절실하다.

포지션	투수		신장/체중	181cm/84kg
투타유형	우언우타		출신학교	대구옥산초-경복중-대구고
생년월일	1990년 10월 4일		연봉	1억 3,100만 원

평균자책점 -	경기수 -	승 -	패 -	홀드 -
세이브 -	이닝 -	삼진 -	볼넷 -	승률 -
피안타 -	피홈런 -	실점 -	자책점 -	피안타율 -
투구수 -	QS -	WHIP -	WAR -	WPA -

NC의 프랜차이즈 스타로 어느덧 구단 최고참 투수의 자리에 오른 다이노스의 살아있는 역사다. 포심 패스트볼과 커터, 서클 체인지업만으로 타자를 상대하는 사이드암 투수다. 2025년 토미존 수술을 받으면서 시즌을 통째로 날리는 아쉬움을 남겼다. 그 결과 NC는 토종 선발진에서 큰 부침을 겪으면서 이재학의 빈 자리를 뼈저리게 되었다. 2026시즌 중 복귀가 예고된 만큼, 성공적인 재활을 통해 풀타임 선발을 소화하며 팀에 안정감을 더해주어야 한다.

이재학(51)

포지션	투수		신장/체중	194cm/85kg
투타유형	우투우타		출신학교	연서초(부산동래구리틀)-대신중-부산정보고
생년월일	1999년 7월 6일		연봉	1억 3,000만 원

평균자책점 4.26	경기수 74	승 7	패 7	홀드 13
세이브 2	이닝 82.1	삼진 62	볼넷 33	승률 0.500
피안타 86	피홈런 3	실점 45	자책점 39	피안타율 0.273
투구수 1341	QS 0	WHIP 1.45	WAR 0.70	WPA -0.24

평균 146.6 최고 151.6km의 고속 투심을 주무기로 땅볼을 유도하는 우완 투수. 피안타율 0.173에 그치는 포크볼은 전사민이 자랑하는 최고의 결정구. 2025시즌 필승조, 롱릴리프, 추격조를 가리지 않고 등판해 구원 투수 중 소화 이닝수 1위를 기록했다. 보통 예년에 비해 갑자기 많은 이닝을 던진 불펜 투수들은 구위 저하나 부상으로 이어진 경우가 많다. 롱런을 위해서 2026시즌에는 하나의 보직으로 고정하여 안배 있는 등판을 가져갈 필요가 있다.

전사민(57)

포지션	외야수		신장/체중	181cm/83kg
투타유형	우투우타		출신학교	대전신흥초-공주중-화순고-고려대
생년월일	1994년 4월 1일		연봉	1억 원

타율 0.238	경기수 129	타석 294	타수 261	득점 47
안타 62	2루타 10	3루타 3	홈런 6	루타 96
타점 31	도루 15	볼넷 17	삼진 58	병살타 3
출루율 0.292	장타율 0.368	OPS 0.66	WAR 0.41	WPA -1.44

넓은 수비 범위와 빠른 발을 지녔다고 평가받는 NC의 외야수다. 육성선수 출신으로 방출과 재입단을 거쳐 1군에 안착한 노력파다. 2024시즌부터 기회를 얻기 시작해 2025시즌 129경기에서 타율 0.238, 6홈런을 기록했다. 기존 주전 중견수 최원준이 팀을 떠난 만큼 2026시즌에는 더 많은 기회를 받게 된다. 백업을 넘어 주전 중견수 자리를 노리려면 높은 삼진율을 개선하고 타석과 수비 양면에서 계산이 서는 선수로 거듭나야 한다.

천재환(23)

포지션	내야수		신장/체중	176cm/70kg
투타유형	우투좌타		출신학교	서원초-청주중-청주고
생년월일	2000년 06월 24일		연봉	8,700만 원

타율 0.275	경기수 91	타석 155	타수 120	득점 40
안타 33	2루타 3	3루타 0	홈런 0	루타 36
타점 11	도루 30	볼넷 18	삼진 22	병살타 0
출루율 0.417	장타율 0.3	OPS 0.717	WAR 1.64	WPA 0.41

부족한 장타력을 빠른 발과 컨택으로 보완하는 유틸리티 플레이어. 데뷔 이래 대타와 대주자로 꾸준히 기회를 받았고, 2025시즌 155타석이라는 제한된 기회 속에서도 타율 0.275, 출루율 0.417, 30도루를 기록하며 가능성을 보였다. 원래 외야 백업이었으나 이 활약을 바탕으로 이호준 감독이 전문 내야수로 전향을 지시했다. 박민우의 후계자로 고려하고 있는 욕심을 내비친 만큼 2026시즌에는 새 포지션에 적응하며 꾸준한 활약을 보여줘야 한다.

최정원(14)

고승완(58) 외야수 - 9라운드 지명이나 빠른 성장, 수비 개선이 1군 백업 확보의 티켓

투타유형	우투좌타				신장/체중		178cm/81kg		
생년월일	2001년 03월 15일				출신학교		광주대성초-무등중-광주동성고-연세대		

타율 -	경기수 -	타석 -	타수 -	득점 -	안타 -	2루타 -	3루타 -	홈런 -	루타 -
타점 -	도루 -	볼넷 -	삼진 -	병살타 -	출 -	장 -	OPS -	WAR -	WPA -

김재민(군 복무) 포수 - 송구-수비 강점 포수, 제대 후 기량 입증의 시험대

투타유형	우투우타				신장/체중		178cm/88kg		
생년월일	2005년 8월 31일				출신학교		광주서림초-진흥중-진흥고		

타율	경기수	타석	타수	득점	타점	도루	볼넷	삼진	병살타
안타	2루타	3루타	홈런	루타	출	장	OPS	WAR	WPA

김재열(21) 투수 - 방출 후 24시즌 필승조 각성의 주인공, 충분한 회복이 재도약의 열쇠

투타유형	우투우타				신장/체중		183cm/97kg		
생년월일	1996년 1월 2일				출신학교		양정초-개성중-부산고		

평자 6.23	경기수 22	승 0	패 0	홀드 2	세이브 0	이닝 21.2	삼진 16	볼넷 16	승률 -
피안타 32	피홈런 5	실점 16	자책점 15	AVG 0.356	투구수 402	QS 0	WHIP 2.22	WAR -0.36	WPA -0.71

김정호(42) 포수 - 6년차 포수로 11타석 0.444 기록, 타격의 극적 개선이 백업 확보의 조건

투타유형	우투우타				신장/체중		172cm/84kg		
생년월일	1998년 7월 13일				출신학교		대구옥산초-경복중-포항제철고-성균관대		

타율 0.444	경기수 8	타석 11	타수 9	득점 3	안타 4	2루타 0	3루타 0	홈런 0	루타 4
타점 0	도루 0	볼넷 0	삼진 4	병살타 0	출 0.5	장 0.444	OPS 0.944	WAR 0.12	WPA 0.00

김태경(60) 투수 - 토종 5선발 기대주, 팔꿈치 수술의 여파 및 구속 회복이 우선

투타유형	우투우타				신장/체중		188cm/95kg		
생년월일	2001년 4월 7일				출신학교		김해삼성초-내동중-용마고		

평자 10.64	경기수 6	승 0	패 0	홀드 1	세이브 0	이닝 11	삼진 10	볼넷 9	승률 -
피안타 18	피홈런 4	실점 20	자책점 13	AVG 0.367	투구수 266	QS 0	WHIP 2.45	WAR -0.82	WPA -0.46

김태훈(69) 투수 - 153km 파이어볼러, 제구 개선이 필승조 진입의 관건

투타유형	우투우타				신장/체중		188cm/88kg		
생년월일	2006년 10월 26일				출신학교		부평남초(부평구리틀)-동인천중-소래고		

평자 5.21	경기수 18	승 0	패 0	홀드 0	세이브 0	이닝 19	삼진 9	볼넷 16	승률 -
피안타 17	피홈런 4	실점 15	자책점 11	AVG 0.224	투구수 356	QS 0	WHIP 1.74	WAR -0.38	WPA 0.08

김한별(13) 내야수 - 2년 연속 대수비로 3할, 퍼포먼스 유지가 백업 자리 확보의 길

투타유형	우투우타				신장/체중		177cm/85kg		
생년월일	2001년 1월 18일				출신학교		효제초-선린중-배재고		

타율 0.313	경기수 76	타석 72	타수 64	득점 14	안타 20	2루타 2	3루타 0	홈런 0	루타 22
타점 5	도루 1	볼넷 3	삼진 5	병살타 2	출 0.371	장 0.344	OPS 0.715	WAR 0.47	WPA -0.30

도태훈(16) 내야수 - 내야 전 포지션 소화, 선구안 살리고 컨택 개선이 주전 도약의 관건

투타유형	우투좌타				신장/체중		184cm/85kg		
생년월일	1993년 3월 18일				출신학교		양정초-개성중-부산고-동의대		

타율 0.182	경기수 61	타석 98	타수 77	득점 9	안타 14	2루타 4	3루타 1	홈런 1	루타 23
타점 8	도루 3	볼넷 7	삼진 16	병살타 2	출 0.315	장 0.299	OPS 0.614	WAR -0.12	WPA -0.58

박시원(53) 외야수 - 5툴 외야 유망주지만 기복 있는 타격, 타격 혈만 뚫으면 잠재력 폭발

투타유형	우투좌타			신장/체중		185cm/85kg			
생년월일	2001년 5월 30일			출신학교		광주서림초-광주동성중-광주제일고			

타율 0.204	경기수 52	타석 60	타수 54	득점 12	안타 11	2루타 2	3루타 0	홈런 1	루타 16
타점 4	도루 1	볼넷 5	삼진 18	병살타 1	출 0.271	장 0.296	OPS 0.567	WAR -0.20	WPA -0.15

박지한(56) 투수 - 150km 좌완으로 뛰어난 워크에식, 컨트롤 유지가 1군 데뷔의 열쇠

투타유형	좌투좌타			신장/체중		185cm/90kg			
생년월일	2000년 10월 21일			출신학교		동일중앙초-부산중-개성고			

평자 -	경기수 -	승 -	패 -	홀드 -	세이브 -	이닝 -	삼진 -	볼넷 -	승률 -
피안타 -	피홈런 -	실점 -	자책점 -	AVG -	투구수 -	QS -	WHIP -	WAR -	WPA -

배재환(61) 투수 - 필승조 베테랑 우완, 체력 안배 개선이 급선무

투타유형	우투우타			신장/체중		186cm/95kg			
생년월일	1995년 2월 24일			출신학교		가동초-잠신중-서울고			

평자 4.48	경기수 70	승 2	패 4	홀드 24	세이브 2	이닝 60.1	삼진 51	볼넷 37	승률 0.333
피안타 48	피홈런 3	실점 36	자책점 30	AVG 0.221	투구수 1117	QS 0	WHIP 1.41	WAR 0.07	WPA 0.65

소이현(101) 투수 - 150km 파이어볼러였으나 제구 위해 구속 하락, 최적점 찾기가 과제

투타유형	우투우타			신장/체중		185cm/93kg			
생년월일	1999년 2월 9일			출신학교		서울이수초-서울이수중-서울디자인고			

평자 -	경기수 -	승 -	패 -	홀드 -	세이브 -	이닝 -	삼진 -	볼넷 -	승률 -
피안타 -	피홈런 -	실점 -	자책점 -	AVG -	투구수 -	QS -	WHIP -	WAR -	WPA -

손주환(46) 투수 - 전반기 필승조였으나 부상 후 부진, 내구성 강화가 급선무다

투타유형	우투우타			신장/체중		177cm/85kg			
생년월일	2002년 1월 5일			출신학교		영천초-신정중-물금고-동아대			

평자 4.35	경기수 52	승 6	패 1	홀드 7	세이브 0	이닝 51.2	삼진 37	볼넷 19	승률 0.857
피안타 53	피홈런 5	실점 29	자책점 25	AVG 0.264	투구수 807	QS 0	WHIP 1.39	WAR 0.22	WPA 0.98

신민우(62) 포수 - 고졸 포수 유망주로 1년차 타율 .295, 수비 기본기가 성장의 출발선

투타유형	우투우타			신장/체중		181cm/88kg			
생년월일	2006년 08월 13일			출신학교		김해우암초(김해리틀)-내동중-마산고			

타율 -	경기수 -	타석 -	타수 -	득점 -	안타 -	2루타 -	3루타 -	홈런 -	루타 -
타점 -	도루 -	볼넷 -	삼진 -	병살타 -	출 -	장 -	OPS -	WAR -	WPA -

신성호(118) 내야수 - 4년차 내야 유틸리티로 2군 맹활약, 1군의 시험대를 통과하라

투타유형	우투우타			신장/체중		178cm/76kg			
생년월일	2003년 09월 28일			출신학교		김해삼성초-내동중-마산고			

타율 -	경기수 -	타석 -	타수 -	득점 -	안타 -	2루타 -	3루타 -	홈런 -	루타 -
타점 -	도루 -	볼넷 -	삼진 -	병살타 -	출 -	장 -	OPS -	WAR -	WPA -

안중열(22) 포수 - 백업 포수 경쟁에서 살아남아야, 타격 보완과 부상 방지가 필수

투타유형	우투우타			신장/체중		176cm/87kg			
생년월일	1995년 9월 1일			출신학교		가야초-개성중-부산고-(영남사이버대)			

타율 0.143	경기수 33	타석 60	타수 49	득점 2	안타 7	2루타 3	3루타 0	홈런 0	루타 10
타점 6	도루 0	볼넷 8	삼진 15	병살타 0	출 0.288	장 0.204	OPS 0.492	WAR -0.22	WPA 0.29

오영수(34) 내야수 - 좌타 거포로 순출루율 돋보여, 컨택 개선이 잠재력 폭발의 조건

| 투타유형 | 우투좌타 | | 신장/체중 | | 178cm/93kg | | | | |
| 생년월일 | 2000년 1월 30일 | | 출신학교 | | 사파초-창원신월중-용마고 | | | | |

| 타율 0.232 | 경기수 67 | 타석 179 | 타수 155 | 득점 14 | 안타 36 | 2루타 5 | 3루타 0 | 홈런 3 | 루타 50 |
| 타점 23 | 도루 3 | 볼넷 22 | 삼진 47 | 병살타 0 | 출 0.335 | 장 0.323 | OPS 0.658 | WAR 0.26 | WPA 0.44 |

오장한(65) 외야수 - 차세대 외야 거포로 이호준도 주목, 기복 개선과 컨택 향상이 숙제

| 투타유형 | 우투좌타 | | 신장/체중 | | 185cm/90kg | | | | |
| 생년월일 | 2002년 05월 20일 | | 출신학교 | | 희망대초-매향중-장안고 | | | | |

| 타율 - | 경기수 - | 타석 - | 타수 - | 득점 - | 안타 - | 2루타 - | 3루타 - | 홈런 - | 루타 - |
| 타점 - | 도루 - | 볼넷 - | 삼진 - | 병살타 - | 출 - | 장 - | OPS - | WAR - | WPA - |

오태양(6) 내야수 - 대주자 유격수로 선구안 돋보여, 역할 충실이 백업 승격의 첫걸음

| 투타유형 | 우투우타 | | 신장/체중 | | 180cm/78kg | | | | |
| 생년월일 | 2002년 4월 25일 | | 출신학교 | | 방배초-대치중-청원고 | | | | |

| 타율 0.250 | 경기수 14 | 타석 13 | 타수 12 | 득점 6 | 안타 3 | 2루타 0 | 3루타 0 | 홈런 0 | 루타 3 |
| 타점 1 | 도루 2 | 볼넷 1 | 삼진 3 | 병살타 0 | 출 0.308 | 장 0.250 | OPS 0.558 | WAR 0.01 | WPA 0.04 |

원종해(63) 투수 - 이재학의 후계자로 주목, 1군에서의 기회를 잡아라

| 투타유형 | 우투우타 | | 신장/체중 | | 183cm/83kg | | | | |
| 생년월일 | 2005년 4월 9일 | | 출신학교 | | 길동초-건대부중-장충고 | | | | |

| 평자 - | 경기수 - | 승 - | 패 - | 홀드 - | 세이브 - | 이닝 - | 삼진 - | 볼넷 - | 승률 - |
| 피안타 - | 피홈런 - | 실점 - | 자책점 - | AVG - | 투구수 - | QS - | WHIP - | WAR - | WPA - |

윤준혁(31) 내야수 - 보상선수로 이적한 호타준족, 1군에선 변화구 대처 개선 필요

| 투타유형 | 우투우타 | | 신장/체중 | | 186cm/86kg | | | | |
| 생년월일 | 2001년 7월 26일 | | 출신학교 | | 역촌초(은평구리틀)-충암중-충암고 | | | | |

| 타율 0.059 | 경기수 28 | 타석 18 | 타수 17 | 득점 4 | 안타 1 | 2루타 1 | 3루타 0 | 홈런 0 | 루타 2 |
| 타점 0 | 도루 1 | 볼넷 0 | 삼진 5 | 병살타 0 | 출 0.059 | 장 0.118 | OPS 0.177 | WAR -0.26 | WPA -0.27 |

이세민(68) 투수 - 미래의 마무리 후보, 구속 향상과 변화구 완성이 목표다

| 투타유형 | 우투우타 | | 신장/체중 | | 187cm/100kg | | | | |
| 생년월일 | 2005년 8월 8일 | | 출신학교 | | 칠성초-경복중-대구상원고 | | | | |

| 평자 - | 경기수 - | 승 - | 패 - | 홀드 - | 세이브 - | 이닝 - | 삼진 - | 볼넷 - | 승률 - |
| 피안타 - | 피홈런 - | 실점 - | 자책점 - | AVG - | 투구수 - | QS - | WHIP - | WAR - | WPA - |

이용준(군 복무) 투수 - 상무서 마무리로 3.54, 15세이브. 변화구 제구 개선이 필수

| 투타유형 | 우투우타 | | 신장/체중 | | 180cm/95kg | | | | |
| 생년월일 | 2002년 5월 8일 | | 출신학교 | | 중대초-양천중-서울디자인고 | | | | |

| 평자 - | 경기수 - | 승 - | 패 - | 홀드 - | 세이브 - | 이닝 - | 삼진 - | 볼넷 - | 승률 - |
| 피안타 - | 피홈런 - | 실점 - | 자책점 - | AVG - | 투구수 - | QS - | WHIP - | WAR - | WPA - |

이준혁(40) 투수 - 150km 정통파지만 구위 부족, 구위 보완이 과제

| 투타유형 | 우투우타 | | 신장/체중 | | 184cm/87kg | | | | |
| 생년월일 | 2003년 6월 30일 | | 출신학교 | | 용인포곡초(처인구리틀)-성일중-율곡고 | | | | |

| 평자 7.30 | 경기수 25 | 승 1 | 패 3 | 홀드 0 | 세이브 0 | 이닝 37 | 삼진 30 | 볼넷 20 | 승률 0.250 |
| 피안타 43 | 피홈런 8 | 실점 33 | 자책점 30 | AVG 0.305 | 투구수 699 | QS 0 | WHIP 1.70 | WAR -0.84 | WPA -1.40 |

임지민(19) 투수 - 155.9km으로의 증속 성공, 변화구 완성이 직구 극대화의 열쇠

투타유형	우투우타		신장/체중	185cm/82kg					
생년월일	2003년 10월 11일		출신학교	가평목동초(가평리틀)-춘천중-강원고					

평자 -	경기수 -	승 -	패 -	홀드 -	세이브 -	이닝 -	삼진 -	볼넷 -	승률 -
피안타 -	피홈런 -	실점 -	자책점 -	AVG -	투구수 -	QS -	WHIP -	WAR -	WPA -

정구범(8) 투수 - 잦은 부상으로 인한 구위 하락, 부상의 극복이 반등의 돌파구

투타유형	좌투좌타		신장/체중	183cm/73kg					
생년월일	2000년 6월 16일		출신학교	경동초(성동구리틀)-건대부중-덕수고					

평자 -	경기수 -	승 -	패 -	홀드 -	세이브 -	이닝 -	삼진 -	볼넷 -	승률 -
피안타 -	피홈런 -	실점 -	자책점 -	AVG -	투구수 -	QS -	WHIP -	WAR -	WPA -

조현진(군 복무) 내야수 - 퓨처스 3할 내야 유틸리티, 제대 후 타격 기복 개선이 과제

투타유형	우투좌타		신장/체중	182cm/69kg					
생년월일	2002년 9월 10일		출신학교	아라초(함안리틀)-창원신월중-마산고					

타율 -	경기수 -	타석 -	타수 -	득점 -	타점 -	도루 -	볼넷 -	삼진 -	병살타 -
안타 -	2루타 -	3루타 -	홈런 -	루타 -	출 -	장 -	OPS -	WAR -	WPA -

최성영(26) 투수 - 138km좌완 이닝이터, 구속 상승이나 제구 개선이 절실하다

투타유형	좌투좌타		신장/체중	180cm/85kg					
생년월일	1997년 4월 28일		출신학교	영랑초-설악중-설악고					

평자 6.23	경기수 35	승 2	패 2	홀드 4	세이브 0	이닝 47.2	삼진 33	볼넷 28	승률 0.5
피안타 62	피홈런 6	실점 33	자책점 33	AVG 0.33	투구수 921	QS 0	WHIP 1.89	WAR -0.29	WPA -1.21

하준영(29) 투수 - 좌완 필승조 후보, 제대 후 몸 상태 회복이 승부처다

투타유형	좌투좌타		신장/체중	182cm/79kg					
생년월일	1999년 9월 6일		출신학교	서울이수초-성남중-성남고					

평자 6.75	경기수 10	승 1	패 1	홀드 1	세이브 0	이닝 5.1	삼진 5	볼넷 7	승률 0.5
피안타 10	피홈런 0	실점 4	자책점 4	AVG 0.385	투구수 126	QS 0	WHIP 3.19	WAR -0.05	WPA -0.66

한석현(33) 외야수 - 2군 3할 6푼이나 1군선 아쉬워, 빠른 공과 변화구 대처 향상 필요

투타유형	좌투좌타		신장/체중	181cm/73kg					
생년월일	1994년 5월 17일		출신학교	후암초-대천중-경남고					

타율 0.195	경기수 61	타석 138	타수 113	득점 18	안타 22	2루타 5	3루타 0	홈런 3	루타 36
타점 21	도루 1	볼넷 12	삼진 27	병살타 1	출 0.306	장 0.319	OPS 0.625	WAR 0.49	WPA -0.81

한재환(35) 내야수 - 2군에서 많은 홈런 기록한 거포, 부족한 수비 개선이 1군 진입의 열쇠

투타유형	우투우타		신장/체중	177cm/89kg					
생년월일	2001년 10월 19일		출신학교	기장대청초(기장리틀)-대신중-개성고					

타율 0.185	경기수 16	타석 31	타수 27	득점 2	안타 5	2루타 0	3루타 0	홈런 0	루타 5
타점 4	도루 0	볼넷 2	삼진 14	병살타 0	출 0.29	장 0.185	OPS 0.475	WAR -0.12	WPA -0.55

홍종표(10) 내야수 - 컨택 강점의 내야 유틸리티 기대주로 2군 성적의 1군 이식이 과제

투타유형	우투좌타		신장/체중	178cm/72kg					
생년월일	2000년 5월 2일		출신학교	동막초-영남중-강릉고					

타율 0.164	경기수 62	타석 85	타수 73	득점 16	안타 12	2루타 0	3루타 0	홈런 0	루타 12
타점 3	도루 1	볼넷 7	삼진 23	병살타 1	출 0.235	장 0.164	OPS 0.399	WAR -0.41	WPA -1.19

KT 위즈

창단연도	2013년
연고지	수원특례시
홈구장	수원 케이티 위즈 파크
한국시리즈 우승	2021
야구철학	전통과 효율
구단연혁	KT 위즈(2013~)

2025 시즌 리뷰

2024년, 3강으로 분류되었음에도 5위라는 아쉬운 성적으로 마무리했다. 거기에 2025시즌을 앞두고 팀의 주축이었던 심우준과 엄상백의 이탈이 있었다. 다만 두산의 베테랑 허경민을 영입했고, 트레이드로 좌완 오원석을 영입하며 전력 구성 자체는 나쁘지 않다는 평가를 받았다.

시즌 초반의 정체는 타선의 노화현상이 컸다. 좌완 오원석과 부상에서 복귀한 소형준, 베테랑 고영표가 선발진을 잘 이끌었고, 불펜도 손동현과 박영현이라는 구심점이 있었지만, 타격의 침체로 중위권을 좀처럼 벗어나지 못했다. 그러나 5월부터 신인 안현민이 KBO 역사에 남을 대활약을 보여주며 팀 타선을 견인했고, 전반기를 가을야구 진출이 가능한 5위로 마무리했다.

그러나 투-타의 엇박자는 결국 KT의 발목을 잡았다. 과부하된 불펜이 무너지기 시작했고, 타선도 차갑게 식었다. NC가 무서운 뒷심을 발휘하기 시작한 것도 문제였다. 결국 6위로 가을야구에 실패하고 말았다.

2025 시즌은 KT 위즈에게 큰 숙제를 남긴 시즌이었다. 물론 안현민과 오원석의 발굴, 선발진의 정상화는 큰 소득이었지만 노쇠화된 타선의 집단적인 침체는, 이제 리빌딩의 때가 왔다 라는 신호탄과도 같았다.

그리고 무리한 불펜 기용으로 인한 후반기 과부하는, 감독에게 투수 운용방식의 변화를 요구했다.

올해 KT가 어떤 방향성을 잡느냐에 따라, 향후 팀의 흥망이 갈릴 것이다.

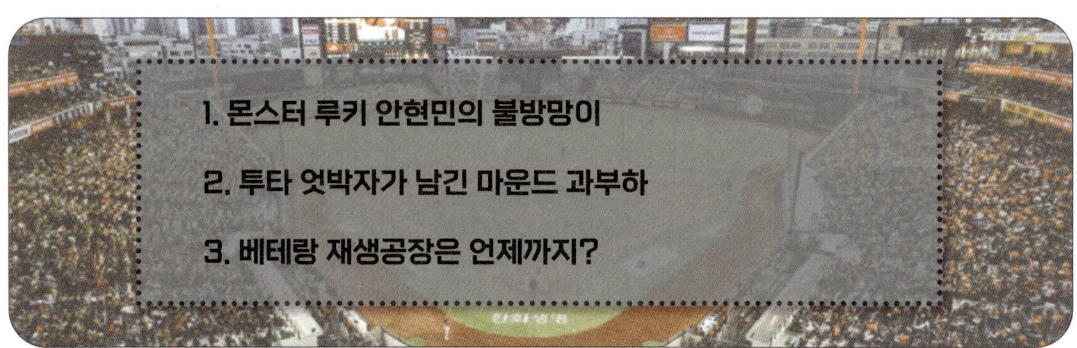

2025 팀 기록

⚾ 최근 10년간 팀 순위 (10-10-9-6-3-1-4-2-5-6)

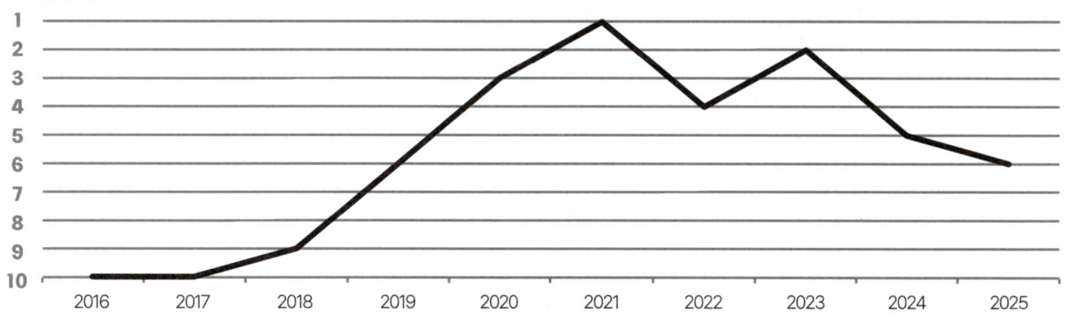

팀 공격력

팀 타율 0.253

팀 출루율 0.337

팀 장타율 0.369

팀 OPS 0.706

팀 마운드

팀 방어율 4.09

팀 피안타율 0.273

팀 WHIP 1.40

팀 탈삼진 1067

팀 수비

팀 실책 86

팀 도루저지율 0.200

⚾ 팀 최애 선수 (유니폼 마킹순)

1. 안현민

2. 고영표

OUT 3. 강백호 (2026 한화 이적)

2025 승리의 알고리즘

⚾ 팀 WAR

	타자 WAR	투수 WAR	수비효율 (DER)
리그	22.5	14.57	0.679
KT	19.1	18.39	0.669
순위	8	4	8

⚾ 구장 특징

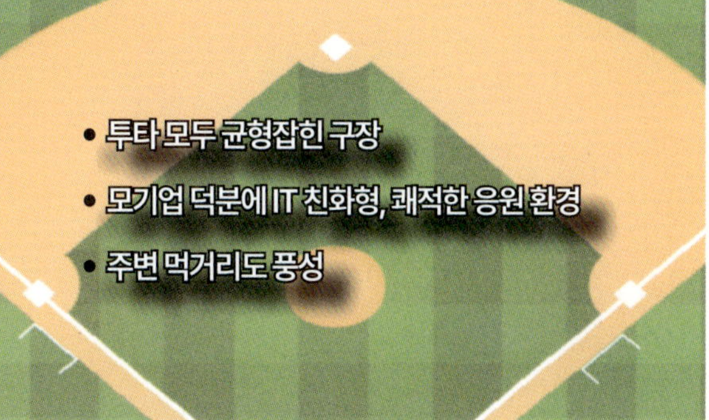

투수진

선발투수	사우어
	보쉴리
	소형준
	고영표
	오원석
필승조	손동현
	한승혁
	우규민
마무리	박영현

Plan B

포수	장성우, 조대현, 한승택
1루수	문상철, 장성우
2루수	오윤석, 류현인
3루수	오윤석, 김건휘
유격수	이강민, 장준원
좌익수	김민혁, 장진혁, 배정대
중견수	배정대, 유준규
우익수	배정대, 김민혁
지명타자	김현수, 문상철
대체선발	배제성, 문용익

 스토브리그 성적표

C

 2026 시즌 예상 순위

6

IN) 주요 선수 영입

1.사우어(외국인선수)

2.보쉴리(외국인선수)

3.힐리어드(외국인선수)

4.스기모토(아시아쿼터)

5.김현수(FA)

6.최원준(FA)

7.한승택(FA)

전력 보강의 방향성 자체는 좋았지만, 불확실한 변수에 기댄 충동적 영입이 너무 많았다는 평가다.

OUT) 주요 선수 이탈

1.머피(계약종료)

2.스티븐슨(계약종료)

3.강백호(FA)

4.황재균(은퇴)

5.오재일(은퇴)

6.이호연(2차 드래프트)

전력 베이스는 작년과 크게 다를 바 없다. 새 외인들과 신인들이 기대 이상을 해주느냐가 시즌의 분수령이 될 것이다.

BEST CASE_SCENARIO

① 수원에서 부활하는 김현수.

② 뉴페이스 외인들의 대활약.

③ 최원준의 반등.

④손동현과 박영현이 지키는 뒷문은 무적.

⑤ 불패의 마법사, 가을의 왕좌 등극.

WORST CASE_SCENARIO

① 플루크였던 안현민. 강백호의 빈자리가 아쉬울 뿐.

② 잠실이 맞는 옷이었던 김현수.

③ 단체 과부하에 시달리는 불펜.

④ 유망주와 외부 영입 자원의 동반 부진.

⑤ 재생공장의 끝, 리더십의 위기.

 **대체 불가 자원 TOP 3**

TOP 1: 안현민
작년 KT 팬들이 야구 중계를 보게 한 이유. 팀의 알파이자 오메가.

TOP 2: 김현수
총액 50억을 받은 우승 청부사의 이탈은 상상만 해도 끔찍하다.

TOP 3: 박영현
KT 불펜 운용의 핵심. 박영현이 사라지면 팀 설계를 처음부터 다시 해야한다.

 **우승을 위해 반드시 이겨야 할 팀 TOP 3**

1) LG
가을야구에서 번번이 만나는 신흥 라이벌. 작년 절대적으로 열세였다.

2) NC
작년 가을야구 탈락을 안긴 숙적. 같은 실수를 되풀이해선 안된다.

3) SSG
불펜 운용을 중심으로 한 비슷한 팀 컬러를 가진 호적수.

 **입문자를 위한 핵심 포인트 TOP 3**

1) 라이징 루키 안현민, 그외 1군 주전인 젊은 선수들은 실력 확실.

2) 볼거리 먹을거리 많은 수원, 즐기기 좋은 홈구장.

3) 베테랑들의 성지, 스토리 많은 팀을 원한다면 KT로.

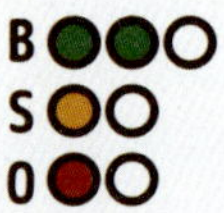

이강철, '강철 매직'에 짙어지는 명암, 전력 재충전이 숙제

Character
2025시즌은 그간 누적된 강점과 약점이 모두 극한까지 드러났다. 승부처마다 보여준 '강철 매직'은 여전했으나, 그 과정에서 특정 필승조를 한계까지 몰아붙이는 운용 방식은 '승리'와 '혹사' 사이에서 위태로운 줄타기를 반복했다. 포스트시즌 진출이 그간 모든 것을 정당화했지만 2025시즌은 6위, 바로 코앞에서 면죄 티켓 구매에 실패했다.

Strength
단기전 승부 호흡과 투수 교체 타이밍은 타의 추종을 불허한다. 부상 병동 속에서도 승수를 짜내는 능력은 KT가 2026년에도 쉽게 무너지지 않을 것임을 보증한다.

Weakness
수년간 누적된 주력 투수들의 피로도는 언제 터질지 모르는 시한폭탄이다. 세대교체를 외면한 야수진 구성과 주축 투수들을 마른 수건 쥐어짜듯 하는 운영은 이제는 매직이 아니라 관성에 가깝다. 선수단의 전력을 근본적으로 보존하고 재충전할 관리의 지혜가 없으면 시즌 중반 대참사가 일어날 수도 있다.

안현민 1

외야수 (우투우타)

Basic info

생년월일	2003년 8월 22일
신장/체중	183cm/90kg
연봉	1억 8,000만 원
출신학교	임호초(김해리틀)-개성중-마산고

Narrative 2025년, 무명의 선수가 1군에 합류했다. 그렇게 영화 같은 이야기가 시작됐다. 특급 마무리 김택연을 무너뜨리는 홈런을 터뜨리더니 한 달간 9개의 아치를 그려냈다. 22홈런, 80타점, 출루율 1위, OPS 2위라는 경이로운 성적으로 신인왕과 골든글러브까지 석권. 슈퍼스타의 탄생이었다.

Ceiling 군 복무 시절 벌크업으로 완성한 압도적 피지컬은 그의 핵심 자산이다. 무너진 자세에서도 담장을 넘기는 괴력은 물론, 출루왕이 증명하듯 정교한 선구안까지 겸비했다. 신중하게 공을 골라내는 선구안과 거포의 화력을 동시에 갖춘 희소성은 그를 대체 불가능한 타자로 만든다. 팀의 아이콘과 같았던 강백호의 공백이 느껴지지 않는, 압도적인 존재감의 근원이 그 지점에 있다.

Variable 벌크업에 따른 부상 리스크와 미숙한 수비력 개선이 최우선 과제다. 타구 판단과 송구 정확도에서 노출한 불안 요소는 MVP를 노리는 그가 반드시 넘어야 할 산이다. 2025년의 돌풍이 일시적 현상이 아님을 증명해야 하는 '소포모어 징크스'의 압박 또한 견뎌내야 한다. 상대 투수들의 집중견제 속에서 2025시즌과 비슷한 성적을 낼 수 있다면 명실상부한 한국프로야구 최고의 타자 반열에 오른다.

Tier 1 Detailed Stats Grid

타율 0.334	경기수 112	타석 482	타수 395	득점 72
안타 132	2루타 19	3루타 4	홈런 22	루타 225
타점 80	도루 7	볼넷 75	삼진 72	병살타 4
출루율 0.448	장타율 0.57	OPS 1.018	WAR 7.22	WPA 2.45

Tier 2

[Core Stats]	[Wish List]
출루율 0.448 (리그 1위)	30홈런 달성
OPS 1.018 (리그 1위)	100타점 달성
WAR 7.22 (타자 1위)	수비력 개선

Tracking Data

평균 타구속도(km)
137.2

평균발사각(°)
20.3

Hitting Data

타구분포 (%)	
Left	47
Center	22
Right	31

핫/콜드존

0.360	0.483	0.333
0.292	0.440	0.357
0.371	0.400	0.357

떠나간 천재는 잊어라, 기록을 찢고 솟아오른 파괴왕

박영현 44

투수 (60)

Basic info

생년월일 2003년 10월 11일

신장/체중 183cm/91kg

연봉 3억 원

출신학교 부천북초-부천중-유신고

Narrative 데뷔 시즌부터 강렬한 힘을 보여주며 1년 차 추격조, 2년 차 필승조에서 셋업맨, 3년차 마무리로 빠르게 보직을 고정했다. 공도 좋지만 내구성과 멘탈리티의 우수함이 더 돋보인다. 2025시즌에도 나쁘지 않았지만, 2024시즌 대비 WHIP이 1.11에서 1.48로 폭증하는 등, 2024시즌 힘겨웠던 등판의 여파에서 자유롭지 못한 모습을 보여줬다.

Ceiling 마무리로 오래 정착할 것이 확실한 투수다. 최고 156km의 빠른 공과 체인지업을 구사하는 파워피처. 릴리스 포인트가 낮고 익스텐션이 길다. 오버핸드 투수이면서도 공이 낮은 곳에서 쭉 올라오는 느낌을 준다. 다만 투구폼이 다이나믹하기 때문에 기복이 크다. 전력 분석 능력이 강한 팀 상대로는 패턴이 파악되기 쉽다.

Variable 올 시즌에도 보직과 역할, 기대치에는 큰 변동이 없을 것이다. 변수가 있다면 승부처에서 멀티 이닝과 연투를 소화할 때가 많다는 점이다. 작년에는 비교적 이닝수를 줄이려 했으나 연투 경향은 여전했다. 국제대회가 이어지는 2026시즌을 생각해보면 관리는 필수이다. 아직 힘으로 밀어붙이는 경향이 강하기 때문에 오히려 체력 안배가 더 중요하다.

Tier 1 Detailed Stats Grid

평균자책점 3.39	경기수 67	승 5	패 6	홀드 1
세이브 35	이닝 69	삼진 77	볼넷 34	승률 0.455
피안타 68	피홈런 9	실점 31	자책점 26	피안타율 0.258
투구수 1228	QS 0	WHIP 1.48	WAR 1.23	WPA 2.51

Tier 2

[Core Stats]	[Wishlist]]
35세이브 (리그 1위)	2년 연속 세이브왕
69이닝 (마무리 1위)	WHIP 수치 줄이기
K/9: 10.04	국제대회 활약

Pitch Repertoire (구종별 데이터)

구종(Type)	구사비율(Usage %)	평균 구속(Avg, km)	최고 구속(Max, km)	피안타율(BAA)
직구	66.5	145.3	151.4	0.269
체인지업	25.7	126.9	132.2	0.288
슬라이더	7	134.6	139.6	0.045
커터	0.8	134.8	139.4	1

수원의 젊은 수문장, 과부하와 단조로움도 정면 돌파

김현수 10
외야수 (우투좌타)

생년월일	1988년 1월 12일
신장/체중	188cm/105kg
연봉	8억 원
출신학교	쌍문초-신일중-신일고

Legacy 육성선수 신화의 주인공. 아마추어 시절 부상으로 인해 워크에식까지 오해를 받았지만 그 진가를 알아본 김경문 감독에 의해 화수분 야구의 중심에 섰다. 2025시즌 3할에 근접하는 타율과 두자릿수 홈런, 그리고 한국시리즈에서의 MVP 달성을 통해 유종의 미를 거두고 KT로 이적했다.

Standard 커리어 초기 유난히 좌완에 약했던 모습이 다시 나타나고 있다. 다행인 것은 최근 구속 혁명 추세로 리그 전반적으로 좌완과 사이드암이 드물어지고 있다는 점. 교타자임에도 장타 욕심이 많아 시즌 초 스타일 변화를 시도하다 도로 교타자로 복귀하는 패턴도 특기할 부분이다. 타자에게 친화적인 수원구장을 홈으로 쓰게 되는 점이 플러스가 될 수 있다. 한방이 필요할 때를 파악한다면 여전히 타선에서 가치는 충분하다.

Horizon KT가 김현수에게 바라는 바는 워낙 명확하다. 강백호가 빠진 타선의 장타력 보강이다. 안현민이 2년차 징크스를 무사히 넘길 때까지 김현수가 타선의 무게감을 잡아주는 것은 가능해 보인다. KT 특성상 성적 요구가 클 것이므로 김현수의 자기 관리와 컨디션 유지도 어느 때보다도 중요할 것이다.

Tier 1 Detailed Stats Grid

타율 0.298	경기수 140	타석 552	타수 483	득점 66
안타 144	2루타 24	3루타 0	홈런 12	루타 204
타점 90	도루 4	볼넷 64	삼진 73	병살타 10
출루율 0.384	장타율 0.422	OPS 0.806	WAR 3.86	WPA 1.09

Tier 2

[Core Stats]	[Wishlist]
통산 2,400안타	3할 타율 회복
통산 1,500타점	100타점 복귀
7년 연속 130+ 경기 출장	20홈런 달성

Tracking Data

평균 타구속도(km)
137.4

평균발사각(°)
16.3

Hitting Data

타구분포 (%)	
Left	31.9
Center	25.4
Right	42.7

핫/콜드존

0.250	0.500	0.222
0.183	0.353	0.278
0.440	0.344	0.147

고영표 1

투수 (우언우타)

Basic info

생년월일 1991년 9월 16일

신장/체중 187cm/88kg

연봉 26억 원

출신학교 광주대성초-광주동성중-화순고-동국대

Legacy 가장 빠른 공을 던지지도, 가장 많은 삼진을 잡는 것도 아니다. 체인지업을 중심으로 하는 리듬은 타자의 타이밍을 빼앗는 템포로 승화되고, 흔들림 없는 반복이 팀 마운드의 구조를 견고하게 한다. 2025시즌 26경기 선발 등판, 20경기 퀄리티 스타트를 기록하며 11승을 수확했다. 그가 등판하는 경기는 예측하기 쉽다. 길게 던지고, 크게 흔들리지 않는다.

Standard 고영표의 최대 무기가 템포인 점을 주목할 필요가 있다. 그 템포에 맞춰 경기 속도를 조절할 수 있다. 그가 포함된 로테이션은 곧 팀에게 안정을 부여한다. 투수 운영은 물론이고, 야수 수비, 그리고 타선의 부담도 사전에 어느 정도 설계할 수 있다. 즉, 고영표의 팀에 대한 최대 기여는 단순성이다. 불펜의 과부하를 걱정하지 않아도 되는 날이 최소한 하루 확보되고 그만큼 다른 투수들의 역할과 등판 타이밍이 명확해진다.

Horizon 기존에 하던 대로 얼마나 더 유지할 수 있느냐가 관건이다. 누적 이닝에 따른 컨디션 관리가 우선 과제. 체인지업 의존도가 높은 점도 대비할 필요가 있다. 반드시 잡아야 하는 경기에서는 외국인 에이스, 반드시 팀의 힘을 아껴야 하는 경기에서는 고영표라는 역할 분담이 가능하다면 KT의 약점인 높은 베테랑 의존도에도 활로가 생긴다.

Tier 1 Detailed Stats Grid

평균자책점 3.30	경기수 29	승 11	패 8	홀드 0
세이브 0	이닝 161	삼진 154	볼넷 30	승률 0.579
피안타 170	피홈런 10	실점 70	자책점 59	피안타율 0.272
투구수 2525	QS 20	WHIP 1.24	WAR 3.96	WPA 2.96

Tier 2

[Core Stats]	[Wish List]
K/BB: 5.13 (리그 1위) BB/9: 1.68 (리그 3위) WHIP 1.24 (국내 2위)	2년 연속 10승 2년 연속 160+ 이닝 3점대 방어율 유지

Pitch Repertoire (구종별 데이터)

구종(Type)	구사비율(Usage %)	평균 구속(Avg, km)	최고 구속(Max, km)	피안타율(BAA)
체인지업	46.6	114.7	121.2	0.239
투심	35.5	132.7	138.7	0.315
커브	9.6	114.5	120.7	0.375
커터	5.4	124.8	130.6	0.194
직구	2.3	131	137.9	0.357

빠르지 않아서 오래간다

소형준 30 

투수 (우투우타)

Basic info

생년월일 2001년 9월 16일
신장/체중 189cm/92kg
연봉 3억 3,000만 원
출신학교 호암초(의정부리틀)-구리인창중-유신고

Narrative 소형준에게 성숙을 위한 기다림은 사치였다. 고졸 신인 첫해 13승을 거두며 신인상을 거머쥔 그는 일찌감치 KT의 대들보로 우뚝 섰다. 2023년 토미존 수술이라는 암초를 만났으나, 복귀 첫해인 지난 시즌 147이닝을 소화하며 10승과 방어율 3.30을 기록해 클래스를 입증했다. 6년 차에 접어든 소형준은 이제 믿고 맡길 수 있는 상수의 선발 투수다.

Ceiling 최고 150.9km에 달하는 고속 투심과 최고 레벨의 커맨드를 두루 갖췄다. 투심 구사율이 70%를 상회할 만큼 공격적이며, 피안타율 0.100의 체인지업과 0.167의 커터는 리그 최상급의 위력을 자랑한다. 특히 ABS 도입 이후 제구력은 강화되었고, 약점으로 지적되었던 낮은 삼진 비율까지 개선했다. 노련한 경기 운영과 큰 경기에 강한 강심장은 그가 가진 잠재력의 최대치를 더욱 높게 만든다.

Variable 최우선 과제는 부상 관리다. 데뷔 직후부터 많은 이닝을 소화하며 토미존 수술을 겪은 만큼 지속적인 관리가 필수적이다. 무리한 연장 등판없이 꾸준히 로테이션을 돌기만 해도 기대받은 역할 이상을 해줄 수 있는 투수다. 국제대회도 큰 변수다. WBC와 아시안게임에서 좋은 활약을 펼친다면 커리어의 중대한 분기점이 될 전망이다.

Tier 1 Detailed Stats Grid

평균자책점 3.30	경기수 26	승 10	패 7	홀드 0
세이브 1	이닝 147.1	삼진 123	볼넷 29	승률 0.588
피안타 155	피홈런 6	실점 60	자책점 54	피안타율 0.268
투구수 2209	QS 18	WHIP 1.25	WAR 4.03	WPA 3.98

Tier 2

[Core Stats]	[Wish List]
BB/9: 1.77 (리그 4위) K/BB: 4.24 (리그 4위) 토미존 복귀 시즌 규정이닝	10+ 승 달성 2년 연속 규정이닝 국제대회 활약

Pitch Repertoire (구종별 데이터)

구종(Type)	구사비율(Usage %)	평균 구속(Avg)	최고 구속(Max)	피안타율(BAA)
투심	51	143.2	150.9	0.279
커터	27.3	137.2	143.4	0.25
체인지업	18	130.3	136.8	0.25
커브	3.5	122.2	126.6	0.259
직구	0.1	146.6	148.5	1

상처는 훈장이 되고 클래스는 영원이 된다

최원준 3

외야수 (우투좌타)

Basic info

생년월일 1997년 3월 23일

신장/체중 178cm/85kg

연봉 6억 원

출신학교 연현초-서울경원중-서울고

Legacy 고교 시절 이영민 타격상과 1차 지명으로 화려하게 데뷔한 최원준은 2021년 174안타를 치며 리그 정상급 리드오프로 등극했다. 하지만 2025년 부진 끝에 트레이드되는 시련을 겪었다. 반전은 FA 시장에서 일어났다. KT가 보장 42억 원이라는 파격적 승부수를 던진 것이다. 이제 그는 오버페이 논란을 잠재우고 KT의 선택이 옳았음을 증명해야 한다.

Standard 베팅의 근거는 만 29세의 전성기와 천재적 DNA에 있다. 2021년의 폭발력은 여전히 재현 가능한 범위이며, 특히 NC 이적 후 기록한 17도루는 그가 여전히 뛸 수 있는 엔진임을 상기시켰다. 폼을 회복하고 발을 앞세워 풀타임을 소화한다면 KT의 기동력 야구는 새로운 차원을 맞이하게 된다. '슬럼프는 있을 수 있어도 재능은 사라지지 않는다.' KT는 그 믿음에 42억을 걸었다.

Horizon 최우선 과제는 무너진 출루율의 재건이다. 리드오프로서 3할 미만의 수치는 생산성을 갉아먹는 치명적 약점이다. A등급 보상 유출을 감수한 만큼 42억 원의 몸값은 심리적 안정감인 동시에 거대한 압박으로 작용할 것이다. 이 모든 것을 이겨내고 부활에 성공해야 KT의 과감한 투자가 도박이 아닌 통찰의 승리로 기록될 수 있다.

Tier 1 Detailed Stats Grid

타율 0.242	경기수 126	타석 449	타수 413	득점 62
안타 100	2루타 13	3루타 3	홈런 6	루타 137
타점 44	도루 26	볼넷 23	삼진 71	병살타 5
출루율 0.289	장타율 0.332	OPS 0.621	WAR 1.17	WPA -2.14

Tier 2

[Core Stats]	[Wish List]
도루 성공률 76.5%	타율 0.280
잠실 타율 0.333	출루율 0.340
LG 상대 타율 0.391	500타석 이상 출장

Tracking Data

평균 타구속도(km)
125.9
평균발사각(°)
19.9

Hitting Data

타구분포 (%)	
Left	33
Center	18.6
Right	48.4

핫/콜드존

0.207	0.222	0.231
0.313	0.341	0.324
0.435	0.275	0.250

48억의 도박, '천재성'의 유효기간을 증명하라

장성우 22

포수 (우투우타)

Basic info

생년월일 1990년 1월 17일

신장/체중 187cm/100kg

연봉 3억 원

출신학교 감천초-경남중-경남고

Legacy KT가 박세웅을 내주며 영입한 안방마님. 현재까지 이 이상의 성과를 낸 윈윈 트레이드는 리그에 거의 없다. 다만 나이가 있기 때문에 실질적인 전력가치의 저하는 부정할 수 없는 것이 현실이다. 공격력 측면에서는 여전히 가치를 입증했지만, 포수로서의 수비력은 심각하게 떨어졌다.

Standard 롯데의 백업 포수 시절부터 수비보다는 공격에서 더 많은 기대를 받았다. 펀치력이 뛰어나 타자 친화적인 수원에서의 활약상이 더 눈에 띄는 편이다. 다만 고질적인 햄스트링 이슈로 인해 주력은 사실상 기대할 수 없고, 이 때문에 홈런이 아니면 단타 유형의 한정적인 타격력을 보이는 것은 아쉬운 지점이다. 하위 타선에서의 깜짝 홈런이 현실적인 기대치다

Horizon 2할 4푼 타율에 머무르면서도 팀내 화력의 주력을 담당했던 데서 알 수 있듯, KT는 장성우처럼 한방이 있는 포수를 홀대할 상황이 아니다. 다만 지명타자에 더 가까운 현재 장성우의 스타일상, 강현우나 조대현 같은 선수들에게 기회를 줄 필요가 있으나, 베테랑을 선호하는 팀 분위기나, 팀의 마운드를 이끄는 고영표, 소형준 등이 장성우를 선호하는 분위기가 빠른 전환을 어렵게 만든다. 결국 장성우의 비중은 2026시즌에도 큰 변화가 없을 가능성이 크다.

Tier 1 Detailed Stats Grid

타율 0.247	경기수 129	타석 480	타수 413	득점 44
안타 102	2루타 13	3루타 0	홈런 14	루타 157
타점 58	도루 0	볼넷 55	삼진 96	병살타 13
출루율 0.333	장타율 0.38	OPS 0.713	WAR 1.49	WPA -2.28

Tier 2

[Core Stats]	[Wish List]
3년 연속 100안타 6년 연속 10+ 홈런 6년 연속 OPS 7할 이상	4년 연속 100안타 OPS 7할 유지 도루저지율 회복 (0.096)

Tracking Data

평균 타구속도(km)
134.1

평균발사각(°)
23.4

Hitting Data

타구분포 (%)

Left	50
Center	23.1
Right	26.9

핫/콜드존

0.111	0.275	0.188
0.289	0.341	0.294
0.263	0.224	0.471

곳간 열쇠는 여전히 그의 것, 하지만...

손동현 41

투수 (우투우타)

Basic info

생년월일 **2001년 1월 23일**

신장/체중 **183cm/88kg**

연봉 **1억 5,000만 원**

출신학교 염창초(강서구리틀)-덕수중-성남고

Narrative KT 육성 시스템의 역작이다. 이강철 감독의 지도 아래 추격조부터, 필승조, 롱 릴리프까지 모든 보직을 섭렵하며 불펜 핵심으로 성장했다. 신인 때부터 궂은일을 도맡아 온 그는 2025년, 박영현과 함께 KT의 가장 신뢰받는 자원으로 등극했다. 특히 박영현이 무너졌던 7월 25일, 손동현이 대신 경기를 마무리한 순간은 매우 상징적인 장면이었다.

Ceiling 머리 뒤에서 찍어 누르는 독특한 폼이 무기다. 긴 익스텐션 덕분에 최고 147km의 패스트볼은 수치보다 뛰어난 구위를 자랑한다. 2025년 포크볼의 도입으로 큰 질적 진화를 이뤘다. 피안타율 0.194에 빛나는 포크볼은 타자들의 삼진을 이끌어내며, ABS와의 궁합으로 컨트롤 면에서 크게 성장하면서 최고의 전반기를 보냈다. 다만 부상 이후 크게 부진을 겪은 것은 생각해보아야 할 지점이다.

Variable 과부하 관리가 성패를 가를 변수다. 2023년 포스트시즌 8연투 이후 보여준 구속 저하와 잔부상은 체력적 한계를 시사했다. 2025시즌 역시 5월까지 지나친 페이스의 열투가 부상으로 이어진 만큼 이닝 관리가 고점 유지의 선결 조건이다. 좋은 페이스를 보이더라도 충분한 체력 안배를 해줄 때, 더욱 확실한 결과를 낼 수 있다는 것을 기억해야 한다.

Tier 1 Detailed Stats Grid

평균자책점 3.84	경기수 58	승 5	패 0	홀드 13
세이브 1	이닝 58.2	삼진 55	볼넷 12	승률 1.000
피안타 66	피홈런 6	실점 30	자책점 25	피안타율 0.278
투구수 938	QS 0	WHIP 1.33	WAR 0.75	WPA 2.14

Tier 2

[Core Stats]	[Wish List]
포크볼 피안타율 0.162	부상 없는 시즌
BB/9: 1.84	2점대 방어율
K/BB: 4.58	15홀드

Pitch Repertoire (구종별 데이터)

구종(Type)	구사비율(Usage %)	평균 구속(Avg, km)	최고 구속(Max, km)	피안타율(BAA)
직구	56.4	142	147	0.328
포크	41.6	122.9	129.3	0.194
커브	1.4	118	121.4	0.333
슬라이더	0.6	129.7	133.3	1

추격의 끝에서 승리의 입구까지

포지션	투수		신장/체중		190cm/86kg
투타유형	우투우타		출신학교		미국 Wisconsin(대)
생년월일	1993년 10월 1일		연봉		60만 달러

평균자책점	-	경기수	-	승리	-	패배	-	홀드	-
세이브	-	이닝	-	탈삼진	-	볼넷	-	승률	-
피안타	-	피홈런	-	실점	-	자책점	-	피안타율	-
투구수	-	QS	-	WHIP	-	WAR	-	WPA	-

보쉴리(36)

평균 148km의 포심, 싱커, 커터, 슬라이더, 체인지업, 커브 등 6가지의 구종을 구사하는 팔색조 우완 투수. 뛰어난 제구력에 비해, 확실한 결정구가 없다는 평을 꾸준히 받아왔다. 풍부한 선발 경험을 바탕으로 다양한 구종과 볼 배합으로 승부하는 피네스피처로 최근 KBO 트렌드와는 다른 유형의 영입이다. 만 32세로 갑작스러운 성장을 기대하기는 어려운 나이이다. 2026시즌에는 포심 구속을 유지하고 ABS 환경에 맞는 결정구를 개발하는 것이 관건이다.

포지션	투수		신장/체중		193cm/104kg
투타유형	우투우타		출신학교		미국 Righetti(고)
생년월일	1999년 1월 21일		연봉		75만 달러

평균자책점	-	경기수	-	승리	-	패배	-	홀드	-
세이브	-	이닝	-	탈삼진	-	볼넷	-	승률	-
피안타	-	피홈런	-	실점	-	자책점	-	피안타율	-
투구수	-	QS	-	WHIP	-	WAR	-	WPA	-

사우어(32)

포심, 커터, 싱커, 슬라이더, 커브, 스플리터 등 6가지 구종을 구사하며, 평균 152km 포심의 구위가 좋고, 커터와 슬라이더도 완성도가 높다. 제구력도 안정적이다. 다만 이닝 소화 능력이 약점으로 꼽힌다. 2025시즌 트리플A에서 선발 17경기 중 6이닝 이상 소화한 경기는 3경기에 불과했고, 7이닝 이상은 단한 차례도 없었다. 시즌 후반으로 갈수록 페이스가 떨어지고 피홈런 비율이 높은 것도 약점이다. 2026시즌에는 안정적인 이닝 소화 능력을 보여줘야 한다.

포지션	투수		신장/체중		182cm/90kg
투타유형	우투우타		출신학교		일본 가키니혼대부고-니혼대
생년월일	2000년 05월 19일		연봉		7만 달러

평균자책점	-	경기수	-	승리	-	패배	-	홀드	-
세이브	-	이닝	-	탈삼진	-	볼넷	-	승률	-
피안타	-	피홈런	-	실점	-	자책점	-	피안타율	-
투구수	-	QS	-	WHIP	-	WAR	-	WPA	-

스기모토(11)

고시엔에서 당시 돌풍을 일으키던 요시다 코세이와 명승부를 펼쳤던 투수로, 프로 지명은 받지 못했지만 일본 독립리그에서 꾸준히 활약했다. 선발 등판에서는 부진했지만 불펜 전향 후 최고 150대 초중반의 빠른 공을 흩뿌리며 자기 옷을 찾는데 성공했다. 김성근 감독에게 볼 끝을 칭찬받은 적이 있는 만큼 불펜으로서의 가치는 충분하다는 평이지만 관건은 KBO 무대에 대한 적응이다. ABS 등 일본과 다른 한국프로야구의 다양한 변수를 이겨내야 한다.

포지션	내야수		신장/체중		196cm/107kg
투타유형	좌투좌타		출신학교		Mansfield(고)-Wichita State(대)
생년월일	1994년 2월 21일		연봉		70만 달러

타율	-	경기수	-	타석	-	타수	-	득점	-
안타	-	2루타	-	3루타	-	홈런	-	루타	-
타점	-	도루	-	볼넷	-	삼진	-	병살타	-
출루율	-	장타율	-	OPS	-	WAR	-	WPA	-

힐리어드(34)

거대한 신체를 지니고 있는 외인 타자로, 뛰어난 파워와 선구안을 지녔지만 컨택 능력이 약점이라는 평이다. MLB에서는 150km가 넘는 빠른 공 대처 실패로 성공을 거두지 못했지만, 트리플A에서는 35홈런까지 기록한 적 있는 만큼, 상대적으로 느린 직구의 KBO에서는 거포의 면모를 보여줄 가능성이 크다. 주력도 좋고, 외야 수비도 좋은 평가를 받고 있다. KT는 1루 활용 방침을 보였지만 부족한 1루 수비로 다시 외야수로 출장할 예정이다.

포지션	내야수		신장/체중	180cm/90kg	
투타유형	우투좌타		출신학교	원종초(부천시티틀)-부천중-유신고	
생년월일	1998년 9월 12일		연봉	7,200만 원	

타율 0.225	경기수 123	타석 309	타수 271	득점 34
안타 61	2루타 12	3루타 3	홈런 1	루타 82
타점 25	도루 3	볼넷 30	삼진 91	병살타 8
출루율 0.304	장타율 0.303	OPS 0.607	WAR -0.03	WPA -1.24

빠른 주력과 내야 전 포지션 소화가 가능한 유틸리티 플레이어다. 컨택 능력은 준수하지만 장타력 부족과 불안한 송구가 약점이라는 평가다. 심우준의 이적 이후 2025시즌 주전 유격수로 기회를 받았으나 타율 0.225에 그쳤고, 수비에서도 15실책을 기록하며 송구 문제를 해결하지 못했다는 지적을 받았다. 2026시즌에는 공수 양면에서 안정감을 높여 주전 자리를 확고히 해야 한다.

권동진(52)

포지션	외야수		신장/체중	181cm/71kg	
투타유형	우투좌타		출신학교	광주서석초-배재중-배재고	
생년월일	1995년 11월 21일		연봉	2억 9,000만 원	

타율 0.287	경기수 106	타석 417	타수 380	득점 52
안타 109	2루타 12	3루타 2	홈런 0	루타 125
타점 35	도루 11	볼넷 25	삼진 41	병살타 12
출루율 0.341	장타율 0.329	OPS 0.67	WAR 0.76	WPA -0.80

정확한 컨택 능력과 준수한 주력을 겸비한 우투좌타 좌익수. 빠른 배트 스피드를 바탕으로 한 원하는 곳으로 타구를 보내는 스킬로 2024시즌 커리어하이를 기록했다. 2025년에는 타율 0.287을 기록했으나, 햄스트링 부상으로 인한 주루 능력 하락과 출루율과 장타율의 저하를 겪었다. 2026년에는 부상 재발 방지와 함께 장점인 주루 능력을 회복하여, 다시금 3할 타율에 도전하는 리드오프로 안착하는 것이 최우선 지향점이다.

김민혁(53)

포지션	내야수		신장/체중	175cm/68kg	
투타유형	우투우타		출신학교	대구옥산초-경복중-경북고	
생년월일	1990년 3월 23일		연봉	4억 원	

타율 0.254	경기수 113	타석 423	타수 355	득점 42
안타 90	2루타 14	3루타 0	홈런 5	루타 119
타점 47	도루 3	볼넷 52	삼진 57	병살타 8
출루율 0.349	장타율 0.335	OPS 0.684	WAR 1.78	WPA -0.30

삼성 왕조의 주전 유격수 출신으로, KT의 주전 2루수를 맡고 있는 베테랑이다. 장타력이 약하고 타격 기복이 있지만 수비와 주루는 여전히 수준급이라는 평. 2025시즌 113경기에서 타율 0.254, 출루율 0.349를 기록하며 공격 지표는 전 시즌 대비 소폭 향상됐지만 강점이던 수비력 저하를 노출했다. 2026시즌에는 수비력 회복과 팀 내 내야 유망주들의 멘토 역할을 병행하며 팀의 중심을 잡아줘야 한다.

김상수(7)

포지션	내야수		신장/체중	184cm/85kg	
투타유형	우투우타		출신학교	중대초-잠신중-배명고-고려대	
생년월일	1991년 4월 6일		연봉	1억 7,000만 원	

타율 0.214	경기수 79	타석 209	타수 173	득점 22
안타 37	2루타 6	3루타 1	홈런 5	루타 60
타점 20	도루 1	볼넷 25	삼진 44	병살타 3
출루율 0.325	장타율 0.347	OPS 0.672	WAR 0.52	WPA -1.23

KT 창단 멤버 중 한 명인 원클럽맨 베테랑이다. 유망주 시절부터 진지한 자세와 타고난 파워로 차세대 거포 자원으로 주목받았다. 그러나 컨택에 어려움을 겪었고, 강백호, 박병호, 황재균 등 주전급 선수들과 경쟁에서 밀리며 주로 대타나 내야 백업에 머물렀다. 2024시즌 17홈런을 터뜨리며 기대를 모았지만 2025시즌 부진하며 다시 입지를 잃었다. 주전 경쟁자들이 팀을 떠난 만큼, 철저한 준비로 주전 1루수 자리를 노려야 한다

문상철(24)

배정대(27)

포지션	외야수		신장/체중		185cm/80kg	
투타유형	우투우타		출신학교		도신초-성남중-성남고-(디지털문예대)	
생년월일	1995년 6월 12일		연봉		2억 6,000만 원	

타율 0.204	경기수 99	타석 276	타수 240	득점 25
안타 49	2루타 11	3루타 2	홈런 2	루타 70
타점 28	도루 6	볼넷 19	삼진 65	병살타 4
출루율 0.279	장타율 0.292	OPS 0.571	WAR -0.13	WPA -2.20

좋은 내구성과 수비, 가을야구에서의 클러치 능력 등으로 KT 팬들의 사랑을 받아온 중견수. 특유의 수비 범위와 강력한 어깨를 자랑하며 3년 연속 전 경기 출장이란 대기록을 세우면서 철인의 칭호를 얻었지만, 2023시즌부터 잔부상에 시달리고 이것이 타격에도 영향을 미치면서 2025시즌에는 백업으로 전락하고 말았다. 최원준의 영입으로 주전 경쟁이 더 치열해진 가운데 2026시즌을 마치면 FA 자격을 얻기에 그 어느 때보다 부활이 절실한 상황이다.

배제성(19)

포지션	투수		신장/체중		189cm/85kg	
투타유형	우투좌타		출신학교		백마초-성남중-성남고	
생년월일	1996년 9월 29일		연봉		2억 원	

평균자책점 5.67	경기수 8	승 2	패 3	홀드 0
세이브 0	이닝 27	삼진 23	볼넷 11	승률 0.400
피안타 38	피홈런 2	실점 17	자책점 17	피안타율 0.33
투구수 514	QS 0	WHIP 1.81	WAR 0.19	WPA -0.07

최고 150.6km에 이르는 빠른 패스트볼과 리그 최상위급의 슬라이더를 구사하며, 특유의 빠른 슬라이드 스텝으로 타자를 교란하는 선발 투수. 2023년까지 KT의 선발 한 축을 맡았지만 2024시즌 도중 토미존 수술을 받았고, 상무에서도 수술의 여파로 인해 거의 출전하지 못했다. 2025년 전역 후 팀의 천군만마가 될 것으로 기대받았지만 복귀 후 또 다시 부상을 입었다. 거창한 목표보다는 성공적으로 복귀를 이뤄내는 것이 최우선 목표가 되어야 한다.

오원석(47)

포지션	투수		신장/체중		182cm/80kg	
투타유형	좌투좌타		출신학교		수진초-매송중-야탑고	
생년월일	1998년 11월 10일		연봉		2억 3,000만 원	

평균자책점 3.67	경기수 25	승 11	패 8	홀드 0
세이브 0	이닝 132.1	삼진 113	볼넷 52	승률 0.579
피안타 130	피홈런 10	실점 60	자책점 54	피안타율 0.261
투구수 2187	QS 12	WHIP 1.38	WAR 2.52	WPA 1.96

2025시즌 KT로 이적한 첫해 전반기에만 10승을 올리며 KBO 역대 두 번째 전반기 10승 달성자가 됐다. 후반기 주춤했지만 최종 11승 8패 평균자책점 3.67로 커리어 하이를 기록했다. 긴 익스텐션과 디셉션이 강점으로 평가받으며 최고 141km의 고속 체인지업을 주 무기로 사용한다. 2026시즌에는 비시즌 체력 보강을 통해 후반기에도 좋은 구위를 유지하여 로테이션의 중심으로 자리잡아야 한다.

우규민(12)

포지션	투수		신장/체중		184cm/75kg	
투타유형	우언우타		출신학교		성동초-휘문중-휘문고	
생년월일	1985년 1월 21일		연봉		2억 원	

평균자책점 2.44	경기수 53	승 1	패 2	홀드 9
세이브 0	이닝 440.1	삼진 24	볼넷 3	승률 0.333
피안타 45	피홈런 2	실점 12	자책점 12	피안타율 0.259
투구수 665	QS 0	WHIP 1.08	WAR 1.24	WPA 0.13

40대에도 현역을 이어가고 있는 언더핸드 베테랑 투수. 평균 130km대 중반의 직구와 커브 등의 구종을 구사하며 정교한 제구와 배합으로 타자를 공략한다. 삼성 이적 후 기량이 하락했으나, 40세에 KT로 유니폼을 바꾼 뒤 완벽한 제구력을 앞세워 필승조 보직으로 복귀했다. 2024시즌과 2025시즌 모두 2점대 중반의 방어율을 기록하며 안정적인 활약을 펼쳤다. 2026시즌에도 베테랑의 경험을 살려 불펜의 중심 역할을 이어가야 한다.

포지션	투수		신장/체중	183cm/83kg
투타유형	우투우타		출신학교	가산초(부산진구리틀)-개성중-부산고
생년월일	2004년 10월 16일		연봉	7,000만 원

평균자책점 5.21	경기수 52	승 0	패 3	홀드 14
세이브 0	이닝 57	삼진 45	볼넷 35	승률 0.000
피안타 56	피홈런 8	실점 35	자책점 33	피안타율 0.257
투구수 1009	QS 0	WHIP 1.60	WAR -0.19	WPA 0.80

만 21세의 젊은 투수로, 최고 150km 초반의 강력한 직구와 회전수가 높은 커브를 구사하는 우완 파이어볼러다. 2025시즌 전반기 필승조로 6월까지 방어율 3.38을 기록하며 안착했으나, 이후 완전히 무너지며 최종 57이닝 방어율 5.21로 마무리했다. 팀 내 최다인 14홀드를 기록하는 패기를 보였지만 후반기 페이스 저하가 아쉬웠다. 3년 차가 되는 만큼 2026시즌에는 효율적인 시즌 관리로 후반기에도 안정적인 폼을 유지해야 한다.

포지션	투수		신장/체중	181cm/82kg
투타유형	우투우타		출신학교	청주우암초-청주중-청주고
생년월일	1995년 5월 31일		연봉	1억 5,000만 원

평균자책점 4.43	경기수 34	승 0	패 1	홀드 0
세이브 0	이닝 40.2	삼진 19	볼넷 13	승률 0.000
피안타 48	피홈런 3	실점 23	자책점 20	피안타율 0.302
투구수 634	QS 0	WHIP 1.50	WAR 0.13	WPA -0.73

2020년 홀드왕 출신으로 KT의 원클럽맨이다. 본래 필승조의 핵심이었으나 잦은 등판으로 구위가 하락하고 투피치의 단조로운 패턴이 분석되며 2022시즌부터 추격조로 보직이 변경됐다. 평균 140km대 초반의 직구와 체인지업을 구사하는 투피치 투수로, 체인지업이 좌타자 상대로 위력적이어서 좌타자 전문으로 주로 기용된다. 2025시즌에는 소폭 반등했으며, 2026시즌에는 더욱 안정적인 투구로 필승조 재진입을 목표로 해야 한다

포지션	투수		신장/체중	185cm/100kg
투타유형	우투좌타		출신학교	도신초-강남중-덕수고-(남부대)
생년월일	1993년 1월 3일		연봉	3억 원

평균자책점 2.25	경기수 71	승 3	패 3	홀드 16
세이브 3	이닝 64	삼진 53	볼넷 23	승률 0.500
피안타 56	피홈런 4	실점 18	자책점 16	피안타율 0.236
투구수 1002	QS 0	WHIP 1.23	WAR 1.86	WPA 2.21

최고 152.3km의 강력한 직구와 포크볼, 슬라이더, 커브를 구사하는 우완 파이어볼러. MLB 스카우트도 관심을 갖는 구위를 가졌음에도 늘 제구 문제로 잠재력을 터뜨리지 못했다. 마침내 2025시즌, 64이닝을 던지면서 방어율 2.25, 16홀드로 커리어 하이를 기록했다. 특히 ABS 시대에 적응하며 BB/9를 4.08개로 대폭 낮추며 제구 문제를 극복한 것이 인상적이다. 새로운 소속팀은 불펜이 절실한 KT. 필승조의 한 축을 맡을 것이라는 기대를 받는다.

포지션	내야수		신장/체중	176cm/69kg
투타유형	우투우타		출신학교	송정동초-충장중-광주제일고
생년월일	1990년 8월 26일		연봉	3억 원

타율 0.283	경기수 114	타석 481	타수 420	득점 47
안타 119	2루타 18	3루타 0	홈런 4	루타 149
타점 44	도루 4	볼넷 39	삼진 35	병살타 14
출루율 0.362	장타율 0.355	OPS 0.717	WAR 1.78	WPA -0.86

뛰어난 컨택 능력과 안정적인 수비로 골든글러브 1회, KBO 수비상 2회에 빛나는 3루수. 2025시즌 중반 부상을 겪었으나 막판 반등하며 타율 0.283, 119안타, 44타점을 기록했다. 공수에서 여전한 안정감을 보여주지만 나이가 들면서 수비에서 조금씩 부침이 발생하고, 소화하는 수비 이닝과 경기 수가 줄어드는 부분은 생각해 보아야 할 지점이다. 선택과 집중으로 체력 안배를 충분히 하고, 결정적인 경기는 베테랑의 힘으로 잡아내는 운용의 묘가 필요하다.

강민성(5) 내야수 - 멀티 포지션 유틸리티지만 1군 0.033, 타격 스텝업이 급선무

투타유형	우투우타			신장/체중		180cm/85kg		
생년월일	1999년 12월 8일			출신학교		대구옥산초-경상중-경북고		

타율 0.033	경기수 25	타석 36	타수 30	득점 0	안타 1	2루타 0	3루타 0	홈런 0	루타 1
타점 1	도루 0	볼넷 5	삼진 15	병살타 1	출 0.167	장 0.033	OPS 0.200	WAR -0.30	WPA -0.38

권성준(15) 투수 - 제구 좋은 좌완이나 피안타 많아, 구속 상승이 관건

투타유형	좌투좌타			신장/체중		185cm/88kg		
생년월일	2003년 3월 9일			출신학교		대구옥산초-경복중-경북고		

평자 -	경기수 -	승 -	패 -	홀드 -	세이브 -	이닝 -	삼진 -	볼넷 -	승률 -
피안타 -	피홈런 -	실점 -	자책점 -	AVG -	투구수 -	QS -	WHIP -	WAR -	WPA -

김동현(40) 투수 - 2025년 1라운더 193cm 거구, 밸런스 확보가 니퍼트급 성장의 출발선

투타유형	우투우타			신장/체중		193cm/97kg		
생년월일	2006년 1월 21일			출신학교		신천초(고양덕양구리틀)-잠신중-서울		

평자 13.50	경기수 3	승 0	패 0	홀드 0	세이브 0	이닝 3.1	삼진 4	볼넷 3	승률 -
피안타 7	피홈런 2	실점 5	자책점 5	AVG 0.438	투구수 66	QS 0	WHIP 3	WAR -0.14	WPA 0.00

김민석(44) 포수 - 3순위 포수로 2군 3할, 차세대 백업 포수로 기대

투타유형	우투우타			신장/체중		181cm/93kg		
생년월일	2005년 7월 22일			출신학교		창영초-동인천중-제물포고		

타율 -	경기수 -	타석 -	타수 -	득점 -	안타 -	2루타 -	3루타 -	홈런 -	루타 -
타점 -	도루 -	볼넷 -	삼진 -	병살타 -	출 -	장 -	OPS -	WAR -	WPA -

김정운(61) 투수 - 제구 강점 투수지만 토미존 수술, 성공적 재활이 우선

투타유형	우언우타			신장/체중		184cm/84kg		
생년월일	2004년 4월 21일			출신학교		동천초-경주중-대구고		

평자 -	경기수 -	승 -	패 -	홀드 -	세이브 -	이닝 -	삼진 -	볼넷 -	승률 -
피안타 -	피홈런 -	실점 -	자책점 -	AVG -	투구수 -	QS -	WHIP -	WAR -	WPA -

김태오(20) 투수 - 2군 방어율 6.75, 구속 향상이 숙제다

투타유형	좌투좌타			신장/체중		183cm/84kg		
생년월일	1997년 07월 29일			출신학교		연현초-양천중-서울고		

평자 -	경기수 -	승 -	패 -	홀드 -	세이브 -	이닝 -	삼진 -	볼넷 -	승률 -
피안타 -	피홈런 -	실점 -	자책점 -	AVG -	투구수 -	QS -	WHIP -	WAR -	WPA -

류현인(9) 내야수 - 퓨처스 타율 0.412 폭격, 수비 일취월장이 외야 주전의 조건

투타유형	우투좌타			신장/체중		174cm/80kg		
생년월일	2000년 11월 08일			출신학교		광주수창초-진흥중-진흥고-단국대		

타율 -	경기수 -	타석 -	타수 -	득점 -	안타 -	2루타 -	3루타 -	홈런 -	루타 -
타점 -	도루 -	볼넷 -	삼진 -	병살타 -	출 -	장 -	OPS -	WAR -	WPA -

문용익(18) 투수 - 방어율 3.14로 개선 중이나, 컨트롤 향상이 과제

투타유형	우투우타			신장/체중		178cm/93kg		
생년월일	1995년 2월 4일			출신학교		덕양초-양천중-청원고-세계사이버대		

평자 3.14	경기수 20	승 1	패 0	홀드 0	세이브 0	이닝 28.2	삼진 31	볼넷 19	승률 1.00
피안타 21	피홈런 3	실점 11	자책점 10	AVG 0.212	투구수 528	QS 0	WHIP 1.40	WAR 0.47	WPA 0.20

박건우(46) 투수 - 많은 등판으로 구속 하락한 2라운더, 안식년 후 천천히 발전시켜야

투타유형	우투우타		신장/체중	182cm/95kg					
생년월일	2006년 11월 28일		출신학교	서울행당초(성동구유소년야구단)-충암중-충암고					

평자 2.70	경기수 6	승 0	패 0	홀드 0	세이브 0	이닝 6.2	삼진 9	볼넷 4	승률 -
피안타 4	피홈런 1	실점 2	자책점 2	AVG 0.167	투구수 117	QS 0	WHIP 1.20	WAR 0.09	WPA -0.13

손민석(57) 내야수 - 선구안 돋보이나 전역 후 무안타, 타격 개선만이 기회의 문

투타유형	우투좌타		신장/체중	177cm/70kg					
생년월일	2004년 6월 21일		출신학교	감천초-개성중-경남고					

타율	경기수	타석	타수	득점	타점	도루	볼넷	삼진	병살타
안타	2루타	3루타	홈런	루타	출	장	OPS	WAR	WPA

신범준(62) 외야수 - 투수에서 외야로 전향했으나 2군 타율 0.232, 컨택 개선이 급선무다

투타유형	우투좌타		신장/체중	189cm/78kg					
생년월일	2002년 6월 1일		출신학교	원일초(수원영통구리틀)-매향중-장안고					

타율 -	경기수 -	타석 -	타수 -	득점 -	안타 -	2루타 -	3루타 -	홈런 -	루타 -
타점 -	도루 -	볼넷 -	삼진 -	병살타 -	출 -	장 -	OPS -	WAR -	WPA -

오서진(25) 내야수 - 발과 수비 겸비한 유격수로 퓨처스 3할, 타격 발전이 1군 진입의 조건

투타유형	우투우타		신장/체중	188cm/80kg					
생년월일	2005년 6월 22일		출신학교	수원신곡초-수원북중-유신고					

타율 -	경기수 -	타석 -	타수 -	득점 -	안타 -	2루타 -	3루타 -	홈런 -	루타 -
타점 -	도루 -	볼넷 -	삼진 -	병살타 -	출 -	장 -	OPS -	WAR -	WPA -

오윤석(4) 내야수 - 차기 주전 2루수 후보로 장타 눈떠, 수비 상승이 주전 확정의 열쇠

투타유형	우투우타		신장/체중	180cm/87kg					
생년월일	1992년 2월 24일		출신학교	화중초-자양중-경기고-연세대					

타율 0.256	경기수 77	타석 184	타수 156	득점 30	안타 40	2루타 8	3루타 1	홈런 0	루타 50
타점 19	도루 0	볼넷 12	삼진 41	병살타 4	출 0.335	장 0.321	OPS 0.656	WAR 0.45	WPA -0.76

유준규(67) 외야수 - 대주자 외야 유망주지만 타율 0.118, 컨택 스텝업이 절실하다

투타유형	우투좌타		신장/체중	176cm/69kg					
생년월일	2002년 8월 16일		출신학교	군산신풍초-군산중-군산상고					

타율 0.118	경기수 35	타석 41	타수 34	득점 13	안타 4	2루타 2	3루타 0	홈런 0	루타 6
타점 3	도루 2	볼넷 7	삼진 13	병살타 0	출 0.268	장 0.176	OPS 0.444	WAR -0.11	WPA -0.17

이상동(37) 투수 - 제구 극복하고 필승조 각성, WHIP 0.92 고점 유지가 목표

투타유형	우투우타		신장/체중	181cm/88kg					
생년월일	1995년 11월 24일		출신학교	대구옥산초-경복중-경북고-영남대					

평자 2.49	경기수 41	승 3	패 0	홀드 5	세이브 0	이닝 43.1	삼진 34	볼넷 9	승률 1.000
피안타 31	피홈런 4	실점 12	자책점 12	AVG 0.203	투구수 656	QS 0	WHIP 0.92	WAR 0.98	WPA 1.00

이승현(96) 내야수 - 컨택과 파워에서 장점을 보인 2년차 내야수. 더 큰 강점을 보이는게 목표

투타유형	우투좌타		신장/체중	184cm/90kg					
생년월일	2005년 01월 26일		출신학교	비전초(평택리틀)-개군중-북일고					

타율 -	경기수 -	타석 -	타수 -	득점 -	안타 -	2루타 -	3루타 -	홈런 -	루타 -
타점 -	도루 -	볼넷 -	삼진 -	병살타 -	출 -	장 -	OPS -	WAR -	WPA -

이원재(64) 투수 - 상무 방어율 11.51 부진, 직구 구속 상승만이 생존의 길

투타유형		좌투좌타			신장/체중		187cm/98kg		
생년월일		2003년 5월 7일			출신학교		부산수영초-경남중-경남고		

평자 -	경기수 -	승 -	패 -	홀드 -	세이브 -	이닝 -	삼진 -	볼넷 -	승률 -
피안타 -	피홈런 -	실점 -	자책점 -	AVG -	투구수 -	QS -	WHIP -	WAR -	WPA -

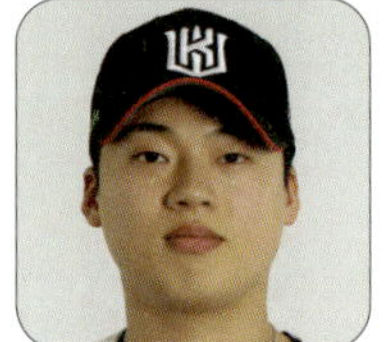

이정현(21) 투수 - 2군 방어율 2.22지만 1군선 16.62, 구위 스텝업이 절실하다

투타유형		우투우타			신장/체중		188cm/93kg		
생년월일		1997년 12월 5일			출신학교		무학초-마산동중-용마고		

평자 16.62	경기수 6	승 0	패 0	홀드 0	세이브 0	이닝 4.1	삼진 3	볼넷 4	승률 -
피안타 9	피홈런 0	실점 8	자책점 8	AVG 0.429	투구수 100	QS 0	WHIP 3.00	WAR -0.16	WPA -0.04

이정훈(33) 외야수 - 선구안 좋은 대타 기대주지만 타율 0.215, 컨택 향상이 과제

투타유형		우투좌타			신장/체중		185cm/90kg		
생년월일		1994년 12월 7일			출신학교		교문초-배재중-휘문고-경희대		

타율 0.258	경기수 59	타석 148	타수 132	득점 20	안타 34	2루타 4	3루타 0	홈런 4	루타 50
타점 14	도루 0	볼넷 13	삼진 48	병살타 4	출 0.338	장 0.379	OPS 0.717	WAR 0.42	WPA -0.36

이현민(49) 투수 - 145km 넘는 빠른 공에도 2군 방어율 8.64, 구위와 제구 모두 개선 필요

투타유형		우투우타			신장/체중		185cm/86kg		
생년월일		2001년 10월 13일			출신학교		방화초(김포중앙리틀)-원당중-구리인창고		

평자 -	경기수 -	승 -	패 -	홀드 -	세이브 -	이닝 -	삼진 -	볼넷 -	승률 -
피안타 -	피홈런 -	실점 -	자책점 -	AVG -	투구수 -	QS -	WHIP -	WAR -	WPA -

임준형(14) 투수 - 148km 좌완 유망주지만 WHIP 2점대, 제구·구위 전부 개선 필요

투타유형		좌투좌타			신장/체중		180cm/82kg		
생년월일		2000년 11월 16일			출신학교		광주서석초-진흥중-진흥고		

평자 5.19	경기수 10	승 0	패 0	홀드 0	세이브 0	이닝 8.2	삼진 6	볼넷 7	승률 -
피안타 11	피홈런 0	실점 7	자책점 5	AVG 0.333	투구수 179	QS 0	WHIP 2.08	WAR -0.11	WPA -0.38

장준원(56) 내야수 - 십자인대 부상의 비극, 공격력 발전이 주전 복귀의 관건

투타유형		우투우타			신장/체중		183cm/77kg		
생년월일		1995년 11월 21일			출신학교		경운초(김해시리틀)-개성중-경남고		

타율 0.207	경기수 73	타석 154	타수 140	득점 10	안타 29	2루타 3	3루타 0	홈런 1	루타 35
타점 11	도루 0	볼넷 8	삼진 27	병살타 5	출 0.248	장 0.250	OPS 0.498	WAR -0.30	WPA -1.39

장진혁(51) 외야수 - 2군 4할이나 1군 0.209로 부진, 타격 메커니즘 개선 필요

투타유형		우투좌타			신장/체중		184cm/90kg		
생년월일		1993년 9월 30일			출신학교		광주화정초-충장중-광주제일고-단국대		

타율 0.209	경기수 86	타석 157	타수 139	득점 19	안타 29	2루타 3	3루타 1	홈런 4	루타 46
타점 19	도루 1	볼넷 13	삼진 46	병살타 1	출 0.275	장 0.331	OPS 0.606	WAR 0.11	WPA -0.88

전용주(29) 투수 - 151.4km 좌완 파이어볼러, 변화구 완성도가 도약의 열쇠

투타유형		좌투좌타			신장/체중		188cm/87kg		
생년월일		2000년 2월 12일			출신학교		양진초(안성시리틀)-성일중-안산공고		

평자 3.95	경기수 21	승 0	패 1	홀드 4	세이브 0	이닝 13.2	삼진 11	볼넷 7	승률 0.000
피안타 18	피홈런 0	실점 8	자책점 6	AVG 0.310	투구수 257	QS 0	WHIP 1.83	WAR 0.11	WPA 0.07

조대현(42) 포수 - 백업 포수로 수비 호평이나 타율 0.187, 컨택 보완이 과제

투타유형	우투우타		신장/체중	183cm/81kg					
생년월일	1999년 8월 6일		출신학교	길동초-매송중-유신고					

타율 0.187	경기수 64	타석 90	타수 75	득점 7	안타 14	2루타 4	3루타 0	홈런 0	루타 18
타점 11	도루 0	볼넷 7	삼진 22	병살타 0	출 0.274	장 0.24	OPS 0.514	WAR -0.59	WPA -0.50

조이현(54) 투수 - 퓨처스 10승으로 리그1위, 구위 향상이 5선발로의 티켓

투타유형	우투좌타		신장/체중	185cm/95kg					
생년월일	1995년 6월 27일		출신학교	송정동초-배재중-제주고					

평자 5.40	경기수 3	승 1	패 2	홀드 0	세이브 0	이닝 11.2	삼진 3	볼넷 0	승률 0.333
피안타 17	피홈런 2	실점 7	자책점 7	AVG 0.347	투구수 173	QS 0	WHIP 1.46	WAR 0.04	WPA 0.03

지명성(39) 투수 - 2군 등판 전무, 밸런스 재정비가 우선

투타유형	우투우타		신장/체중	173cm/65kg					
생년월일	2002년 2월 15일		출신학교	의정부청룡초(의정부리틀)-배명중-신일고					

평자 -	경기수 -	승 -	패 -	홀드 -	세이브 -	이닝 -	삼진 -	볼넷 -	승률 -
피안타 -	피홈런 -	실점 -	자책점 -	AVG -	투구수 -	QS -	WHIP -	WAR -	WPA -

최동희(69) 외야수 - 송구와 장타 툴 보유하나 2군도 0.205, 컨택이 되어야 장타도 터진다

투타유형	우투우타		신장/체중	184cm/80kg					
생년월일	2003년 7월 26일		출신학교	연지초(노원구리틀)-상명중-장충고					

타율 -	경기수 -	타석 -	타수 -	득점 -	안타 -	2루타 -	3루타 -	홈런 -	루타 -
타점 -	도루 -	볼넷 -	삼진 -	병살타 -	출 -	장 -	OPS -	WAR -	WPA -

최성민(31) 외야수 - 순출루율 0.1 넘는 좋은 선구안에도 1군타율 0.105, 빠른 공 대처 향상 필요

투타유형	좌투좌타		신장/체중	179cm/84kg					
생년월일	2002년 7월 5일		출신학교	송정동초-무등중-광주동성고					

타율 0.105	경기수 32	타석 21	타수 19	득점 3	안타 2	2루타 0	3루타 0	홈런 0	루타 2
타점 2	도루 1	볼넷 1	삼진 5	병살타 0	출 0.150	장 0.105	OPS 0.255	WAR -0.15	WPA -0.47

한승택(45) 포수 - 4년 10억 영입 베테랑, 2군 타율 0.373을 1군서 입증해야

투타유형	우투우타		신장/체중	174cm/83kg					
생년월일	1994년 6월 21일		출신학교	잠전초(남양주리틀)-잠신중-덕수고					

타율 0.238	경기수 15	타석 23	타수 21	득점 3	안타 5	2루타 1	3루타 0	홈런 0	루타 6
타점 0	도루 0	볼넷 1	삼진 7	병살타 1	출 0.304	장 0.286	OPS 0.59	WAR 0.09	WPA -0.14

롯데 자이언츠

창단연도	1982년
연고지	대전광역시부산광역시
홈구장	사직 야구장
한국시리즈 우승	1984, 1992
야구철학	기세의 야구
구단연혁	롯데 자이언츠(1982~)

2025 시즌 리뷰

2024년의 롯데는 언제나 그랬듯 최고의 전반기와 최악의 후반기를 보내며 희비가 교차했다.

기대의 신인들이 등장하면서 2025시즌에 대한 희망을 더욱 키웠다. 실제로 전반기는 역대급 돌풍이었다. 타선은 매 경기 대폭발했고, 마운드에서는 반즈가 어정쩡하고 김진욱이 불을 지르더라도, 데이비슨과 박세웅이 대활약하며 중심을 잡아주었다.

불펜진은 이적해온 정철원과 김원중이 철벽의 폼을 보여주고, 미완의 유망주 윤성빈과 홍민기가 급성장하며 최고조의 분위기를 자랑했다. 거기에 반즈의 대체자 감보아의 대활약까지. 7월 시점 55승 43패, 가을야구는 확실해 보였다. 여기에 데이비슨을 벨라스케즈로 교체하는 승부수로 후반 레이스에 대한 기대감을 키웠다.

그러나 승부수는 악몽이 되었다. 벨라스케즈는 선발진의 블랙홀이 되었으며, 감보아도 단조로운 패턴과 컨디션 문제로 발목을 잡혔다. 8월부터 잇몸야구의 한계가 왔다. 마운드가 총체적으로 무너졌고 타선도 장타력의 부족에 발목 잡혔다. 그 결과가 8월의 충격적인 12연패, 9월의 4승 13패로 이어졌다. 두 달 만에 가을야구의 꿈은 신기루가 되었다.

이번 시즌은 롯데가 아직 윈나우를 달리기엔 역부족임을 제대로 드러낸 시즌이었다. 2026시즌에도 같은 노선을 반복한다면 현재는 고사하고 미래도 위험하다. 젊은 선수들의 활약도 중요하지만 지속적인 활약을 위한 고민이 필요할 시점이다.

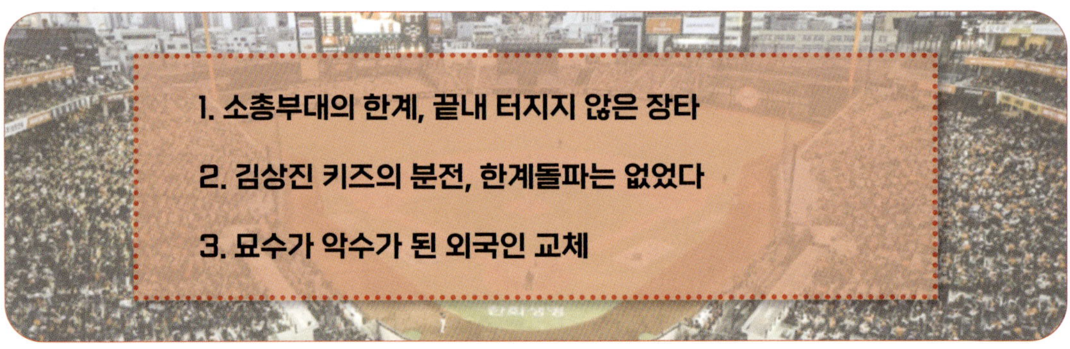

🔘 최근 10년간 팀 순위 (-8-3-7-10-7-8-8-7-7-7)

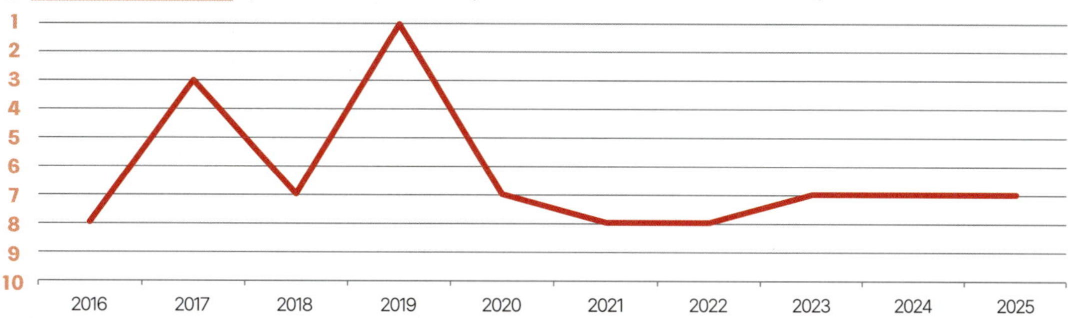

팀 공격력	팀 마운드	팀 수비
팀 타율 0.267 팀 출루율 0.346 팀 장타율 0.372 팀 OPS 0.718	팀 방어율 4.75 팀 피안타율 0.270 팀 WHIP 1.49 팀 탈삼진 1173	팀 실책 111 팀 도루저지율 0.181

🔘 팀 최애 선수 (유니폼 마킹순)

1. 나승엽
2. 윤동희
3. 전준우

2025 승리의 알고리즘

🔘 팀 WAR

	타자 WAR	투수 WAR	수비효율 (DER)
리그	22.5	14.57	0.679
롯데	19.3	11.34	0.664
순위	7	7	10

🔘 구장 특징

- 좁은 면적과 높은 펜스가 만들어낸 타자 친화적 환경
- 구도 부산의 상징, 열정적인 응원문화, 주변 상권 대흥행
- 관중친화적 전광판, 정보 전달의 모범 사례

⚾ 투수진

선발투수	로드리게스
	비슬리
	박세웅
	나균안
	김진욱
필승조	정철원
	정현수
	쿄야마
마무리	김원중

⚾ Plan B

포수	정보근, 손성빈, 박재엽
1루수	나승엽, 김민성
2루수	고승민, 박찬형
3루수	김민성, 손호영
유격수	노진혁, 이호준, 박승욱
좌익수	황성빈, 장두성
중견수	황성빈, 장두성
우익수	레이예스, 고승민, 김한홀
지명타자	한동희, 나승엽
대체선발	이민석, 쿄야마, 윤성빈

 스토브리그 성적표

F

IN) 주요 선수 영입

1. 로드리게스(외국인선수)

2 .비슬리(외국인선수)

3 .쿄야마(아시아쿼터)

4. 한동희(상무 제대)

5. 최충연(2차 드래프트)

전력 보강이 그 어느 때보다 절실한 상황에서 FA 시장에서 일찍이 철수하는 엇박자를 보이며 팬들의 우려를 자아냈다.

 2026 시즌 예상 순위

9

OUT) 주요 선수 이탈

1.감보아(계약종료)

2.벨라스케즈 (계약종료)

3.정훈(은퇴)

4.진해수(은퇴)

5.박진형(2차 드래프트)

5.심재민(웨이버 공시)

지난 시즌의 영향으로 투수진이 과부하된 상황에서 전력 보강이 없었고, 불미스러운 사건이 겹치면서 팀이 흔들리고 있다.

BEST CASE_SCENARIO

① 안경 에이스의 계보를 잇는 박세웅.

② 윤고나황의 화려한 귀환.

③ 외인 원투펀치의 대활약.

④ 윤성빈과 홍민기가 특급 필승조로 도약한다.

⑤ 김상진 키즈들의 대폭발.

WORST CASE_SCENARIO

① 산산히 부서지는 안경 에이스의 꿈.

② 외국인 선수들의 단체 부진.

③ 돌아오지 못하는 유망주들.

④ 잡히지 않는 윤성빈과 홍민기의 제구.

⑤ 명장의 쓸쓸한 퇴장.

 ### 대체 불가 자원 TOP 3

TOP 1: 김원중
현재 롯데 불펜 상황에서 김원중의 이탈 및 부진은 악몽 그 이상의 시나리오.

TOP 2: 레이예스
현 시점 롯데 타선의 핵. 레이예스가 빠지면 타선 계산이 서지 않는다.

TOP 3: 박세웅
가뜩이나 빈틈이 많은 선발진, 박세웅의 아웃은 초비상 사태.

 ### 우승을 위해 반드시 넘겨야할 상대 3팀

1) LG
수도권과 지방을 대표하는 전통의 라이벌. 작년 크게 열세를 보였다.

2) 한화
김태형 감독과 김경문 감독의 인연으로 생긴 더비. 장군멍군을 주고 받았다.

3) NC
경남의 패권을 두고 경쟁하는 신흥 라이벌팀. 자존심이 걸려있다.

 ### 입문자를 위한 핵심 포인트 TOP 3

1) 구도 부산의 응원문화, 사직 갈매기들의 뜨거운 열정.

2) 한태양, 윤성빈, 김원중 등 외모와 실력을 겸비한 선수들.

3) 올해는 다르다, 언제나 기대를 갖게 하는 기세의 야구.

김태형, '작두야구'의 달인, 굿이라도 하고 싶다

Character
2025시즌, 패배 의식을 걷어내기 위해 강력한 카리스마를 휘둘렀으나 결과는 가을야구 탈락이었다. 승부처에서 작두를 탄 듯한 용병술도 팀의 고질적인 허술함과 투타 엇박자 앞에서는 무용지물이었다.

Strength
2025시즌 전 전문가 예측 순위는 4위, 그러나 특유의 뚝심 운영으로 젊은 선수들을 앞세워 예상을 뒤엎고 상당기간 정규 시즌 1위를 고수했다. 그러나 투수 교체 박자나 대타 기용에서 보여준 '올드스쿨' 방식의 한계가 후반기의 동요와 준우승으로 이어졌다.

Weakness
상대에게만 냉혹한 것이 아니라 팀에도 냉혹하다. 결과가 나쁠 때 감당해야 할 '독단적 운영'이라는 비판은 숙명이다. 불운을 탓하기 전에, 본인의 눈높이가 현재 롯데 선수들의 능력치와 맞지 않는 옷은 아닌지 되돌아봐야 한다. 2025년 리그 최강 수준의 불펜을 붕괴시킨 것은 명장의 직감이 아니라 작두의 독단이었다.

김원중 34

투수 (우투좌타)

Basic info

생년월일	1993년 6월 14일
신장/체중	192cm/96kg
연봉	8억 원
출신학교	학강초-광주동성중-광주동성고

Legacy 마무리 투수는 가장 적게 던지지만 가장 무거운 책임을 진다. 마무리 투수가 등판하는 경기는 승리와 패배 모두 가장 직관적인 형태로 마무리 투수에게 귀속되기 때문이다. 김원중은 완벽하지 않다. 그러나 그는 롯데 마운드에서 가장 책임질 줄 아는 투수다. 53경기에 등판하며 2점대 평균자책점, 32세이브를 기록했다. 인기팀의 수호신은 어떤 공을 던지느냐를 떠나, 마무리의 책임을 견뎌낼 수 있느냐가 중요하다.

Standard 불안정한 마운드 운영이 이어지는 상황에서, 마운드 설계의 중심은 선발 아니면 마무리다. 롯데는 시즌을 꾸준히 이어가는 투수력이 가장 부족한 팀이다. 그런 특성을 가진 팀의 수호신으로서 가장 위태로운 상황에서 팀에 안정감을 부여하는 역할을 맡고 있으며, 그만큼 팀에서의 상징성도 크다.

Horizon 연투, 블론 세이브 이후에 유독 약한 모습을 보인다. 팀의 두자릿수 연패 상황에서 치명적인 미스를 연이어 기록한 부분도 이와 무관치 않다. 다만 이것은 미숙함보다는 책임감의 발로에 가깝다. 체력과 패턴 관리가 숙제로, 특히 빠른 공 중심 투구의 예측성이 높다는 점은 반드시 극복해야 한다. 투피치 유형임에도 포심의 큰 기복으로, 컨디션 난조나 불리한 카운트에서도 포크볼 의존도가 높은 점은 꼭 생각해봐야 한다.

Tier 1 Detailed Stats Grid

평균자책점 2.67	경기수 53	승 4	패 3	홀드 0
세이브 32	이닝 60.2	삼진 69	볼넷 33	승률 0.571
피안타 58	피홈런 4	실점 21	자책점 18	피안타율 0.250
투구수 1117	QS 0	WHIP 1.50	WAR 2.03	WPA 2.17

Tier 2

[Core Stats]	[Wish List]
32세이브 (리그 3위)	2년 연속 30세이브
포크볼 피안타율 .209	2년 연속 2점대 방어율
K/9: 10.24	기복 줄이기

Pitch Repertoire (구종별 데이터)

구종(Type)	구사비율(Usage %)	평균 구속(Avg, km)	최고 구속(Max, km)	피안타율(BAA)
커브	13.7	120.8	128.1	0.156
포크	54.8	132.9	137.8	0.209
직구	43	142.1	147.4	0.435
슬라이더	2.7	134	137.8	0
커브	1.5	116.4	119.2	0.5

책임의 무게를 아는 거인

박세웅 21

투수 (우투우타)

Basic info

생년월일	1995년 11월 30일
신장/체중	182cm/85kg
연봉	21억 원
출신학교	대구경운초-경운중-경북고

Narrative 롯데의 '안경 에이스'는 팀이 약할 때 홀로 강하여 팀을 이기게 한다. 그러나 2025시즌 박세웅은 롯데가 강할 때 강했지만, 롯데가 무너진 후반기에 함께 무너졌다. 팀과 호흡을 함께 하는 것은 좋은 투수의 재능이나 팀이 강할 때 강하고 팀이 약할 때 약하면 팀의 에이스가 될 수 없다. 안경 에이스가 위대한 이유는 그런 동고동락을 이겨냈기 때문이다.

Ceiling 여전히 탈삼진율이 이닝당 평균 1개에 근접하지만 볼넷도 그만큼 많이 내준다. 160.2이닝 동안 183피안타, WHIP 1.48로 삼진을 잡거나 내보내는 투수가 되었다. 기본적으로 스트라이크 존을 공략할 수 있는 노하우가 있는데도 정면승부 대신 변화구에 의존하고 있다. 지금이 변신의 골든타임이다. 주인공이 되려 하는 대신, 마운드의 안정을 선택한다면 자연스럽게 중심이 될 수 있다. 아직 그만한 힘과 에너지, 팬들의 기대가 남아 있다.

Variable 선발과 불펜의 안정감 균형이 떨어지는 마운드에서 투수 개인의 건강은 팀 투수 운용의 큰 변수다. 박세웅은 경험이 많지만 그만큼 소모도 크다. 화려함보다 팀의 안정과 시즌 운영의 핵심을 지향할 때, 그는 최동원과 염종석의 그림자가 아닌 세 번째 안경 에이스로 완성된다.

Tier 1 Detailed Stats Grid

평균자책점 4.93	경기수 29	승 11	패 13	홀드 0
세이브 0	이닝 160.2	삼진 156	볼넷 54	승률 0.458
피안타 183	피홈런 15	실점 99	자책점 88	피안타율 0.282
투구수 2694	QS 12	WHIP 1.48	WAR 1.67	WPA -0.14

Tier 2

[Core Stats]	[Wish List]
6년 연속 규정이닝	3점대 방어율
11승 (국내 2위)	기복 줄이기
포크볼 피안타율 0.183	직구 피안타율 줄이기

Pitch Repertoire (구종별 데이터)

구종(Type)	구사비율(Usage %)	평균 구속(Avg, km)	최고 구속(Max, km)	피안타율(BAA)
직구	40	145.2	150.4	0.355
슬라이더	32.1	133.6	141.6	0.297
포크	14.2	132.5	139.9	0.183
커브	13.7	120.8	128.1	0.156

고독이라는 서리가 서릴 때 완성된다 – 안경 에이스의 역설

레이예스 29

외야수 (우투양타)

Basic info

생년월일	1994년 10월 5일
신장/체중	196cm/87kg
연봉	80만 달러
출신학교	베네수엘라 Dr. Felipe Guevara(고)

Narrative 2년 연속 골든글러브와 안타왕, 단일 시즌 202안타의 대기록으로 자이언츠 타선의 핵심이다. 단타 위주라는 부당한 폄하를 받기도 하나, 롯데 타선에서 그를 제외하면 공격력 계산이 되지 않는 것도 사실이다. 2026년 재계약으로 우수한 외인 타자를 넘어, 이제 롯데 외인 타자 역사의 새로운 기준점이 되고 있다.

Ceiling 뛰어난 컨택으로 스트라이크 존의 변화에 관계없이 안타를 생산하는 배드볼 히터 유형이다. 리그 1위의 2루타 생산력을 보면 장타력도 과소평가할 정도는 아니다. 클러치 능력도 뛰어나 20홈런 미만 100타점을 기록한 KBO 역대 최초의 외인 타자이기도 하다. 어떤 상황에서도 공을 맞혀 결과를 내는 능력은 리그 최고 수준이다.

Variable 최대 과제는 생산성을 억제하는 병살타를 줄이는 것. 시즌 25개의 병살로 리그 1위를 기록한 점은 공격 흐름을 끊는 아쉬운 대목이다. 극도로 적극적인 타격 성향상 떨어지는 출루율은 필연적인 결과이지만, 조금 더 세밀한 선구안이 병행된다면 OPS 1.0 돌파도 충분히 가능하다. 안타 개수에 가려진 효율성을 극대화하는 것이 그가 리그 최고 용병 타자로 공인받기 위한 마지막 퍼즐이자 롯데의 2026년 반등 핵심 열쇠다.

Tier 1 Detailed Stats Grid

타율 0.326	경기수 144	타석 643	타수 573	득점 75
안타 187	2루타 44	3루타 1	홈런 13	루타 272
타점 107	도루 7	볼넷 58	삼진 66	병살타 25
출루율 0.386	장타율 0.475	OPS 0.861	WAR 3.73	WPA 1.11

Tier 2

[Core Stats]	[Wish List]
187안타 (리그 1위)	200안타 회복
2루타 44개 (리그 1위)	3년 연속 전 경기 출장
득점권 타율 0.375 (리그 4위)	OPS 1.000

Tracking Data

평균 타구속도(km)
137.9

평균발사각(°)
16.3

Hitting Data

타구분포 (%)	
Left	35.6
Center	26.4
Right	38

핫/콜드존

0.393	0.211	0.417
0.340	0.474	0.375
0.366	0.358	0.381

거인 군단의 안타 머신, 부산의 하늘을 수놓는 기록의 장인

전준우  8

외야수 (우투우타)

Basic info

생년월일	1986년 2월 25일
신장/체중	184cm/98kg
연봉	7억 원
출신학교	흥무초-경주중-경주고-건국대

Legacy 로이스터 감독의 마지막 유산. 전형적인 5툴 유망주로서 기대 받다가, 10년차인 2017시즌부터 장타 포텐이 폭발했다. 2018시즌 190안타와 33홈런을 때려내며 안타왕과 골든글러브를 수상했다. 꾸준한 장타 생산 능력으로 팀 타선의 기둥으로 자리매김을 완료했으며, 은퇴 후에는 레전드로 인정받아 영구 결번을 수상할 가능성이 가장 높은 베테랑이다.

Standard 원래 테이블 세터에는 발이 빠르고 컨택이 좋아 단타로 타자를 괴롭히는 유형이 많지만, 전준우는 화력형 1번 타자라고 할 수 있다. 군 복무 이후 주루를 포기하고 컨택과 장타에 집중하는 스타일로 변모하여 선두 타자부터 2루타를 때려내 상대 기선을 제압하는, 강한 1번 타자 스타일이 되었다. 화끈한 야구를 선호하는 롯데 자이언츠다운 플레이 스타일이다.

Horizon 2026시즌은 중요한 시험대가 될 전망이다. 주전 후보로 꼽히던 후배들이 원정 도박 사건을 일으켜 팀의 이미지가 실추되었고, 팀 분위기도 상당히 좋지 않기 때문이다. 선수 개인의 경기력 못지 않게 베테랑의 리더십도 요구된다. 가장 강력한 영구 결번 후보답게, 무너진 팀 재건에 경기력과 리더십 모두 발휘하는 것이 전준우에게 요구되는 역할이다.

Tier 1 Detailed Stats Grid

타율 0.293	경기수 114	타석 472	타수 410	득점 50
안타 120	2루타 26	3루타 1	홈런 8	루타 172
타점 70	도루 2	볼넷 44	삼진 71	병살타 9
출루율 0.369	장타율 0.42	OPS 0.789	WAR 3.21	WPA 1.61

Tier 2

[Core Stats]	[Wish List]
9년 연속 규정타석	3할 타율 회복
득점권 타율 0.359 (리그 8위)	10홈런 회복
창원 타율 0.462	OPS 0.800

Tracking Data

평균 타구속도(km)
134.2

평균발사각(°)
21.9

Hitting Data

타구분포 (%)	
Left	46.6
Center	23.9
Right	29.4

핫/콜드존

0.440	0.250	0.368
0.317	0.325	0.211
0.379	0.390	0.269

자이언츠 재건의 리더로 우뚝 선 로이스터의 마지막 유산

윤성빈 55

투수 (우투우타)

Basic info

생년월일	1999년 2월 26일
신장/체중	197cm/90kg
연봉	4,500만 원
출신학교	동일중앙초-경남중-부산고

Narrative 2016년 최대어 유망주 출신으로 지속적인 부진을 겪으면서 롯데 팬들에게 아픈 손가락으로 불렸다. 2025년 불펜으로 전환한 뒤 12경기 연속 무실점을 기록하면서 잠재력을 뽐냈다. 최고 159.8km의 패스트볼의 회전수가 2400rpm에 육박하며, 최고 145.6km의 고속 포크볼도 장착했다. 구속 혁명 시대의 에이스가 될 수 있는 가능성을 가진 자원이다.

Ceiling 최고 160km에 달하는 강속구만으로도 기대받을 이유는 충분하다. 장신의 피지컬을 살려 하늘에서 내려 꽂히는 듯한 피칭으로 체감 구속은 더 올라온다. 여기에 고속 포크볼까지 있어 장신의 파이어볼러 답게 탈삼진에 최적화된 레퍼토리를 갖췄다. 문제는 고질적인 제구 불안으로, 공이 한가운데로 몰리면서 구위를 제대로 활용하지 못하곤 한다.

Variable 드디어 가능성을 보여준 2025년이었지만 아직 갈 길이 멀다. 제구 불안이 여전하기 때문에 접전 상황에서 볼넷으로 무너지거나 몰려서 맞는 경우가 자주 있었다. 특유의 강속구가 커맨드까지 더해진다면 롯데 입장에서는 최상의 시나리오다. 선발 등 다른 방향으로의 활용을 꾀한다면, 직구와 포크볼을 제외한 제3의 구종 개발이 필수적이다.

Tier 1 Detailed Stats Grid

평균자책점 7.67	경기수 31	승 1	패 2	홀드 0
세이브 0	이닝 27	삼진 44	볼넷 20	승률 0.333
피안타 26	피홈런 3	실점 23	자책점 23	피안타율 0.245
투구수 524	QS 0	WHIP 1.70	WAR -0.13	WPA -0.54

Tier 2

[Core Stats]	[Wish List]
직구 최고 구속 159.8km (리그 1위)	확실한 보직 확보
포크볼 피안타율 .057	제3의 구종 추가
K/9: 14.67	제구 개선

Pitch Repertoire (구종별 데이터)

구종(Type)	구사비율(Usage %)	평균 구속(Avg, km)	최고 구속(Max, km)	피안타율(BAA)
직구	70.6	153.3	159.8	0.358
포크	25.6	140.4	145.6	0.057
슬라이더	3.6	137.1	141.6	0
커브	0.2	121.8	121.8	-

구속 혁명의 시대정신, 10년의 기다림을 끝낼 아픈 손가락의 외침

윤동희  91

외야수 (우투우타)

Basic info

생년월일	2003년 9월 18일
신장/체중	187cm/85kg
연봉	1억 8,000만 원
출신학교	현산초-대원중-야탑고

Narrative 2025시즌, 롯데가 자랑하는 '윤나고황'은 큰 부진을 겪었다. 하지만 윤동희는 그들 중 유일하게 타율 0.282 OPS 0.8을 넘는 준수한 타격을 보여주며, 자신의 재능과 워크에씩을 증명했다. 스프링캠프 기간 중 도박 논란으로 팀 분위기가 좋지 않은데, 전화위복이 되어 윤동희에게 더 많은 기회와 믿음이 주어질 수 있다.

Ceiling 본래 컨택에 집중하는 단타 위주의 타격을 했으나 2024년 이후 어퍼스윙을 장착하며 점차 장타를 늘려가고 있으며, 2년 연속 OPS 0.8을 넘기며 장타 툴도 발견했다는 평가다. 고교 때 유격수를 맡았던 만큼 수비의 기본기도 충실한 편이지만 집중력이 다소 떨어진다는 지적을 받고 있다. 순출루율이 1할을 넘길 정도로 선구안도 좋은 편. 전반적으로 5툴 플레이어 유형의 유망주다.

Variable 고질적인 허벅지 통증으로 97경기에 그쳤고, 그나마 출장한 경기에서도 부진을 겪은 것은 생각할 지점이다. 햄스트링 부상으로 발전할 수 있는 만큼, 도루를 자제하는 등 몸관리에 각별한 유의가 필요하다. 현재 롯데에서 가장 스타성 있는 유망주로 평가받고 있으므로, 지속적으로 기량을 갈고 닦는다면 롯데의 미래 프랜차이즈 스타로 거듭날 자질이 충분하다.

Tier 1 Detailed Stats Grid

타율 0.282	경기수 97	타석 399	타수 330	득점 54
안타 93	2루타 21	3루타 1	홈런 9	루타 143
타점 53	도루 4	볼넷 49	삼진 65	병살타 12
출루율 0.386	장타율 0.433	OPS 0.819	WAR 2.30	WPA -0.01

Tier 2

[Core Stats]	[Wish List]
순출루율 0.104 (리그 5위)	규정타석 달성
NC 상대 OPS 1.222	10홈런 회복
SSG 상대 OPS 1.113	타율 3할

Tracking Data

평균 타구속도(km)
134.2

평균발사각(°)
16.7

Hitting Data

타구분포 (%)	
Left	51.2
Center	19.1
Right	29.7

핫/콜드존

0.300	0.476	0.375
0.226	0.306	0.273
0.154	0.400	0.438

'윤나고황'의 리더, 리빌딩의 선봉장이 되다

나승엽 51

내야수 (우투좌타)

Basic info

생년월일	2002년 2월 15일
신장/체중	190cm/82kg
연봉	9,500만 원
출신학교	남정초-선린중-덕수고

Narrative 고교 시절 5툴 내야수 유망주로 MLB에서 오퍼를 받을 정도였다. 2024시즌 '윤나고황'이라는 롯데의 영건 4인방 중 1인으로 맹타를 휘두르며 타율 3할, 출루율 4할과 OPS 0.880을 기록하며 만개하는 듯 했다. 그러나 2025시즌 4월 이후 급격한 슬럼프에 빠져서, 타율 0.229에 머물렀고, 시즌 후에는 원정 도박 파문으로 팬들의 신뢰를 잃었다.

Ceiling 선구안이 반등의 열쇠가 될 것이다. 타율 2할대에 머무르는 부진을 겪은 작년에도 출루율만은 높았다. 다만 지나치게 소극적인 타격 접근법으로 실투를 그냥 보내는 모습을 보였다. 출루율에 집착하는 모습은 젊은 선수에게 어울리지 않다. 타격의 강점은 가능성에 머무는 반면 주루와 수비라는 약점은 두드러진다. 주루는 평범하며, 수비는 최악의 약점으로, 유연성 문제로 상황 대응이 거의 되지 않는다는 평가다.

Variable 슬럼프도 문제였지만, 시즌 후 있었던 불미스러운 사건의 영향이 너무 크다. 징계 기간을 어떻게 보내느냐가 관건이며, 약점을 전부 뜯어고치는 수준의 노력이 필요하다. 과거 기대치에 비춰볼 때 이승엽의 병역 브로커 시절 활약을 롯데의 가을야구에서 재현하지 않는 이상 완전한 이미지 회복은 어려울 지도 모른다.

Tier 1 Detailed Stats Grid

타율 0.229	경기수 105	타석 392	타수 328	득점 40
안타 75	2루타 12	3루타 2	홈런 9	루타 118
타점 44	도루 0	볼넷 55	삼진 65	병살타 10
출루율 0.347	장타율 0.360	OPS 0.707	WAR 1.17	WPA -0.13

Tier 2

[Core Stats]	[Wish List]
순출루율 0.118 (리그 2위 수준)	타율 3할 회복
NC 상대 OPS 1.009	출루율 4할 회복
스위퍼 상대 타율 0.333	수비 개선

Tracking Data

평균 타구속도(km)
134

평균발사각(°)
22.3

Hitting Data

타구분포 (%)	
Left	31
Center	23.9
Right	45.1

핫/콜드존

0.320	0.286	0.267
0.280	0.241	0.200
0.318	0.200	0.219

활로는 '승엽', 가을 브로커가 되어야 용서받는다.

나균안 43

투수 (우투우타)

Basic info

생년월일	1998년 3월 16일
신장/체중	186cm/109kg
연봉	1억 8,000만 원
출신학교	무학초-창원신월중-용마고

Narrative 고교 시절 10년에 한번 나올 대형 포수 유망주라는 평가를 받으며 롯데에 1차 지명되었다. 그러나 프로에서는 포수로서 평가가 좋지 못했고, 2020시즌 투수 전향이라는 파격적인 선택을 감행했다. 2022년부터 팀 선발의 주축을 맡을 수 있는 수준급의 투수로 성장하였다. 현재는 박세웅과 함께 롯데 선발 로테이션의 상수로 자리매김했다.

Ceiling 포수 출신다운 특유의 강견을 바탕으로 최고 148.3km의 패스트볼을 구사한다. 커터, 커브, 포크볼을 두루 던질 수 있으며, 특히 포크볼은 피안타율이 0.218에 그칠 정도로 일품이다. 2024년부터 제구가 흔들리면서 수비적인 피칭으로 일관하여 큰 부진을 겪었으나, 2025시즌에는 다시 과거의 피칭 디자인으로 재조정하여 좋은 모습을 보여주고 있다.

Variable 나균안의 실력과는 별개로 그를 지켜보는 시선이 곱지만은 않았다. 주로 야구 외적인 이유 때문이었다. 그러나 2025시즌, 나균안은 실력으로 그런 시선들을 반전시키면서 팬들의 신뢰를 얻었다. 야구로 보답한다는 말처럼 진부한 이야기는 없지만, 그것이 프로야구 선수로서 가장 기본이 되는 본연의 자세이기도 하다. 자신과의 싸움에서 확실한 승리를 거뒀을 때, 지금 이상의 스타로 거듭날 수 있다.

Tier 1 Detailed Stats Grid

평균자책점 3.87	경기수 28	승 3	패 7	홀드 0
세이브 0	이닝 137.1	삼진 116	볼넷 50	승률 0.300
피안타 143	피홈런 13	실점 67	자책점 59	피안타율 0.268
투구수 2328	QS 9	WHIP 1.41	WAR 2.21	WPA 1.68

Tier 2

[Core Stats]	[Wish List]
포크볼 피안타율 0.218	2점대 방어율
BB/9: 3.28 (국내 10위 수준)	규정이닝 충족
K/BB: 2.32 (국내 10위 수준)	10승 달성

Pitch Repertoire (구종별 데이터)

구종(Type)	구사비율(Usage %)	평균 구속(Avg, km)	최고 구속(Max, km)	피안타율(BAA)
직구	41.4	143.3	148.3	0.269
포크	36.7	130.2	138.2	0.218
커터	13.9	136.1	143.8	0.391
커브	7.3	117.9	124.5	0.414
슬라이더	0.7	131.6	134.7	0.167

원투펀치를 꿈꾸는 자이언츠의 악마의 재능

로드리게스(31)

포지션	투수		신장/체중		193cm/97kg
투타유형	우투우타		출신학교		도미니카 Cenapec Online(고)
생년월일	1998년 3월 31일		연봉		65만 달러

평균자책점 -	경기수 -	승리 -	패배 -	홀드 -
세이브 -	이닝 -	탈삼진 -	볼넷 -	승률 -
피안타 -	피홈런 -	실점 -	자책점 -	피안타율 -
투구수 -	QS -	WHIP -	WAR -	WPA -

평균 151.9km의 포심, 스위퍼, 커터, 커브, 체인지업을 구사하는 우완 투수. 포심의 수직 무브먼트가 매우 위력적으로, ABS에서 보여줄 하이패스트볼이 기대된다는 평가를 받고 있다. 우타자 상대의 스위퍼는 매우 뛰어난 위력을 가졌지만 좌타자 상대 변화구는 상대적으로 부족하다는 평이다. 팀 사정 상 많은 이닝을 소화하는 상수로 거듭나야 하는 상황. 많은 피홈런과 최근 5년간 100이닝 이상 소화한 시즌이 2022년뿐이라는 점은 반드시 극복해야 할 변수다.

비슬리(23)

포지션	투수		신장/체중		188cm/106kg
투타유형	우투우타		출신학교		ToombsCounty(고)-Clemson(대)
생년월일	1995년 11월 20일		연봉		65만 달러

평균자책점 -	경기수 -	승리 -	패배 -	홀드 -
세이브 -	이닝 -	탈삼진 -	볼넷 -	승률 -
피안타 -	피홈런 -	실점 -	자책점 -	피안타율 -
투구수 -	QS -	WHIP -	WAR -	WPA -

일본에서 38년만의 한신 우승에 힘을 보탠 외인 투수로, 이번에는 34년만의 롯데 우승이라는 비원에 도전한다. 190cm의 신장에서 평균 149km의 포심, 커터 그리고 슬라이더를 주로 구사한다. 제구와 구위 모두 한국프로야구에서는 상위권으로 평가받지만, 2024시즌 어깨 통증을 겪은 점, 그리고 2018년 이후 120이닝 이상 소화한 시즌이 없었던 점은 큰 변수다. NPB보다 짧은 휴식 간격이 어깨에 부담을 줄 수 있는 만큼, 철저한 등판 관리가 필요하다.

쿄야마(48)

포지션	투수		신장/체중		183cm/80kg
투타유형	우투우타		출신학교		일본 오미고
생년월일	1998년 11월 10일		연봉		8만 달러

평균자책점 -	경기수 -	승리 -	패배 -	홀드 -
세이브 -	이닝 -	탈삼진 -	볼넷 -	승률 -
피안타 -	피홈런 -	실점 -	자책점 -	피안타율 -
투구수 -	QS -	WHIP -	WAR -	WPA -

윤성빈과 홍민기 이후 롯데 마운드의 또 다른 도전으로, 입스가 의심될 정도로 컨트롤이 완전히 무너졌지만 150km 중반을 가볍게 넘나드는 빠른 공은 여전히 매력적이다. 선발과 불펜 모두 활용 가능한데, 현장이 외국인 선발투수 3인의 유혹을 뿌리치기란 어려울 것으로 전망된다. 스트라이크 존에 빠른 공을 넣기만 해도 일단 중간 이상이다. 피지컬에 비해 스태미너가 나쁘지 않은 편이기 때문에 선발이 안된다면 롱릴리프도 나쁘지 않은 선택이다.

고승민(2)

포지션	내야수		신장/체중		189cm/92kg
투타유형	우투좌타		출신학교		군산신풍초-천안북중-북일고
생년월일	2000년 8월 11일		연봉		1억 8,500만 원

타율 0.271	경기수 121	타석 538	타수 469	득점 71
안타 127	2루타 21	3루타 2	홈런 4	루타 164
타점 45	도루 5	볼넷 56	삼진 83	병살타 8
출루율 0.350	장타율 0.350	OPS 0.700	WAR 1.91	WPA -1.48

2루수 중 돋보이는 장타력으로 빠른 라인드라이브 타구를 양산하는 유형의 우타자. 반면 내외야를 오가며 발생하는 수비 불안과 좌투 상대 약점이 단점으로 평가받고 있다. 2024 시즌 대비 타율이 0.030 이상 하락했고 홈런도 10개나 감소했으며, OPS도 1할 이상 하락하며 장기였던 장타력이 실종됐다는 비판을 들었다. 불미스러운 사건에 휩싸이며 30경기 출장 정지 징계를 받은 만큼, 환골탈태하여 야구에 최선을 다하는 모습으로 팬들에게 보답해야 한다.

포지션	투수		신장/체중		185cm/90kg
투타유형	좌투좌타		출신학교		수원신곡초-춘천중-강릉고
생년월일	2002년 7월 5일		연봉		7,000만 원

평균자책점 10.00	경기수 14	승 1	패 3	홀드 0
세이브 0	이닝 27	삼진 24	볼넷 16	승률 0.250
피안타 42	피홈런 10	실점 32	자책점 30	피안타율 0.365
투구수 544	QS 1	WHIP 2.15	WAR -1.04	WPA -1.07

최고 148km를 던질 수 있는 좌완으로, 아마추어 시절 전체 1순위로 지명받을 만큼 고평가받았다. 그러나 프로 입성 후 부족한 제구력과 고질적인 팔꿈치 부상으로 인해 고전을 면치 못하고 있다. 직구와 슬라이더, 커브를 주로 던지는 스리피치 투수로, 그 중 결정구 역할을 해야할 커브의 피안타율이 0.462까지 치솟은 것이 부진의 가장 결정적인 원인이었다. 진득한 코칭으로 제구와 변화구 완성도를 끌어올리면서 커리어의 전환점을 준비해야할 시점이다.

김진욱(15)

포지션	외야수		신장/체중		182cm/88kg
투타유형	우투우타		출신학교		의왕부곡초-평촌중-충훈고
생년월일	1994년 8월 23일		연봉		9,500만 원

타율 0.250	경기수 97	타석 375	타수 328	득점 39
안타 82	2루타 12	3루타 0	홈런 4	루타 106
타점 41	도루 7	볼넷 22	삼진 66	병살타 9
출루율 0.313	장타율 0.323	OPS 0.636	WAR -0.18	WPA -1.93

적극적인 스윙을 통한 장타 생산이 강점이지만, 낮은 출루율과 잦은 부상이 단점으로 꼽히는 우타자. 2024시즌 롯데 자이언츠로 트레이드 이후 30경기 연속 안타라는 대기록과 타율 0.318, 18홈런에 78타점으로 큰 기대를 모았으나 2025시즌에는 큰 부진을 겪으며 3루 주전 자리를 넘겨줬다. 2026시즌은 외야수로 시작하는 것이 확정적이었다가, 팀에 벌어진 사태로 알 수 없게 되었다. 일단 좋았던 타격을 회복해야 어떤 포지션이든 주전을 노릴 수 있다.

손호영(33)

포지션	포수		신장/체중		182cm/88kg
투타유형	우투우타		출신학교		청원초-휘문중-서울고
생년월일	1992년 7월 15일		연봉		7억 원

타율 0.274	경기수 110	타석 350	타수 303	득점 35
안타 83	2루타 18	3루타 0	홈런 5	루타 116
타점 38	도루 0	볼넷 26	삼진 66	병살타 11
출루율 0.352	장타율 0.383	OPS 0.735	WAR 1.94	WPA -1.50

최상위권의 프레이밍 능력과 준수한 장타력을 지닌 포수. 다만 투수 리드, 블로킹, 도루 저지 등 포수의 다른 수비적인 면모는 부족하고, 강점으로 꼽혔던 프레이밍도 ABS 도입으로 핵심 가치가 소멸했다. 2025시즌에는 타율 0.274, 출루율 0.352로 타격 면에서 소폭 반등했다. 현재 롯데가 처한 상황 상 포수 면에서는 유강남에 대한 의존도가 클 수밖에 없는 상황이다. 포수로서의 종합 능력을 끌어올리고 타격 지표를 유지하여 젊은 마운드를 이끌어가야 한다.

유강남(27)

포지션	투수		신장/체중		189cm/95kg
투타유형	우투우타		출신학교		부산수영초-대천중-개성고
생년월일	2003년 12월 10일		연봉		8,000만 원

평균자책점 5.26	경기수 20	승 2	패 5	홀드 0
세이브 0	이닝 87.1	삼진 61	볼넷 56	승률 0.286
피안타 104	피홈런 10	실점 56	자책점 51	피안타율 0.295
투구수 1596	QS 4	WHIP 1.83	WAR 0.21	WPA 0.27

평균 148km, 최고 154km의 강력한 직구와 슬라이더를 구사하는 우완 파이어볼러. 높은 타점과 뛰어난 구위가 강점이지만, 기복 있는 제구력과 투피치의 한계가 약점으로 평가된다. 2025시즌 부상을 극복하고 선발진에 정착했으며 구위도 회복했으나, 체력 저하로 후반기 방어율 7.05로 매우 부진한 모습을 보였다. 선발의 핵심은 꾸준히 로테이션을 소화할 수 있는 체력과 꾸준함에 있음을 자각하고 체력 보강으로 규정이닝 돌파를 목표로 삼아야 한다.

이민석(37)

포지션	내야수	신장/체중	181cm/73kg
투타유형	우투우타	출신학교	천안남산초-천안북중-대전고
생년월일	1999년 6월 30일	연봉	1억 1,000만 원

타율 0.287	경기수 101	타석 369	타수 331	득점 39
안타 95	2루타 15	3루타 0	홈런 5	루타 125
타점 34	도루 3	볼넷 22	삼진 63	병살타 7
출루율 0.337	장타율 0.378	OPS 0.715	WAR 1.59	WPA -1.10

2025시즌 롯데 내야의 희망으로 꼽혔던 두산 이적생. 성실한 태도와 승부욕을 바탕으로 데뷔 후 최다 경기인 101경기에 출전하며 타율 0.287로 커리어 하이를 기록했다. 다만 주전 유격수가 되면서 드러난 체력적 한계, 부상 등으로 기복이 심했다. 롯데 내야 뎁스를 감안할 때 2026시즌에도 주전 유격수 확률은 높다. 다만 떨어지는 주루 센스, 컨택과 선구안, 수비 범위는 넓지만 부족한 타구 판단력 등, 공수주 모두에서 디테일 보강이 필요하다.

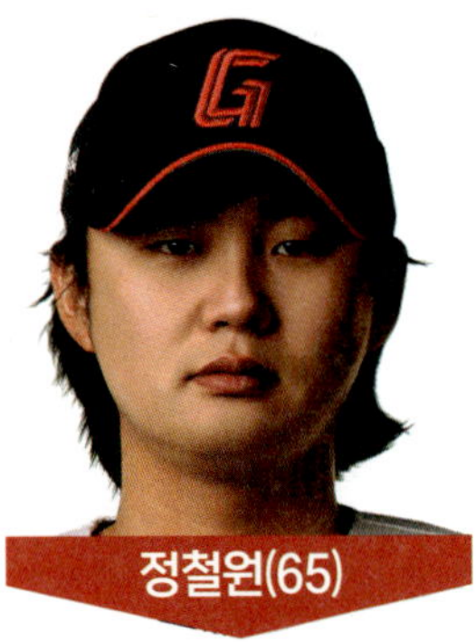

포지션	투수	신장/체중	192cm/95kg
투타유형	우투우타	출신학교	역북초-송전중-안산공고
생년월일	1999년 3월 27일	연봉	1억 8,000만 원

평균자책점 4.24	경기수 75	승 8	패 3	홀드 21
세이브 0	이닝 70	삼진 55	볼넷 28	승률 0.727
피안타 72	피홈런 4	실점 34	자책점 33	피안타율 0.268
투구수 1169	QS 0	WHIP 1.43	WAR 0.98	WPA 1.08

최고 150km의 묵직한 직구와 슬라이더를 앞세워 타자를 압박하는 파이어볼러 유형의 투수. 2025시즌을 앞두고 스승 김태형 감독이 있는 롯데로 트레이드되었고, 필승조로 뛰었다. 홈과 원정에서 극명한 차이가 특징적이었던 시즌으로, 홈에서는 34.2이닝 방어율 7.53으로 부진했지만, 원정에서는 35.1이닝 방어율 1.02로 압도적인 모습을 보였다. 2026시즌 더 큰 역할을 수행하기 위해서는 홈 징크스 극복이 무엇보다 필수적이다.

포지션	투수	신장/체중	180cm/84kg
투타유형	좌투좌타	출신학교	부산대연초-부산중-부산고-송원대
생년월일	2001년 5월 10일	연봉	9,000만 원

평균자책점 3.97	경기수 82	승 2	패 0	홀드 12
세이브 0	이닝 47.2	삼진 47	볼넷 26	승률 1.000
피안타 34	피홈런 4	실점 23	자책점 21	피안타율 0.201
투구수 851	QS 0	WHIP 1.26	WAR 0.50	WPA 0.91

2025시즌 롯데의 장단을 동시에 보여주는 필승조 주무기인 커브와 슬라이더의 조합은 2026시즌에도 기대되지만 피지컬의 한계로 포심의 위력이 떨어지고, 스태미너 관리에도 어려움을 겪는 것으로 볼 때 향후에도 불펜 요원이 유력하다. 김태형 감독 특유의 용병술을 견뎌내려면 컨디션 관리가 필수다. 새로운 구종 장착보다는 이미 완성도가 높은 커브 중심의 피칭 디자인이 롱런에 유리할 것으로 보인다. 좌타 상대 스페셜리스트로는 이미 자리가 확고하다.

포지션	투수	신장/체중	185cm/85kg
투타유형	우투우타	출신학교	부산수영초-대천중-경남고
생년월일	2001년 10월 10일	연봉	1억 4,000만 원

평균자책점 5.30	경기수 49	승 4	패 4	홀드 17
세이브 1	이닝 54.1	삼진 62	볼넷 16	승률 0.500
피안타 50	피홈런 5	실점 35	자책점 32	피안타율 0.243
투구수 910	QS 0	WHIP 1.21	WAR 0.27	WPA 0.76

강력한 포심의 구위로 롯데 필승조의 주축 멤버로 활약했다. 2025시즌에도 5점대 평균자책점에도 불구하고 17홀드를 기록하며 불펜에서 중요한 역할을 했다. 평균 구속 시속 150km에 육박하는 빠른 공의 위력에 더해 구종 습득력도 좋아 스위퍼, 커브, 슬라이더, 벌칸 체인지업 등 레퍼토리도 풍부한 편. 다만 고질적인 어깨 부상 때문에 연투와 멀티 이닝 상황은 최소화할 필요가 있다. 2026시즌에도 키워드는 건강. 어깨와 외복사근 상태가 관건이다

포지션	내야수		신장/체중		182cm/108kg
투타유형	우투우타		출신학교		부산대연초-경남중-경남고
생년월일	1999년 6월 1일		연봉		1억 6,200만 원

타율 -	경기수 -	타석 -	타수 -	득점 -
안타 -	2루타 -	3루타 -	홈런 -	루타 -
타점 -	도루 -	볼넷 -	삼진 -	병살타 -
출루율 -	장타율 -	OPS -	WAR -	WPA -

이제는 포스트 이대호라는 기대에 얽매임 없이 자신의 스타일을 찾는 것이 중요하다. 강력한 파워 툴에 비해 부족한 선구안과 배트 컨트롤이 여전히 숙제다. 롯데 타선을 보강할 가장 강력한 카드지만 수비나 주루에 대한 기대치는 높지 않다. 타격에 집중하기 위해서 1루수로 준비하고 있으나 나승엽의 행보에 따라 3루 복귀도 가능한 유동적인 상황이다. 2026시즌 관전 포인트는 결국 장타에 있다. 20홈런을 안정적으로 넘긴다면 성공적인 복귀 시즌이 될 것이다.

한동희(25)

포지션	내야수		신장/체중		181cm/76kg
투타유형	우투우타		출신학교		역삼초-언북중-덕수고
생년월일	2003년 9월 15일		연봉		7,000만 원

타율 0.274	경기수 108	타석 267	타수 230	득점 42
안타 63	2루타 14	3루타 2	홈런 2	루타 87
타점 22	도루 3	볼넷 32	삼진 69	병살타 3
출루율 0.367	장타율 0.378	OPS 0.745	WAR 1.37	WPA -0.82

군 제대 후 첫 시즌에 고승민, 전민재, 이호준과 함께 롯데 내야의 주축으로 활약했다. 이론상 내야 전포지션이 가능하지만 좁은 수비 범위와 강하지 않은 어깨가 변수. 고승민의 징계와 포지션 변동에 따라 2026시즌에도 2루수 출장이 잦을 것으로 전망된다. 제대 후 첫 1군 시즌에서 0.274에 달하는 타율은 향후 타격 면에서의 향상을 기대하게 한다. 손목 힘이 좋기 때문에 장타력 보강 가능성도 높다. 2할 후반대를 기록하는 주전 2루수가 최상의 시나리오.

한태양(6)

포지션	투수		신장/체중		185cm/85kg
투타유형	좌투좌타		출신학교		법동초-한밭중-대전고
생년월일	2001년 7월 20일		연봉		6,000만 원

평균자책점 3.09	경기수 25	승 0	패 2	홀드 3
세이브 0	이닝 32	삼진 39	볼넷 11	승률 0.000
피안타 24	피홈런 0	실점 13	자책점 11	피안타율 0.211
투구수 510	QS 0	WHIP 1.09	WAR 0.95	WPA 0.65

김진욱과 함께 롯데 좌투 선발 후보군. 그러나 팀과 감독의 성향상 불펜에 머물 가능성이 높다. ABS 혁명과 궁합이 맞는 피칭 메커닉과 결정구 슬라이더의 완성이 2025시즌의 호성적을 가능하게 했다. 오버핸드로의 변신과 스리쿼터로의 번복이 슬라이더의 완성도에 미칠 영향이 변수다. 컨디션과 포지션이 2026시즌에도 변함없는 키워드. 선발, 필승조, 마무리 모두 변수가 많은 롯데 마운드에서 갈 길은 많다. 현명한 선택이 롯데 마운드의 10년을 좌우할 것이다.

홍민기(38)

포지션	외야수		신장/체중		172cm/76kg
투타유형	우투좌타		출신학교		관산초-안산중앙중-소래고-경남대
생년월일	1997년 12월 19일		연봉		1억 1,000만 원

타율 0.256	경기수 79	타석 273	타수 246	득점 43
안타 63	2루타 4	3루타 4	홈런 1	루타 78
타점 22	도루 25	볼넷 18	삼진 46	병살타 3
출루율 0.315	장타율 0.317	OPS 0.632	WAR 0.62	WPA -1.13

빠른 주력과 좋은 컨택이 강점인 외야수. 적극적인 주루가 장점으로 꼽히지만, 과한 의욕으로 인한 주루사와 부족한 송구, 타구 판단은 보완이 필요하다는 평이다. 작년에는 수비 문제가 두드러졌고, 이전 시즌에서 3할을 친 것과 달리 타율 0.250, OPS 0.632로 타격에서도 부진을 겪었다. 여러모로 재정비를 해야할 시점이다. 타격 메커니즘을 다듬고 무리한 주루플레이 대신 주루 센스에 입각한 성공률 높은 도루로 팀에 대한 기여도를 높이는 노력이 필요하다.

황성빈(38)

구승민 (22) 투수 - 과거의 필승조 베테랑, 구위와 컨트롤 개선이 1군 복귀의 길

투타유형	우투우타				신장/체중		182cm/86kg		
생년월일	1990년 6월 12일				출신학교		동일초(도봉구리틀)-청원중-청원고-홍익대		

평자 7.00	경기수 11	승 0	패 1	홀드 1	세이브 0	이닝 9	삼진 10	볼넷 7	승률 0.000
피안타 9	피홈런 1	실점 10	자책점 7	AVG 0.243	투구수 187	QS 0	WHIP 1.78	WAR -0.25	WPA -0.12

김강현 (19) 투수 - 72이닝 등판, 체력 관리와 안배가 필수

투타유형	우투좌타				신장/체중		177cm/84kg		
생년월일	1995년 2월 27일				출신학교		고명초-청원중-청원고		

평자 4.00	경기수 67	승 2	패 2	홀드 4	세이브 0	이닝 72	삼진 36	볼넷 21	승률 0.500
피안타 69	피홈런 9	실점 37	자책점 32	AVG 0.254	투구수 1135	QS 0	WHIP 1.25	WAR 0.23	WPA -0.08

김동혁 (50) 외야수 - 발과 수비 준수한 외야 유망주, 출루율 0.373에 컨택만 더하면 주전

투타유형	좌투좌타				신장/체중		177cm/77kg		
생년월일	2000년 9월 15일				출신학교		서화초-상인천중-제물포고-강릉영동대		

타율 0.225	경기수 93	타석 114	타수 89	득점 19	안타 20	2루타 4	3루타 1	홈런 0	루타 26
타점 6	도루 13	볼넷 18	삼진 26	병살타 3	출 0.373	장 0.292	OPS 0.665	WAR 0.75	WPA -0.80

김동현 (64) 외야수 - 1년차 2군 타율 3할·출루율 4할 고졸 신인, 빠른 성장세의 기대주

투타유형	우투좌타				신장/체중		185cm/100kg		
생년월일	2004년 12월 30일				출신학교		인천병방초-재능중-제물포고-부산과기대		

타율 -	경기수 -	타석 -	타수 -	득점 -	안타 -	2루타 -	3루타 -	홈런 -	루타 -
타점 -	도루 -	볼넷 -	삼진 -	병살타 -	출 -	장 -	OPS -	WAR -	WPA -

김민성 (16) 내야수 - 국가대표 출신 베테랑 3루수, 에이징 속 가치 증명으로 유종의 미 노려야

투타유형	우투우타				신장/체중		181cm/94kg		
생년월일	1988년 12월 17일				출신학교		고명초-잠신중-덕수정보고-(영남사이버대)		

타율 0.243	경기수 96	타석 254	타수 214	득점 25	안타 52	2루타 13	3루타 0	홈런 3	루타 74
타점 35	도루 0	볼넷 33	삼진 48	병살타 7	출 0.353	장 0.346	OPS 0.699	WAR 0.51	WPA -0.67

김영준 (35) 투수 - 구속 저하로 2군 방어율 6.48, 구속 회복이 급선무다

투타유형	우투우타				신장/체중		185cm/90kg		
생년월일	1999년 1월 12일				출신학교		인천연학초-선린중-선린인터넷고		

평자 -	경기수 -	승 -	패 -	홀드 -	세이브 -	이닝 -	삼진 -	볼넷 -	승률 -
피안타 -	피홈런 -	실점 -	자책점 -	AVG -	투구수 -	QS -	WHIP -	WAR -	WPA -

김주완 (106) 투수 - 고질적인 제구 문제의 빠른 공의 좌완, 컨트롤 개선이 필수

투타유형	좌투좌타				신장/체중		189cm/96kg		
생년월일	2003년 8월 27일				출신학교		감천초-대동중-경남고		

평자 -	경기수 -	승 -	패 -	홀드 -	세이브 -	이닝 -	삼진 -	볼넷 -	승률 -
피안타 -	피홈런 -	실점 -	자책점 -	AVG -	투구수 -	QS -	WHIP -	WAR -	WPA -

김태혁 (24) 투수 - 홀드왕 출신 40대 베테랑, 유종의 미를 달성하라

투타유형	우투우타				신장/체중		180cm/88kg		
생년월일	1988년 1월 2일				출신학교		신자초-자양중-신일고-(방송통신대)		

평자 6.38	경기수 45	승 0	패 1	홀드 3	세이브 2	이닝 36.2	삼진 27	볼넷 18	승률 0.000
피안타 48	피홈런 4	실점 26	자책점 26	AVG 0.314	투구수 644	QS 0	WHIP 1.80	WAR -0.20	WPA -0.56

노진혁 (52) 내야수 - 많은 기대를 받은 FA 유격수였지만 부진, 전반적인 반등이 절실

투타유형	우투좌타			신장/체중		184cm/80kg			
생년월일	1989년 7월 15일			출신학교		광주대성초-광주동성중-광주동성고-성균관대			

타율 0.270	경기수 28	타석 69	타수 63	득점 11	안타 17	2루타 1	3루타 2	홈런 1	루타 25
타점 5	도루 0	볼넷 5	삼진 20	병살타 0	출 0.333	장 0.397	OPS 0.730	WAR 0.16	WPA -0.39

박세진 (41) 투수 - 특급 유망주 출신, 지독한 부상의 연쇄고리를 끊어야

투타유형	좌투좌타			신장/체중		178cm/93kg			
생년월일	1997년 6월 27일			출신학교		본리초-경운중-경북고			

평자 -	경기수 -	승 -	패 -	홀드 -	세이브 -	이닝 -	삼진 -	볼넷 -	승률 -
피안타 -	피홈런 -	실점 -	자책점 -	AVG -	투구수 -	QS -	WHIP -	WAR -	WPA -

박승욱 (53) 포지션 - 내야 전 포지션 소화 가능하나 타율 0.190. 타격 개선이 필수

투타유형	우투좌타			신장/체중		184cm/83kg			
생년월일	1992년 12월 4일			출신학교		칠성초-경복중-대구상원고			

타율 0.190	경기수 54	타석 92	타수 84	득점 10	안타 16	2루타 3	3루타 0	홈런 0	루타 19
타점 5	도루 1	볼넷 5	삼진 30	병살타 0	출 0.244	장 0.226	OPS 0.47	WAR -0.34	WPA -0.80

박시영 (62) 투수 - 과거 필승조 베테랑이나 제구 무너져, 마지막 기회를 잡아야

투타유형	우투우타			신장/체중		181cm/92kg			
생년월일	1989년 3월 10일			출신학교		축현초-인천신흥중-제물포고-(영남사이버대)			

평자 -	경기수 -	승 -	패 -	홀드 -	세이브 -	이닝 -	삼진 -	볼넷 -	승률 -
피안타 -	피홈런 -	실점 -	자책점 -	AVG -	투구수 -	QS -	WHIP -	WAR -	WPA -

박재엽 (26) 포수 - 장타력 돋보이는 제3포수, 상무서 활약이 차기 주전의 티켓

투타유형	우투우타			신장/체중		184cm/92kg			
생년월일	2006년 1월 23일			출신학교		부산대연초-개성중-부산고			

타율 0.286	경기수 9	타석 16	타수 14	득점 2	안타 4	2루타 1	3루타 0	홈런 1	루타 8
타점 3	도루 0	볼넷 2	삼진 5	병살타 0	출 0.375	장 0.571	OPS 0.946	WAR 0.16	WPA 0.02

박준우 (58) 투수 - 2군 방어율 11.07에 20이닝 40피안타로 부진. 구위 보완이 시급

투타유형	우투우타			신장/체중		190cm/94kg			
생년월일	2005년 5월 27일			출신학교		상동초(부천시리틀)-부천중-유신고			

평자 8.03	경기수 11	승 1	패 2	홀드 1	세이브 0	이닝 12.1	삼진 11	볼넷 6	승률 0.333
피안타 21	피홈런 0	실점 11	자책점 11	AVG 0.368	투구수 238	QS 0	WHIP 2.19	WAR -0.10	WPA -0.35

박진 (44) 투수 - 이닝이터 면모 발휘. 성공적인 재활이 더 큰 기회를 위한 디딤돌 될 것

투타유형	우투우타			신장/체중		182cm/106kg			
생년월일	1999년 4월 2일			출신학교		부산대연초-부산중-부산고			

평자 5.32	경기수 51	승 3	패 3	홀드 3	세이브 1	이닝 69.1	삼진 50	볼넷 22	승률 0.5
피안타 76	피홈런 10	실점 42	자책점 41	AVG 0.277	투구수 1172	QS 0	WHIP 1.41	WAR 0.20	WPA 0.21

박찬형 (60) 내야수 - 독립리그 출신 1년 차로 타율 0.341, 이제는 수비력 개선이 필요

투타유형	우투좌타			신장/체중		175cm/78kg			
생년월일	2002년 10월 17일			출신학교		중대초-언북중-배재고			

타율 0.341	경기수 48	타석 148	타수 129	득점 21	안타 44	2루타 8	3루타 2	홈런 3	루타 65
타점 19	도루 1	볼넷 11	삼진 26	병살타 1	출 0.419	장 0.504	OPS 0.923	WAR 1.26	WPA 0.60

손성빈(28) 포수 - 특급 포수 유망주이지만 공격 부진, 공격 지표 개선이 필요

투타유형	우투우타			신장/체중		186cm/92kg		
생년월일	2002년 1월 14일			출신학교		희망대초-경기신흥중-장안고		

타율 0.145	경기수 51	타석 69	타수 62	득점 6	안타 9	2루타 0	3루타 0	홈런 1	루타 12
타점 3	도루 0	볼넷 4	삼진 20	병살타 1	출 0.209	장 0.194	OPS 0.403	WAR -0.45	WPA -0.76

송재영(59) 투수 - 46경기 방어율 4.00으로 눈도장, 볼넷 줄이기 위한 컨트롤 개선 필요

투타유형	좌투좌타			신장/체중		181cm/84kg		
생년월일	2002년 6월 20일			출신학교		수원잠원초(수원영통구리틀)-매향중-라온고		

평자 4.00	경기수 46	승 1	패 0	홀드 3	세이브 0	이닝 27	삼진 28	볼넷 24	승률 1
피안타 19	피홈런 3	실점 13	자책점 12	AVG 0.202	투구수 491	QS 0	WHIP 1.59	WAR 0.13	WPA 0.02

신윤후(3) 외야수 - 10년차 2군 폭격 1군 부진 패턴, 변화구와 속구 대처 개선이 탈출의 길

투타유형	우투우타			신장/체중		177cm/77kg		
생년월일	1996년 1월 5일			출신학교		무학초-마산중-마산고-동의대		

타율 0.167	경기수 12	타석 13	타수 12	득점 1	안타 2	2루타 0	3루타 0	홈런 0	루타 2
타점 0	도루 1	볼넷 0	삼진 3	병살타 0	출 0.167	장 0.167	OPS 0.334	WAR -0.15	WPA -0.50

이병준(105) 투수 - 2군 방어율 8.02로 고전, 구위와 구속의 전환점이 필요

투타유형	우투우타			신장/체중		185cm/95kg		
생년월일	2002년 05월 28일			출신학교		부산청동초(부산영도구리틀)-경남중-개성고		

평자 -	경기수 -	승 -	패 -	홀드 -	세이브 -	이닝 -	삼진 -	볼넷 -	승률 -
피안타 -	피홈런 -	실점 -	자책점 -	AVG -	투구수 -	QS -	WHIP -	WAR -	WPA -

이영재(40) 투수 - 고졸 좌완으로 1년차 구속 대폭 증속, 이 성장세를 유지해야

투타유형	좌투좌타			신장/체중		180cm/71kg		
생년월일	2006년 10월 20일			출신학교		태봉초(의정부시유소년야구단)-신흥중-신흥고		

평자 9.00	경기수 3	승 0	패 0	홀드 0	세이브 0	이닝 2	삼진 2	볼넷 0	승률 -
피안타 5	피홈런 1	실점 2	자책점 2	AVG 0.5	투구수 43	QS 0	WHIP 2.50	WAR -0.04	WPA -0.01

이호준(30) 내야수 - 2년차 유격수 백업으로 선구안 돋보여, 포구 불안 개선이 과제다

투타유형	우투좌타			신장/체중		172cm/72kg		
생년월일	2004년 3월 20일			출신학교		대구옥산초-대구경운중-대구상원고		

타율 0.242	경기수 99	타석 153	타수 132	득점 20	안타 32	2루타 7	3루타 4	홈런 3	루타 56
타점 23	도루 1	볼넷 14	삼진 33	병살타 3	출 0.327	장 0.424	OPS 0.751	WAR 0.52	WPA -0.14

장두성(7) 외야수 - 빠른 발로 중견수 주전 낙점, 주루 센스와 장타율 개선이 과제

투타유형	우투좌타			신장/체중		176cm/75kg		
생년월일	1999년 9월 16일			출신학교		축현초-재능중-동산고		

타율 0.262	경기수 118	타석 284	타수 248	득점 51	안타 65	2루타 3	3루타 3	홈런 0	루타 74
타점 25	도루 17	볼넷 24	삼진 64	병살타 3	출 0.332	장 0.298	OPS 0.630	WAR 0.34	WPA -2.00

정성종(18) 투수 - 8년차 2군 방어율 7.11, 제구, 구위 모두 스텝업 필요

투타유형	우투좌타			신장/체중		181cm/93kg		
생년월일	1995년 11월 16일			출신학교		광주서석초-무등중-광주제일고-인하대		

평자 3.86	경기수 2	승 0	패 0	홀드 0	세이브 0	이닝 2.1	삼진 0	볼넷 0	승률 -
피안타 3	피홈런 1	실점 1	자책점 1	AVG 0.300	투구수 37	QS 0	WHIP 1.29	WAR -0.01	WPA 0.00

정보근(42) 포수 - 백업 기회 많으나 공수 모두 부진, 기량 발전이 절실히 요구된다

투타유형	우투우타		신장/체중	175cm/94kg
생년월일	1999년 8월 31일		출신학교	광주서석초-무등중-광주제일고-인하대

타율 0.186	경기수 93	타석 152	타수 129	득점 4	안타 24	2루타 4	3루타 1	홈런 1	루타 33
타점 15	도루 0	볼넷 18	삼진 39	병살타 4	출 0.291	장 0.256	OPS 0.547	WAR -0.40	WPA -0.38

조세진(12) 외야수 - 고교 타격 천재였으나 컨택 부족, 타격 전반 개선만이 기회의 문

투타유형	우투우타		신장/체중	181cm/86kg
생년월일	2003년 11월 21일		출신학교	장안초(성남중원구리틀)-선린중-서울고

타율 0.143	경기수 12	타석 9	타수 7	득점 1	안타 1	2루타 0	3루타 0	홈런 0	루타 1
타점 0	도루 0	볼넷 2	삼진 4	병살타 0	출 0.333	장 0.143	OPS 0.476	WAR -0.02	WPA -0.13

최이준(49) 투수 - 어깨 부상으로 이탈한 150km 정통파, 재활 성공이 최우선

투타유형	우투우타		신장/체중	182cm/90kg
생년월일	1999년 4월 10일		출신학교	서울이수초-대치중-장충고

평자 -	경기수 -	승 -	패 -	홀드 -	세이브 -	이닝 -	삼진 -	볼넷 -	승률 -
피안타 -	피홈런 -	실점 -	자책점 -	AVG -	투구수 -	QS -	WHIP -	WAR -	WPA -

최충연(61) 투수 - 삼성 특급 유망주에서 아픈 손가락으로, 구속 회복이 마지막 기회

투타유형	우투우타		신장/체중	190cm/85kg
생년월일	1997년 3월 5일		출신학교	대구수창초-대구중-경북고

평자 37.80	경기수 4	승 0	패 0	홀드 0	세이브 0	이닝 1.1	삼진 1	볼넷 2	승률 -
피안타 7	피홈런 1	실점 8	자책점 7	AVG 0.583	투구수 60	QS 0	WHIP 5.40	WAR -0.29	WPA -0.30

최항(14) 내야수 - 멀티 포지션 베테랑, 공수주 중 하나의 두각이 준주전 확보의 열쇠

투타유형	우투좌타		신장/체중	183cm/88kg
생년월일	1994년 1월 3일		출신학교	대일초-매송중-유신고

타율 0.167	경기수 8	타석 7	타수 6	득점 1	안타 1	2루타 0	3루타 0	홈런 0	루타 1
타점 1	도루 0	볼넷 1	삼진 4	병살타 0	출 0.286	장 0.167	OPS 0.453	WAR -0.09	WPA -0.06

한현희(1) 투수 - 2번의 홀드왕 사이드암, 전면적인 반등이 절실

투타유형	우언우타		신장/체중	182cm/98kg
생년월일	1993년 6월 25일		출신학교	동삼초-경남중-경남고

평자 6.23	경기수 3	승 0	패 0	홀드 1	세이브 0	이닝 8.2	삼진 8	볼넷 2	승률 -
피안타 13	피홈런 2	실점 6	자책점 6	AVG 0.342	투구수 161	QS 0	WHIP 1.73	WAR 0	WPA -0.06

현도훈(17) 투수 - 구속 5km 상승했으나 제구 문제 발생, 컨트롤 유지가 과제

투타유형	우투좌타		신장/체중	188cm/95kg
생년월일	1993년 1월 13일		출신학교	일본 큐슈교리츠대

평자 -	경기수 -	승 -	패 -	홀드 -	세이브 -	이닝 -	삼진 -	볼넷 -	승률 -
피안타 -	피홈런 -	실점 -	자책점 -	AVG -	투구수 -	QS -	WHIP -	WAR -	WPA -

KIA 타이거즈

창단연도	1982년
연고지	광주광역시
홈구장	광주-기아 챔피언스 필드
한국시리즈 우승	1983, 1986, 1987, 1988, 1989, 1991, 1993, 1996, 1997, 2009, 2017, 2024
야구철학	투지와 근성의 야구
구단연혁	해태 타이거즈(1982~2001) 기아 타이거즈(2001~)

2025 시즌 리뷰

2024년 압도적인 페이스로 우승을 거머쥐면서 2025시즌의 우승 후보로 꼽혔다. 스토브리그 행보도 나쁘지 않았다. 조상우의 영입으로 불펜을 보강하고, 임기영과 서건창을 합리적인 조건으로 잔류시켰다.

그러나 시즌 첫날, 팀 최고의 슈퍼스타 김도영의 햄스트링 부상을 당했고 이는 이후의 불행에 대한 예고편이 되었다. 불펜이 완전히 무너졌고, 타선은 나성범과 김선빈, 이우성이 부진했으며, 김도영은 복귀한 후 5월에 또 햄스트링 부상을 당했다. 주전 선수들의 줄부상이 이어지며 5월 마무리 시점에 7위. 디펜딩 챔피언의 위용은 종적을 감췄다.

다행히 6월부터 오선우, 윤도현 등 뉴 페이스들의 분전이 이어졌고, 불펜에서 무명의 하위 라운더 성영탁의 깜짝 호투에 힘입어, 부진하던 조상우도 반등세를 보였다. 이 덕분에 6월 한정 1위를 기록하며 리그 4위까지 올라섰다.

그러나 잇몸야구의 한계가 빠르게 찾아왔다. 7월부터 조상우가 다시 무너지고 마무리인 정해영의 연쇄 블론세이브, 타선도 붕괴되며 7월과 8월 월간성적이 9위에 머물렀다. 8월에 복귀한 김도영의 재부상과 시즌 아웃 소식은 팀의 사형선고나 다름없었다. 결국 정규시즌 8위. 챔피언의 추락은 명백하고도 씁쓸했다.

KIA의 2026년 과제는 2025년 행보를 보면 지나칠 정도로 명확하다.

약한 팀 뎁스를 개선할 확실한 전력 보강과 뉴페이스 발굴, 그리고 리더십이 방심하지 않는 것.

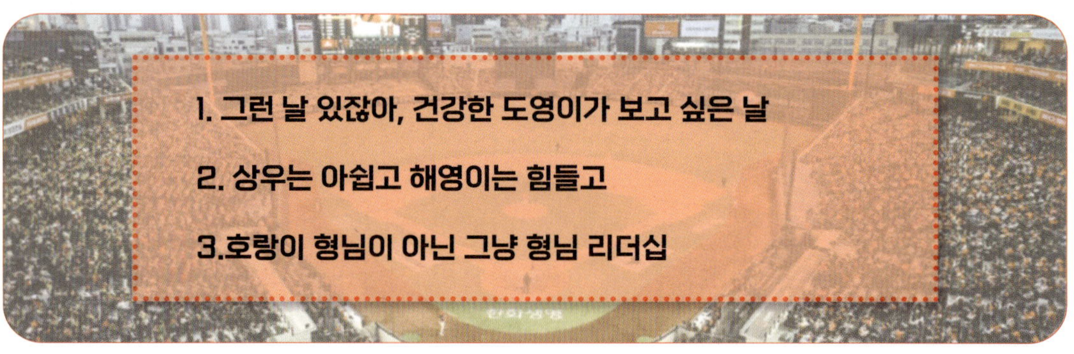

🥎 최근 10년간 팀 순위 (5-1-5-7-6-9-5-6-1-8)

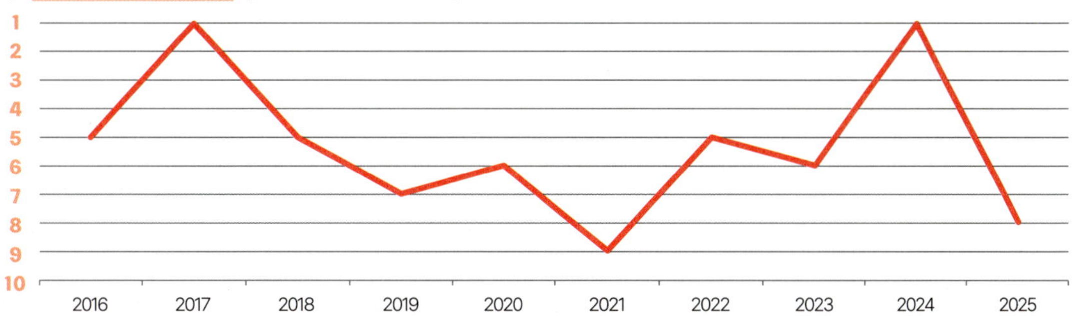

팀 공격력	팀 마운드	팀 수비
팀 타율 0.258 팀 출루율 0.335 팀 장타율 0.399 팀 OPS 0.734	팀 방어율 4.66 팀 피안타율 0.268 팀 WHIP 1.43 팀 탈삼진 1058	팀 실책 123 팀 도루저지율 0.270

🥎 팀 최애 선수(유니폼 마킹순)

1. 김도영

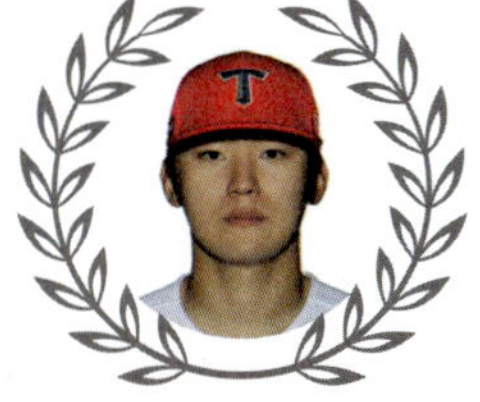

2. 양현종

3. 김선빈

2025 팀컬러&승리의 알고리즘

🥎 팀 WAR

	타자 WAR	투수 WAR	수비효율 (DER)
리그	22.5	14.57	0.679
KIA	25	11.52	0.671
순위	4	6	7

🥎 구장 특징

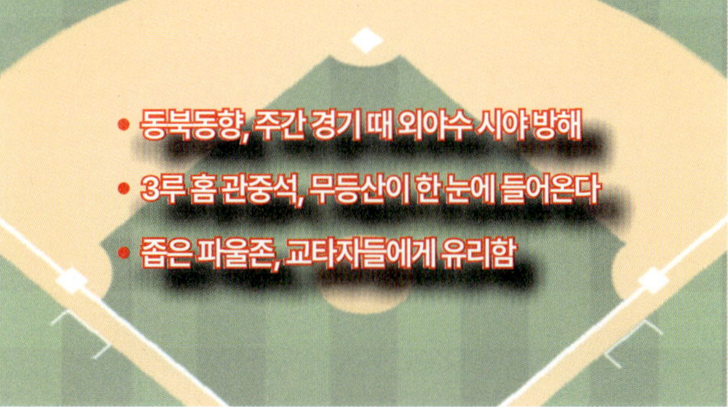

⚾ 투수진

선발투수	네일	
	올러	
	양현종	
	이의리	
	황동하	
필승조	성영탁	
	전상현	
	김범수	
마무리	정해영	

⚾ Plan B

포수	한준수, 주효상
1루수	윤도현, 변우혁
2루수	윤도현, 김규성
3루수	윤도현, 변우혁
유격수	김규성, 박민
좌익수	이창진, 고종욱
중견수	박정우, 박재현
우익수	이창진, 박정우
지명타자	김선빈, 윤도현, 김도영
대체선발	김도현, 이태양, 김태형

⚾ 스토브리그 성적표

⚾ 2026 시즌 예상 순위

IN) 주요 선수 영입

1. 카스트로(외국인선수)
2. 데일(아시아쿼터)
3. 김범수(FA)
4. 이태양(2차 드래프트)
5. 이호연(2차 드래프트)
6. 홍건희(자유계약)

김범수, 이태양, 홍건희 등 알뜰한 불펜 보강이 돋보였지만 타선의 핵심 전력 손실을 막기에는 역부족이다.

OUT) 주요 선수 이탈

1. 위즈덤(계약종료)
2. 최형우(FA)
3. 박찬호(FA)
4. 한승택(FA)
5. 임기영(2차 드래프트)

김도영의 풀타임 소화가 확실하지 않은 상태에서 2024 우승의 주역들이 둘이나 떠났다. 뉴페이스의 등장이 절실하다.

BEST CASE_SCENARIO

① 괘씸하도록 잘하는 김범수.
② 조상우의 부활.
③ 믿고 보는 김도영의 대활약.
④ 돌아온 나성범의 맹타.
⑤ 우승으로 증명하는 명가의 귀환.

WORST CASE_SCENARIO

① 버티지 못하는 김도영의 햄스트링.
② 김범수와 조상우의 단체 부진.
③ 세월이 야속한 양현종과 나성범.
④ 한계돌파에 실패하는 이의리와 정해영.
⑤ 암흑기의 귀환, 형님 리더십의 종말.

 ### 대체 불가 자원 TOP 3

TOP 1: 김도영
김도영 있으니 우승. 김도영 없으니 8위. 더 설명이 필요없다.

TOP 2: 네일
리그 최고 레벨의 외국인 투수. 그가 이탈할 때 팀의 흐름이 바뀐다.

TOP 3: 양현종
양현종이 빠진 KIA의 선발진은 상상할 수가 없다. 상상하기도 싫다.

우승을 위해 반드시 이겨야 할 팀 TOP 3

1) LG
KIA가 우승했을 때는 늘 LG를 상대로 강했다. 2024시즌도 마찬가지.

2) 한화
4승 12패로 최악의 열세를 보였다. 달라지지 않으면 반등도 없다.

3) 삼성
영호남의 클래식 더비. 한국시리즈에서만 4번 만나서 4번 모두 이겼다.

입문자를 위한 핵심 포인트 TOP 3

1) V12, 압도적 승리의 역사.

2) 슈퍼스타 김도영. 도영아, 니땀시 살어야.

3) KIA 없이는 못살아, 압도적인 팬덤이 보여주는 남행열차.

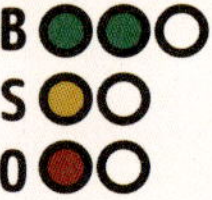

이범호, '호랑이 형님'의 2026년은 '호랑이'일까, '형님'일까?

Character
2024시즌 '형님 리더십' 돌풍으로 우승의 영광을 차지한 초보 감독. 그러나 때이른 우승이 독배가 된 2025시즌이었다. 양현종을 비롯한 베테랑들의 노쇠와 신인들의 기복, 그간 활약한 주축들의 피로가 한꺼번에 몰려올 2026시즌이다. '호랑이'로 엄격하게 조이던가, 계속 '형님'으로 가던가, 방점을 확실히 찍어야 한다.

Strength
2024시즌 내부 사정으로 어수선하던 팀 분위기를 재건하는데 '형님 리더십'의 위력은 확실히 대단했다. 자신의 확신과 보장만 뒷받침된다면 선수들이 안정감을 되찾게 하는 능력은 뛰어나다.

Weakness
앞장서서 들뜨고, 앞장서서 흔들릴 때 초보 감독의 약점들이 노출된다. 특정 선수 과부하로 이어진 선수관리, 일관되지 못한 위기대처, 책임전가로 이어지는 임기응변, 모두 전통의 강팀 사령탑에는 아쉬웠다. 2024년의 일관된 모습을 되찾지 않으면 어렵다.

김도영 5

내야수 (우투우타)

Basic info

생년월일	2003년 10월 2일
신장/체중	183cm/85kg
연봉	2억 5,000만 원
출신학교	광주대성초-광주동성중-광주동성고

Narrative 타이거즈는 김성한과 이종범 이래로 호타준족의 중심에 대한 판타지아를 갖고 있다. 김도영은 그 이상에 가장 근접한 선수다. 빠른 발과 펀치력, 수비에서의 범용성까지, 2024시즌의 활약으로 팀의 미래와 현재를 동시에 장악했다. 그러나 거듭되는 부상에 발목을 잡혔다. 김도영이 없는 KIA가 그토록 거센 비판을 받았다는 사실 자체가, 그가 타이거즈에 갖는 의미가 얼마나 큰지를 방증한다.

Ceiling 주루, 장타, 호수비로 경기 흐름을 한순간에 바꿀 수 있는 에너지 플레이어다. 준족, 거포, 유틸리티는 드물지 않다. 그러나 그 모두를 구현하는 선수는 드물다. 이런 유형의 선수는 팀의 득점 구조와 수비 패턴을 완전히 흔들어 버릴 수 있다. 무슨 짓을 하든 위험한 선수만큼 상대 입장에서 꺼려지는 대상이 없다. 전성기의 이종범이 그랬다.

Variable 문제는 잦은 부상이다. 팀의 부상 예방과 관리, 훈련 구조에 대한 재검토가 필요하다. KIA는 2025시즌에 여러모로 비판의 대상이 되었다. 그 비판의 최소한 절반이 김도영에게 달려 있다고 해도 과언이 아니다. 김도영이 타이거즈에게 갖는 의미는 이미 그 정도 수준이다. 오래 치고 달리고 지키는 모습이 중요하다. 타이거즈의 명운이 그에게 달렸다.

Tier 1 Detailed Stats Grid

타율 0.309	경기수 30	타석 122	타수 110	득점 20
안타 34	2루타 9	3루타 0	홈런 7	루타 64
타점 27	도루 3	볼넷 10	삼진 23	병살타 3
출루율 0.361	장타율 0.582	OPS 0.943	WAR 1.04	WPA 0.93

Tier 2

[Core Stats]
장타율 0.582 (리그 3위 수준)
순장타율 0.273 (리그 4위 수준)
OPS 0.943 (리그 4위 수준)

[Wish List]
부상 없는 시즌
규정 타석 3할 타율
30홈런 회복

Tracking Data

평균 타구속도(km)
140.6

평균발사각(°)
24.6

Hitting Data

타구분포 (%)	
Left	50
Center	21.4
Right	28.6

핫/콜드존

0.400	0.300	0.250
0.545	0.333	0.333
0.333	0.500	0.000

증명을 넘어 타이거즈의 판타지아를 책임질 때

양현종  54

투수 (좌투좌타)

Basic info

생년월일	1988년 3월 1일
신장/체중	183cm/91kg
연봉	8억 원
출신학교	학강초-광주동성중-광주동성고

Legacy 언제나 '버틸 수 있는가'라는 의문과 함께 해왔다. 그러나 매시즌 같은 횟수로 마운드에 오르고, 같은 루틴으로 숨을 고르고, 같은 공으로 승리를 일궈낸다. KBO 역대 최초 2100 탈삼진, 11시즌 연속 세자릿수 탈삼진, 11시즌 연속 150이닝 이상을 던질 수 있었던 원동력이다. 5점대 방어율로 2025시즌 규정 이닝 투수 중 가장 좋지 않은 모습을 보였다. 그러나 로테이션을 지키면서, KIA 마운드의 계산 가능한 투수로 버텨준 것, 여전히 팀의 기둥으로 활약한다는 점에 주목할 필요가 있다.

Standard 에이징 커브에서 자유롭지 못하다. 그럼에도 여전한 자기관리는 부상이 잦은 KIA의 젊은 투수들에게는 확실한 교과서다. 좋은 의미에서나 나쁜 의미에서나 기복이 적다. 그렇기 때문에, 양현종의 등판은 여전히 의미가 크다. 그의 존재 자체가 KIA는 야구를 놓지 않았다, 승부를 포기하지 않았다는 강력한 메시지로 작동하기 때문이다.

Horizon 시즌 운영의 실패는 다음 시즌에 베테랑의 무리로 나타나기 쉽다. 승부처에서 양현종과 같은 베테랑 에이스의 관리는 반드시 필요하다. 압도보다는 안정에 집중해야 하는 시점이다.

Tier 1 Detailed Stats Grid

평균자책점 5.06	경기수 30	승 7	패 9	홀드 0
세이브 0	이닝 153	삼진 109	볼넷 57	승률 0.438
피안타 171	피홈런 12	실점 101	자책점 86	피안타율 0.285
투구수 2497	QS 11	WHIP 1.49	WAR 0.74	WPA -0.29

Tier 2

[Core Stats]	[Wish List]
1530이닝 (국내 10위)	통산 200승
탈삼진 109개 (국내 12위)	3점대 방어율 회복
BB/9: 3.35 (국내 10위)	1700이닝 회복

Pitch Repertoire (구종별 데이터)

구종(Type)	구사비율(Usage %)	평균 구속(Avg, km)	최고 구속(Max, km)	피안타율(BAA)
직구	48.3	139.1	147.6	0.328
체인지업	27.7	127.4	136.4	0.18
슬라이더	18.8	127.6	136.9	0.366
커브	5.2	115	120.4	0.308

그가 있는 한 KIA는 경기를 포기하지 않는다

네일 40 

투수 (우투우타)

Basic info

생년월일	1993년 2월 8일
신장/체중	193cm/83kg
연봉	160만 달러
출신학교	미국 Alabama at Birmingham(대)

Legacy 우승 이후 시련의 2025년을 보낸 기아 타이거즈에게 네일은 단비 같은 존재였다. 메이저리그 오퍼를 뒤로하고 잔류한 그의 선택은 팬들에게 큰 감동을 안겼다. 2024년 방어율 1위로 우승을 견인했고, 2025년에도 불운 속에 방어율 2위를 기록하며 홀로 분투했다. 3년 차인 그는 이제 자타가 공인하는 KIA의 에이스다.

Standard 최고 150km의 투심을 위시한 세 가지 패스트볼에 체인지업, 슬라이더 등 다양한 변화구를 구사하는 팔색조 투수다. 가장 압권인 것은 트레이드마크인 최정상급 스위퍼. 피안타율 0.177에 그치는 스위퍼는 뛰어난 수평 무브먼트로 알고도 칠 수 없게끔 만든다. 여기에 뛰어난 제구력까지 더해져 타자들의 헛스윙을 이끌어낸다.

Horizon 비록 지난 시즌 부침을 겪었지만 네일과 올러라는 믿을 수 있는 원투펀치를 보유한 2026년은 KIA가 가을야구를 꿈꿀 수 있는 최적의 기회다. 불의의 부상으로 각각 149.1이닝, 164.1이닝에 그쳤던 기억을 지우고 풀타임 출장을 완수해야 한다. 네일 전까지 KIA에 우승을 가져온 최고의 외인 투수들은 특급 조커가 아닌 믿고 맡길 수 있는 이닝이터였다는 점을 기억해야 한다.

Tier 1 Detailed Stats Grid

평균자책점 2.25	경기수 27	승 8	패 4	홀드 0
세이브 0	이닝 164.1	삼진 152	볼넷 41	승률 0.667
피안타 135	피홈런 6	실점 46	자책점 41	피안타율 0.225
투구수 2521	QS 19	WHIP 1.07	WAR 5.73	WPA 5.61

Tier 2

[Core Stats]	[Wish List]
방어율 2.25 (리그 2위)	15승 달성
스위퍼 피안타율 0.177	2점대 방어율 유지
슬라이더 피안타율 0.154	방어율 1위

Pitch Repertoire (구종별 데이터)

구종(Type)	구사비율(Usage %)	평균 구속(Avg, km)	최고 구속(Max, km)	피안타율(BAA)
투심	32.1	146.6	150.6	0.259
슬라이더	19.6	132.8	138.3	0.154
체인지업	19.3	138.3	143.1	0.274
스위퍼	10.9	132.8	137.9	0.177
커터	9.9	141.3	147.3	0.22

메이저의 유혹을 뿌리친 푸른 눈의 순정, 전설의 계보를 향하여

정해영 62 

투수 (우투우타)

Basic info

생년월일	2001년 8월 23일
신장/체중	189cm/98kg
연봉	3억 원
출신학교	광주대성초-광주동성중-광주제일고

Narrative 타이거즈의 역대 마무리 중 사실상 최연소에 가까운 선수임에도, 너무 안이한 기용이었다. 2025시즌에는 데뷔 후 최다 투구수, 최다 이닝, 최다 등판 기록을 모두 갱신했다. 그러나 수호신은 본래 외로이 팀의 가장 깊은 밤을 책임져야 한다. 아직 젊은 선수인 만큼, 더 확실한 책임감을 가지고 반등을 노려야한다.

Ceiling 장수 마무리들은 구속으로 승부하지 않았다는 점을 기억해야 한다. 높은 타점과 긴 익스텐션이 실제 구속과 체감 구속 사이에 만드는 갭은 예전 오승환이나 우에하라처럼 그 자체로 강력한 무기가 될 수 있다. 구속이나 변화구에 집착하는 것은 오히려 이 강점을 깨뜨릴 수 있다.

Variable 이제 어린 나이로 미숙과 난조를 정당화할 시기는 지났다. 나이도 더 이상 적지 않고, 국제대회의 연속으로 커리어에서 가장 화려할 수 있는 시기가 눈앞이다. 2025시즌 이전부터 후반기에 접어들 때 힘이 빠지는 모습을 계속 보였다. 문제는 체력 그 자체가 아니라 체력의 배분이다. 팀이 가장 어려운 시기인 8월에 같이 체력 난조를 겪는 것은 미숙한 경험의 문제이다. 습관으로 굳어버리면 팀의 위기를 막을 수 없기에 반드시 극복해야할 지점이다.

Tier 1 Detailed Stats Grid

평균자책점 3.79	경기수 60	승 3	패 7	홀드 0
세이브 27	이닝 61.2	삼진 72	볼넷 18	승률 0.300
피안타 75	피홈런 4	실점 30	자책점 26	피안타율 0.299
투구수 1117	QS 0	WHIP 1.51	WAR 1.41	WPA 2.95

Tier 2

[Core Stats]
K/9: 10.51
K/BB: 4.00
27세이브 (리그 6위)

[Wish List]
후반기 체력 문제 극복
2점대 방어율 회복
30세이브

Pitch Repertoire (구종별 데이터)

구종(Type)	구사비율(Usage %)	평균 구속(Avg, km)	최고 구속(Max, km)	피안타율(BAA)
직구	55.6	146.3	151.7	0.331
슬라이더	27.9	134.1	141.7	0.237
포크	16.1	134.2	140.8	0.286
커브	0.4	120.5	124.5	1

어린 마무리의 시간은 끝, 이제 팀의 밤을 책임져야 할 때

나성범 47

외야수 (좌투좌타)

Basic info

생년월일	1989년 10월 3일
신장/체중	183cm/100kg
연봉	8억 원
출신학교	광주대성초-진흥중-진흥고-연세대

Legacy NC 시절 2번의 골든글러브를 수상했고 1번의 한국 시리즈 우승을 이끄는 등, 전성기를 보냈다. 그에 힘입어 2022년 6년 150억이라는 초대형 계약으로 연고팀 KIA 타이거즈로 이적했다. 두 번째 해 까지는 최고의 시즌을 보냈지만 문제는 에이징 커브였다. 2024년부터 수비, 타격 능력의 하락이 눈에 띈다.

Standard 매년 3할 가까운 타율과 20홈런, 5할 이상의 장타율이 보장되는 전형적인 파워 히터다. 출루율도 4할 이상을 뽑아낼 수 있어 매년 0.9 이상의 OPS를 기록하여 세이버매트릭스 관점에서 매우 뛰어난 타자였다. 그러나 에이징커브가 의심되는 2024시즌을 기점으로 공수주 모두 쇠퇴한 모습이 역력하다. 2026시즌에는 타격에 집중할 가능성이 높다.

Horizon 원래 수비와 주루 능력도 뛰어난 5툴 플레이으로 고평가받았지만, KIA 이적 후 2024년부터 수비, 주루 능력이 큰 폭으로 하락하고 말았다. 지명타자 자리를 맡던 최형우의 이적으로 인해, 2026시즌에는 지명타자를 주로 맡을 가능성이 높다. 외야 수비를 욕심낼 이유도 없다. 선택과 집중으로 강점인 타격 능력을 회복하고, 결정적인 순간 베테랑다운 해결사 역할을 해줘야 한다.

Tier 1 Detailed Stats Grid

타율	0.268	경기수	82	타석	310	타수	261	득점	30
안타	70	2루타	16	3루타	0	홈런	10	루타	116
타점	36	도루	0	볼넷	42	삼진	79	병살타	6
출루율	0.381	장타율	0.444	OPS	0.825	WAR	3.20	WPA	0.34

Tier 2

[Core Stats]	[Wish List]
순출루율 0.113 (리그 3위 수준)	3할 타율 회복
커브 상대 타율 0.429	100경기 이상 출장
대구 타율 0.412	20홈런 회복

Tracking Data

평균 타구속도(km)
137.8

평균발사각(°)
22.7

Hitting Data

타구분포 (%)	
Left	35.3
Center	24.9
Right	39.9

핫/콜드존

0.333	0.167	0.111
0.208	0.406	0.500
0.400	0.348	0.222

기록이 아닌 승리로 기억되어야 할 나스타 2.0

김범수 49 

투수 (좌투좌타)

Basic info

생년월일 1995년 10월 3일

신장/체중 181cm/92kg

연봉 4억 원

출신학교 온양온천초-온양중-북일고

Narrative 한화의 수많은 1차 지명 출신들처럼 모색의 시기가 길었다. 구속은 잘 나왔지만, 고질적인 제구 기복으로 10년 차까지 별다른 인상을 남기지 못했다. 그러나 2025년, 든든한 필승조로 각성하면서 73경기 48이닝 방어율 2.25 WHIP 1.08의 커리어하이를 기록했다. 이 활약을 끝으로 김범수는 KIA 타이거즈에서 새로운 도전을 하게 되었다.

Ceiling 패스트볼의 구속을 조금 줄이면서 제구를 잡았고, 슬라이더에 집중했다. 김범수의 슬라이더는 본디 피안타율이 0.318에 달할 정도로 좋지 않았지만, 2025년에는 무려 0.127로 필승 구종이 되었다. 완성된 슬라이더는 그가 주로 기용된 좌타상대 원포인트에서 가장 빛을 발했다. 김범수의 좌타 상대 방어율은 무려 1.15. WHIP도 0.99로 거의 철벽에 가까웠다.

Variable 올해 과제는 다른 변화구의 완성도 증가를 통한 우타 상대 약세 극복, 그리고 멘탈 개선이다. 2025시즌 보통 좌타 상대 원포인트에 한정해서 등판했지만, 타이거즈의 불펜 현 사정 상 김범수는 상황을 가리지 않는 필승조 역할을 해줘야 한다. 타이거즈가 자랑하는 좌완 파이어볼러 셋업맨으로 거듭나야 하는 2026시즌이다.

Tier 1 Detailed Stats Grid

평균자책점 2.25	경기수 73	승 2	패 1	홀드 6
세이브 2	이닝 48	삼진 41	볼넷 22	승률 0.667
피안타 30	피홈런 0	실점 17	자책점 12	피안타율 0.181
투구수 780	QS 0	WHIP 1.08	WAR 1.10	WPA 1.63

Tier 2

[Core Stats]	[Wish List]
좌타 상대 방어율 1.15	방어율 2점대 유지
포크볼 피안타율 0.091	슬라이더 위력 유지
슬라이더 피안타율 0.127	우타 상대 성적 향상

Pitch Repertoire (구종별 데이터)

구종(Type)	구사비율(Usage %)	평균 구속(Avg)	최고 구속(Max)	피안타율(BAA)
직구	7.3	147	150.9	0.313
직구	36.6	144.8	149.1	0.224
슬라이더	35.3	133.5	139.4	0.127
포크	15.3	135.1	140.1	0.091

긴 기다림 끝에 보석이 된 원석, 이젠 타이거즈의 셋업맨으로

오선우 56

내야수 (좌투좌타)

Basic info

생년월일	1996년 12월 13일
신장/체중	186cm/95kg
연봉	1억 2,000만 원
출신학교	성동초-자양중-배명고-인하대

Narrative 대졸 자원으로 2024년까지 이렇다 할 성적을 보여주지 못하였다. 그러던 2025시즌, 팀 전체가 부상 악령에 시달리면서 기회를 얻었다. 전반기 타율 3할에 OPS 0.840를 기록하며 팀의 최고 히트 상품이 되었다. 후반기에는 페이스가 떨어졌지만, 최종 18홈런을 기록하며 거포의 가능성을 보여준 시즌이었다.

Ceiling 전형적으로 장타에 모든 것을 건 타자이다. 2025년 삼진 1위를 기록할 정도로 삼진이 많은 대신, 큼지막한 스윙으로 걸리면 바로 홈런을 때려낼 수 있는 타자이다. 대타 요원으로 꾸준히 기회를 받았지만 선구안 문제로 그간 두각을 드러내지 못했다. 2025시즌에는 개선된 선구안으로 출루율을 3할 2푼까지 끌어올리면서 주전을 차지 할수 있었다. 수비는 외야 전 포지션을 소화할 수 있다는 평가다.

Variable 거포로서의 가능성은 증명하였지만, 158삼진으로 삼진 1위를 차지할 만큼 좋지 않은 선구안은 발전이 필요하다. 약점인 변화구 대응 중에서도 포크볼 계열의 떨어지는 구종에 유독 약하다. 다만 체인지업 대응 능력이 발전하였고 배트 컨트롤도 상승세를 타고 있다. 장점을 최대한 살리면서 단점을 보완하는 접근법이 필요할 것이다.

Tier 1 Detailed Stats Grid

타율 0.265	경기수 124	타석 474	타수 437	득점 58
안타 116	2루타 17	3루타 1	홈런 18	루타 189
타점 56	도루 0	볼넷 34	삼진 158	병살타 11
출루율 0.323	장타율 0.432	OPS 0.755	WAR 1.99	WPA -1.16

Tier 2

[Core Stats]	[Wish List]
순장타율 0.167 (리그 17위)	20홈런 달성
투심 상대 타율 0.424	삼진 갯수 줄이기
고척 OPS 1.091	70타점 달성

Tracking Data

평균 타구속도(km)
139.8

평균발사각(°)
17.8

Hitting Data

타구분포 (%)	
Left	29.5
Center	22.8
Right	47.8

핫/콜드존

0.500	0.375	0.294
0.424	0.469	0.333
0.241	0.333	0.333

늦게 핀 꽃이 더 아름답다

성영탁 65

투수 (우투우타)

Basic info

생년월일 **2004년 7월 28일**

신장/체중 **180cm/89kg**

연봉 **1억 2,000만 원**

출신학교 **동주초(부산서구리틀)-개성중-부산고**

Narrative 2025년 성영탁은 건물 사이에 속에 핀 꽃과 같았다. 무너진 불펜진 속에서 누구도 기대하지 않은 10라운더의 반란이 시작된 것이다. 데뷔 후 17.1이닝 무실점이라는 경이로운 기록을 작성하며 단숨에 국가대표까지 발탁됐다. 방어율 1.55 WHIP 0.97는 그가 타이거즈의 새로운 믿을맨임을 증명하는 훈장이었다.

Ceiling 130km대에 머물던 구속 한계를 투심 연마로 극복해낸 집념이 돋보인다. 최고 147km의 고속 투심은 강력한 무브먼트를 동반하며 타자들의 방망이를 무력화시킨다. 여기에 피안타율 0.174를 기록한 명품 커터와 커브의 조합은 그의 성적이 우연이 아니었음을 뒷받침한다. 도망가지 않고 스트라이크 존을 정조준하는 담대함은 성영탁의 잠재력을 더욱 높게 평가하게 만드는 핵심 요인이다.

Variable 연봉 3배 이상이 증명하듯 팀 내 입지는 확고해졌지만, 롱런을 위해서는 철저한 자기 관리가 필요하다. 지난 시즌 성영탁이 예측하지 못한 다크호스였다면 2026시즌부터는 집중견제의 대상이 될 것이다. 소포모어 징크스를 넘고 좋은 성적으로 한 시즌을 완주할 수 있느냐가 타이거즈 뒷문의 안정감을 결정지을 중대 분기점이 된다.

Tier 1 Detailed Stats Grid

평균자책점 1.55	경기수 45	승 3	패 2	홀드 7
세이브 0	이닝 52.1	삼진 30	볼넷 13	승률 0.600
피안타 38	피홈런 2	실점 11	자책점 9	피안타율 0.209
투구수 753	QS 0	WHIP 0.97	WAR 1.78	WPA 2.52

Tier 2

[Core Stats]	[Wish List]
커터 피안타율 0.174	소포모어 징크스 극복
WHIP 0.97	2년 연속 2점대 이하
BB/9: 2.24	60이닝+ 소화

Pitch Repertoire (구종별 데이터)

구종(Type)	구사비율(Usage %)	평균 구속(Avg, km)	최고 구속(Max, km)	피안타율(BAA)
커터	42.6	134.6	140.1	0.174
투심	40	141.5	146.7	0.246
커브	17.4	123.8	129	0.226

건물 사이에 피어난 장미, 그 끝나지 않은 꿈

포지션	내야수		신장/체중		188cm/90kg
투타유형	우투우타		출신학교		McKinnon(고)
생년월일	2000.09.11		연봉		7만 달러

타율	-	경기수	-	타석	-	타수	-	득점	-
안타	-	2루타	-	3루타	-	홈런	-	루타	-
타점	-	도루	-	볼넷	-	삼진	-	병살타	-
출루율	-	장타율	-	OPS	-	WAR	-	WPA	-

데일(32)

대부분 투수를 선택하는 가운데 유일하게 야수로 지명된 아시아쿼터 유격수. NPB 2군에서 41경기 타율 0.297, 출루율 0.357, 장타율 0.398, OPS 0.755를 기록했으며, 국제대회에 매번 호주 국가대표로 출전하고 있다. 다만 수비 시스템이 불안정하고, 송구를 사이드암으로 한다는 점은 다소 우려되는 부분. 무엇보다 프랜차이즈 스타 박찬호의 공백을 메워야하는 만큼, 그에 버금가는 활약으로 많은 물음표들을 느낌표로 바꿔나가야 한다.

포지션	투수		신장/체중		193cm/102kg
투타유형	우투우타		출신학교		미국 Northwestern State(대)
생년월일	1994년 10월 17일		연봉		70만 달러

평균자책점	3.62	경기수	26	승	11	패	7	홀드	0
세이브	0	이닝	149	삼진	169	볼넷	47	승률	0.611
피안타	125	피홈런	8	실점	64	자책점	60	피안타율	0.226
투구수	2490	QS	16	WHIP	1.15	WAR	3.72	WPA	2.90

올러(33)

최고 156km에 달하는 직구와 스위퍼를 주무기로 하는 우완 투수. 매 경기 6~7이닝을 소화할 수 있는 이닝 이터로, 구위와 제구도 뛰어난 편이다. 2025시즌에는 주무기였던 스위퍼 비중을 줄이고 최고 142.4km의 고속 슬라이더를 개발했고, 이것이 큰 위력을 발휘했다. 피안타율 0.130의 슬라이더와 0.155의 체인지업으로 상대 타자를 완벽히 제압했다. 2026시즌에는 네일과 함께 원투펀치로 풀타임을 소화하며 팀의 반등을 이끌어야 한다.

포지션	외야수		신장/체중		183cm/88kg
투타유형	우투좌타		출신학교		U.E.N. Luis Mariano Rivera(고)
생년월일	1993년 11월 30일		연봉		70만 달러

타율	-	경기수	-	타석	-	타수	-	득점	-
안타	-	2루타	-	3루타	-	홈런	-	루타	-
타점	-	도루	-	볼넷	-	삼진	-	병살타	-
출루율	-	장타율	-	OPS	-	WAR	-	WPA	-

카스트로(26)

위즈덤의 후임으로 정반대 스타일의 타자를 영입했다. 위즈덤이 신중한 선구안, 낮은 컨택, 강한 장타력이었다면, 카스트로는 적극적인 스윙, 높은 컨택, 중장거리 타격이 특징이다. 롯데 레이예스와 유사한 유형으로 타격은 뛰어나지만 수비와 주루는 약점이라는 평이다. KIA는 카스트로를 코너 외야수로 기용해 수비 부담을 최소화하고 타격에 집중시킬 계획이다. 최대한 많은 안타를 생산하고 찬스를 살리는 전략으로 최형우의 빈자리를 메워야 한다.

포지션	투수		신장/체중		183cm/87kg
투타유형	우투우타		출신학교		길원초(동대문구리틀)-잠신중-신일고
생년월일	2000년 9월 15일		연봉		1억 3,000만 원

평균자책점	4.81	경기수	24	승	4	패	7	홀드	0
세이브	0	이닝	125.1	삼진	71	볼넷	33	승률	0.364
피안타	149	피홈런	11	실점	79	자책점	67	피안타율	0.296
투구수	2068	QS	9	WHIP	1.45	WAR	0.68	WPA	0.61

김도현(60)

최고 149.2km의 패스트볼과 투심, 체인지업, 슬라이더, 커브를 두루 던지는 팔색조 우완 투수. 느린 구속이 단점이었으나 KIA 이적 후 구속이 대폭 늘면서 크게 발전한 모습을 보였다. 2025시즌 5선발로 낙점돼 전반기 좋은 활약을 펼치다가 후반기에 부진하며 4승 7패 4.81의 성적으로 마무리했다. 풀타임 선발을 처음 겪으며 체력 안배에 실패한 것이 문제였다는 지적이다. 2026년은 보다 영리하게 시즌을 풀어가며 더욱 꾸준한 활약을 노려야 한다.

포지션	내야수	신장/체중	165cm/77kg
투타유형	우투우타	출신학교	화순초-화순중-화순고
생년월일	1989년 12월 18일	연봉	6억 원

타율 0.321	경기수 84	타석 308	타수 271	득점 31
안타 87	2루타 18	3루타 1	홈런 3	루타 116
타점 46	도루 4	볼넷 31	삼진 35	병살타 9
출루율 0.395	장타율 0.428	OPS 0.823	WAR 2.4	WPA 0.41

뛰어난 컨택과 선구안으로 3할 타율과 4할에 가까운 출루율을 기록할 수 있는 타자다. 전성기에는 수비도 뛰어나다는 평가를 받았지만, 에이징 커브와 잦은 종아리 부상이 겹치며 2루 자리의 후계자를 물색해야 한다는 지적이 나왔다. 적지 않은 나이에도 타율 0.321과 출루율 0.395로 꾸준한 타격을 보여준 것은 호재. 2026시즌에는 선택과 집중으로 컨택을 살리거나, 확실한 내야의 사령탑 역할 둘 중 하나를 반드시 해줘야 한다.

포지션	포수	신장/체중	182cm/92kg
투타유형	우투우타	출신학교	양정초-대동중-부산고
생년월일	1989년 12월 30일	연봉	6억 원

타율 0.258	경기수 100	타석 274	타수 236	득점 20
안타 61	2루타 10	3루타 1	홈런 5	루타 88
타점 31	도루 0	볼넷 17	삼진 20	병살타 9
출루율 0.331	장타율 0.373	OPS 0.704	WAR 1.12	WPA -0.98

한준수를 비롯한 팀 내 포수 유망주들의 성장이 더디기 때문에 2026시즌에도 주전 포수로 기용될 것이 유력하다. 수비는 여전히 상위권으로 2025시즌에도 두산이 자랑하는 준족들인 정수빈과 조수행을 잡아내면서 건재한 도루 저지력을 입증했다. 타격 면에서도 기대치에 준하는 2할 중반대 타율을 기록하며 포수로서는 평균 수준을 유지했다. 원숙한 수비력과 세 자릿수 경기를 소화할 수 있는 내구성이 2026시즌 김태군의 키워드다.

포지션	외야수	신장/체중	178cm/85kg
투타유형	우투우타	출신학교	관산초-안산중앙중-군산상고-동국대
생년월일	1992년 4월 30일	연봉	2억 5,000만 원

타율 0.283	경기수 105	타석 381	타수 332	득점 46
안타 94	2루타 26	3루타 3	홈런 6	루타 144
타점 39	도루 12	볼넷 34	삼진 94	병살타 4
출루율 0.359	장타율 0.434	OPS 0.793	WAR 3.13	WPA -1.11

최고의 수비와 약한 타격이라는 양면을 지닌 중견수 자원이었으나, 2025시즌 타격 지표 개선으로 뒤늦은 전성기를 맞았다. 2025년 타율 0.283, OPS 0.8에 육박하는 성적을 기록하였는데, 과거 커리어하이였던 2016시즌을 뛰어넘는 타격 생산성이었다. 배드볼 히터로서의 성향에 파워를 입히며 좋은 라인드라이브 타구를 만들어낸 것이 효과적이었다는 평이다. 2026시즌에는 타격 감각을 유지하며 확실히 믿을 수 있는 주전으로 거듭나야 한다.

포지션	내야수	신장/체중	181cm/84kg
투타유형	우투우타	출신학교	광주화정초-무등중-광주제일고
생년월일	2003년 5월 7일	연봉	5,500만 원

타율 0.275	경기수 40	타석 160	타수 149	득점 24
안타 41	2루타 7	3루타 2	홈런 6	루타 70
타점 17	도루 2	볼넷 8	삼진 36	병살타 1
출루율 0.316	장타율 0.47	OPS 0.786	WAR 0.60	WPA -0.56

김선빈의 후계자로 기대받는 내야 유망주. 컨택과 파워 모두 좋은 평가를 받는 풀스윙 타자로 20홈런 이상의 잠재력이 있으나, 부족한 선구안은 약점으로 지적받는다. 수비 안정감 부족이 늘 꼬리표처럼 따라다니는 만큼 포지션 고정이 가장 시급하다는 평이다. 타의 모범이 되는 출중한 워크에씩에도 불구하고, 매년 잦은 부상에 시달리며 자신의 잠재력을 다 발휘하지 못하고 있다. 2026시즌에는 우선 부상없는 시즌 소화를 목표로 해야 한다.

포지션	투수		신장/체중	187cm/87kg
투타유형	좌투좌타		출신학교	창서초(서대문구리틀)-충암중-충암고
생년월일	2004년 4월 20일		연봉	1억 원

평균자책점 5.58	경기수 13	승 2	패 7	홀드 0
세이브 0	이닝 50	삼진 43	볼넷 30	승률 0.222
피안타 52	피홈런 4	실점 37	자책점 31	피안타율 0.269
투구수 888	QS 1	WHIP 1.64	WAR -0.07	WPA -0.54

평균 137.5km의 느린 직구에도 커터, 슬라이더, 체인지업, 커브 등 4가지 완성도 높은 변화구와 훌륭한 디셉션으로 데뷔 후 2년 연속 선발 자리를 지켜낸 투수. 그러나 3년 차였던 2025년, 4월까지 피안타율이 폭등하며 최악의 부진을 겪었고, 결국 팔꿈치 부상을 발견하며 9월에 토미존 수술을 받았다. 팀의 미래를 책임질 젊은 선발 자원인 만큼 빠른 복귀보다 완전한 재활이 중요하며, 부상이 고질화되지 않도록 장기적 안목으로 관리해야 한다.

포지션	투수		신장/체중	185cm/90kg
투타유형	좌투좌타		출신학교	광주수창초-충장중-광주제일고
생년월일	2002년 6월 16일		연봉	1억 3,000만 원

평균자책점 7.94	경기수 10	승 1	패 4	홀드 0
세이브 0	이닝 39.2	삼진 42	볼넷 31	승률 0.200
피안타 41	피홈런 6	실점 37	자책점 35	피안타율 0.266
투구수 784	QS 2	WHIP 1.82	WAR -0.63	WPA -0.77

재활 시즌에 어려운 팀 사정으로 5선발로 투입되면서 부상 이후 저하된 구위를 끌어올릴 타이밍을 놓쳤다. 구속은 최고 시속 153km까지 기록하며 수술 이전 수준을 회복했지만 회전수가 크게 떨어지면서 구위가 약화된 점이 우려를 낳는다. 양현종의 노쇠화는 현재진행형이고, 또 다른 좌완 선발자원 윤영철은 수술로 인해 2026시즌 전력에서 제외됐다. 2026시즌, 이의리의 명예 회복이 개인의 과제가 아닌 팀의 운명이 걸려있는 이유다.

포지션	투수		신장/체중	192cm/97kg
투타유형	우투좌타		출신학교	여수서초-여수중-효천고
생년월일	1990년 7월 3일		연봉	2억 7,000만 원

평균자책점 3.97	경기수 14	승 0	패 1	홀드 0
세이브 0	이닝 11.1	삼진 8	볼넷 5	승률 0.000
피안타 14	피홈런 0	실점 5	자책점 5	피안타율 0.318
투구수 181	QS 0	WHIP 1.68	WAR 0.15	WPA -0.12

140km 초반대의 빠른 공과 포크볼, 슬라이더, 커브를 구사하는 우완 정통파 투수. 구속의 약점을 공격적인 피칭으로 보완하지만 뜬공형 투수이기 때문에 피홈런에 취약하다. 스트라이크 존에 모든 구종을 넣을 수 있지만 커맨드가 완벽하지는 않아서 결정적인 순간마다 홈런을 맞는 경향이 있다. 풍부한 경험으로 선발과 불펜 모두 가능하지만 구위를 회복하지 못한다면 1군에서 중용되긴 어렵다. 롱릴리프로 필승조 과부하 감소가 현실적인 기대치다.

포지션	투수		신장/체중	180cm/88kg
투타유형	우투우타		출신학교	남도초-경복중-대구상원고
생년월일	1996년 4월 18일		연봉	3억 1,000만원

평균자책점 3.34	경기수 74	승 7	패 5	홀드 25
세이브 1	이닝 70	삼진 50	볼넷 20	승률 0.583
피안타 64	피홈런 4	실점 30	자책점 26	피안타율 0.242
투구수 1048	QS 0	WHIP 1.2	WAR 1.42	WPA 2.53

평균 142km의 패스트볼과 135km의 슬라이더, 133km의 포크볼을 구사하는 우완 정통파 투수. 세 구종 모두 완성도가 높고 특히 패스트볼의 구위가 돋보인다는 평이다. 2025시즌에는 포크볼의 완성도가 크게 향상되며 방어율 3.34, 25홀드, KIA 최초의 통산 100홀드를 달성하는 원동력이 되었다. 이제는 11년 차 베테랑에 접어드는 만큼, 2026시즌에도 꾸준한 폼을 유지하며 불펜의 중심을 잡아주는 것이 최우선 목표가 되어야 한다.

포지션	투수		신장/체중	186cm/97kg
투타유형	우투우타		출신학교	서화초-상인천중-대전고
생년월일	1994년 9월 4일		연봉	4억 원

평균자책점 3.90	경기수 72	승 6	패 6	홀드 28
세이브 1	이닝 60	삼진 55	볼넷 27	승률 0.500
피안타 64	피홈런 5	실점 29	자책점 26	피안타율 0.277
투구수 1113	QS 0	WHIP 1.52	WAR 0.75	WPA 0.93

FA로 2년 15억 원에 팀에 잔류했지만 평균 140km 초반대까지 저하된 빠른 공 구속과 약화된 구위는 고민거리다. 72경기 60이닝 동안 WHIP이 1.52에 달했다. 2025시즌 초반부터 다수의 주자를 내보냈고, 이는 마무리 정해영의 과부하로 이어졌다. 결국 성영탁과 자리를 맞바꾸면서 필승조 역할을 내줬다. 주무기 투심이 통하려면 제구력 회복이 필수다. 계투진 주축의 나이가 어린 KIA 특성상 조상우가 위력을 되찾아야 불펜의 중심이 잡힌다.

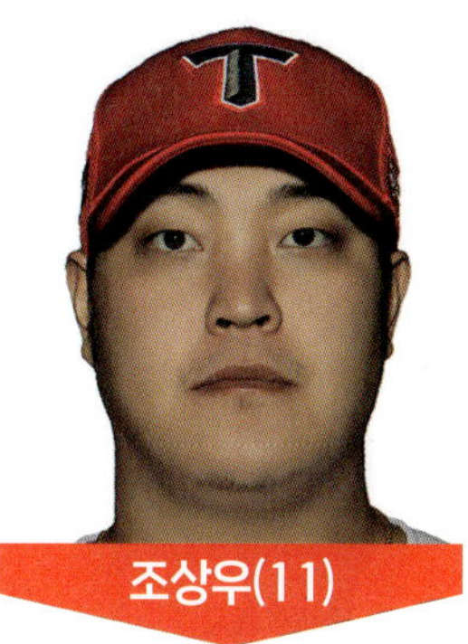

조상우(11)

포지션	투수		신장/체중	185cm/100kg
투타유형	좌투좌타		출신학교	강릉율곡초(강릉리틀)-경포중-강릉고
생년월일	2003년 9월 10일		연봉	1억 원

평균자책점 6.58	경기수 66	승 2	패 4	홀드 9
세이브 0	이닝 53.1	삼진 39	볼넷 51	승률 0.333
피안타 46	피홈런 5	실점 40	자책점 39	피안타율 0.238
투구수 1042	QS 0	WHIP 1.82	WAR -0.91	WPA 0.16

2년 차인 2023시즌 방어율 2.12를 기록하며 필승조로 각성해 국가대표에도 선발될 정도로 주목받았다. 그러나 3.94에 그쳤던 BB/9가 2024시즌에는 7.83으로 올랐고, 2025시즌에는 아예 8.61까지 폭증했다. 공의 위력은 여전했지만, 애초에 제구 난조로 스스로 볼넷을 만들어버리니 타자로서는 굳이 배트를 휘두를 필요가 없었다. 먼저 심리적인 안정을 되찾는 것이 우선이다. 좋았을 때의 모습을 회복하는 데 집중하다 보면 길이 보일 것이다.

최지민(39)

포지션	포수		신장/체중	184cm/95kg
투타유형	우투좌타		출신학교	광주서석초-광주동성중-광주동성고
생년월일	1999년 2월 13일		연봉	1억 원

타율 0.225	경기수 103	타석 276	타수 244	득점 33
안타 55	2루타 12	3루타 1	홈런 7	루타 90
타점 26	도루 0	볼넷 26	삼진 48	병살타 4
출루율 0.304	장타율 0.369	OPS 0.673	WAR 0.62	WPA -1.23

2018년 1차 지명 출신으로 장기적으로 KIA의 주전 포수 자리를 맡을 자원으로 평가받는다. 극단적인 어퍼스윙에서 나오는 준수한 장타 생산력에 수비도 나쁘지 않지만, 투수 리드와 블로킹은 아직 미숙하다는 평이다. 2024시즌 3할 타율을 기록하며 많은 기대를 모았으나 2025시즌에는 타율 0.225에 그쳤고 후반기 수비에서도 큰 아쉬움을 보였다. 믿을 수 있는 주전 포수로 거듭나기 위해서는 타격과 수비의 전방위적인 개선이 필요한 시점이다.

한준수(25)

포지션	투수		신장/체중	187cm/97kg
투타유형	우투우타		출신학교	화순초-화순중-화순고
생년월일	1992년 9월 29일		연봉	6억 5,000만 원

평균자책점 6.19	경기수 20	승 2	패 1	홀드 0
세이브 0	이닝 16	삼진 15	볼넷 15	승률 0.667
피안타 18	피홈런 2	실점 13	자책점 11	피안타율 0.273
투구수 341	QS 0	WHIP 2.06	WAR -0.23	WPA 0.04

옵트아웃을 통해 다소 무리한 이적을 감행했다. 2025시즌에는 팔꿈치 부상으로 반쪽 시즌에 머무르며 패전처리 내지 준필승조 역할에 그쳤다. 8월부터 빠른 공 평균 구속이 140km 중반대를 넘어서면서 컨디션 회복이 기대되었으나 제구력의 기복이 심했다. KIA에서도 일단 패전조에서 시작할 것으로 보인다. 관건은 주무기인 포심의 컨트롤 회복이다. 2025시즌을 재활 시즌으로 분류한다면, 2026시즌 KIA의 선택은 저점 매수가 될지도 모른다.

홍건희(52)

강효종(군 복무) 투수 - 상무 방어율 7.88로 크게 부진. 변화를 통한 반등의 길을 찾아야

투타유형	우투우타		신장/체중		182cm/84kg				
생년월일	2002년 10월 14일		출신학교		저동초(일산서구리틀)-충암중-충암고				

평자 -	경기수 -	승 -	패 -	홀드 -	세이브 -	이닝 -	삼진 -	볼넷 -	승률 -
피안타 -	피홈런 -	실점 -	자책점 -	AVG -	투구수 -	QS -	WHIP -	WAR -	WPA -

고종욱(57) 외야수 - 발과 컨택의 슈퍼 백업 베테랑, 대주자, 대타로 유종의 미를 노려야

투타유형	우투좌타		신장/체중		184cm/83kg				
생년월일	1989년 1월 11일		출신학교		역삼초-대치중-경기고-한양대				

타율 0.296	경기수 46	타석 123	타수 115	득점 13	안타 34	2루타 2	3루타 0	홈런 3	루타 45
타점 16	도루 2	볼넷 5	삼진 17	병살타 2	출 0.317	장 0.391	OPS 0.708	WAR 0.42	WPA -0.51

김건국(43) 투수 - 베테랑이나 방어율 6.85 에이징 커브, 새 구종 개발만이 극복의 길

투타유형	우투우타		신장/체중		183cm/86kg				
생년월일	1988년 2월 2일		출신학교		한서초(서부리틀)-청량중-덕수고				

평자 6.85	경기수 26	승 0	패 3	홀드 1	세이브 0	이닝 46	삼진 31	볼넷 17	승률 0.00
피안타 59	피홈런 11	실점 38	자책점 35	AVG 0.311	투구수 841	QS 0	WHIP 1.65	WAR -0.83	WPA -0.63

김규성(14) 내야수 - 5툴 보유한 반면 현재까지 전부 애매, 장타력·컨택 개선이 주전의 조건

투타유형	우투좌타		신장/체중		185cm/88kg				
생년월일	1997년 3월 8일		출신학교		갈산초-선린중-선린인터넷고				

타율 0.233	경기수 133	타석 222	타수 193	득점 30	안타 45	2루타 4	3루타 0	홈런 3	루타 58
타점 16	도루 5	볼넷 21	삼진 49	병살타 1	출 0.313	장 0.301	OPS 0.614	WAR 0.1	WPA -1.05

김기훈(53) 투수 - 제구 회복으로 방어율 3.25 기록, 변화구 개선이 필승조 진입의 열쇠

투타유형	좌투좌타		신장/체중		184cm/93kg				
생년월일	2000년 1월 3일		출신학교		광주수창초-무등중-광주동성고				

평자 3.25	경기수 24	승 1	패 1	홀드 0	세이브 0	이닝 27.2	삼진 27	볼넷 10	승률 0.500
피안타 25	피홈런 2	실점 11	자책점 10	AVG 0.245	투구수 464	QS 0	WHIP 1.27	WAR 0.36	WPA -0.08

김석환(35) 외야수 - 컨택, 선구안, 하드웨어 갖춘 거포, 장타력 회복이 올해의 과제다

투타유형	좌투좌타		신장/체중		187cm/97kg				
생년월일	1999년 2월 28일		출신학교		광주서석초-광주동성중-광주동성고				

타율 0.265	경기수 47	타석 134	타수 117	득점 14	안타 31	2루타 1	3루타 2	홈런 2	루타 42
타점 16	도루 0	볼넷 14	삼진 55	병살타 0	출 0.351	장 0.359	OPS 0.71	WAR 0.40	WPA 0.10

김시훈(61) 투수 - 150km 파이어볼러 출신이지만 구속 저하, 원인 파악과 정상화가 급선무

투타유형	우투우타		신장/체중		188cm/95kg				
생년월일	1999년 2월 24일		출신학교		양덕초-마산동중-마산고				

평자 8.06	경기수 24	승 1	패 0	홀드 1	세이브 0	이닝 25.2	삼진 18	볼넷 10	승률 1.000
피안타 33	피홈런 7	실점 25	자책점 23	AVG 0.308	투구수 439	QS 0	WHIP 1.68	WAR -0.66	WPA -0.26

김찬민(군 입대) 투수- 151km 고속 사이드암으로 가치 높아, 제대 후 긴 육성이 필승조의 길

투타유형	우언우타		신장/체중		185cm/85kg				
생년월일	2003년 9월 13일		출신학교		부안동초-이평중-전주고				

평자 -	경기수 -	승 -	패 -	홀드 -	세이브 -	이닝 -	삼진 -	볼넷 -	승률 -
피안타 -	피홈런 -	실점 -	자책점 -	AVG -	투구수 -	QS -	WHIP -	WAR -	WPA -

김태윤(군 복무) 투수 - 154km 파이어볼러지만 등판 전무, 제대 후 투구폼 재조정이 필요

투타유형	우투우타				신장/체중		180cm/88kg		
생년월일	2004년 10월 7일				출신학교		동궁초(사상구리틀)-대동중-개성고		

평자 -	경기수 -	승 -	패 -	홀드 -	세이브 -	이닝 -	삼진 -	볼넷 -	승률 -
피안타 -	피홈런 -	실점 -	자책점 -	AVG -	투구수 -	QS -	WHIP -	WAR -	WPA -

김태형(10) 투수- 대체선발로 인상적 투구, 피홈런 줄이기 위한 구위 향상이 과제

투타유형	우투우타				신장/체중		184cm/95kg		
생년월일	2006년 12월 15일				출신학교		화순초-거원중-덕수고		

평자 4.56	경기수 8	승 0	패 3	홀드 0	세이브 0	이닝 23.2	삼진 14	볼넷 7	승률 0.000
피안타 25	피홈런 4	실점 12	자책점 12	AVG 0.272	투구수 422	QS 0	WHIP 1.35	WAR 0.08	WPA 0.05

김현수(17) 투수- 제구 기복 줄여 18이닝 2.45 호투, 상승세 유지가 커리어의 분수령

투타유형	우투우타				신장/체중		185cm/90kg		
생년월일	2000년 7월 10일				출신학교		효제초-홍은중-장충고		

평자 2.45	경기수 18	승 0	패 0	홀드 0	세이브 0	이닝 18.1	삼진 11	볼넷 13	승률 -
피안타 17	피홈런 2	실점 5	자책점 5	AVG 0.243	투구수 309	QS 0	WHIP 1.64	WAR 0.23	WPA -0.09

박민(2) 내야수 - 최상위권 수비력이나 타격 부족, 타격폼 변화 등 다양한 노력 필요

투타유형	우투우타				신장/체중		184cm/84kg		
생년월일	2001년 6월 5일				출신학교		갈산초-성남중-야탑고		

타율 0.202	경기수 71	타석 105	타수 94	득점 11	안타 19	2루타 5	3루타 0	홈런 1	루타 27
타점 6	도루 1	볼넷 5	삼진 33	병살타 1	출 0.265	장 0.287	OPS 0.552	WAR -0.22	WPA -1.10

박재현(15) 외야수 - 5툴 잠재력으로 1년차 타율 0.296, 장타력 보완이 폭발의 분기점

투타유형	우투좌타				신장/체중		180cm/73kg		
생년월일	2006년 12월 8일				출신학교		동막초-재능중-인천고		

타율 0.081	경기수 58	타석 69	타수 62	득점 11	안타 5	2루타 1	3루타 0	홈런 0	루타 6
타점 3	도루 4	볼넷 6	삼진 26	병살타 0	출 0.159	장 0.097	OPS 0.256	WAR -1.04	WPA -0.77

박정우(1) 외야수 - 준주전급 외야수지만 사건 사고로 2군행, BQ, 워크에식 개선 절실

투타유형	좌투좌타				신장/체중		175cm/68kg		
생년월일	1998년 2월 1일				출신학교		역삼초-언북중-덕수고		

타율 0.274	경기수 53	타석 75	타수 62	득점 17	안타 17	2루타 2	3루타 0	홈런 0	루타 19
타점 4	도루 2	볼넷 10	삼진 12	병살타 1	출 0.4	장 0.306	OPS 0.706	WAR 0.37	WPA -0.32

변우혁(29) 내야수 - 1차 지명 파워형이나 OPS .543로 장타 실종, 타격폼 재조정이 시급

투타유형	우투우타				신장/체중		185cm/100kg		
생년월일	2000년 3월 18일				출신학교		일산초-현도중-북일고		

타율 0.218	경기수 47	타석 153	타수 142	득점 11	안타 31	2루타 7	3루타 0	홈런 0	루타 38
타점 17	도루 0	볼넷 10	삼진 47	병살타 3	출 0.275	장 0.268	OPS 0.543	WAR -0.47	WPA -1.24

유지성(4) 투수 - 130km대에서 141km로 증속 성공, 구속 유지가 경쟁력 확보의 열쇠

투타유형	좌투좌타				신장/체중		189cm/94kg		
생년월일	2000년 11월 15일				출신학교		수유초-자양중-북일고		

평자 0	경기수 1	승 0	패 0	홀드 0	세이브 0	이닝 1	삼진 0	볼넷 0	승률 -
피안타 0	피홈런 0	실점 0	자책점 0	AVG 0	투구수 10	QS 0	WHIP 0	WAR 0.02	WPA 0.00

이도현(66) 투수 - 팔꿈치 부상 극복 중 꾸준한 상승세, 인간승리의 출발선에 섰다

투타유형	우투우타				신장/체중		188cm/90kg		
생년월일	2005년 1월 7일				출신학교		가동초-휘문중-휘문고		

평자 6.92	경기수 6	승 1	패 1	홀드 0	세이브 0	이닝 13	삼진 9	볼넷 8	승률 0.500
피안타 17	피홈런 1	실점 11	자책점 10	AVG 0.309	투구수 242	QS 0	WHIP 1.92	WAR -0.08	WPA 0.03

이성원(58) 투수 - 150km 파이어볼러지만 제구 미완, 장기적인 육성이 필요

투타유형	우투우타				신장/체중		184cm/90kg		
생년월일	2006년 5월 18일				출신학교		호동초(화성B리틀)-안산중앙중-유신고		

평자 16.88	경기수 4	승 0	패 0	홀드 0	세이브 0	이닝 2.2	삼진 3	볼넷 4	승률 -
피안타 3	피홈런 0	실점 7	자책점 5	AVG 0.25	투구수 71	QS 0	WHIP 2.63	WAR -0.18	WPA -0.04

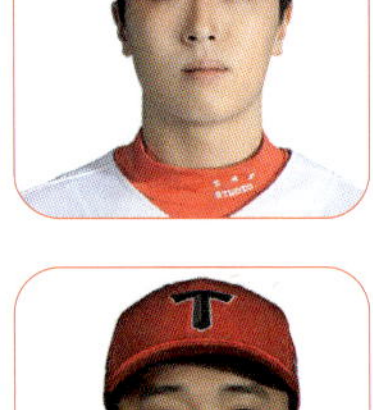

이송찬(군 입대) 투수 - 높은 타점과 각 큰 슬라이더 소유, 제대 후 밸런스 개선이 숙제

투타유형	우투우타				신장/체중		188cm/87kg		
생년월일	2004년 8월 8일				출신학교		화순초-광주동성중-광주동성고		

평자 -	경기수 -	승 -	패 -	홀드 -	세이브 -	이닝 -	삼진 -	볼넷 -	승률 -
피안타 -	피홈런 -	실점 -	자책점 -	AVG -	투구수 -	QS -	WHIP -	WAR -	WPA -

이준영(20) 투수 - 슬라이더 뛰어난 좌타 킬러, 우타자 상대 위한 세 번째 구종 개발 필요

투타유형	좌투좌타				신장/체중		177cm/85kg		
생년월일	1992년 8월 10일				출신학교		군산남초-군산중-군산상고-중앙대		

평자 4.76	경기수 57	승 3	패 1	홀드 7	세이브 0	이닝 34	삼진 34	볼넷 11	승률 0.75
피안타 36	피홈런 6	실점 18	자책점 18	AVG 0.273	투구수 569	QS 0	WHIP 1.38	WAR 0.15	WPA 0.09

이창진(8) 외야수 - 체중 증가로 인해서 타격 지표 급저하. 대대적인 재정비가 필요

투타유형	우투우타				신장/체중		173cm/85kg		
생년월일	1991년 3월 4일				출신학교		신도초-동인천중-인천고-건국대		

타율 0.161	경기수 37	타석 113	타수 93	득점 11	안타 15	2루타 3	3루타 0	홈런 1	루타 21
타점 9	도루 0	볼넷 16	삼진 22	병살타 2	출 0.295	장 0.226	OPS 0.521	WAR -0.51	WPA -0.71

이호연(36) 내야수 - 75타석 타율 0.343 기록, 3루수 백업 공백을 메워라

투타유형	우투좌타				신장/체중		177cm/87kg		
생년월일	1995년 6월 3일				출신학교		광주수창초-진흥중-광주제일고-성균관대		

타율 0.343	경기수 32	타석 75	타수 70	득점 8	안타 24	2루타 7	3루타 0	홈런 1	루타 34
타점 8	도루 0	볼넷 3	삼진 14	병살타 2	출 0.378	장 0.486	OPS 0.864	WAR 0.57	WPA -0.14

정해원(9) 외야수 - 1군 0할대인 2군 타율 0.362의 파워히터, 1군 컨택 적응이 최우선

투타유형	우투우타				신장/체중		185cm/87kg		
생년월일	2004년 5월 21일				출신학교		제주신광초-덕수중-휘문고		

타율 0.075	경기수 24	타석 46	타수 40	득점 5	안타 3	2루타 0	3루타 0	홈런 0	루타 3
타점 0	도루 0	볼넷 5	삼진 14	병살타 4	출 0.196	장 0.075	OPS 0.271	WAR -0.55	WPA -0.72

주효상(2) 포수 - 10년차 백업 포수, 타격 지표 개선이 제1백업으로의 첫 걸음

투타유형	우투좌타				신장/체중		183cm/95kg		
생년월일	1997년 11월 11일				출신학교		역북초-강남중-서울고		

타율 0.333	경기수 8	타석 17	타수 15	득점 1	안타 5	2루타 2	3루타 0	홈런 0	루타 7
타점 1	도루 0	볼넷 2	삼진 4	병살타 0	출 0.412	장 0.467	OPS 0.879	WAR 0.14	WPA 0.56

최지웅(군 입대) 투수 - 묵직한 직구지만 제구 아쉬워, 제대 후 컨트롤 개선이 절실

투타유형	우투우타			신장/체중		188cm/90kg				
생년월일	2004년 5월 14일			출신학교		탄천초-송전중-청담고				

평자 -	경기수 -	승 -	패 -	홀드 -	세이브 -	이닝 -	삼진 -	볼넷 -	승률 -
피안타 -	피홈런 -	실점 -	자책점 -	AVG -	투구수 -	QS -	WHIP -	WAR -	WPA -

한승연(31) 외야수 - 뛰어난 체격의 거포지만 상무 타율 0.208, 컨택 발전 필요

투타유형	우투우타			신장/체중		183cm/92kg				
생년월일	2003년 6월 9일			출신학교		군산신풍초-군산중-전주고				

타율 -	경기수 -	타석 -	타수 -	득점 -	안타 -	2루타 -	3루타 -	홈런 -	루타 -
타점 -	도루 -	볼넷 -	삼진 -	병살타 -	출 -	장 -	OPS -	WAR -	WPA -

한재승(55) 투수 - 152km와 수준급 슬라이더 소유, 컨트롤 정비가 각성의 출발선

투타유형	우투우타			신장/체중		180cm/90kg				
생년월일	2001년 11월 21일			출신학교		동막초-상인천중-인천고				

평자 6.48	경기수 36	승 1	패 1	홀드 1	세이브 1	이닝 33.1	삼진 35	볼넷 31	승률 0.500
피안타 40	피홈런 5	실점 29	자책점 24	AVG 0.317	투구수 685	QS 0	WHIP 2.13	WAR -0.69	WPA -0.38

홍민규(67) 투수 - 1년차 33이닝 방어율 4.59 준수, 구위 개선이 도약의 관건

투타유형	우투좌타			신장/체중		183cm/87kg				
생년월일	2006년 9월 11일			출신학교		서울논현초(용산구리틀)-대원중-야탑고				

평자 4.59	경기수 20	승 2	패 1	홀드 0	세이브 1	이닝 33.1	삼진 17	볼넷 15	승률 0.667
피안타 37	피홈런 4	실점 19	자책점 17	AVG 0.28	투구수 571	QS 0	WHIP 1.56	WAR -0.03	WPA -0.44

황대인(34) 내야수 - 11년째 정체된 특급 유망주 출신, 마지막 기회인 만큼 피나는 노력이 필요

투타유형	우투우타			신장/체중		178cm/100kg				
생년월일	1996년 2월 10일			출신학교		군산신풍초-자양중-경기고				

타율 0.189	경기수 18	타석 57	타수 53	득점 3	안타 10	2루타 3	3루타 0	홈런 1	루타 16
타점 8	도루 0	볼넷 3	삼진 14	병살타 0	출 0.228	장 0.302	OPS 0.53	WAR -0.16	WPA -0.52

황동하(41) 투수 - 5선발 경쟁 중 교통사고로 이탈, 몸 재정비가 올해의 숙제

투타유형	우투우타			신장/체중		183cm/96kg				
생년월일	2002년 7월 30일			출신학교		진북초-전라중-인상고				

평자 5.30	경기수 18	승 1	패 2	홀드 0	세이브 0	이닝 35.2	삼진 31	볼넷 10	승률 0.333
피안타 38	피홈런 4	실점 21	자책점 21	AVG 0.277	투구수 576	QS 0	WHIP 1.35	WAR 0.18	WPA -0.22

두산 베어스

창단연도	1982년
연고지	서울특별시
홈구장	서울 종합운동장 야구장
한국시리즈 우승	1982, 1995, 2001, 2015, 2016, 2019
야구철학	미라클 허슬
구단연혁	OB 베어스(1982~1998) 두산 베어스(1999~)

2025 시즌 리뷰

2024년 와일드카드 사상 첫 업셋을 당했던 두산 베어스. 2025년 스토브리그에서 정철원과 전민재를 보내고 유망주 김민석과 추세현, 최우인을 데려오며 리빌딩 기조를 잡았다.

그렇게 시작한 2025시즌은 암울했다. 시즌 시작 전부터 곽빈과 홍건희의 부상, 5선발 김유성의 붕괴, 외국인 선수들까지 부진했다. 타선은 베테랑들이 기량을 발휘하지 못했으며, 1군으로 끌어올린 유망주들도 성장이 지지부진했다. 결국 6월까지 리그 9위에 붙박이로 남는 참담한 결과를 남기고 이승엽 감독이 사퇴하였다.

이후 조성환 감독대행은 부임 초반에는 좋은 방향성을 설정하며 돌풍을 일으켰다. 유망주들을 적극 기용하면서 8월 한때, 5위와 3경기 차까지 따라붙었다. 그러나 반등이 독이 되었을까. 점점 전임 감독이랑 다를 바 없는 무분별한 불펜 운영을 하고, 이유찬, 김민석 등 아직 미숙한 선수들에게 과도한 기대를 거는 운영이 팀 전체에 부담을 가중시켰다. 결국 9위로 마무리한 것도 어찌 보면 당연한 결과였다.

2025년은 두산의 '화수분'이 이제 더는 관성에 의지해서는 안 된다는 것이 드러난 시즌이었다. 기회를 준 유망주 중 박준순, 오명진을 제외하면 제대로 성장한 선수가 없었다.

이제 두산에게 주어진 과제는 당장 성적을 내는 것이 아닌, 인내심을 갖고 장기적인 리빌딩을 감내해야 한다는 것이다.

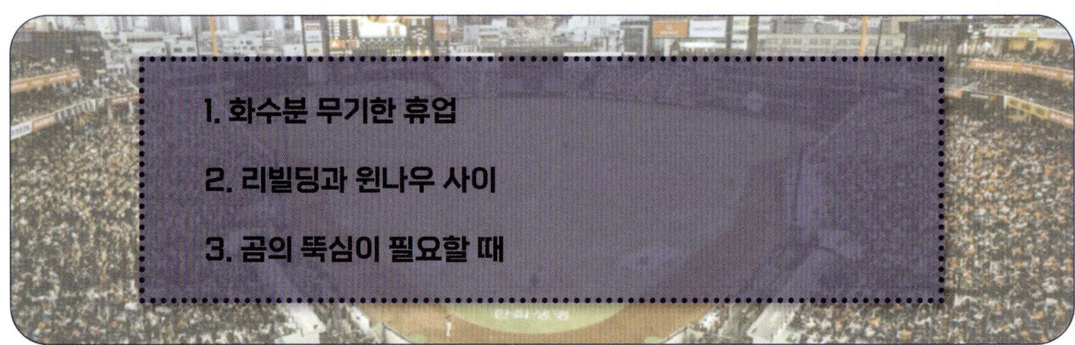

2025 팀 기록

최근 10년간 팀 순위 (1-2-2-1-2-2-9-5-4-9)

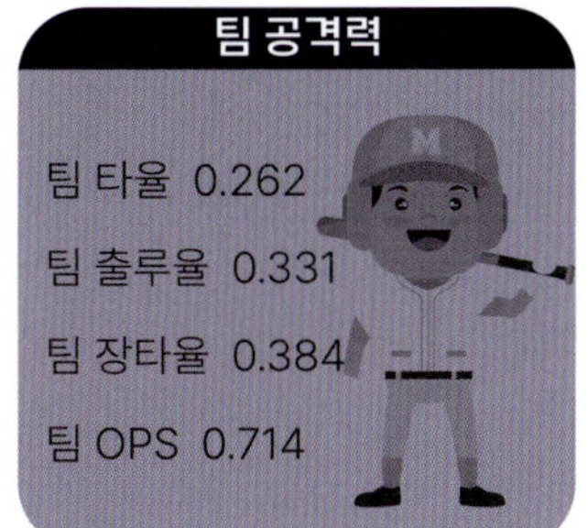

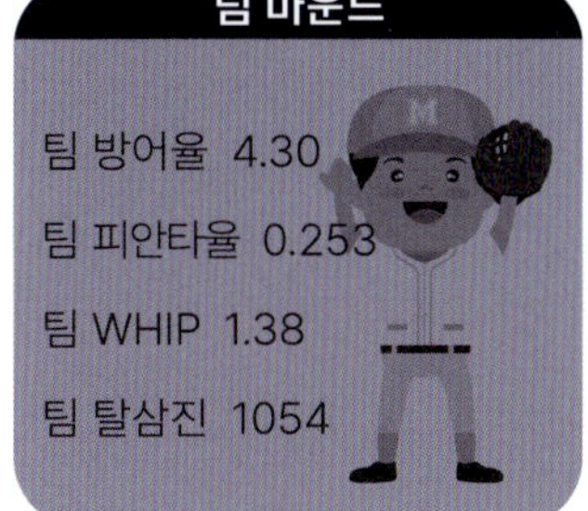

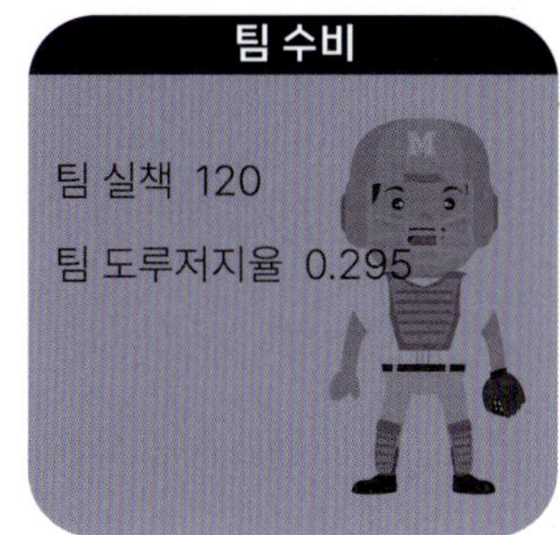

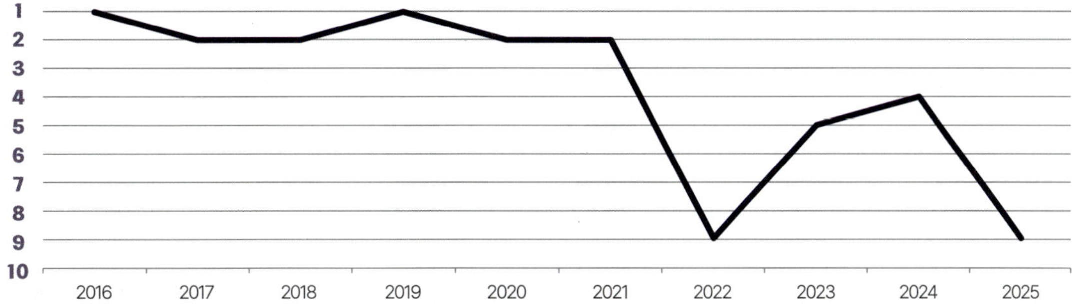

팀 공격력

팀 타율 0.262

팀 출루율 0.331

팀 장타율 0.384

팀 OPS 0.714

팀 마운드

팀 방어율 4.30

팀 피안타율 0.253

팀 WHIP 1.38

팀 탈삼진 1054

팀 수비

팀 실책 120

팀 도루저지율 0.295

팀 최애 선수(유니폼 마킹순)

1. 김택연

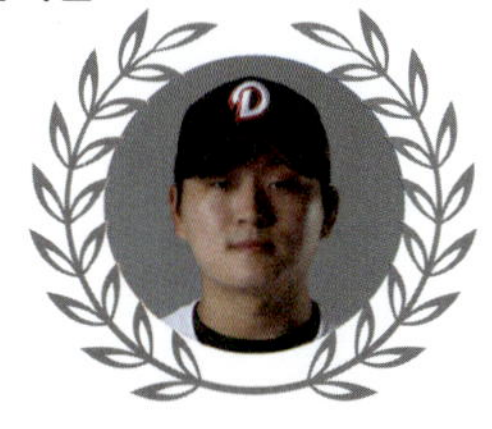

2. 정수빈

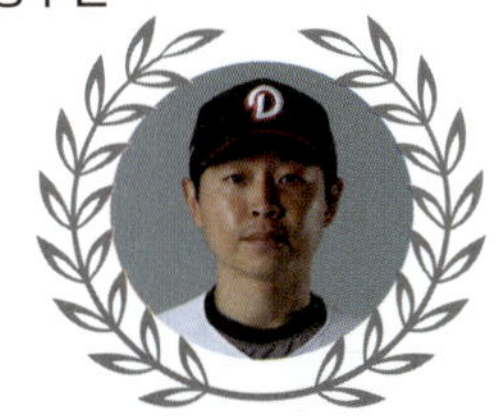

3. 오명진

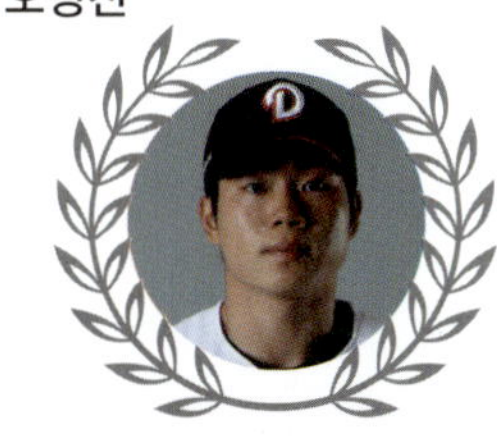

2025 승리의 알고리즘

팀 WAR

	타자 WAR	투수 WAR	수비효율 (DER)
리그	22.5	14.57	0.679
두산	20	11.25	0.689
순위	6	8	3

구장 특징

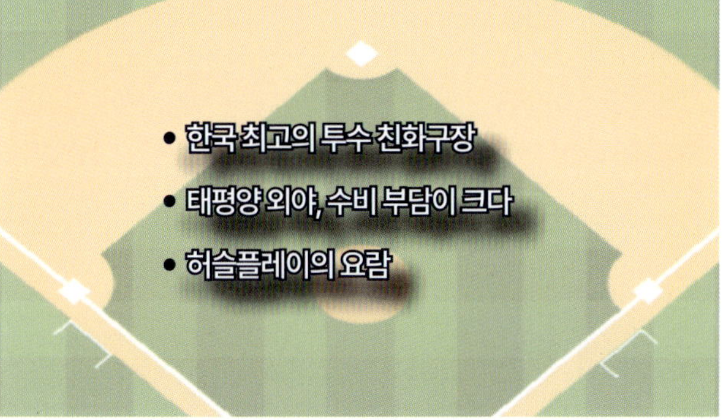

🥎 투수진

선발투수	잭로그
	플렉센
	곽빈
	최승용
	최민석
필승조	타무라
	박신지
	박치국
마무리	김택연

🥎 Plan B

포수	김기연, 류현준
1루수	강승호, 홍성호, 김동준
2루수	오명진, 박계범, 박준순
3루수	임종성, 박지훈
유격수	이유찬, 안재석
좌익수	김인태, 조수행, 김동준
중견수	조수행
우익수	조수행, 김인태
지명타자	양의지, 홍정호, 김동준
대체선발	이영하, 양재훈

⚾ 스토브리그 성적표

C

⚾ 2026 시즌 예상 순위

8

IN) 주요 선수 영입

1.플렉센(외국인선수)

2.카메론(외국인선수)

3.타무라(아시아쿼터)

4.박찬호(FA)

5.이용찬(2차드래프트)

김재환과 홍건희가 팀을 떠나면서 전력 약화가 있었다. 플렉센의 영입과 젊은 유격수 박찬호의 영입은 합리적이다.

OUT) 주요 선수 이탈

1.콜어빈(계약종료)

2.케이브(계약종료)

3.김재환(자유계약)

4.홍건희(자유계약)

5.고효준(방출)

리빌딩의 기조를 확실히 잡고 젊은 선수들 육성에 힘써야 한다. 어설프게 윈나우를 선언하면 팀의 미래마저 위험해진다.

BEST CASE_SCENARIO

① 허슬두의 부활에 앞장서는 박찬호.

② 정수빈, 양의지, 화수분 멤버들의 대활약.

③ 드디어 각성하는 김대한.

④ 투수 전문가 리더십, 마운드 재건 대성공.

⑤ 미라클 두산의 귀환, 가을 잠실의 주인공.

WORST CASE_SCENARIO

① 떠난 김재환의 대활약, 본전 생각나게 하는 박찬호.

② 끝나지 않는 김대한의 방황.

③ 세월을 어쩌지 못하는 정수빈과 양의지.

④ 계속되는 불펜 과부하, 돌아오지 못하는 유망주들.

⑤ 가을 잠실의 주인공은 LG.

대체 불가 자원 TOP 3

TOP 1: 양의지
최상급 타격을 보여주는 최고의 포수이자 필드 위의 사령관.

TOP 2: 잭로그
176이닝의 공백을 대체 선발이 메우게 될 경우 시즌은 끝난다.

TOP 3: 박찬호
두산 리빌딩의 핵심. 부상이나 부진할 경우 내야 설계 자체가 무너진다.

우승을 위해 반드시 넘겨야할 상대 3팀

1) LG
잠실의 주인을 놓고 싸우는 전통의 라이벌. 너에게게만은 질 수 없다.

2) KT
작년 4승 1무 11패로 절대열세로 몰렸던 상대. 반등을 위해서 꼭 잡아야 한다.

3) SSG
SK와 두산 시절부터 이어져 온 치열한 라이벌리. 작년의 열세를 뒤집어야.

입문자를 위한 핵심 포인트 TOP 3

1) 먹산의 전설, 흥겹게 먹고 노는 두산 팬 컬러

2) 화수분 안 죽었다. 끊임없이 나오는 젊은 선수들

3) 뚜렷한 라이벌리, LG와의 경쟁이 주는 짜릿함

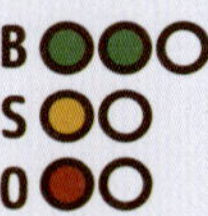

김원형, '어린왕자'의 귀환, 기대도 투수, 변수도 투수

Character

2025시즌 마운드 붕괴로 가을야구에 실패한 두산이 선택한 카드는 '어린 왕자'였다. 투수 조련사이자 '와이어 투 와이어' 우승의 주역인 김원형은 SSG 시절 보여준 냉철한 마운드 운영을 두산에 이식하려 한다. 화려함보다는 실리를 우선하는 정통파 스타일이다.

Strength

무너진 불펜과 선발진의 보직을 재정립하는 데 있어 그만한 적임자는 없다. 계산이 서는 마운드가 구축된다면 두산 특유의 끈질긴 팀 컬러가 되살아나며 5강 싸움의 다크호스가 될 것이다.

Weakness

SSG에서 데이터와 경험에 기반한 마운드 운영은 강점이었지만, 야수 운영은 올드스쿨에 가까웠다. 투수가 성패를 가르겠지만, 역설적으로 마운드가 흔들릴 때 경기를 뒤집을 타격이나 플랜 B가 부족하다는 점은 변수가 될 수 있다.

곽빈 47

투수 (우투우타)

Basic info

생년월일 1999년 5월 28일

신장/체중 187cm/95kg

연봉 3억 500만 원

출신학교 서울학동초-자양중-배명고

Narrative '베이징 키즈'로 기대를 모았지만 부상이 잦았다. 혹사로 인한 피로골절을 겪었고, 프로로 넘어올 때 팔꿈치 수술을 하면서 재활이 길었다. 다행히 팀의 불펜야구 기조에 의해 불펜과 선발을 오가며 소모되었던 선배 파이어볼러들에 비하면 곽빈은 비교적 체계적인 관리를 받으며 성장했다. 올 시즌은 팀의 부활과 함께 본격적인 파이어볼러 에이스의 위상을 굳혀갈 적기다.

Ceiling 리그 최정상급의 구속과 구위를 자랑하는 돌직구를 던진다. 커브를 통한 타이밍 뺏기와 체인지업을 통한 헛스윙 유도, 슬라이더까지 구사하며 힘으로 밀어붙인다. 소위 '새가슴 투수로 오인되지만, 애초에 곽빈이 던질 때 두산이 강한 전력을 갖고 임한 적이 거의 없는 점을 감안해야 한다. 다만 백스윙을 짧게 가져가는 폼 특성상 이닝 소화력이 미지수다.

Variable 2026시즌 곽빈에게 남은 과제 중 첫째는 건강, 둘째는 기복의 통제다. 국제대회가 이어질 2026시즌에는 건강 문제가 치명적인 변수가 될 수 있다. 생각이 많은 경향 탓에 컨트롤이 조금만 무너지면 바로 볼넷이 급증한다. 여유있게 던질 수 있는 본인의 마음가짐과 팀의 조력이 중요한 시기다.

Tier 1 Detailed Stats Grid

평균자책점 4.20	경기수 19	승 5	패 7	홀드 0
세이브 0	이닝 109.1	삼진 107	볼넷 41	승률 0.417
피안타 96	피홈런 9	실점 55	자책점 51	피안타율 0.232
투구수 1804	QS 7	WHIP 1.25	WAR 1.68	WPA 1.38

Tier 2

[Core Stats]	[Wish List]
직구 최고 구속 157.2km	부상없는 시즌
K/9: 8.81 (리그 7위 수준)	방어율 3점대 달성
체인지업 피안타율 0.158	선발 10승 복귀

Pitch Repertoire (구종별 데이터)

구종(Type)	구사비율(Usage %)	평균 구속(Avg, km)	최고 구속(Max, km)	피안타율(BAA)
직구	47.6	149.7	157.2	0.287
슬라이더	22.1	136.3	144	0.216
커브	16.4	120.2	127	0.203
체인지업	13.9	129.6	136.8	0.158
투심	0.1	148	148	-

투석기에서 대포로, 파이어볼러의 진화

양의지 25

포수 (우투좌타)

Basic info

생년월일 1987년 6월 5일

신장/체중 180cm/95kg

연봉 42억 원

출신학교 송정동초-무등중-진흥고

Legacy 양의지의 가장 큰 의의는 경기의 흐름에 있다. 포수라는 포지션은 과거에나 지금이나 눈에 보이지 않는 공이 더 크다. 2025시즌 양의지에게 전성기의 파괴력은 없었을지 몰라도 경기를 끝까지 끌고 가는 힘은 건재했다. 투수의 컨디션을 읽고, 타자의 타이밍을 끊고, 흐름이 흔들릴 때 마운드를 먼저 찾을 줄 아는 포수는 많지 않다. 경기가 어디서부터 안정되었는지 돌아보면 높은 확률로 양의지의 움직임이 보인다.

Standard 선발과 불펜의 전환점을 파악하는데 양의지의 판단을 간과할 수 있는 벤치는 없다. 김원형 감독 체제에서도 이런 양의지의 역할은 그대로 이어질 것으로 보인다. 양의지의 리더십은 화려한 말이나 묵직한 액션이 아니라 합리적인 상황 판단에서 나온다. 베테랑 리더들이 빠지기 쉬운 근성과 정신력의 함정에서 자유롭다는 점에 주목할 필요가 있다.

Horizon 풀타임 출장의 유혹은 과감하게 접어야 한다. 결정적인 경기들을 중심으로 양의지의 존재감을 극대화할 수 있는 운영의 묘가 필요하다. 반드시 잡아야 할 경기에서 양의지를, 젊은 힘을 육성해야할 경기에서 미래 자원을 활용해야 한다. 양의지의 강점은 이제 파괴력보다는 찬스를 놓치지 않는 힘에서 나온다. 타선 설계에서도 이 부분이 반영되어야 한다.

Tier 1 Detailed Stats Grid

타율 0.337	경기수 130	타석 517	타수 454	득점 56
안타 153	2루타 27	3루타 1	홈런 20	루타 242
타점 89	도루 4	볼넷 50	삼진 63	병살타 10
출루율 0.406	장타율 0.533	OPS 0.939	WAR 5.79	WPA 2.27

Tier 2

[Core Stats]	[Wish List]
타율 0.337 (리그 1위) 출루율 0.406 (리그 3위) 커브 상대 타율 0.462	통산 300홈런 타출장 3/4/5 라인 유지 OPS 0.900 유지

Tracking Data

평균 타구속도(km)
139.4

평균발사각(°)
22.6

Hitting Data

타구분포 (%)	
Left	50
Cneter	25.3
Right	24.7

핫/콜드존

0.290	0.355	0.222
0.500	0.314	0.304
0.381	0.359	0.353

좋은 포수는 많다. 오래 이기는 법을 아는 포수는 양의지 뿐

박찬호 7

내야수 (우투우타)

Basic info

생년월일 1995년 6월 5일

신장/체중 178cm/72kg

연봉 8억 원

출신학교 신답초-건대부중-장충고

Narrative 신인 시절부터 계속 지적받던 한계를 넘어서며 성장한 유망주다. 기본기가 잘 갖춰진 수비는 강점이었지만, 타격 기대치가 낮고, 주력도 신체 조건에 비해 썩 뛰어나지 않았다. 그러나 뛰어난 자기 관리와 장점과 약점에 대한 파악, 그에 기반한 선택과 집중이 돌파구가 되었다. 밸런스 좋은 젊은 유격수는 귀한 자원이다. 기본기 중심으로 팀을 재건하려는 두산 베어스가 현역 최고 대우로 박찬호를 선택한 것은 당연한 일이다.

Ceiling 뭐든 욕심을 제어할 줄 알아서 올라운더가 된 경우다. 장타력을 키우려던 신인 때와는 달리 현재는 컨택에 집중하면서 투수를 소모시키는 방향으로 타격 전략 포커스를 맞춘다. 체력 문제로 기복이 크지만 선택과 집중에 능해 타선 설계에 좋다. 수비 기본기는 현역 유격수 중 최고 수준이다. 도루 욕심이 크지 않다는 점도 포인트이며, 안정적인 플레이 성향은 30대에 접어든 센터 내야 요원으로서는 플러스가 될 수 있다.

Variable 잠실은 기본기를 중시하는 두산의 전통이 있는 곳이다. 또한 두산의 선수 관리 인프라가 전통적으로 우수하다는 점도, 박찬호가 그동안 입증해온 내구성과 시너지가 기대되는 부분이다. 불의의 변수가 없다면 두산의 내야 수비는 확실히 향상될 것으로 보인다.

Tier 1 Detailed Stats Grid

타율 0.287	경기수 134	타석 595	타수 516	득점 75
안타 148	2루타 18	3루타 2	홈런 5	루타 185
타점 42	도루 27	볼넷 62	삼진 69	병살타 7
출루율 0.363	장타율 0.359	OPS 0.722	WAR 3.81	WPA -1.78

Tier 2

[Core Stats]	[Wish List]
148안타 (리그 10위)	3할 타율 복귀
27도루 (리그 8위)	OPS 0.700+ 유지
잠실 타율 0.339	출루율 0.350+ 유지

Tracking Data

평균 타구속도(km)
130.9

평균발사각(°)
18.1

Hitting Data

타구분포 (%)	
Left	40.5
Cneter	23.9
Right	35.6

핫/콜드존

0.290	0.353	0.275
0.342	0.377	0.300
0.265	0.262	0.412

최고의 야전 사령관, 잠실만 잡으면 올타임 레전드다

김택연  63

투수 (우투우타)

Basic info

생년월일 2005년 6월 3일

신장/체중 181cm/88kg

연봉 2억 2,000만 원

출신학교 동막초-상인천중-인천고

Narrative 임태훈에서 함덕주와 정철원의 뒤를 잇는 마운드의 아기곰 유력 후보다. 데뷔 시즌이던 2024시즌부터 스프링캠프와 연습경기에서 이미 강력한 구위와 경기 운영 능력으로 눈도장을 찍었다. 결과적으로 65이닝 78탈삼진, ERA 2.08에 19세이브로 고졸 신인 최다 세이브 기록을 경신했다. 다만 2025시즌은 기복이 있었다. 단조로운 레퍼토리로 인해 상대 팀들의 전력 분석을 이겨내지 못한 점이 아쉽다. 중요한 순간마다 장타를 맞으면서 블론 세이브가 9개로 크게 늘었다.

Ceiling 작은 체격에 비해 공에 힘이 있고, 고교 시절 5연투에도 위력투를 과시하며 스태미너도 검증되었다. 시속 150km 중반을 넘는 빠른 공은 회전수와 무브먼트 모두 뛰어나다. 구위를 믿고 정면 승부를 피하지 않는 강심장까지 더해져서 타자 입장에서는 부담스러운 유형이다. 다만 변화구는 슬라이더를 제외하면 실전에서 믿고 쓸 수 있는 구종이 마땅치 않아 불펜에서 계속 중용될 가능성이 높다.

Variable 선발 전향이라는 변수가 있지만, 젊은 마무리로 활약할 가능성이 높다. 투수 보직에 대한 기준이 까다로운 김원형 감독의 성향을 감안하면 더욱 그렇다. 관건은 시즌 중이 아니라 시즌 전에 레퍼토리를 개발하는 것.

Tier 1 Detailed Stats Grid

평균자책점 3.53	경기수 64	승 4	패 5	홀드 0
세이브 24	이닝 66.1	삼진 79	볼넷 31	승률 0.444
피안타 47	피홈런 6	실점 31	자책점 26	피안타율 0.196
투구수 1151	QS 0	WHIP 1.18	WAR 1.09	WPA 1.60

Tier 2

[Core Stats]	[Wish List]
직구 최고 구속 154.8km	2점대 방어율 복귀
직구 피안타율 0.174	25+ 세이브 달성
한화 상대 방어율 0	솔리드한 변화구 추가

Pitch Repertoire (구종별 데이터)

구종(Type)	구사비율(Usage %)	평균 구속(Avg, km)	최고 구속(Max, km)	피안타율(BAA)
직구	72.7	148.8	154.8	0.174
슬라이더	23.6	133.4	142.6	0.23
포크	1.7	137.6	142.2	0.375
체인지업	1.7	134.4	137.3	0.25
커브	0.3	119.4	121.3	-

잠실의 아이, 곰들의 어린 수호신

이영하 50

투수 (우투우타)

Basic info

생년월일 1997년 11월 1일

신장/체중 192cm/91kg

연봉 6억 원

출신학교 영일초-강남중-선린인터넷고

Narrative 빠른 공과 슬라이더의 위력과 강심장으로 두산 마운드의 확고한 미래처럼 보였다. 그러나 팀의 부침과 불미스러운 스캔들로 방황이 길었다. 단기 성과에 얽매인 팀 방향성이 이영하의 안정을 기다리지 않았고, 차분히 정비할 시간을 잃었다. 작년도 모색이란 두 글자에서 자유롭지 않았다. 팀 리더십의 변화와 무관하지 않다. FA 1년차에는 달라져야 한다.

Ceiling 최고 강점은 스태미너. 구속을 유지하면서 연투와 멀티 이닝이 가능하다. 단, 이를 '마당쇠'로 착각하는 잘못된 운영 전략이 없을 때 이야기다. 불펜을 소모하는 경향이 강한 기존 한국 야구의 스타일에서는 한 시절 투수로 소모되기 좋은 특성이다. 메커니즘에 아직 안정감이 없다는 것도 숙제. 제구나 멘탈이 수준급임에도 WHIP이 1.53에 육박했다. 스태미너를 좋은 상태를 유지할 수 있는 에너지로 전환해야 한다.

Variable 선발과 불펜 모두를 시야에 넣고 있다. 새 리더십은 투수에 있어 기준이 까다롭다. 강점을 최대한 빠른 시간 안에 어필해야 한다는 점이 포인트다. 어정쩡한 전천후 투수로 남기 딱 좋은 나이라는 점, FA 자원이기 때문에 최대한 빨리 팀이 '돈값'을 요구하리라는 점을 배수진 삼아야 한다. 오버페이스도, 슬로스타팅도 허락되지 않는 2026년이다.

Tier 1 Detailed Stats Grid

평균자책점 4.05	경기수 73	승 4	패 4	홀드 14
세이브 0	이닝 66.2	삼진 72	볼넷 39	승률 0.500
피안타 63	피홈런 4	실점 33	자책점 30	피안타율 0.254
투구수 1136	QS 0	WHIP 1.53	WAR 0.68	WPA -0.03

Tier 2

[Core Stats]	[Wish List]
K/9: 9.72	선발 로테이션 합류
73경기 출장 (리그 10위)	3점대 방어율
슬라이더 피안타율 0.204	WHIP 줄이기

Pitch Repertoire (구종별 데이터)

구종(Type)	구사비율(Usage %)	평균 구속(Avg, km)	최고 구속(Max, km)	피안타율(BAA)
직구	49.3	148.6	153	0.324
슬라이더	42.3	135.1	141	0.204
커브	7.7	119.9	127.2	0.133
포크	0.6	133.5	136.8	0.5
커브				

모색의 시간은 끝, 이제는 증명의 시간

정수빈 31 

외야수 (좌투좌타)

Basic info

생년월일 1990년 10월 7일

신장/체중 175cm/70kg

연봉 6억 원

출신학교 수원신곡초-수원북중-유신고

Legacy 두산 화수분 시대의 라스트 스타. 1년 차부터 이종욱의 백업으로 중견 수비를 무리없이 소화했다. 외야 전체 포지션을 커버할 수 있는 준족, 센스, 강견을 모두 갖췄다. 배드볼 히터 기질과 강심장, 빠른 발이 만든 현역 3루타 1위 기록도 위협적. 여전히 풀타임 주전 중견수가 가능하다. FA에서도 좋은 평가를 받았고, FA 이후 꾸준한 활약상을 보였다. 2026시즌에도 기대를 걸어볼 이유가 크다.

Standard 리그 최정상급 수비수로, 공격 면에서도 출루에 집중하면서 안정적인 출루형 리드오프로 순조롭게 스타일을 바꿔가고 있다. 현역 최다 3루타로 대표되는 준족형 타자로 팀 타선에서 그 위상은 확고하며, 2025시즌 6홈런을 때려낸 불의의 장타도 경계해야 한다. 나이가 있고, 오버 페이스 경향도 있기 때문에 체력 안배가 숙제이다. 2025시즌에도 8월 이후부터 과부하로 컨디션 급락 징후를 보였다. 작은 부상이나 난조도 바로 에이징 커브로 이어질 수 있다.

Horizon 이종욱-정수빈의 세대교체는 화수분 시대 두산이 보여준 세련된 세대교체의 표본이었다. 관리 차원에서 유망주들에게 기회를 주면서 정수빈의 페이스를 조절해줄 필요가 있다. 오버페이스만 피하면 기대치에 충분히 부응할 타자다.

Tier 1 Detailed Stats Grid

타율 0.258	경기수 132	타석 546	타수 462	득점 89
안타 119	2루타 16	3루타 4	홈런 6	루타 161
타점 38	도루 26	볼넷 61	삼진 57	병살타 7
출루율 0.355	장타율 0.348	OPS 0.703	WAR 2.35	WPA -2.96

Tier 2

[Core Stats]	[Wish List]
26도루 (리그 6위)	타율 0.260 회복
순출루율 0.097 (리그 7위)	높은 순출루율 유지
KIA 상대 타율 0.373	20+ 도루 유지

Tracking Data

평균 타구속도(km)
130.8

평균발사각(°)
15.9

Hitting Data

타구분포 (%)	
Left	31.6
Cneter	23.9
Right	44.5

핫/콜드존

0.375	0.283	0.267
0.353	0.273	0.231
0.381	0.297	0.229

화수분 시대의 라스트 모히칸, 더 먼 여정을 향하여

양석환 53

내야수 (우투우타)

Basic info

생년월일 1991년 7월 15일

신장/체중 185cm/90kg

연봉 3억 원

출신학교 백운초-신일중-신일고-동국대

Legacy LG 출신임에도 커리어 하이와 커리어 로우 모두 베어스에서 맞이한 특이한 경력의 소유자. 두산에서 거포의 면모를 발견하며 팀의 주포로 대활약했다. 그 결과가 2021시즌부터 2024시즌까지 4년 연속 20홈런+의 대기록이다. FA에서도 좋은 평가를 받으며 두산에 잔류했지만, 2025시즌에는 리그 환경 변화, 메커니즘적 약점이 합쳐지고, 벤치의 과도한 기용까지 더해져 커리어 로우를 기록했다.

Standard 이른바 '공갈포'로 불리는 '한방 타격'의 전형. LG 시절 선구안과 컨택에 공을 들였지만, 두산에 합류하면서 히팅 포인트를 앞으로 당기고 적극적으로 기존 타격을 가져가면서 거포로 스텝업했다. 극단적인 풀 히터로 높은 빠른 공이나 떨어지는 변화구에 모두 약하지만, 치면 넘기는 하이 리스크 하이 리턴 유형이다. 하위 타선에서 상대 마운드를 소모시키는 역할에 최적화된 유형.

Horizon 30대 중반에 접어든 상태에서 커리어 로우를 찍었기 때문에 2026시즌에 극적인 반등을 점치기란 쉽지 않다. 다만 한방을 노리는 일격 전문 요원으로 역할을 한정하고 그에 집중한다면 기본적인 파워는 여전한만큼 대타 요원으로라도 계속 자리를 유지할 수 있을 것으로 보인다.

Tier 1 Detailed Stats Grid

타율 0.248	경기수 72	타석 294	타수 262	득점 32
안타 65	2루타 16	3루타 0	홈런 8	루타 105
타점 31	도루 1	볼넷 24	삼진 82	병살타 6
출루율 0.320	장타율 0.401	OPS 0.721	WAR 0.84	WPA -1.57

Tier 2

[Core Stats]	[Wish List]
순장타율 0.153 (리그 21위 수준) KIA 상대 OPS 1.016 사직 OPS 1.020	20홈런 회복 100경기 이상 출장 타격 생산성 증대

Tracking Data

평균 타구속도(km)
136.8

평균발사각(°)
25.3

Hitting Data

타구분포 (%)	
Left	57.1
Cneter	18.9
Right	24

핫/콜드존

0.188	0.368	0.500
0.231	0.286	0.700
0.474	0.208	0.250

명예 회복이 시급한 잠실의 유리 대포

잭로그  39

투수 (좌투좌타)

Basic info

생년월일 **1996년 4월 23일**

신장/체중 **183cm/84kg**

연봉 **70만 달러**

출신학교 **미국 Kentucky(대)**

Narrative 잭로그는 당초 토마스 해치의 대체자로 영입된 조 커였다. 하지만 적응에 실패한 콜 어빈을 대신해 176이닝을 소화하며 베어스의 진정한 1선발로 거듭났다. 단 한 번의 로테이션도 거르지 않고 마운드를 지킨 그의 행보는 완벽한 신데렐라 스토리였다.

Ceiling 로우 스리쿼터의 낮은 팔 각도에서 뿜어내는 최고 152km의 강속구는 좌타자에게 공포 그 자체다. 좌타자 상대 OPS 0.424라는 압도적 수치는 그가 왜 좌승사자라 불리는지 증명한다. 세 가지 패스트볼 레퍼토리와 예리한 스위퍼, 여기에 ABS와의 뛰어난 궁합으로 9이닝당 볼넷 1.99의 정교한 제구력까지 갖추게 되었다. 아직 만 30세의 나이, 더 발전할 여지도 있다는 평가를 받고 있다.

Variable 과제는 우타자 상대 효율성과 몸에 맞는 공의 억제다. 좌타자 킬러로서의 위용과 달리 우타자 상대 OPS가 다소 높다는 점은 1선발로서 넘어야 할 산이다. 또한 횡적 변화가 큰 스위퍼의 특성상 발생하는 리그 2위의 사구 기록은 실점 리스크를 높이는 변수다. 공격적인 몸쪽 승부를 유지하면서도 우타자의 바깥쪽을 공략할 정교함이 더해진다면, 로그의 알고리즘은 우타자까지 포획하는 무결점의 공식이 된다.

Tier 1 Detailed Stats Grid

평균자책점 2.81	경기수 30	승 10	패 8	홀드 1
세이브 0	이닝 176	삼진 156	볼넷 39	승률 0.556
피안타 146	피홈런 8	실점 66	자책점 55	피안타율 0.224
투구수 2698	QS 17	WHIP 1.05	WAR 4.68	WPA 3.40

Tier 2

[Core Stats]	[Wish List]
BB/9 1.99 (리그 6위)	2점대 방어율 유지
K/BB 4.00 (리그 5위)	2년 연속 풀타임 출장
좌타 상대 방어율 1.86	우타자 상대 지표 개선

Pitch Repertoire (구종별 데이터)

구종(Type)	구사비율(Usage %)	평균 구속(Avg, km)	최고 구속(Max, km)	피안타율(BAA)
직구	32.1	143.9	149.6	0.203
투심	20.6	141.2	146.6	0.235
커터	14.1	137.6	144	0.299
체인지업	11.9	132	137	0.326
슬라이더	11.5	121.5	126	0.1

좌타자 소거 알고리즘: 잭로그라는 로그함수

카메론(24)

포지션	외야수		신장/체중		183cm/83kg
투타유형	우투우타		출신학교		미국 Eagle's Landing(고)
생년월일	1997년 1월 15일		연봉		50만 달러

타율 -	경기수 -	타석 -	타수 -	득점 -
안타 -	2루타 -	3루타 -	홈런 -	루타 -
타점 -	도루 -	볼넷 -	삼진 -	병살타 -
출루율 -	장타율 -	OPS -	WAR -	WPA -

MLB 올스타 마이크 카메론의 아들이자 1라운더 출신의 5툴 플레이어. 트리플A를 폭격한 AAAA급 타자로, 2025시즌 트리플A 기준 좌투수 상대 장타율 1.000과 최상위권 하드히트 비율을 기록하며 압도적 파워를 증명했다. 150km 이하 패스트볼 공략에 능해 두산의 새로운 해결사로 기대를 모은다. 다만 28.4%의 높은 헛스윙률과 변화구 대처는 KBO 안착을 위한 숙제다. 2026시즌 팀의 반등을 이끌 확실한 4번 타자로 거듭나야 한다.

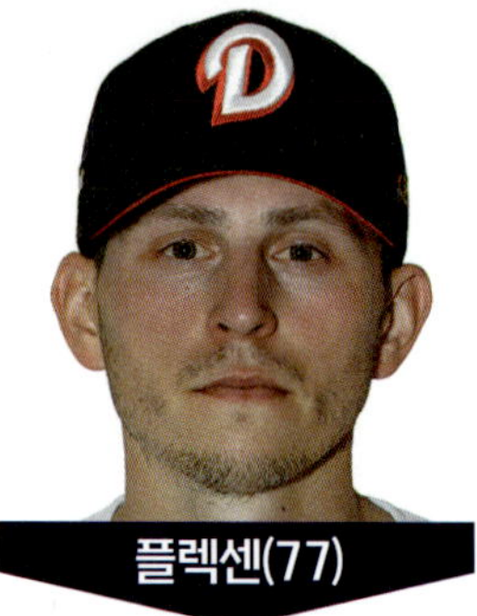

플렉센(77)

포지션	투수		신장/체중		190cm/99kg
투타유형	우투우타		출신학교		미국 Newark Memorial(고)
생년월일	1994년 7월 1일		연봉		65만 달러

평균자책점 -	경기수 -	승리 -	패배 -	홀드 -
세이브 -	이닝 -	탈삼진 -	볼넷 -	승률 -
피안타 -	피홈런 -	실점 -	자책점 -	피안타율 -
투구수 -	QS -	WHIP -	WAR -	WPA -

2020년의 우승 주역 플렉센이 6년 만에 두산에 복귀한다. 평균 140km 후반의 포심을 중심으로 커터, 커브, 슬라이더 등 다양한 레퍼토리를 자랑한다. 한국프로야구에서는 뛰어난 구위로 상대를 압도했지만, 기본적으로 좋은 제구로 땅볼을 유도할줄 아는 투수다. 2020시즌에는 타구에 맞는 불의의 부상으로 풀타임을 소화하지 못했지만, 이후 MLB 에서도 풀타임 선발을 소화한 만큼 2026시즌에는 두산 선발진을 이끄는 확실한 에이스 역할을 수행해야 한다.

타무라(18)

포지션	투수		신장/체중		173cm/79kg
투타유형	우투좌타		출신학교		일본 릿쿄대
생년월일	1994년 9월 19일		연봉		18만 달러

평균자책점 -	경기수 -	승리 -	패배 -	홀드 -
세이브 -	이닝 -	탈삼진 -	볼넷 -	승률 -
피안타 -	피홈런 -	실점 -	자책점 -	피안타율 -
투구수 -	QS -	WHIP -	WAR -	WPA -

NPB에서 9년을 뛴 베테랑으로 두산이 선택한 아시아쿼터 불펜 투수. 평균 145km, 최고 151km의 포심 패스트볼과 슬라이더를 구사하는 투피치 기교파 투수로, 일본에서는 주로 추격조로 활약했다. 2023~2024시즌 방어율 1점대를 기록했고, 2025시즌에는 27.1이닝 방어율 3.58을 기록했다. BB/9가 단 2.3개로 뛰어난 제구가 돋보이지만, 플라이볼 비율과 피홈런이 상승한 것은 불안 요소다. 2026시즌에는 불펜 에이스로 활약해줘야 한다.

강승호(23)

포지션	내야수		신장/체중		178cm/88kg
투타유형	우투우타		출신학교		순천북초-천안북중-북일고
생년월일	1999년 8월 9일		연봉		2억 9,800만 원

타율 0.236	경기수 115	타석 400	타수 360	득점 51
안타 85	2루타 19	3루타 3	홈런 8	루타 134
타점 37	도루 14	볼넷 24	삼진 113	병살타 7
출루율 0.302	장타율 0.372	OPS 0.674	WAR 0.88	WPA -2.59

장타력과 클러치, 주루 능력으로 각광받은 내야수. 내야 전 포지션을 소화할 수 있는 유틸리티 능력까지 갖췄지만, 높은 헛스윙율과 낮은 순출루율로 선구안이 아쉽다는 평이 늘 따라다니며, 잦은 실책도 약점으로 지적된다. 2024시즌 커리어 하이를 기록했으나, 2025시즌 3루수 전환을 노리다가 극심한 부진을 겪으며 타율 0.236으로 시즌을 마쳤다. 2026시즌에는 익숙한 2루수 포지션으로 돌아가 젊은 야수들이 많은 두산 내야진의 중심을 잡아줘야 한다.

포지션	외야수		신장/체중		185cm/83kg
투타유형	우투좌타		출신학교		신도초-휘문중-휘문고
생년월일	2004년 5월 9일		연봉		8,100만 원

타율 0.228	경기수 95	타석 247	타수 228	득점 21
안타 52	2루타 7	3루타 3	홈런 1	루타 68
타점 21	도루 3	볼넷 12	삼진 62	병살타 3
출루율 0.269	장타율 0.298	OPS 0.567	WAR -0.84	WPA -1.55

김민석(2)

고교 시절 5툴 플레이어로 불리며 1라운드에 지명되었던 특급 유망주. 빠른 배트 스피드를 바탕으로 한 컨택 능력이 강점이지만, 프로 레벨에서는 선구안과 장타력이 부족하다는 평. 외야 수비 역시 아직 갈 길이 멀다는 평가를 받고 있다. 고졸 신인 100안타의 기록으로 많은 기대를 받았지만 두산으로 트레이드된 첫 시즌 타율 0.228 기록하며 부진을 겪었다. 2026시즌에는 공수 양면에서 고른 반등을 통해 유망주 시절의 기대치를 증명해야 한다.

포지션	투수		신장/체중		185cm/75kg
투타유형	우투우타		출신학교		목암초(의정부리틀)-영동중-경기고
생년월일	1999년 7월 16일		연봉		7,000만 원

평균자책점 2.85	경기수 54	승 2	패 4	홀드 5
세이브 0	이닝 60	삼진 36	볼넷 29	승률 0.333
피안타 55	피홈런 3	실점 24	자책점 19	피안타율 0.244
투구수 1008	QS 0	WHIP 1.4	WAR 0.90	WPA -0.08

박신지(49)

약한 구위와 제구 불안이 겹치며 낮은 기대 속에서 2025시즌에 임했지만 투구폼 교정에 성공하면서 최고 시속 152km에 달하는 강속구 투수로 부활했다. 60이닝을 소화하며 평균자책점 2.85를 기록. 포심에 테일링이 걸리며 구위가 급상승한 것이 주된 성공 요인이다. 필승조로 기용될 것이 유력하나, 2025시즌의 무원칙한 등판으로 인한 컨디션 관리 문제, 그리고 0.314의 득점권 상황 피안타율 등 승계주자 실점율이 높아 경기운영 능력 개선이 관건이다.

포지션	투수		신장/체중		177cm/78kg
투타유형	우언우타		출신학교		인천숭의초-인천신흥중-제물포고
생년월일	1998년 3월 10일		연봉		1억 8,700만 원

평균자책점 3.75	경기수 73	승 4	패 4	홀드 16
세이브 2	이닝 62.1	삼진 57	볼넷 21	승률 0.500
피안타 58	피홈런 4	실점 35	자책점 26	피안타율 0.245
투구수 1045	QS 0	WHIP 1.27	WAR 0.45	WPA 0.95

박치국(1)

전성기 시절 필승조로 활약했지만 과부하로 인한 부상으로 긴 슬럼프에 빠졌던 두산의 베테랑 우완 사이드암. 최고 150km의 직구와 148km의 투심, 그리고 커브를 주무기로 공격적인 피칭을 펼친다. 패스트볼 구위의 회복으로 직구 피안타율이 2024시즌 0.289에서 2025시즌 0.214까지 떨어진 것이 반등에 결정적인 영향을 미쳤다는 평가다. 전성기 수준의 구위와 제구를 되찾은 만큼, 2026시즌에도 현재의 흐름을 이어가며 불펜의 중심 역할을 해야 한다.

포지션	내야수		신장/체중		185cm/75kg
투타유형	우투좌타		출신학교		성내초(강동구리틀)-배재중-서울고
생년월일	2002년 2월 15일		연봉		6,700만 원

타율 0.319	경기수 35	타석 147	타수 135	득점 25
안타 43	2루타 16	3루타 1	홈런 4	루타 73
타점 20	도루 2	볼넷 11	삼진 27	병살타 3
출루율 0.37	장타율 0.541	OPS 0.911	WAR 1.66	WPA 0.95

안재석(62)

두산의 핵심 유격수 유망주로, 고졸 1년차부터 신인왕 경쟁을 펼치며 컨택 능력과 수준급 수비 센스를 인정받았다. 전역 후 벌크업을 통해 스윙이 더 간결해졌고, 컨택과 장타력이 크게 발전했다는 평가를 받고 있다. 2025시즌에는 35 경기의 적은 표본이지만 타율 0.319, OPS 0.911을 기록했다. 다만 커진 몸 사이즈로 인해 수비와 주루는 둔해졌다는 지적을 받고 있다. 2026시즌에는 수비 부침을 최소화하고 꾸준한 타격으로 주전 유격수 자리를 노려야 한다.

포지션	내야수		신장/체중		179cm/79kg
투타유형	우투좌타		출신학교		대전신흥초-한밭중-세광고
생년월일	2001년 9월 4일		연봉		1억 1,200만 원

타율 0.263	경기수 107	타석 371	타수 331	득점 38
안타 87	2루타 14	3루타 4	홈런 4	루타 121
타점 41	도루 5	볼넷 27	삼진 94	병살타 3
출루율 0.321	장타율 0.366	OPS 0.687	WAR 1.22	WPA -2.07

빠른 스윙 스피드, 뛰어난 컨택, 변화구 대처 능력을 지녔지만 선구안과 장타력이 부족하다는 평을 받는다. 내야의 전 포지션을 소화 가능하며 특히 2루수와 유격수 수비가 수준급으로 자리 잡았다는 평가다. 2025시즌 본격적으로 1군 기회를 받으며 전반기에 타율 0.290에 OPS 0.759로 준수한 활약을 펼쳤지만, 옆구리 부상 이후 후반기 공수 양면에서 크게 부진한 모습을 보였다. 2026시즌에는 더욱 꾸준한 모습으로 두산 내야진의 세대 교체를 주도해야 한다.

오명진(6)

포지션	투수		신장/체중		183cm/95kg
투타유형	좌투좌타		출신학교		역삼초-영동중-서울고
생년월일	2003년 6월 4일		연봉		9,400만 원

평균자책점 6.23	경기수 22	승 0	패 0	홀드 4
세이브 0	이닝 13	삼진 9	볼넷 10	승률 -
피안타 11	피홈런 1	실점 9	자책점 9	피안타율 0.244
투구수 216	QS 0	WHIP 1.62	WAR -0.12	WPA 0.07

2022년 두산의 1차 지명 출신 좌완 파이어볼러로, 최고 149.4km의 직구와 슬라이더를 구사하는 투피치 투수다. 2024시즌 잠재력을 터뜨리며 리그 최다인 77경기에 등판, 방어율 2.89로 필승조 역할을 수행했다. 그러나 과부하의 여파로 2025시즌에는 제구와 직구 구속이 크게 하락하였으며, 22이닝 방어율 6.23으로 부진했다. 2026시즌에는 더 철저한 시즌 준비, 그리고 적절한 체력 안배를 통해 구위와 제구를 회복하여 필승조 재진입을 노려야 한다.

이병헌(29)

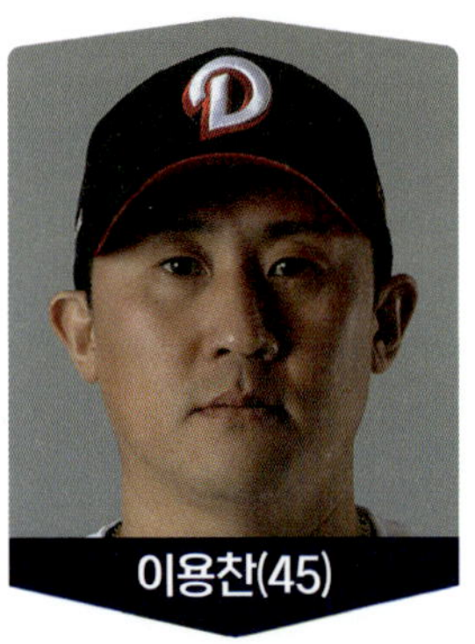

포지션	투수		신장/체중		185cm/85kg
투타유형	우투우타		출신학교		신원초-양천중-장충고
생년월일	1989년 1월 2일		연봉		1억 원

평균자책점 10.57	경기수 12	승 1	패 2	홀드 1
세이브 0	이닝 15.1	삼진 14	볼넷 12	승률 0.333
피안타 23	피홈런 1	실점 18	자책점 18	피안타율 0.348
투구수 334	QS 0	WHIP 2.28	WAR -0.45	WPA -0.68

잦은 부상으로 인한 컨디션 난조로 구속과 제구 모두 무너지면서 2025시즌 농사를 망쳤고, 결국 2차 드래프트를 통해 두산으로 복귀했다. 강점이던 빠른 공을 통한 하이 존 공략이 봉인되면서 포크볼을 난사하는 것이 문제. 두산 마운드가 재정비가 필요하므로, 구위를 끌어올려 과거 정재훈이나 김승회 역할을 맡는 것이 두산의 베스트 시나리오. 2025년 7월 기준 빠른 공 최고 147km를 기록하는 등, 구속 면에서는 반등 여지가 아직 남아 있다.

이용찬(45)

포지션	외야수		신장/체중		178cm/73kg
투타유형	우투좌타		출신학교		노암초-경포중-강릉고-건국대
생년월일	1993년 8월 30일		연봉		2억 원

타율 0.244	경기수 108	타석 140	타수 119	득점 30
안타 29	2루타 4	3루타 0	홈런 0	루타 33
타점 9	도루 30	볼넷 14	삼진 29	병살타 1
출루율 0.323	장타율 0.277	OPS 0.600	WAR 0.27	WPA -0.25

최고의 주루 툴을 지녔지만 타격에서 보완이 필요하다는 평가를 받는 중견수. 2024시즌 64도루를 기록할 정도로 뛰어난 주루 능력을 자랑한다. 하지만 컨택, 선구안, 파워가 모두 부족하고, 수비도 신체 능력에 의존하는 경향이 강하다는 평가를 듣는다. 2025시즌 전반기 부진으로 백업으로 물러났다가, 후반기 공수 양면에서 안정감을 되찾으며 반등했다. 4년 총액 16억으로 FA 계약까지 맺은 만큼, 주전으로 기용할 수 있는 경기력을 꾸준히 보여줘야 한다.

조수행(51)

포지션	투수		신장/체중	188cm/84kg
투타유형	우투우타		출신학교	중대초-양천중-서울고
생년월일	2006년 7월 2일		연봉	6,300만 원

평균자책점 4.40	경기수 17	승 3	패 3	홀드 0
세이브 0	이닝 77.2	삼진 53	볼넷 34	승률 0.500
피안타 72	피홈런 7	실점 41	자책점 38	피안타율 0.248
투구수 1342	QS 4	WHIP 1.36	WAR 0.68	WPA 1.05

최고 149.8km의 투심과 슬라이더를 구사하는 투피치 우완 투수로, 역동적인 투구폼이 특징이다. 고졸 신인으로 데뷔 시즌이었던 2025시즌 전반기 대체 선발로 등판하며 방어율 3.63을 기록했으나, 후반기 5선발에서 방어율 5.02로 부진하며 최종 77이닝 방어율 4.40을 기록했다. 피안타율 0.192의 슬라이더가 돋보였지만 제구 불안이 역력했다는 평이다. 선발 자원으로 성공하기 위해선 세 번째 구종인 포크볼의 완성도를 높이고 컨트롤을 잡아야 한다.

최민석(68)

포지션	투수		신장/체중	190cm/87kg
투타유형	좌투좌타		출신학교	양오초-모가중-소래고
생년월일	2001년 5월 11일		연봉	1억 5,500만 원

평균자책점 4.41	경기수 23	승 5	패 7	홀드 0
세이브 0	이닝 116.1	삼진 71	볼넷 36	승률 0.417
피안타 121	피홈런 8	실점 60	자책점 57	피안타율 0.265
투구수 1958	QS 9	WHIP 1.35	WAR 1.44	WPA 1.30

두산의 4선발로 안착한 젊은 좌완 투수다. 평균 142.1km의 패스트볼과 커터, 커브, 포크볼을 두루 구사하는 피네스 피처다. 2024시즌 부상으로 부진했지만 2025시즌 풀타임 선발로 116이닝 5승 7패 방어율 4.41을 기록했다. 잦은 손톱 부상에 시달린 점은 아쉬웠으나 커리어 내내 피안타율 3할을 넘었던 커브가 피안타율 0.254로 안정화된 부분은 긍정적이다. 2026시즌에는 크고 작은 부상 없이 풀타임 선발을 완주하는 것이 제1의 목표이다.

최승용(28)

포지션	투수		신장/체중	182cm/91kg
투타유형	우언우타		출신학교	수유초-신일중-신일고-동국대
생년월일	1994년 12월 21일		연봉	4억 원

평균자책점 4.71	경기수 47	승 4	패 7	홀드 9
세이브 0	이닝 107	삼진 62	볼넷 38	승률 0.364
피안타 105	피홈런 18	실점 59	자책점 56	피안타율 0.258
투구수 1852	QS 5	WHIP 1.34	WAR 0.13	WPA 0.77

평균 140km 전후, 최고 147km의 포심 패스트볼과 각이 큰 슬라이더를 주무기로 하는 전형적인 투 피치 투수. 스플리터를 장착하며 스리피치로 변신하는 등 선발 정착을 위해 노력했지만, 좌타자 상대로 0.293의 피안타율을 기록하는 등 큰 효과를 얻지 못했다. 패스트볼의 구위가 매우 중요하지만 만 32세라는 나이의 특성 상 현실적으로 구위의 회복을 기대하는 것은 어렵다. 선발로 살아남기 위해서는 피칭 디자인의 큰 전환점을 마련해야 한다.

최원준(61)

포지션	투수		신장/체중	180cm/88kg
투타유형	우투좌타		출신학교	광주서석초-광주동성중-광주동성고-강릉영동대
생년월일	2001년 7월 23일		연봉	8,700만 원

평균자책점 6.34	경기수 39	승 2	패 5	홀드 5
세이브 0	이닝 32.2	삼진 38	볼넷 13	승률 0.286
피안타 41	피홈런 3	실점 25	자책점 23	피안타율 0.313
투구수 582	QS 0	WHIP 1.65	WAR -0.20	WPA -1.08

2024시즌 포심을 완전 봉인하며 구속과 무브먼트를 크게 끌어올렸다. 최고 시속 153km의 투심과 슬라이더를 구사하며, 2024시즌 부상 후 2025시즌에는 좀더 팔 각도를 낮췄다. 폭발적인 구위에 비해 커맨드가 불안정하고, 투심을 주무기로 하기 때문에 좌타 상대 볼넷이 잦다는 약점이 있다. 강점인 투심을 뒷받침할 패턴의 변화가 하나 더 필요한 시점이다. 2026시즌 첫번째 키워드는 역시 어깨 부상 전력에 따른 건강 이슈의 극복이다.

최지강(42)

강태완(군 복무) 야수 - 배트 스피드와 부드러운 스윙 소유, 제대 후 가치 입증이 과제

투타유형	좌투좌타					신장/체중		186cm/85kg	
생년월일	2004년 9월 17일					출신학교		대청초(장유리틀)-원동중-대구상원고	
평자 -	경기수 -	승리 -	패배 -	홀드 -	세이브 -	이닝 -	탈삼진 -	볼넷 -	승률 -
피안타 -	피홈런 -	실점 -	자책점 -	AVG -	투구수 -	QS -	WHIP -	WAR -	WPA -

김기연(22) 포수 - 단점 개선으로 2년 연속 2할대 중후반, 상승세 유지가 미래의 주전 티켓

투타유형	우투우타					신장/체중		178cm/106kg	
생년월일	1997년 9월 7일					출신학교		광주수창초-진흥중-진흥고	
타율 0.247	경기수 100	타석 245	타수 219	득점 19	안타 54	2루타 9	3루타 0	홈런 2	루타 69
타점 24	도루 1	볼넷 19	삼진 44	병살타 8	출 0.307	장 0.315	OPS 0.622	WAR 0.34	WPA -0.83

김대한(32) 외야수 - 특급 유망주 출신이나 성장 정체, 선구안 개선이 잠재력 입증의 첫걸음

투타유형	우투우타					신장/체중		185cm/83kg	
생년월일	2000년 12월 6일					출신학교		숭인초(강북구리틀)-덕수중-휘문고	
타율 0.194	경기수 16	타석 37	타수 36	득점 1	안타 7	2루타 0	3루타 0	홈런 1	루타 10
타점 5	도루 0	볼넷 1	삼진 6	병살타 0	출 0.216	장 0.278	OPS 0.494	WAR -0.32	WPA -0.51

김동주(군 복무) 투수 - 테일링 큰 직구의 차기 선발, 기복 감소와 체력 증강이 5선발의 열쇠

투타유형	우투우타					신장/체중		190cm/90kg	
생년월일	2002년 2월 14일					출신학교		남도초-대구중-경북고-경성대	
평자 -	경기수 -	승리 -	패배 -	홀드 -	세이브 -	이닝 -	탈삼진 -	볼넷 -	승률 -
피안타 -	피홈런 -	실점 -	자책점 -	AVG -	투구수 -	QS -	WHIP -	WAR -	WPA -

김명신(46) 투수 - 우완 유희관이라는 별명의 베테랑, 직구 구위 회복이 재기의 길

투타유형	우투우타					신장/체중		178cm/90kg	
생년월일	1993년 11월 29일					출신학교		남도초-대구중-경북고-경성대	
평자 5.40	경기수 8	승 0	패 0	홀드 0	세이브 0	이닝 8.1	삼진 6	볼넷 3	승률 -
피안타 13	피홈런 0	실점 8	자책점 5	AVG 0.342	투구수 202	QS 0	WHIP 1.92	WAR -0.12	WPA -0.42

김문수(군 복무) 외야수 - 거포 외야 유망주지만 2023년 부진, 제대 후 장타력 입증이 과제

투타유형	우투좌타					신장/체중		188cm/94kg	
생년월일	2004년 3월 29일					출신학교		강남초-서울이수중-경기고	
타율 -	경기수 -	타석 -	타수 -	득점 -	안타 -	2루타 -	3루타 -	홈런 -	루타 -
타점 -	도루 -	볼넷 -	삼진 -	병살타 -	출 -	장 -	OPS -	WAR -	WPA -

김민규(19) 투수 - 구속 회복 완료했으나 구위는 미완, 구위 회복이 반등의 출발선

투타유형	우투좌타					신장/체중		183cm/90kg	
생년월일	1999년 5월 7일					출신학교		장평초(광진구리틀)-잠신중-휘문고	
평자 4.66	경기수 7	승 1	패 1	홀드 0	세이브 0	이닝 9.2	삼진 6	볼넷 6	승률 0.500
피안타 9	피홈런 1	실점 5	자책점 5	AVG 0.273	투구수 199	QS 0	WHIP 1.55	WAR -0.04	WPA -0.33

김유성(55) 투수 - 155km 전국구 유망주. 제구와 멘탈 두 가지 극복이 생존의 길

투타유형	우투우타					신장/체중		190cm/98kg	
생년월일	2002년 1월 1일					출신학교		김해삼성초-내동중-김해고-고려대	
평자 8.83	경기수 7	승 0	패 2	홀드 0	세이브 0	이닝 17.1	삼진 22	볼넷 14	승률 0.000
피안타 17	피홈런 3	실점 17	자책점 17	AVG 0.254	투구수 385	QS 0	WHIP 1.79	WAR -0.37	WPA -0.34

김인태(33) 외야수 - 순출루율 1 이상 베테랑 백업, 대타 넘어 주전 가치 증명할때

| 투타유형 | 좌투좌타 | | 신장/체중 | 178cm/78kg | | | | | |
| 생년월일 | 1994년 7월 3일 | | 출신학교 | 포항제철서초-천안북중-북일고 | | | | | |

| 타율 0.213 | 경기수 106 | 타석 225 | 타수 183 | 득점 17 | 안타 39 | 2루타 10 | 3루타 1 | 홈런 3 | 루타 60 |
| 타점 25 | 도루 0 | 볼넷 36 | 삼진 57 | 병살타 2 | 출 0.356 | 장 0.328 | OPS 0.684 | WAR 0.72 | WPA -0.45 |

김정우(16) 투수 - 좋은 구위에도 ABS존 적응이 미묘, 이제는 적응해야 산다

| 투타유형 | 우투우타 | | 신장/체중 | 183cm/87kg | | | | | |
| 생년월일 | 1999년 5월 15일 | | 출신학교 | 소래초-동산중-동산고 | | | | | |

| 평자 3.86 | 경기수 18 | 승 0 | 패 0 | 홀드 1 | 세이브 1 | 이닝 21 | 삼진 13 | 볼넷 9 | 승률 - |
| 피안타 26 | 피홈런 1 | 실점 12 | 자책점 9 | AVG 0.302 | 투구수 396 | QS 0 | WHIP 1.67 | WAR 0.03 | WPA 0.09 |

김한중(95) 투수 - 1년차 육성으로 2군 방어율 3.48, 변화구, 컨트롤, 기복 개선이 목표

| 투타유형 | 우투우타 | | 신장/체중 | 183cm/89kg | | | | | |
| 생년월일 | 2004년 11월 3일 | | 출신학교 | 고명초-덕수중-경기상고-여주대 | | | | | |

| 평자 0.00 | 경기수 2 | 승 0 | 패 0 | 홀드 0 | 세이브 0 | 이닝 2 | 삼진 0 | 볼넷 0 | 승률 - |
| 피안타 1 | 피홈런 0 | 실점 1 | 자책점 0 | AVG 0.125 | 투구수 25 | QS 0 | WHIP 0.5 | WAR 0.02 | WPA 0.00 |

김호준(56) 투수 - 설명 27이닝 30볼넷으로 2군 방어율 9.76, 제구 개선이 필요하다

| 투타유형 | 좌투좌타 | | 신장/체중 | 180cm/82kg | | | | | |
| 생년월일 | 1998년 5월 17일 | | 출신학교 | 원주일산초-성남성일중-안산공고 | | | | | |

| 평자 6.75 | 경기수 19 | 승 0 | 패 1 | 홀드 1 | 세이브 0 | 이닝 10.2 | 삼진 7 | 볼넷 7 | 승률 0.000 |
| 피안타 14 | 피홈런 2 | 실점 11 | 자책점 8 | AVG 0.298 | 투구수 218 | QS 0 | WHIP 1.97 | WAR -0.39 | WPA -0.37 |

류현준(67) 포수 - 퓨처스 타율 0.357이나 포수 기본기 부족, 수비 성장이 관건

| 투타유형 | 우투우타 | | 신장/체중 | 182cm/92kg | | | | | |
| 생년월일 | 2005년 3월 25일 | | 출신학교 | 문정초(송파구리틀)-배재중-장충고 | | | | | |

| 타율 0.136 | 경기수 17 | 타석 22 | 타수 22 | 득점 2 | 안타 3 | 2루타 0 | 3루타 0 | 홈런 0 | 루타 3 |
| 타점 1 | 도루 0 | 볼넷 0 | 삼진 6 | 병살타 1 | 출 0.136 | 장 0.136 | OPS 0.272 | WAR -0.28 | WPA -0.70 |

박계범(14) 내야수 - 198타석 0.263으로 반등 성공, 입지 회복의 분수령을 맞았다

| 투타유형 | 우투우타 | | 신장/체중 | 177cm/84kg | | | | | |
| 생년월일 | 1996년 1월 11일 | | 출신학교 | 순천북초-순천이수중-효천고 | | | | | |

| 타율 0.263 | 경기수 94 | 타석 198 | 타수 175 | 득점 23 | 안타 46 | 2루타 9 | 3루타 2 | 홈런 1 | 루타 62 |
| 타점 27 | 도루 3 | 볼넷 14 | 삼진 45 | 병살타 4 | 출 0.319 | 장 0.354 | OPS 0.673 | WAR 0.02 | WPA -1.52 |

박민준(26) 포수 - 수비 기본기 좋으나 2군 타율 1할, 타격폼 수정 등 반등 노력 절실

| 투타유형 | 우투우타 | | 신장/체중 | 183cm/95kg | | | | | |
| 생년월일 | 2002년 10월 21일 | | 출신학교 | 아라초-마산동중-용마고-동강대 | | | | | |

| 타율 0 | 경기수 7 | 타석 2 | 타수 2 | 득점 0 | 안타 0 | 2루타 0 | 3루타 0 | 홈런 0 | 루타 0 |
| 타점 0 | 도루 0 | 볼넷 0 | 삼진 1 | 병살타 0 | 출 0 | 장 0 | OPS 0 | WAR -0.05 | WPA 0.00 |

박웅(57) 투수 - 2군 방어율 12.09로 부진, 변화구 연마와 구위 개선이 열쇠

| 투타유형 | 우투우타 | | 신장/체중 | 192cm/103kg | | | | | |
| 생년월일 | 1997년 11월 12일 | | 출신학교 | 북정초-원동중-경남고-강릉영동대 | | | | | |

| 평자 - | 경기수 - | 승 - | 패 - | 홀드 - | 세이브 - | 이닝 - | 삼진 - | 볼넷 - | 승률 - |
| 피안타 - | 피홈런 - | 실점 - | 자책점 - | AVG - | 투구수 - | QS - | WHIP - | WAR - | WPA - |

박정수(17) 투수 - 11년차 베테랑, 커맨드와 변화구 개선으로 돌파구 찾아야

투타유형	우언좌타		신장/체중		178cm/74kg				
생년월일	1996년 1월 29일		출신학교		서울청구초-서울이수중-야탑고				

평자 4.10	경기수 29	승 1	패 0	홀드 3	세이브 0	이닝 26.1	삼진 15	볼넷 8	승률 1.000
피안타 31	피홈런 1	실점 13	자책점 12	AVG 0.304	투구수 418	QS 0	WHIP 1.48	WAR 0.23	WPA 0.25

박준순(52) 내야수 - 2025년 1라운더로 타율 0.284 컨택 검증, 선구안, 수비 보완 필요

투타유형	우투우타		신장/체중		180cm/80kg				
생년월일	2006년 7월 13일		출신학교		배봉초(동대문구리틀)-청량중-덕수고				

타율 0.284	경기수 91	타석 298	타수 282	득점 34	안타 80	2루타 11	3루타 2	홈런 4	루타 107
타점 19	도루 10	볼넷 10	삼진 56	병살타 6	출 0.307	장 0.379	OPS 0.686	WAR -0.04	WPA -1.27

박지훈(37) 내야수 - 만능 호타준족으로 55타수 0.417 맹타, 증명의 기회가 눈앞에 왔다

투타유형	우투우타		신장/체중		183cm/80kg				
생년월일	2000년 9월 7일		출신학교		김해삼성초-경남중-마산고				

타율 0.417	경기수 37	타석 55	타수 48	득점 11	안타 20	2루타 4	3루타 0	홈런 1	루타 27
타점 8	도루 1	볼넷 5	삼진 12	병살타 1	출 0.481	장 0.563	OPS 1.044	WAR 0.81	WPA 0.54

백승우(군 복무) 투수 - 뛰어난 구위지만 컨트롤 실패, 제대 후 제구 개선만이 열쇠

투타유형	좌투좌타		신장/체중		183cm/95kg				
생년월일	2000년 1월 4일		출신학교		장산초(부산동래리틀스틀)-대신중-부산고-동아대				

평자 -	경기수 -	승 -	패 -	홀드 -	세이브 -	이닝 -	삼진 -	볼넷 -	승률 -
피안타 -	피홈런 -	실점 -	자책점 -	AVG -	투구수 -	QS -	WHIP -	WAR -	WPA -

양재훈(30) 투수 - 1년차부터 준수한 활약, 구위 향상이 필승조 진입의 관건

투타유형	우투우타		신장/체중		186cm/89kg				
생년월일	2003년 5월 1일		출신학교		부산수영초-사직중-개성고-동의과학대				

평자 4.24	경기수 19	승 0	패 0	홀드 0	세이브 1	이닝 23.1	삼진 19	볼넷 8	승률 -
피안타 19	피홈런 3	실점 11	자책점 11	AVG 0.226	투구수 380	QS 0	WHIP 1.16	WAR 0.13	WPA 0.18

윤준호(27) 포수 - 2군 0.361, 11홈런, 백업 경쟁에서의 우위를 입증해야

투타유형	우투우타		신장/체중		179cm/90kg				
생년월일	2000년 11월 14일		출신학교		부산안락초(해운대리틀)-센텀중-경남고-동의대				

타율 -	경기수 -	타석 -	타수 -	득점 -	타점 -	도루 -	볼넷 -	삼진 -	병살타 -
안타 -	2루타 -	3루타 -	홈런 -	루타 -	출 -	장 -	OPS -	WAR -	WPA -

윤태호(65) 투수 - 153km 직구와 143km 고속 슬라이더 소유, 커맨드 개선이 과제

투타유형	우투우타		신장/체중		190cm/88kg				
생년월일	2003년 10월 10일		출신학교		상인천초-동인천중-인천고				

평자 6.75	경기수 10	승 0	패 1	홀드 1	세이브 0	이닝 17.1	삼진 16	볼넷 5	승률 0.000
피안타 16	피홈런 2	실점 14	자책점 13	AVG 0.246	투구수 287	QS 0	WHIP 1.21	WAR -0.12	WPA 0.00

이교훈(36) 투수 - 10경기 방어율 1.17로 상승세, 이 폼을 유지해야

투타유형	좌투좌타		신장/체중		181cm/83kg				
생년월일	2000년 5월 29일		출신학교		구리초(남양주리틀)-청원중-서울고				

평자 1.17	경기수 10	승 1	패 0	홀드 0	세이브 0	이닝 7.2	삼진 7	볼넷 4	승률 1.000
피안타 4	피홈런 0	실점 2	자책점 1	AVG 0.174	투구수 125	QS 0	WHIP 1.04	WAR 0.21	WPA -0.17

이유찬(13) 내야수 - 좋은 성적 기록 중 부상으로 부진한 마무리, 컨택 회복으로 주전 노려야

투타유형	우투우타		신장/체중	175cm/68kg
생년월일	1998년 8월 5일		출신학교	동막초-천안북중-북일고

타율 0.242	경기수 89	타석 311	타수 269	득점 36	안타 65	2루타 8	3루타 1	홈런 1	루타 78
타점 16	도루 12	볼넷 33	삼진 66	병살타 4	출 0.328	장 0.290	OPS 0.618	WAR 0.87	WPA -1.89

임서준(군 복무) 내야수 - 공격형 내야 유망주지만 성장 정체, 타격 발전이 가치 입증의 조건

투타유형	우투좌타		신장/체중	185cm/85kg
생년월일	2004년 7월 11일		출신학교	중대초-양천중-경동고

타율 -	경기수 -	타석 -	타수 -	득점 -	안타 -	2루타 -	3루타 -	홈런 -	루타 -
타점 -	도루 -	볼넷 -	삼진 -	병살타 -	출 -	장 -	OPS -	WAR -	WPA -

장규빈(44) 포수 - 고교 2차 1라운더였으나 현재 최하위 성적, 전반적 반등이 절실하다

투타유형	우투우타		신장/체중	186cm/98kg
생년월일	2001년 4월 21일		출신학교	갈산초-서울신월중-경기고

타율 -	경기수 -	타석 -	타수 -	득점 -	안타 -	2루타 -	3루타 -	홈런 -	루타 -
타점 -	도루 -	볼넷 -	삼진 -	병살타 -	출 -	장 -	OPS -	WAR -	WPA -

제환유(93) 투수 - 토미존 수술 예정, 재활 성공 여부가 커리어를 좌우할 변수

투타유형	우투좌타		신장/체중	183cm/76kg
생년월일	2000년 9월 30일		출신학교	둔산초-공주중-공주고

평자 13.50	경기수 1	승 0	패 1	홀드 0	세이브 0	이닝 16.1	삼진 8	볼넷 12	승률 0
피안타 17	피홈런 2	실점 10	자책점 9	AVG 0.270	투구수 304	QS 0	WHIP 1.78	WAR 0.07	WPA 0.29

천현재(58) 외야수 - 2군 타율 3할과 출루율 4할, 빠른 발과 정교한 타격의 외야 유망주

투타유형	우투좌타		신장/체중	183cm/90kg
생년월일	1999년 7월 5일		출신학교	연제초(부산남구리틀)-신정중-부경고-성균관대

타율 0.000	경기수 3	타석 3	타수 3	득점 0	타점 0	도루 0	볼넷 0	삼진 0	병살타 1
안타 0	2루타 0	3루타 0	홈런 0	루타 0	출 0.000	장 0.000	OPS 0.000	WAR -0.07	WPA -0.40

최준호(59) 투수 - 2023년 1라운더로 구속 향상했으나 제구 부진, 컨트롤 개선이 과제

투타유형	우투우타		신장/체중	188cm/90kg
생년월일	2004년 6월 3일		출신학교	온양온천초-온양중-북일고

평자 8.44	경기수 9	승 1	패 2	홀드 0	세이브 0	이닝 16	삼진 11	볼넷 9	승률 0.333
피안타 18	피홈런 4	실점 15	자책점 15	AVG 0.290	투구수 305	QS 0	WHIP 1.69	WAR -0.39	WPA -0.46

홍성호(34) 외야수 - 타격 돋보이나 수비 현저한 부족, 수비력 발전만이 1군 티켓

투타유형	우투좌타		신장/체중	187cm/98kg
생년월일	1997년 7월 15일		출신학교	인헌초-선린중-선린인터넷고

타율 0.346	경기수 9	타석 27	타수 26	득점 3	안타 9	2루타 1	3루타 0	홈런 2	루타 16
타점 3	도루 0	볼넷 1	삼진 8	병살타 0	출 0.37	장 0.615	OPS 0.985	WAR 0.20	WPA 0.22

키움 히어로즈

창단연도	2008년
연고지	서울특별시
홈구장	고척 스카이돔
한국시리즈 우승	-
야구철학	생존형 육성
구단연혁	우리(2008)-서울(2008~2009)-넥센(2010~2018)-키움 히어로즈(2019~)

2025 시즌 리뷰

2024년 2년 연속 최하위를 기록하자 외인타자 2명을 영입해 타선을 강화한다는 초강수를 두었다. 그러나 조상우와 김혜성의 이탈로 전력이 오히려 내려갔기 때문에 반등은 무리라는 예상이 많았고, 이 예상은 안타깝게도 적중하였다.

시즌을 시작하자마자 암울한 현실이 드러났다. 4월까지 4~5선발 김윤하, 김선기는 단 1승도 기록하지 못했으며, 야심찬 2명의 외인타자 계획은 푸이그와 카디네스가 동반 고전하며 실패했다. 타선, 불펜, 선발 무너지지 않은 곳이 없었다. 5월 종료 시점 15승 44패. 이미 시즌이 끝나버렸다.

이대로면 100패가 머지 않은 수준이었으나, 6월에 새로 영입한 알칸타라가 호투하고 송성문이 절정의 타격감으로 타선을 이끌어 10승 10패를 기록했다. 그러나 7월에 불펜이 완전히 무너지며 3승 15패를 기록했고 홍원기 감독의 경질로 이어졌다.

설종진 감독대행이 부임한 뒤에는 새로 영입한 메르세데스가 나름 호투하고, 알칸타라가 여전히 절정의 폼을 보여주며 어느정도 선발진이 안정화되었다. 불펜의 난조는 계속 되었지만, 타격감이 살아나며 8~9월 19승 24패로 고춧가루 부대 역할을 톡톡히 하였다.

타선의 반등, 송성문의 대활약, 불펜의 뉴페이스 발굴이라는 성과는 있었지만, 결국 3년 연속 최하위로 실패한 시즌이라는건 변함없다. 무엇보다 핵심 에이스 안우진이 펑고 벌칙을 받다가 부상당하는 최악의 사태가 일어났다. 키움이 다시 가을에 가려면, 기나긴 리빌딩과 합리적인 구단 운영이 겸비되어야 한다.

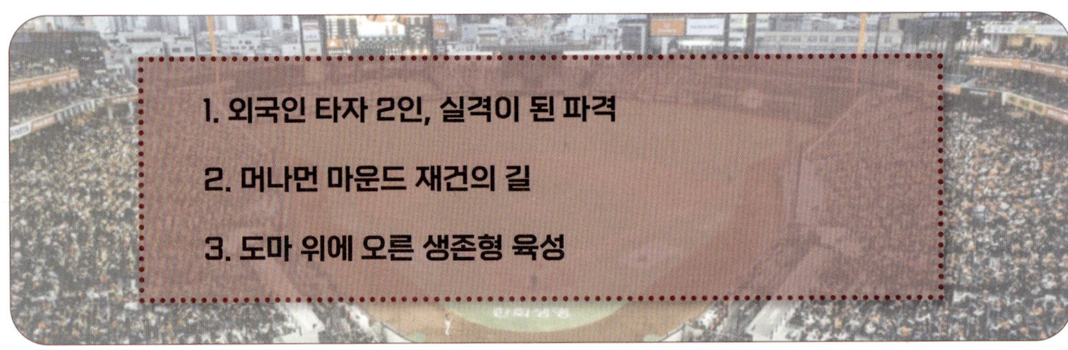

2025 팀 기록

최근 10년간 팀 순위 (3-7-4-2-5-5-2-10-10-10)

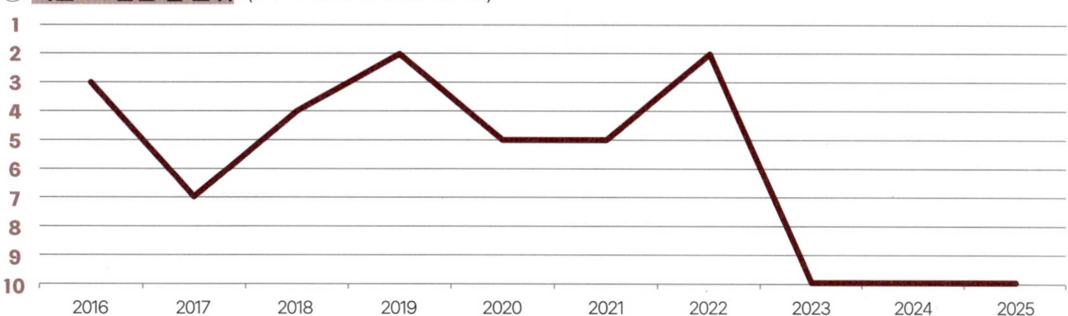

팀 공격력

팀 타율 0.244

팀 출루율 0.312

팀 장타율 0.359

팀 OPS 0.671

팀 마운드

팀 방어율 6.10

팀 피안타율 0.287

팀 WHIP 1.57

팀 탈삼진 937

팀 수비

팀 실책 119

팀 도루저지율 0.331

팀 최애 선수(유니폼 마킹순)

OUT

1. 송성문 (2026 메이저리그 진출)

2. 이주형

3. 정현우

2025 승리의 알고리즘

팀 WAR

	타자 WAR	투수 WAR	수비효율 (DER)
리그	22.5	14.57	0.679
키움	12.2	-1.31	0.667
순위	10	10	9

구장 특징

- 한국 유일의 돔구장, 날씨를 가리지 않는다
- 인조잔디 특성상 타구가 예측불허
- 좁고 빽빽한 좌석 배치, 관람 편의는 2% 아쉬움

투수진

선발투수	알칸타라
	와일스
	하영민
	유토
	정현우
필승조	김재웅
	김성진
	오석주
마무리	조영건

Plan B

포수	김동헌, 김재현
1루수	서건창, 최주환, 안치홍
2루수	김태진, 서건창, 안치홍
3루수	브룩스, 양현종, 여동욱
유격수	오선진
좌익수	이형종, 주성원
중견수	박찬혁
우익수	추재현, 주성원
지명타자	최주환, 안치홍, 서건창
대체선발	김윤하, 김선기, 박주성

🔵 스토브리그 성적표

D

IN) 주요 선수 영입

1. 와일스(외국인선수)

2. 브룩스(외국인선수)

3. 유토(아시아아쿼터)

4. 서건창(2차 드래프트)

5. 안치홍(2차 드래프트)

신기루처럼 사라진 안우진. 거기에 송성문의 이탈로 투타의 구심점 자체가 없어져버렸다.

🔵 2026 시즌 예상 순위

10

OUT) 주요 선수 이탈

1. 송성문(메이저리그 포스팅)

2. 김동엽(웨이버 공시)

토종선발진, 불펜, 타선 모두 붕괴되어 있는 상태. 성적에 대한 욕심보다는 장기적인 관점으로 시즌을 바라봐야 할 시점이다.

BEST CASE_SCENARIO

① 송성문의 뒤를 잇는 예비 빅리거 이주형.

② 토종 선발들의 대각성.

③ 안우진의 화려한 귀환.

④ 외인들의 활약으로 투타 밸런스 회복.

⑤ 가을야구 진출, 육성야구의 승리.

WORST CASE_SCENARIO

① 관리 실패, 돌아오지 않는 안우진.

② 불펜 과부하로 인한 유망주 소모.

③ 이주형의 터지지 않는 방망이.

④ 시즌이 끝날 때까지 끝나지 않는 선발 찾기.

⑤ 성적 없는 육성의 계속.

 대체 불가 자원 TOP 3

TOP 1: 안우진
건강하게만 돌아오면 리그 최고의 토종 선발투수.

TOP 2: 알칸타라
유일하게 계산이 서는 선발 투수. 그마저 없다면 2025시즌의 재림이다.

TOP 3: 이주형
황무지가 되어버린 키움 타선의 한 떨기 꽃과 같은 존재.

 우승을 위해 반드시 넘겨야할 상대 3팀

1) 한화
2승 14패의 극악의 열세. 상대전적의 균형을 어느 정도는 맞춰야 한다.

2) LG
의외로 작년 가장 해볼 만했던 팀. 좋은 흐름을 이어가야 한다.

3) 두산
비슷한 전력으로 평가받는 팀을 상대로 많이 이겨야 시즌 운용이 편해진다.

 입문자를 위한 핵심 포인트 TOP 3

1) 한국 유일한 돔구장으로 홈경기 우천 취소가 없는 팀.

2) 김하성, 김혜성, 이정후, 송성문 등 메이저리그 스타들의 사관학교.

3) 대기업의 도움없이 선수 육성으로 자생하려는 유일무이한 팀컬러.

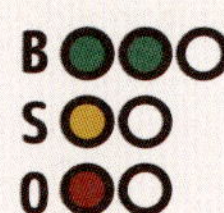

(설종진) 영웅의 드러난 뿌리, 싹도 틔우고 열매도 거두고?

Character
2025시즌 최하위라는 처참한 성적표를 받아든 키움은 2025시즌 중반부터 대행으로 팀을 수습한 설종진 감독대행에게 정식 지휘봉을 맡겼다. 2군과 프런트를 거친 원클럽맨, 화려한 스타보다는 저비용 고효율을 추구하는 구단 기조에 '어떤 의미로건' 가장 부합하는 인물이다.

Strength
구단 고유의 팜 시스템에 대한 이해도가 높아 리빌딩 팀의 옥석구분에는 최적화된 인재. 저평가된 유망주들의 잠재력에 기회를 제공하는데 거부감이 없다는 점은, 뎁스가 얇은 키움이 장기 레이스를 버티게 하는 유일한 희망이다

Weakness
육성이 패배의 면죄부가 될 순 없다. 1군에서 이기는 야구에 대한 경험 부족과, 구단의 '실링을 셀링하는' 기조에 순응할 수밖에 없는 태생적 한계가 뚜렷. 팬들이 납득할 만한 성적(열매) 없이 육성(뿌리)만 강조한다면 히어로즈가 1군에 존재하는 의미 자체를 의심받게 할 것.

안우진 41

투수 (우투우타)

Basic info

생년월일 1999년 8월 30일
신장/체중 192cm/90kg
연봉 4억 8,000만 원
출신학교 서울강남초 - 이수중 - 휘문고

Narrative '베이징키즈의 골든보이' 안우진이 돌아온다. 22 시즌 196이닝, 224탈삼진으로 리그를 평정했던 에이스의 귀환이다. 무대는 준비되어 있다. 키움 히어로즈의 마운드는 무주공산 그 자체다. 그의 복귀는 로테이션 안정은 물론 팀의 마운드 운영에 이정표를 제시할 것이다.

Ceiling 이미 한국프로야구 최고를 찍었던 투수다. 최고 160km의 강속구와 8회에도 158km를 꽂는 체력은 압도적이다. 정교한 커맨드와 고속 슬라이더의 조화는 리그 최정상급이다. 거기에 승부처에서 흔들리지 않는 배짱까지. 리그 유일의 '언터처블'로 군림했던 안우진의 필승 레퍼토리다. 이번 시즌을 완주하게 된다면 빅리그 진출이라는 더 큰 꿈의 기틀이 될 것이다. 키움의 특성상 이는 안우진 개인을 넘어 팀의 지속 가능한 미래로 연결된다.

Variable 심리적 복구와 ABS 적응이 관건이다. 재부상의 공포를 떨치고 메커니즘을 회복해야 하며, 책임감이 오버페이스로 이어지지 않게 조절해야 한다. 생경한 ABS 존을 빠르게 자기 것으로 만드는 것도 필수 과제다. 몰락한 영웅 군단에 남은 최후의 슈퍼히어로. 그의 어깨는 부상의 흔적을 지우기도 전에, 팀의 운명이라는 가장 무거운 짐을 짊어지게 되었다.

Tier 1 Detailed Stats Grid

평균자책점 -	경기수 -	승 -	패 -	홀드 -
세이브 -	이닝 -	삼진 -	볼넷 -	승률 -
피안타 -	피홈런 -	실점 -	자책점 -	피안타율 -
투구수 -	QS -	WHIP -	WAR -	WPA -

Tier 2

[Core Stats]	[Wish List]
-	성공적인 재활
-	부상 없는 시즌
-	직구 구속의 회복

Pitch Repertoire (구종별 데이터)

구종(Type)	구사비율(Usage %)	평균 구속(Avg, km)	최고 구속(Max, km)	피안타율(BAA)
직구	-	-	-	-
슬라이더	-	-	-	-
커브	-	-	-	-
체인지업	-	-	-	-
포크볼	-	-	-	-

최후의 슈퍼히어로, 상처 입은 영웅 군단을 구하라

이주형 44 

외야수 (우투좌타)

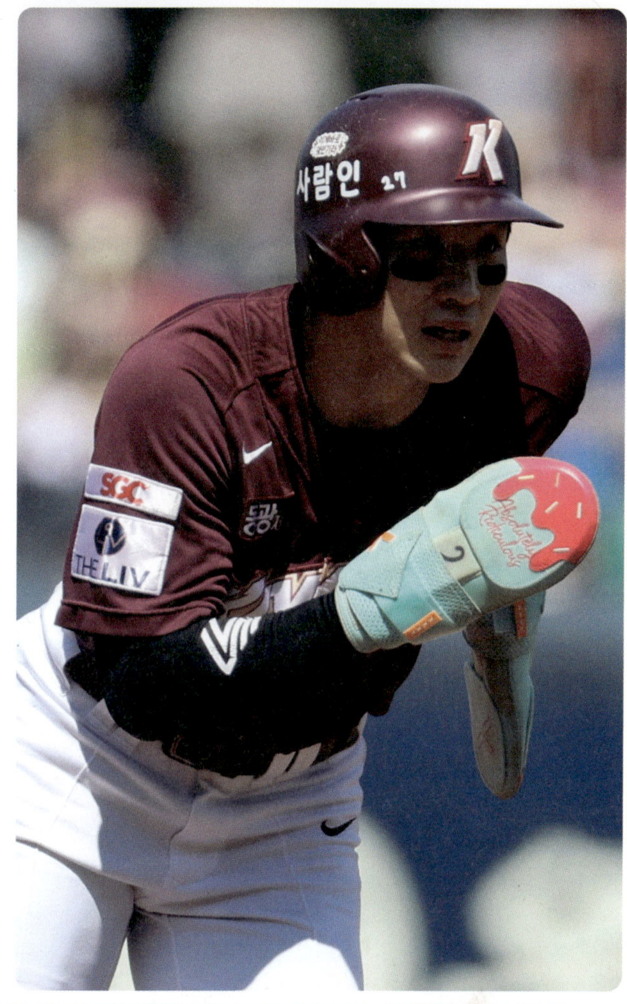

Basic info

생년월일	2001년 4월 2일
신장/체중	181cm/80kg
연봉	1억 3,500만 원
출신학교	송수초(해운대리틀) - 센텀중 - 경남고

Narrative 최원태와 트레이드한 LG 출신 특급 유망주. 합류하자마자 3할이 넘는 호성적을 보여주며 키움 리빌딩의 핵심 자원으로 기대받았다. 제 2의 이정후라는 평가가 나올 정도였다. 그러나 2024년과 2025년에는 타격감이 크게 떨어지며 실망스러운 모습을 보였다.

Ceiling 고교 시절 메이저리그 오퍼를 받을 정도로 잠재력을 인정받았다. 기본적으로 타격은 흔히 비교되는 대상인 이정후와 정반대로 컨택은 부족하지만 좋은 장타력을 만들어내는 스타일인데, 김하성과 비슷하다고 평가 받는다. 중견수 수비는 당초 평균 이하라는 평이었지만 경기 경험을 쌓으면서 대체로 준수한 수준까지 올라왔다. 주루도 평균 이상이다. 단, 수비와 주루 모두 기본기보다는 운동능력에 의존하는 것이 변수다.

Variable 가장 큰 문제는 타격 슬럼프에 빠지면 자꾸 타격폼을 바꾼다는 것이다. 그가 한번 슬럼프에 빠지면 좀처럼 벗어날 줄 모르는 이유이기도 하다. 반시즌이지만 9할에 가까운 타격 성적을 기록한 적이 있는 특급 유망주이다. 자신이 어떤 모습이었을 때 가장 빛났는지, 거기서부터 다시 시작한다면 여전히 리그의 판도를 뒤흔들만한 잠재력이 그에게 있다.

Tier 1 Detailed Stats Grid

타율 0.240	경기수 127	타석 514	타수 446	득점 55
안타 107	2루타 22	3루타 1	홈런 11	루타 164
타점 45	도루 15	볼넷 37	삼진 115	병살타 7
출루율 0.337	장타율 0.368	OPS 0.705	WAR 2.43	WPA -1.12

Tier 2

[Core Stats]	[Wish List]
2년 연속 10홈런	3할 타율
15도루 (리그 14위)	15홈런 달성
KIA 상대 OPS 0.969	OPS 0.8

Tracking Data

평균 타구속도(km)
135.8

평균발사각(°)
17.7

Hitting Data

타구분포 (%)

Left	33.9
Center	21.6
Right	44.5

핫/콜드존

0.185	0.286	0.138
0.286	0.241	0.225
0.405	0.395	0.158

메이저리그 사관학교의 차세대 주자

알칸타라 8 

투수 (우투우타)

Basic info

생년월일 1992년 12월 4일

신장/체중 193cm/100kg

연봉 70만 달러

출신학교 Liceo secundario Emma Balaguer(고)

Legacy 두산에서 시즌 20승 및 투수 골든글러브까지 수상한 특급 외인이었다. 그러나 에이징 커브는 속일 수 없었고 어느 순간부터 과거의 모습을 보여주지 못하며 한국을 떠났다. 계속된 외인 투수들의 부진에 시달리던 키움이 그를 다시 호출했다. 전성기 시절 압도적인 모습만큼은 아니지만, 노련한 투구로 상대를 요리하는 솜씨는 여전했고, 결국 8승 방어율 3.27로 영원한 클래스를 보여주었다.

Standard 두산에서는 전형적인 구위로 윽박지르는 파워피쳐 유형이었지만 나이가 들고 구속이 떨어지면서 키움에 와서는 피네스 피쳐 유형으로 변모하였다. 두산 시절보다 구속이 떨어졌음에도 아직도 최고 155.4km의 패스트볼을 던질 수 있는 파이어볼러다. 슬라이더, 포크볼도 뛰어난 무브먼트를 갖추고 있어 선발 투수의 레퍼토리로서 손색이 없다.

Horizon 2026년에도 어깨가 무겁다. 아직도 히어로즈 마운드는 무인지경에 가깝다. 그가 최고의 퀄리티로 이닝을 최대한 먹어줘야 팀의 붕괴를 막을 수 있을 전망이다. 알칸타라와 복귀하는 안우진이 팀의 원투 펀치로 최상의 퀄리티의 피칭을 보여줄 때, 키움의 마운드 재건이 시작된다.

Tier 1 Detailed Stats Grid

평균자책점 3.27	경기수 19	승 8	패 4	홀드 0
세이브 0	이닝 121	삼진 92	볼넷 10	승률 0.667
피안타 125	피홈런 11	실점 50	자책점 44	피안타율 0.267
투구수 1796	QS 14	WHIP 1.12	WAR 2.79	WPA 2.60

Tier 2

[Core Stats]	[Wish List]
BB/9 0.74(리그 1위 수준)	2점대 방어율
K/BB 9.20 (리그 1위 수준)	제구력 유지
두산 상대 방어율 0.95	10승 달성

Pitch Repertoire (구종별 데이터)

구종(Type)	구사비율(Usage %)	평균 구속(Avg, km)	최고 구속(Max, km)	피안타율(BAA)
직구	55.6	149.1	155.4	0.266
포크	27.4	133	140.9	0.252
슬라이더	17	133.9	142.8	0.304

155km를 던지는 피네스 피쳐, 노병은 죽지 않는다

최주환 53 

내야수 (우투좌타)

Basic info

생년월일	1988년 2월 28일
신장/체중	177cm/73kg
연봉	3억 원
출신학교	학강초-광주동성중-광주동성고

Legacy 입단 10년 차에 재능이 만개하여 베어스의 전성기 동안 타선의 레귤러로 활약하다, SSG를 거쳐 키움에 합류했다. 회의적인 시선이 지배적인 이적이었으나, 에이징 커브를 역행했다. 2025시즌 막판 부상을 당하기 전까지 타율 0.275에 OPS 0.755. 송성문과 함께 타선을 고독하게 책임졌다.

Standard 최주환은 타격 기술에 있어서는 타의 추종을 불허한다. 뛰어난 타격 기술을 바탕으로 좋은 타구질을 생산해내는데, 적극적인 타격 접근에다가 커트 능력도 좋다. 수비는 평균 수준이지만, 팀의 상황으로 인해 많은 나이에 1루 수비를 맡게 되었는데도 준수한 수비를 보여주고 있다.

Horizon 대기만성의 전형이다. 주전도 10년 차에 따냈고, 탑급 선수인 적도 없었다. 그러나 그는 어딜 가나 팬들의 사랑을 받는 선수였다. 두산의 전성기 시절 핵타선의 한 축을 맡아 활약했고, SSG 시절에는 2022년 후반기에 극적으로 부활하여 팀의 한국시리즈 우승에 기여했다. 키움에서는 많은 나이에도 팀의 황폐한 타선을 혼자 이끌고 있다. 2026시즌에도 그의 어깨는 무겁지만, 그의 커리어는 모범적인 베테랑의 마무리를 향해 꿋꿋이 나아가고 있다.

Tier 1 Detailed Stats Grid

타율 0.275	경기수 120	타석 506	타수 459	득점 45
안타 126	2루타 31	3루타 1	홈런 12	루타 195
타점 74	도루 0	볼넷 36	삼진 66	병살타 8
출루율 0.330	장타율 0.425	OPS 0.755	WAR 1.95	WPA -0.10

Tier 2

[Core Stats]	[Wish List]
후반기 OPS 0.881	4년 연속 100안타
두산 상대 OPS 0.971	통산 150 홈런
SSG 상대 OPS 0.956	통산 800타점

Tracking Data

평균 타구속도(km)
133.7

평균발사각(°)
25.9

Hitting Data

타구분포 (%)	
Left	27.5
Cneter	22.4
Right	50.1

핫/콜드존

0.455	0.167	0.167
0.263	0.250	0.297
0.095	0.457	0.339

영웅 군단의 타선을 이끄는 고독한 베테랑

안치홍 9

내야수 (우투우타)

Basic info

생년월일 **1990년 7월 2일**

신장/체중 **178cm/97kg**

연봉 **2억 원**

출신학교 **구지초(구리리틀)-대치중-서울고**

Legacy 타이거즈의 붙박이 주전 2루수 시절부터 롯데 시절까지도 특유의 꾸준함이 장점으로 꼽혔던 타자였다. 한화에서의 첫 시즌도 빈약한 타선에서 홀로 규정타석 3할을 채웠다. 그러나 2025년, 팀의 비상과는 반대로 충격적인 추락이 찾아왔다. 1할 7푼의 저조한 타율로 포스트 시즌 명단에도 들지 못했고, 결국 히어로즈로 이적하며 새 여정을 시작했다.

Standard 2024시즌까지만 해도 매년 거의 풀타임을 출전하며, 통산 3할의 타율과 0.8이 넘는 OPS를 매년 기록하고 있었던 선수다. 타격 부담이 큰 포지션인 2루수를 소화하면서도, 매년 10~20홈런과 많은 장타를 만들어냈다. 커리어 내내 제대로 된 2루 백업이 없는 신세였음에도, 군말 없이 거의 풀타임을 2루수로 출전했던 것도 빼놓을 수 없는 부분. 2025년의 슬럼프가 심상치 않았던 이유다.

Horizon 분명히 작년 안치홍은 최악의 타격 생산성을 보인 타자였다. 하지만 그가 지금까지 16년동안 보여준 꾸준한 모습은 그 부진이 돌이킬 수 없는 게 아니라 일시적일 수도 있음을 보여준다. 같이 영입된 서건창과 그가 어느 정도 기량을 회복하기만 해도, 키움 타선의 짜임새와 흐름이 달라진다.

Tier 1 Detailed Stats Grid

타율 0.172	경기수 66	타석 196	타수 174	득점 9
안타 30	2루타 4	3루타 0	홈런 2	루타 40
타점 18	도루 3	볼넷 16	삼진 39	병살타 4
출루율 0.245	장타율 0.23	OPS 0.475	WAR -1.16	WPA -1.98

Tier 2

[Core Stats]	[Wish List]
145~149km 상대 타율 0.250	타율 0.280
언더핸드 상대 타율 0.333	10홈런 회복
KIA 상대 타율 0.286	OPS 0.700

Tracking Data

평균 타구속도(km)
131.7

평균발사각(°)
22.5

Hitting Data

타구분포 (%)	
Left	45.4
Cneter	25.4
Right	29.2

핫/콜드존

0.250	0.500	0.286
0.150	0.250	0.000
0.077	0.300	0.200

찬란한 비상을 노리는 꾸준함의 대명사

오석주  31

투수 (우투우타)

Basic info

생년월일 1998년 4월 14일

신장/체중 181cm/74kg

연봉 7,800만 원

출신학교 양정초-대천중-제주고

Narrative 2025년 키움 마운드는 육성 선수들까지 패전조로 사용하는 등 그야말로 총체적 난국이었다. 그러나 전년도 방어율 11점을 기록한 무명의 투수 오석주가 구세주로 등장했다. 완전히 무너진 마운드의 필승조로 각성하여, 후반기 19경기 연속 무실점을 기록하며 2026년에도 믿고 맡길 수 있는 투수임을 증명해 내었다.

Ceiling 패스트볼은 평균 140km 초반에 머무르지만, 그의 주무기는 평균 109.3km의 초슬로우 커브. 팬들은 그의 커브가 마치 마구를 보는 것 같다고 생각한다. 낙차가 매우 큰데다가 회전수도 무려 3000으로 커브 하나 만큼은 KBO 최상위권이 분명하다. 후반기에는 좌타자에 대응하기 위한 슬라이더와 포크볼도 장착하여 솔리드한 모습을 보여주었다.

Variable 패스트볼의 증속이 지상과제다. 더 위력적인 패스트볼에 타이밍을 뺏는 커브로 이지선다를 걸면, 타자 입장에서는 그야말로 속수무책이다. 좌타자 상대로는 커브만으로는 역부족이기에 커브 외 다른 구종의 완성도를 높이는 것도 필요한 시점. 부상 등 불의의 변수가 없는 한 2026시즌에도 마운드에서 중용될 투수다.

Tier 1 Detailed Stats Grid

평균자책점 3.70	경기수 53	승 2	패 1	홀드 7
세이브 0	이닝 58.1	삼진 44	볼넷 29	승률 0.667
피안타 52	피홈런 4	실점 24	자책점 24	피안타율 0.249
투구수 1032	QS 0	WHIP 1.39	WAR 0.63	WPA 0.26

Tier 2

[Core Stats]	[Wish List]
직구 피안타율 0.224	변화구 구종 추가
후반기 피 OPS 0.404	2점대 방어율
KT 상대 방어율 0	15홀드 달성

Pitch Repertoire (구종별 데이터)

구종(Type)	구사비율(Usage %)	평균 구속(Avg, km)	최고 구속(Max, km)	피안타율(BAA)
직구	46.7	137.9	143.2	0.224
커브	39.6	109.1	114.4	0.295
포크	6	123.1	127	0.231
체인지업	4.2	129.2	133.9	0
슬라이더	3.4	128.7	131.8	0.333

영웅 군단의 마운드를 지키는 커브의 귀재

조영건 20

투수 (우투우타)

Narrative 원래 선발로 육성되던 유망주였으나 본인의 부진과 팀의 필요로 불펜으로 전향하게 되었다. 2025시즌 6월부터 필승조로 나오기 시작했다. 매우 좋은 모습을 보였지만 마무리 투수 주승우의 불의의 부상으로 인해 마무리까지 도맡아야 했다. 선발-불펜-마무리라는 과부하 수준의 보직 이동을 겪으면서도 끝까지 팀에 헌신하며 자신의 임무를 해냈다.

Ceiling 최고 150km의 패스트볼을 던지는 우완 파워피쳐다. 기본적으로 패스트볼-슬라이더 투피치에 가까우며 이따금 포크볼을 섞지만 완성도는 아직 평균 이하 수준이다. 이닝 소화력이 있기 때문에 선발이나 롱릴리프로서의 가능성도 보였지만, 특유의 심한 기복으로 직구가 제구가 안되고 구속이 안 나오는 날에는 두들겨맞아 불펜으로 고정되었다.

Variable 77.2이닝을 던졌다. 보직을 계속 바꾼 것을 감안하면 과부하가 우려될 정도로 많이 던진 것이다. 잦은 보직 이동과 많은 이닝 소화는 선수의 미래에 결코 좋지 않은 기용법이다. 2026년에는 불펜이나 마무리로 확실히 고정하여, 기본적인 운용법을 지키면서 기용할 필요가 있다. 포지션이 안정되면 평균 이상의 퍼포먼스를 기대할 수 있다

Tier 1 Detailed Stats Grid

평균자책점 5.68	경기수 51	승 5	패 5	홀드 7
세이브 8	이닝 77.2	삼진 47	볼넷 38	승률 0.500
피안타 84	피홈런 12	실점 51	자책점 49	피안타율 0.275
투구수 1330	QS 0	WHIP 1.57	WAR -0.50	WPA 1.48

Tier 2

[Core Stats]	[Wish List]
77.2이닝 (마무리 1위)	15세이브
LG 상대 방어율 1.80	3점대 방어율
SSG 상대 방어율 0	마무리 보직 유지

Pitch Repertoire (구종별 데이터)

구종(Type)	구사비율(Usage %)	평균 구속(Avg)	최고 구속(Max)	피안타율(BAA)
직구	59.6	143	150.3	0.281
포크	15.4	130.5	137.4	0.218
커브	13.2	121.7	128	0.36
슬라이더	11.8	133.5	139.6	0.276

클로저 X의 헌신

서건창  14

내야수 (우투좌타)

Basic info

생년월일 1989년 8월 22일

신장/체중 176cm/84kg

연봉 1억 2,000만 원

출신학교 송정동초 - 광주충장중 - 광주제일고

Legacy KBO 최초 200안타 기록으로 히어로즈의 전성기를 이끌었지만 부상이 발목을 잡았다. LG와 KIA를 거쳤지만 반등에 실패했고, 결국 친정팀으로 귀환했다. 2025시즌에는 10경기 타율 0.136에 머물렀다. 사실상 라스트 댄스가 될 키움과의 동행이 어떤 결과가 될지 지켜볼 일이다.

Standard '프로페서'로 불릴 만큼 꾸준한 연구를 통해 타격 메커니즘의 변화를 거듭해왔다. 십자인대 부상 이후에도 10년 넘게 선수생활을 계속할 수 있었던 것도 그 덕분이다. 2024년부터 에이징커브로 저하된 컨택과 스윙 스피드에 대처하기 위해 출루 중심의 신중한 타격전략을 도입했지만, 2025년 출루율 0.208이 보여주듯 한계는 분명했다. 수비와 주루는 2015년 부상 후부터 큰 기대를 걸 수 없기 때문에, 사실상 타격 회복이 유일한 돌파구다.

Horizon 투타 모두 어려운 팀 사정으로 이용규, 안치홍, 서건창 등의 베테랑들이 기회를 부여받을 것으로 예측되지만, 실질적으로 플레잉 코치가 된 이용규나 수비능력이 남아있는 안치홍에 비해, 서건창은 타격 능력을 회복하지 못하면 미래를 보장하기 어렵다. 특히 불의의 부상으로 시즌 시작이 늦어진 만큼 더 큰 임팩트가 필요한 시점이다.

Tier 1 Detailed Stats Grid

타율 0.136	경기수 10	타석 26	타수 22	득점 1
안타 3	2루타 1	3루타 0	홈런 1	루타 7
타점 2	도루 1	볼넷 2	삼진 5	병살타 1
출루율 0.208	장타율 0.318	OPS 0.526	WAR -0.08	WPA -0.35

Tier 2

[Core Stats]	[Wish List]
145~149km 상대 타율 0.333	통산 1500안타
타구 속도 133.9km	통산 900득점
2024시즌 OPS 0.820	타율 0.280 회복

Tracking Data

평균 타구속도(km)
133.9

평균발사각(°)
16.2

Hitting Data

타구분포 (%)

Left	21.1
Cneter	26.3
Right	52.6

핫/콜드존

0.000	0.333	-
-	0.000	0.000
-	0.000	0.000

라스트 댄스를 꿈꾸는 히어로즈의 프로페서

브룩스(22)

포지션	외야수		신장/체중		180cm/88kg
투타유형	좌투좌타		출신학교		미국 Nevada(대)
생년월일	1995년 7월 3일		연봉		70만 달러

평균자책점 -	경기수 -	승리 -	패배 -	홀드 -
세이브 -	이닝 -	탈삼진 -	볼넷 -	승률 -
피안타 -	피홈런 -	실점 -	자책점 -	피안타율 -
투구수 -	QS -	WHIP -	WAR -	WPA -

2023년 키움에서 센세이션을 일으킨 로니 도슨과 유사한 유형의 좌타 외야수다. 도슨처럼 뛰어난 선구안과 컨택 능력, 상대적으로 부족한 파워, 그리고 코너 외야수라는 공통점이 있다. 2024~2025시즌 트리플A에서 80%의 컨택률, 4할의 출루율, 1할 이상의 타율 대비 출루율을 기록했다. 간결한 타격폼으로 스프레이 히터에 가깝다. 부상이 적고 장단점이 뚜렷하여 변수가 적은 유형인 만큼 꾸준한 활약으로 키움 타선의 핵심 중추 역할을 해야 한다.

와일스(34)

포지션	투수		신장/체중		193cm/103kg
투타유형	우투우타		출신학교		미국 Oklahoma(대)
생년월일	1998년 07월 02일		연봉		91만 달러

타율 -	경기수 -	타석 -	타수 -	득점 -
안타 -	2루타 -	3루타 -	홈런 -	루타 -
타점 -	도루 -	볼넷 -	삼진 -	병살타 -
출루율 -	장타율 -	OPS -	WAR -	WPA -

키움의 새로운 외인 투수로, 평균 149km, 커터, 체인지업을 주무기로 하는 좌완 투수. 2025시즌 트리플A에서 112.2이닝 방어율 3.04를 기록했다. 선발로서 제구와 구위는 충분히 검증되었다는 평가다. 다만 포심의 피홈런이 많은 편이고, 우타자 상대 변화구가 부족하다는 점이 약점으로 지적된다. 경험이 부족한 젊은 선발투수들이 많은 키움의 마운드 사정 상 알칸타라와 함께 많은 이닝을 소화하면서 투수진의 중심을 잡아줘야 한다.

유토(48)

포지션	투수		신장/체중		185cm/87kg
투타유형	우투좌타		출신학교		일본 이치하라 보요고
생년월일	1999년 11월 4일		연봉		10만 달러

평균자책점 -	경기수 -	승리 -	패배 -	홀드 -
세이브 -	이닝 -	탈삼진 -	볼넷 -	승률 -
피안타 -	피홈런 -	실점 -	자책점 -	피안타율 -
투구수 -	QS -	WHIP -	WAR -	WPA -

NPB 1군에서 검증된 베테랑 불펜 투수다. 평균 146km, 최고 153km의 구위 좋은 패스트볼과 슬라이더, 포크볼을 구사한다. 자신의 직구의 완성도에 대한 자신감이 높아 구사 비율이 60%에 달한다. 그리고 그런 자신감에 걸맞게 피안타도 높지 않은 편이었다. 아직 일본에서 더 뛸 수 있는 자원이 개인 사정으로 한국프로야구로 이적한 만큼, 성공 가능성은 꽤 높이 평가된다. 그러나 ABS와 한국 생활 적응 등 경기 외적인 변수를 잘 제어하는 것이 필수다.

김건희(12)

포지션	포수		신장/체중		186cm/96kg
투타유형	우투우타		출신학교		대전신흥초-온양중-원주고
생년월일	2004년 11월 7일		연봉		6,200만 원

타율 0.242	경기수 105	타석 344	타수 322	득점 24
안타 78	2루타 20	3루타 2	홈런 3	루타 111
타점 25	도루 2	볼넷 13	삼진 102	병살타 10
출루율 0.27	장타율 0.345	OPS 0.615	WAR 0.46	WPA -2.34

리그 유일의 2000년대생 주전 포수. 원래 150km 속구를 던질 수 있는 투타겸업 선수였으나 포수로 전향했다. 강한 어깨는 도루 저지에서 강점으로 작용하고, 블로킹과 경기 리드 능력도 무난한 수준까지 성장했다. 2024시즌 9홈런을 기록하며 파워가 주목받았지만, 2025시즌에는 풀스윙 위주의 타격이 투수들에게 연구되면서 기복을 보였다. 2026시즌에는 투수들의 대응을 극복하여 실종된 장타력을 되찾아야 한다.

포지션	투수		신장/체중		187cm/98kg
투타유형	우투우타		출신학교		석교초-세광중-세광고
생년월일	1991년 9월 1일		연봉		8,400만 원

평균자책점 5.65	경기수 44	승 1	패 7	홀드 2
세이브 0	이닝 78	삼진 43	볼넷 47	승률 0.125
피안타 96	피홈런 6	실점 55	자책점 49	피안타율 0.305
투구수 1391	QS 0	WHIP 1.83	WAR -0.56	WPA -0.91

고교 졸업 후 메이저리그 직행을 선택했던 해외 유턴파 투수다. 한때 150km 가까운 직구를 던졌지만 현재는 평균 140.8km로 구속이 떨어졌고, 약한 구위 탓에 변화구 상태에 따라 투구 기복이 심한 편이다. 다만 맞으면서도 이닝을 소화할 수 있는 베테랑이라는 점에서 선발진이 약한 키움에서 전천후 투수로 자주 등판했다. 팀 마운드의 버팀목이 필요한 만큼, 제구와 변화구 향상을 통해 확실한 보직을 확보하는 것이 목표다.

포지션	투수		신장/체중		181cm/90kg
투타유형	좌투좌타		출신학교		대구옥산초-경복중-대구상원고-일본경제대
생년월일	1994년 4월 26일		연봉		9,000만 원

평균자책점 4.68	경기수 29	승 0	패 3	홀드 1
세이브 0	이닝 25	삼진 18	볼넷 13	승률 0
피안타 25	피홈런 1	실점 15	자책점 13	피안타율 0.272
투구수 397	QS 0	WHIP 1.52	WAR 0.00	WPA 0.19

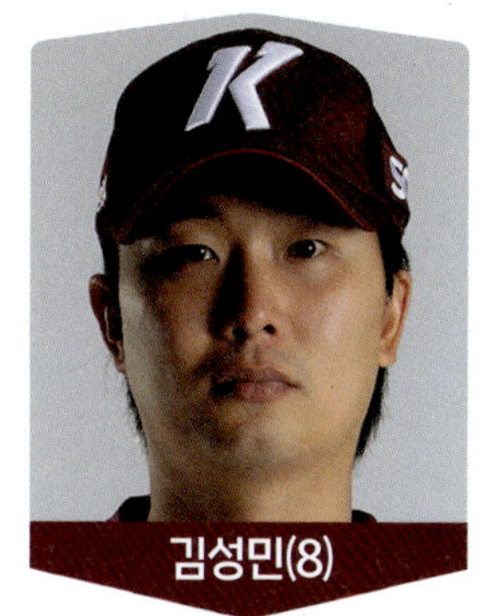

고2에 볼티모어와 계약하며 큰 화제를 모았던 투수다. 투심 패스트볼의 최고구속이 139km에 그칠 정도로 구속이 느리기에, 팔각도를 로우 스리쿼터까지 낮추며 좌타자 전문 스페셜리스트로 자리를 잡았다. 좌타자 상대로는 여전히 효과적이지만 우타자에게는 취약해 2025시즌에는 주로 추격조로 시즌을 보냈다. 2026시즌에는 제구를 끌어올리고 커브 비중을 늘려 필승조 합류를 노려야 한다.

포지션	투수		신장/체중		185cm/90kg
투타유형	우투우타		출신학교		와부초(남양주리틀)-덕수중-장충고
생년월일	2005년 3월 7일		연봉		4,200만 원

평균자책점 6.14	경기수 19	승 0	패 12	홀드 0
세이브 0	이닝 88	삼진 52	볼넷 44	승률 0
피안타 113	피홈런 16	실점 76	자책점 60	피안타율 0.309
투구수 1645	QS 4	WHIP 1.78	WAR -1.25	WPA -1.51

박찬호의 조카로, 아마추어 시절부터 큰 기대를 받으며 2024년 1라운드로 지명된 투수. 평균 142km에서 최고 149.4km의 패스트볼을 구사하며 슬라이더, 포크볼, 커브 등 다양한 구종을 갖추고 있다. 마운드가 위기에 처한 키움이 고졸 1년 차부터 선발 기회를 부여했지만, 이 선택이 선발 17연패라는 독이 되어 오히려 데뷔 시즌보다 퇴보한 모습을 보였다. 진정 팀의 미래를 생각한다면 장기적으로 육성해야 할 자원이다.

포지션	투수		신장/체중		171cm/86kg
투타유형	우투우타		출신학교		와부초(남양주리틀)-자양중-덕수고
생년월일	1998년 10월 22일		연봉		1억 9,000만 원

평균자책점 -	경기수 -	승리 -	패배 -	홀드 -
세이브 -	이닝 -	탈삼진 -	볼넷 -	승률 -
피안타 -	피홈런 -	실점 -	자책점 -	피안타율 -
투구수 -	QS -	WHIP -	WAR -	WPA -

2020시즌부터 5년간 히어로즈의 필승조를 담당한 좌완 투수로, 2022년에는 평균자책점 2.01을 기록하며 최상급 활약을 펼쳤다. 평균 139km의 포심 패스트볼은 독특한 릴리스 포인트와 뛰어난 수직 무브먼트로 좋은 구위를 자랑한다. 슬라이더와 체인지업을 더해 좌우 타자 모두에게 공격적인 피칭을 펼친다. 2024년 상무에 입대해 2026시즌에 복귀할 예정이다. 입대 전 모습을 되찾는다면 키움에게 큰 전력 보강이 될 것이다.

포지션	외야수		신장/체중	187cm/87kg
투타유형	좌투좌타		출신학교	자양초(하남시티틀)-건대부중-장충고
생년월일	2001년 04월 16일		연봉	5,500만 원

타율 0.226	경기수 102	타석 283	타수 248	득점 33
안타 56	2루타 11	3루타 3	홈런 3	루타 82
타점 23	도루 11	볼넷 30	삼진 72	병살타 5
출루율 0.31	장타율 0.331	OPS 0.641	WAR 0.39	WPA -1.08

고교 시절부터 5툴 플레이어의 자질을 지닌 특급 유망주로 큰 기대를 받았지만, 매년 타격 폼을 바꾸며 잠재력을 발휘하지 못했다. 2025시즌에는 오타니의 타격 메커니즘을 벤치마킹하며 각성했다는 평가를 받았다. 선구안에서 큰 발전이 있었고, 타격이 풀리면서 수비와 주루에서도 눈에 띄는 성장을 이뤘다. 2026시즌부터는 하나의 메커니즘에 집중하며 꾸준히 기량을 다져가야 한다.

박주홍(57)

포지션	내야수		신장/체중	183cm/87kg
투타유형	우투좌타		출신학교	수유초-자양중-경기고
생년월일	2006년 11월 27일		연봉	5,000만 원

타율 0.238	경기수 116	타석 360	타수 324	득점 48
안타 77	2루타 9	3루타 1	홈런 6	루타 106
타점 27	도루 1	볼넷 30	삼진 75	병살타 10
출루율 0.305	장타율 0.327	OPS 0.632	WAR -0.36	WPA -3.17

1년 차부터 선발 유격수라는 중책을 맡은 키움의 내야 유망주다. 고교 시절에는 강한 어깨와 넓은 수비 범위, 컨택과 선구안, 장타력까지 두루 갖춘 5툴 플레이어로 호평받았다. 그러나 프로 1군 무대에서는 타율 0.238에 26개의 실책을 기록하며 아직 성장이 필요함을 보여줬다. 송성문의 MLB 이적으로 3루에 공백이 생긴 만큼, 유격수와 3루 모두를 염두에 두고 시즌을 시작한다. 이제는 1군 레귤러다운 모습을 보여줘야 할 시점이다.

어준서(92)

포지션	투수		신장/체중	182cm/88kg
투타유형	우언우타		출신학교	군산중앙초-군산중-군산상고
생년월일	1987년 7월 31일		연봉	5억 원

평균자책점 6.13	경기수 61	승 2	패 4	홀드 11
세이브 5	이닝 54.1	삼진 40	볼넷 18	승률 0.333
피안타 68	피홈런 5	실점 42	자책점 37	피안타율 0.313
투구수 931	QS 0	WHIP 1.58	WAR -0.60	WPA 0.32

전성기에는 150km를 던진 스리쿼터 투수로, NC 철벽 불펜에서 김진성과 함께 많은 이닝을 소화하며 최고의 믿을맨으로 불렸다. 여전히 평균 144km에서 최고 148.8km의 직구를 던지지만, 노쇠화에 따른 구위 하락을 피하지 못해 2025시즌에는 커리어 최악의 부진을 겪었다. 2026시즌은 키움과 맺은 4년 FA 계약의 마지막 해다. 옛 동료 김진성처럼 팀 불펜의 중심으로 뛸 수 있음을 증명해야 한다.

원종현(46)

포지션	투수		신장/체중	187cm/95kg
투타유형	좌투좌타		출신학교	김해삼성초-개성중-경남고
생년월일	1999년 2월 8일		연봉	1억 원

평균자책점 -	경기수 -	승리 -	패배 -	홀드 -
세이브 -	이닝 -	탈삼진 -	볼넷 -	승률 -
피안타 -	피홈런 -	실점 -	자책점 -	피안타율 -
투구수 -	QS -	WHIP -	WAR -	WPA -

고교 시절 좌완 최대어로 꼽힌 투수로, 선발과 마무리, 필승조를 모두 거친 다채로운 이력을 지녔다. 2022시즌 한국시리즈에서 깜짝 선발로 맹활약하며 큰 기대를 모았지만, 2023년 어깨 수술 후 군에 입대했다. 김재웅과 함께 전역 멤버 중 가장 기대받는 투수다. 다만 토미존 수술과 어깨 수술이라는 큰 부상 이력, 그리고 3년간의 공백을 극복하고 감각을 되찾아야 하는 과제를 안고 있다.

이승호(47)

포지션	외야수		신장/체중	180cm/94kg
투타유형	우투우타		출신학교	대전신흥초-건대부중-덕수고
생년월일	1995년 08월 22일		연봉	1억 1,000만 원

타율 0.244	경기수 102	타석 417	타수 369	득점 51
안타 90	2루타 14	3루타 2	홈런 11	루타 141
타점 50	도루 13	볼넷 42	삼진 111	병살타 11
출루율 0.322	장타율 0.382	OPS 0.704	WAR 1.7	WPA -1.29

고교 시절부터 뛰어난 장타력으로 주목받은 우타 거포 자원이었으나, 낮은 컨택 능력과 불안한 수비 때문에 주전 자리를 확보하지 못했다. 2022년 포스트시즌에서 3홈런을 터뜨리며 맹활약해 강한 인상을 남겼고, 2025시즌에는 마침내 두 자릿수 홈런을 기록하며 키움 중심타선의 일원으로 자리 잡았다. 많은 삼진은 거포의 숙명이지만, 팬들에게 신뢰받는 진정한 중심타자로 성장하려면 타율 향상이 필요하다.

임지열(29)

포지션	투수		신장/체중	181cm/91kg
투타유형	좌투좌타		출신학교	홍제초(서대문구리틀)-충암중-덕수고
생년월일	2006년 4월 13일		연봉	4,000만 원

평균자책점 5.86	경기수 18	승 3	패 7	홀드 0
세이브 0	이닝 81.1	삼진 55	볼넷 48	승률 0.300
피안타 92	피홈런 8	실점 63	자책점 53	피안타율 0.287
투구수 1496	QS 3	WHIP 1.72	WAR -0.53	WPA -1.06

고교 시절 150km에 달하는 패스트볼과 뛰어난 제구로 다양한 변화구를 구사하는 완성형 좌완 유망주로 평가받았다. 그러나 프로에서는 -0.53의 WAR로 슬럼프를 겪었다. 구위가 상대를 압도하지 못하는데 컨트롤도 부족하니 프로 레벨의 타자들을 당해내지 못했다. 장기적인 관점으로 육성해야 하겠지만 팀의 상황 상 즉시전력으로 투입될 가능성이 높다. 당장의 성적에 연연하기 보다는 프로 레벨에서 통할 자신의 무기들을 차근차근 찾아가야 한다.

정현우(13)

포지션	외야수		신장/체중	178cm/85kg
투타유형	좌투좌타		출신학교	경수초(성동구리틀)-건대부중-신일고
생년월일	1999년 02월 22일		연봉	6,000만 원

타율 0.222	경기수 34	타석 87	타수 81	득점 7
안타 18	2루타 3	3루타 1	홈런 1	루타 26
타점 7	도루 0	볼넷 3	삼진 17	병살타 2
출루율 0.259	장타율 0.321	OPS 0.58	WAR -0.25	WPA -1.41

신일고 시절 선구안과 컨택 능력으로 주목받았던 외야수다. 높은 순출루율이 강점이지만 수비와 주루는 부족하다는 지적이다. 2021시즌 300타석에서 타율 0.252, 출루율 0.336을 기록했으나 몸쪽 변화구 대처 능력에서 약점을 보인다는 점이 분석되면서 1군 무대에서 자취를 감췄다. 상무 전역 후 2차 드래프트로 친정팀으로 복귀하면서 천재일우의 기회를 잡았다는 평가다. 2026시즌에는 기대받았던 잠재력을 만개해 나가는 출발점이 되어야 한다.

추재현(27)

포지션	투수		신장/체중	183cm/74kg
투타유형	우투우타		출신학교	광주수창초-진흥중-진흥고
생년월일	1995년 5월 7일		연봉	2억 1,000만 원

평균자책점 4.99	경기수 28	승 7	패 14	홀드 0
세이브 0	이닝 153.1	삼진 134	볼넷 41	승률 0.333
피안타 169	피홈런 13	실점 90	자책점 85	피안타율 0.278
투구수 2506	QS 14	WHIP 1.37	WAR 1.62	WPA 1.55

키움의 원클럽맨으로, 2024시즌부터 선발 투수로 자리잡았다. 평균 142km의 직구와 포크볼, 슬라이더, 커브를 구사하는 피네스피처. 직구를 통한 정면승부보다는 존 구석구석을 찌르는 변화구 위주로 승부한다. 2025시즌 포크볼과 슬라이더는 위력이 좋았지만 0.352에 달하는 직구 피안타율로 인해서 0.352 4.99의 방어율에 그치고 말았다. 2026시즌에는 보다 더 확실한 커맨드로 피안타율을 줄이고 믿음직한 선발로 거듭나야 한다.

하영민(50)

김동규(99) 투수 - 투수 전향 후 바로 152.2km. 이제 변화구, 투구폼 안정화가 과제

투타유형	우투우타				신장/체중		194cm/100kg		
생년월일	2004년 07월 09일				출신학교		서울청구초-영남중-성남고		

평자 6.75	경기수 9	승 0	패 0	홀드 0	세이브 0	이닝 8	삼진 10	볼넷 11	승률 -
피안타 13	피홈런 2	실점 11	자책점 6	AVG 0.342	투구수 203	QS 0	WHIP 3.00	WAR -0.28	WPA -0.37

김동헌(44) 포수 - 장타능력 확실한 포수로 타율 0.268이나 수비, 송구 개선이 급선무

투타유형	우투우타				신장/체중		182cm/91kg		
생년월일	2004년 07월 15일				출신학교		영문초(영등포구리틀)-충암중-충암고		

타율 0.268	경기수 49	타석 91	타수 82	득점 8	안타 22	2루타 3	3루타 0	홈런 0	루타 25
타점 8	도루 0	볼넷 7	삼진 23	병살타 0	출 0.33	장 0.305	OPS 0.635	WAR 0.20	WPA -0.32

김서준(59) 투수 - 밸런스 완전 붕괴로 2군에서도 난타, 밸런스 재정비가 출발선

투타유형	우투좌타				신장/체중		187cm/83kg		
생년월일	2006년 12월 22일				출신학교		고양화정초(일산서구리틀)-원당중-충훈고		

평자 20.25	경기수 4	승리 0	패배 0	홀드 0	세이브 0	이닝 5.1	탈삼진 4	볼넷 5	승률 0.000
피안타 14	피홈런 2	실점 12	자책점 12	AVG 0.500	투구수 123	QS 0	WHIP 3.56	WAR -0.34	WPA -0.06

김성진(21) 투수 - 투심과 스위퍼 무브먼트 뛰어나 2023년 호투, 제대 후 필승조 노려야

투타유형	우투좌타				신장/체중		183cm/77kg		
생년월일	1997년 11월 14일				출신학교		율하초-포항제철중-부산정보고-계명대		

평자 -	경기수 -	승리 -	패배 -	홀드 -	세이브 -	이닝 -	탈삼진 -	볼넷 -	승률 -
피안타 -	피홈런 -	실점 -	자책점 -	AVG -	투구수 -	QS -	WHIP -	WAR -	WPA -

김웅빈(10) 내야수 - 2군 3할 활약 후 1군 부진 반복, 2군 본즈 극복이 입지 확보의 길

투타유형	우투좌타				신장/체중		1996년 02월 09일		
생년월일	1996년 02월 09일				출신학교		서라벌초-울산제일중-울산공고		

타율 0.083	경기수 10	타석 31	타수 24	득점 1	안타 2	2루타 0	3루타 0	홈런 0	루타 2
타점 0	도루 0	볼넷 6	삼진 7	병살타 2	출 0.267	장 0.083	OPS 0.35	WAR -0.25	WPA -0.35

김재현(32) 포수 - 6년 10억 비FA 다년 계약 백업 포수, 베테랑 포수 역할 수행이 목표

투타유형	우투우타				신장/체중		1993년 03월 18일		
생년월일	1993년 03월 18일				출신학교		진북초-전라중-대전고		

타율 0.208	경기수 62	타석 128	타수 120	득점 12	안타 25	2루타 5	3루타 0	홈런 0	루타 30
타점 5	도루 1	볼넷 1	삼진 31	병살타 1	출 0.234	장 0.25	OPS 0.484	WAR -0.60	WPA -1.55

김태진(1) 내야수 - 내외야 전 포지션 가능한 베테랑, 얇은 뎁스의 구멍을 메워야

투타유형	우투좌타				신장/체중		169cm/73kg		
생년월일	1995년 10월 07일				출신학교		수유초-신일중-신일고		

타율 0.233	경기수 94	타석 304	타수 279	득점 27	안타 65	2루타 11	3루타 2	홈런 5	루타 95
타점 25	도루 1	볼넷 20	삼진 53	병살타 6	출 0.281	장 0.341	OPS 0.622	WAR -0.08	WPA -1.66

박성빈(56) 포수 - 빠른 발의 포수지만 2군 타율 0.181, 타격 각성이 경쟁 우위의 조건

투타유형	우투우타				신장/체중		177cm/94kg		
생년월일	2004년 04월 21일				출신학교		한밭초(계룡시리틀)-충남중-대전고		

타율 -	경기수 -	타석 -	타수 -	득점 -	타점 -	도루 -	볼넷 -	삼진 -	병살타 -
안타 -	2루타 -	3루타 -	홈런 -	루타 -	출 -	장 -	OPS -	WAR -	WPA -

박수종(87) 외야수 - 2군 타율 0.325, 출루율 0.496 돋보여, 선구안으로 1군 진입 노려야

투타유형	우투우타				신장/체중		178cm/82kg		
생년월일	1999년 02월 25일				출신학교		도신초-강남중-충암고-경성대		

타율 0.143	경기수 38	타석 45	타수 42	득점 6	안타 6	2루타 0	3루타 0	홈런 1	루타 9
타점 2	도루 1	볼넷 3	삼진 12	병살타 0	출 0.2	장 0.214	OPS 0.414	WAR -0.26	WPA -0.94

박윤성(35) 투수 - 51이닝 방어율 4.53의 피네스 피처, 패스트볼 증속이 필요하다

투타유형	우투우타				신장/체중		183cm/96kg		
생년월일	2004년 02월 08일				출신학교		부산수영초-개성중-경남고		

평자 4.53	경기수 54	승 0	패 5	홀드 6	세이브 1	이닝 51.2	삼진 40	볼넷 19	승률 0.000
피안타 55	피홈런 9	실점 31	자책점 26	AVG 0.271	투구수 905	QS 0	WHIP 1.43	WAR -0.22	WPA -0.91

박정훈(94) 투수 - 151km 좌완 파이어볼러지만 투구폼 불안. 신체 밸런스부터 잡아야

투타유형	좌투좌타				신장/체중		192cm/103kg		
생년월일	2006년 03월 23일				출신학교		삼일초-매향중-비봉고		

평자 7.43	경기수 16	승 0	패 1	홀드 0	세이브 1	이닝 23	삼진 7	볼넷 20	승률 0.000
피안타 24	피홈런 1	실점 24	자책점 19	AVG 0.276	투구수 450	QS 0	WHIP 1.91	WAR -0.58	WPA -1.00

박주성(0) 투수 - 52이닝 방어율 6.58, 변화구 퀄리티와 구위 상승이 과제

투타유형	우투우타				신장/체중		181cm/90kg		
생년월일	2000년 11월 09일				출신학교		경동초(성동구리틀)-건대부중-경기고		

평자 6.58	경기수 18	승 2	패 3	홀드 1	세이브 0	이닝 52	삼진 26	볼넷 16	승률 0.400
피안타 63	피홈런 9	실점 40	자책점 38	AVG 0.3	투구수 865	QS 2	WHIP 1.52	WAR -0.56	WPA -0.65

박진형(40) 투수 - 많은 등판으로 인한 구위 하락. 속구와 포크볼 개선이 반등의 열쇠

투타유형	우투우타				신장/체중		181cm/77kg		
생년월일	1994년 06월 10일				출신학교		영랑초-경포중-강릉고		

평자 8.44	경기수 7	승 0	패 0	홀드 0	세이브 0	이닝 5.1	삼진 5	볼넷 3	승률 -
피안타 9	피홈런 1	실점 7	자책점 5	AVG 0.346	투구수 104	QS 0	WHIP 2.25	WAR -0.15	WPA -0.18

박찬혁(43) 외야수 - 상무 타율 0.332, 8홈런으로 장타력 회복, 제대 후 1군 증명이 과제

투타유형	우투우타				신장/체중		181cm/87kg		
생년월일	2003년 04월 25일				출신학교		대전유천초(대전서구리틀)-한밭중-북일고		

타율 -	경기수 -	타석 -	타수 -	득점 -	타점 -	도루 -	볼넷 -	삼진 -	병살타 -
안타 -	2루타 -	3루타 -	홈런 -	루타 -	출 -	장 -	OPS -	WAR -	WPA -

배동현(61) 투수 - 독특한 디셉션이나 130km 후반 구속, 증속은 필수

투타유형	투수(우투좌타)				신장/체중		183cm/85kg		
생년월일	1998년 03월 16일				출신학교		판곡초(양평리틀)-연북중-경기고-한일장산대		

평자 -	경기수 -	승리 -	패배 -	홀드 -	세이브 -	이닝 -	탈삼진 -	볼넷 -	승률 -
피안타 -	피홈런 -	실점 -	자책점 -	AVG -	투구수 -	QS -	WHIP -	WAR -	WPA -

양지율(55) 투수 - 부상으로 구속 하락 후 다시 어깨 부상, 신중한 재활이 필요

투타유형	우투우타				신장/체중		185cm/103kg		
생년월일	1998년 12월 16일				출신학교		서울청구초-홍은중-장충고		

평자 8.36	경기수 18	승리 0	패배 2	홀드 1	세이브 0	이닝 14	탈삼진 10	볼넷 7	승률 0.000
피안타 18	피홈런 3	실점 13	자책점 13	AVG 0.305	투구수 268	QS 0	WHIP 1.79	WAR -0.42	WPA -0.88

양현종(60) 내야수 - 2군 출루율 0.381의 1년 차 신인, 잠재력 극대화가 1군행 티켓

투타유형	우투우타				신장/체중		177cm/84kg	
생년월일	2006년 08월 15일				출신학교		대구옥산초-협성경복중-대구고	

타율 0.083	경기수 12	타석 14	타수 12	득점 1	안타 1	2루타 0	3루타 0	홈런 0	루타 1
타점 0	도루 0	볼넷 2	삼진 5	병살타 0	출 0.214	장 0.083	OPS 0.297	WAR -0.21	WPA -0.24

여동욱(93) 내야수 - 5툴 내야 유망주지만 1년 차 타율 0.206, 컨택 개선이 기회의 문

투타유형	우투우타				신장/체중		180cm/90kg	
생년월일	2005년 11월 20일				출신학교		남도초-협성경복중-대구상원고	

타율 0.132	경기수 28	타석 61	타수 53	득점 6	안타 7	2루타 1	3루타 0	홈런 2	루타 14
타점 2	도루 0	볼넷 7	삼진 21	병살타 2	출 0.233	장 0.264	OPS 0.497	WAR -0.45	WPA -0.94

염승원(39) 내야수 - 2라운더 내야 유망주지만 1년차 타율 0.188, 타격 발전이 절실하다

투타유형	우투좌타				신장/체중		180cm/78kg	
생년월일	2006년 03월 20일				출신학교		고명초-휘문중-휘문고	

타율 0.211	경기수 11	타석 21	타수 19	득점 2	안타 4	2루타 0	3루타 0	홈런 0	루타 4
타점 1	도루 0	볼넷 1	삼진 6	병살타 0	출 0.238	장 0.211	OPS 0.449	WAR -0.13	WPA -0.16

오선진(6) 내야수 - 내야 전 포지션 소화 백업 베테랑, 포지션 공백 메우기가 임무

투타유형	우투우타				신장/체중		178cm/80kg	
생년월일	1989년 07월 07일				출신학교		화곡초-성남중-성남고	

타율 0.238	경기수 99	타석 163	타수 143	득점 15	안타 34	2루타 8	3루타 0	홈런 1	루타 45
타점 19	도루 0	볼넷 12	삼진 45	병살타 2	출 0.308	장 0.315	OPS 0.623	WAR 0.38	WPA -0.70

원성준(33) 외야수 - 2군 3할, 4할 출루율의 유망주, 불안한 수비 개선이 1순위 목표

투타유형	우투좌타				신장/체중		181cm/80kg	
생년월일	2000년 03월 31일				출신학교		고명초-서울이수중-경기고-성균관대	

타율 0.174	경기수 24	타석 53	타수 46	득점 5	타점 4	도루 0	볼넷 7	삼진 18	병살타 1
안타 8	2루타 1	3루타 0	홈런 2	루타 15	출 0.283	장 0.326	OPS 0.609	WAR 0.09	WPA -0.59

윤석원(95) 투수 - 5km 증속으로 후반기 3.24 기록, 상승세 유지가 필승조 진입의 관건

투타유형	좌투좌타				신장/체중		185cm/81kg	
생년월일	2003년 07월 04일				출신학교		부산대연초-개성중-부산고	

평자 5.54	경기수 37	승 1	패 1	홀드 8	세이브 0	이닝 37.1	삼진 27	볼넷 12	승률 0.500
피안타 41	피홈런 3	실점 23	자책점 23	AVG 0.285	투구수 623	QS 0	WHIP 1.42	WAR 0.06	WPA 0.10

윤현(96) 투수 - 1군 방어율 8.59, 직구 구위와 제구 발전이 과제

투타유형	우투우타				신장/체중		187cm/90kg	
생년월일	2006년 10월 20일				출신학교		가동초-자양중-경기고	

평자 8.59	경기수 17	승 2	패 1	홀드 0	세이브 0	이닝 22	삼진 15	볼넷 23	승률 0.666
피안타 31	피홈런 2	실점 28	자책점 21	AVG 0.375	투구수 514	QS 0	WHIP 2.45	WAR -0.94	WPA -0.55

이용규(15) 외야수 - 국가대표 중견수 출신, 호성적으로 유종의 미를 거두어야 한다

투타유형	좌투좌타				신장/체중		170cm/74kg	
생년월일	1985년 08월 26일				출신학교		성동초-잠신중-덕수정보고	

타율 0.216	경기수 14	타석 41	타수 37	득점 7	안타 8	2루타 1	3루타 0	홈런 0	루타 9
타점 0	도루 1	볼넷 3	삼진 8	병살타 1	출 0.275	장 0.243	OPS 0.518	WAR -0.13	WPA -0.43

이형종(36) 외야수 - LG 중심 타선 출신이나 키움에서 부진, 타격 개선만이 돌파구

투타유형	우투우타		신장/체중	183cm/87kg
생년월일	1989년 06월 07일		출신학교	화곡초-양천중-서울고

타율 0.200	경기수 33	타석 82	타수 70	득점 4	안타 14	2루타 3	3루타 0	홈런 2	루타 23
타점 6	도루 1	볼넷 9	삼진 22	병살타 3	출 0.3	장 0.329	OPS 0.629	WAR 0.13	WPA -0.01

임병욱(17) 외야수 - 5툴 유망주였으나 12년차 백업, 타격 반등이 증명의 마지막 기회

투타유형	우투좌타		신장/체중	187cm/94kg
생년월일	1995년 09월 30일		출신학교	수원신곡초-배명중-덕수고

타율 0.233	경기수 52	타석 140	타수 133	득점 12	안타 31	2루타 4	3루타 3	홈런 2	루타 47
타점 13	도루 1	볼넷 5	삼진 33	병살타 3	출 0.259	장 0.353	OPS 0.612	WAR -0.31	WPA -0.91

전준표(62) 투수 - 151km 파이어볼러지만 변화구 부족, 변화구 완성도가 경쟁력의 열쇠

투타유형	우투우타		신장/체중	186cm/90kg
생년월일	2005년 05월 07일		출신학교	잠일초(강동구리틀)-잠신중-서울고

평자 8.85	경기수 21	승 2	패 2	홀드 1	세이브 0	이닝 20.1	삼진 15	볼넷 19	승률 0.500
피안타 33	피홈런 2	실점 22	자책점 20	AVG 0.375	투구수 400	QS 0	WHIP 2.56	WAR -0.76	WPA -0.64

주성원(25) 외야수 - 최상급 파워 보유하나 장타 부족, 타격 메커니즘 연구가 도약의 열쇠

투타유형	우투우타		신장/체중	182cm/95kg
생년월일	2000년 08월 30일		출신학교	부산대연초(남구리틀)-부산신정중-개성고

타율 0.250	경기수 58	타석 174	타수 156	득점 21	안타 39	2루타 6	3루타 0	홈런 1	루타 48
타점 12	도루 4	볼넷 13	삼진 45	병살타 2	출 0.322	장 0.308	OPS 0.63	WAR 0.47	WPA -1.36

[부록] 2026 신인 드래프트

1R 양우진

경기항공고 | 투수
190cm/98kg | 우투우타

2026 신인 드래프트 최고의 뜨거운 감자였다. 포수 출신으로 고교 진학후 투수로 전향했다. 최고 153km까지 나오는 포심과 슬라이더, 커브 등을 던지는 정통파 우완 투수. 포심 구위로 김택연, 정우주 등의 최상급 프로 유망주들과 비교될 정도이다. 포심 평균 구속이 148km일 정도로 검증된 파이어볼러. 문제는 내구성과 변화구다. 팔꿈치 피로골절로 인해 지명순위에 영향을 받은 것은 이후 재발하기 쉬운 변수이며, 포심 외에는 이렇다 할 변화구가 없다. 건강과 구종 추가 여부에 따라 전력 가치가 크게 오갈 수 있다.

2R 박준성

인천고 | 투수
184cm/83kg | 좌투좌타

평균 142km 전후에서 최고 146km의 포심과 체인지업을 구사한다. 디셉션이 좋고 체인지업을 주무기로 한다는 점에서 함덕주를 연상케 하는 유형이다. 피지컬, 구속, 변화구 레퍼토리 등이 유동적이라는 점에서 완성형 유망주보다는 발전형에 가깝다. 스카우트 단계에서 노골적으로 즉시전력으로 분류된 드문 경우이기도 하며, 좌완 불펜이 부족한 팀 사정상 1년차부터 불펜에 투입할 것으로 전망된다.

3R 우명현

부산고 | 투수
190cm/100kg | 우투우타

중학교 졸업반 당시 140km 이상의 강속구를 구사하면서 일찍 주목 받았다. 체격도 190cm, 100kg에 육박하는 거구이기 때문에 파워 피처로의 기대가 높다. 고교 시절 포심 최고 구속은 153km, 슬라이더와 스플리터를 구사한다. 단, 고교 3학년 기준으로는 2차례에 걸친 피로골절로 인해 등판 기록이 없고, 이 때문에 재활과 피지컬 강화가 먼저 거론되는 실링형 픽이다.

4R 권우준

제물포고 | 투수
187cm/92kg | 우투우타

최고 153km의 포심은 스피드 외에도 구위 면에서도 프로 스카우트의 호평을 받았다. 좋은 피지컬과 부드럽고 빠른 팔 스윙으로 구위가 좋아 타자를 윽박지르는 이른바 '돌직구' 유형의 파워 피처. 커브와 슬라이더는 포심에 비하면 완성도가 아쉽기 때문에 프로 레벨에 적응할 필요가 있다. 약점은 불안한 컨트롤, 포심 구위를 유지하면서 제구를 잡는다면 불펜에서 고정적인 역할을 수행할 수 있다.

5R 강민기

부산고 | 포수
184cm/95kg | 우투우타

U-18 국가대표팀 멤버로 출전하는 등, 거물급 포수로 주목받았지만, LG 스카우트는 포수 수비보다는 184cm, 95kg의 좋은 체격에서 나오는 파워를 높게 평가했다 . 강견에 반응속도도 빠르기 때문에 송구 스피드는 높지만 포수 수비 기본기는 프로 레벨로는 평범한 수준이다. 방점을 타격과 수비 중 어느 쪽으로 두느냐에 따라 포지션이 변동될 것으로 보인다. 다만 LG 포수 뎁스를 감안한다면 공격형 포수가 최상의 시나리오다.

6R 주정환

고려대(중퇴)/신안산대 | 내야수
180cm/70kg | 우투좌타

고려대 재학 중 얼리 드래프트 참여가 유력했으나, 중퇴 후 2년제인 신안산대에서 활동. 빠른 발과 좋은 힘으로 다수의 장타를 만들어내는 중장거리 타자이며, 좋은 선구안을 바탕으로 볼넷을 다수 골라내는 감각이 있다. 주 포지션이던 유격수 수비는 운동능력에 바탕을 두고 있어 수비 기본기를 좀더 가다듬어야 프로 레벨에서 활용 가능할 것으로 보인다. 기동력을 중시하는 팀 방향성에서는 유용할 유형이다.

7R 박현우

마산고/부산과기대 | 외야수
184cm/88kg | 우투우타

피지컬이 좋고, 빠른 주력을 바탕으로 넓은 수비범위를 가지고 있다. 강견으로 정확도 높고 강한 송구 능력도 보유하고 있다. 단, 대학 리그에서조차 타율이 2년 통산 0.214에 머무는 등, 타격에서는 한계가 뚜렷하다. 일단 컨택 능력이 있다는 것이 LG 스카우트 측의 평가지만, 선구안이나 파워에서 문제점이 엿보인다. 장타력의 향후 발전도 어렵고, 기동력을 살리는 방향으로 육성될 것이 유력하다.

8R 이지백

대구고 | 내야수
183cm/87kg | 우투우타

1년 유급했다. 스윙 메커니즘이 좋고 컨택 능력을 겸비하고 있으나 장타력이 아쉬운 편. 수비의 기본기는 준수하다. 연결 동작이 매끄럽고 송구 밸런스가 안정적이며 강견인 점도 높게 평가할 부분이다. 센터라인보다는 핫코너에서 위력을 발휘할 유형이지만, 타격의 발전 여부가 관건이다. 피지컬은 훌륭하고, 현재 완성형에 가깝기 때문에 강점인 수비력을 살려 자리를 잡게 될 것이다.

9R 윤형민

배재고 | 투수
185cm/88kg | 우투우타

좋은 피지컬을 가지고 있다. 포심 구속은 시속 140km 초중반대에 머무르지만 릴리스 포인트와 피칭 메커니즘이 안정되어 있어 구속에 비해 경기 운영 능력에 강점이 있다는 평가. 그러나 고교 레벨에서도 타자들을 누르지 못하는 정도의 구위이기 때문에 증속은 필수다. 구속 증가를 전제로, 컨트롤이 안정적인 편이기 때문에 멀티 이닝을 소화하는 불펜 내지 선발 투수로의 발전 가능성이 있다.

10R 박성진

휘문고 | 투수
193cm/95kg | 좌투좌타

193cm, 95kg의 피지컬은 훌륭하지만, 포심 구속은 평균 130km 후반대에서 140km 초반대에 머문다. 디셉션이 좋다는 강점이 있지만, 증속이 필요하다. 다만 고교 3학년 기준으로 포심 구속이 130km 대에서 140km 대로 올라오는 등 꾸준한 성장세를 보이고 있고, 신체 조건이 워낙 좋기 때문에 프로에서의 체계적인 육성을 전제로 향후 가능성을 기대할 만한 자원이다.

11R 김동현

광주제일고/부산과기대 | 투수
192cm/95kg | 우투우타

192cm, 95kg의 뛰어난 피지컬을 가지고 있고 포심 구속이 최고 151km에 육박한다. 주무기는 커브. 광주일고 재학 중에는 부상 등을 이유로 포심 최고 구속이 135km에 그치며 미지명되었지만 대학 진학 후 신체적 성장과 함께 스텝업하여 강속구를 던지게 되었다. 지명 후 LG 염경엽 감독에 의해 2026 1군 스프링캠프에 합류했다. 포심 구속도 높지만 수직으로 형성되는 무브먼트로 구위 또한 좋은 점이 주목받은 이유.

1R 오재원

유신고 | 외야수
176cm/78kg | 우투좌타

고교 시절에는 중견수가 주 포지션으로 강견과 타구 판단력이 돋보이는 우수한 수비를 보여줬다. 타격에서는 컨택과 빠른 발이 강점이다. 고교 3학년 32도루를 기록할 정도로 주루 센스도 좋다. 전통적으로 센터라인 수비에 약점을 보여온 한화에는 최적화된 자원이다. 단, 부족한 장타력을 키우기 위한 피지컬 강화와 기존 장점 사이 밸런스가 관건이 될 것이다.

2R 강건우

북일고 | 투수
191cm/90kg | 좌투좌타

북일고 출신 좌완 투수로 191cm, 90kg의 뛰어난 피지컬을 보유하고 있으며, 고교 기준 최고 146km까지 기록한 포심과 슬라이더, 체인지업을 구사한다. 구종 레퍼토리 밸런스가 좋아 좌우 타선에 모두 대응할 수 있다. 전형적인 와일드씽으로 고교통산 탈삼진과 4사구가 1:1 비율이다. 증속보다는 컨트롤 보강이 관건이다. 우선 2군에서 활용도를 모색해야 한다.

4R 최유빈

전주고/경성대 | 내야수
175cm/70kg | 우투좌타

타격 면에서는 컨택과 스피드가 강점이며, 수비는 대학 기준 유격수 보직에서 준수한 평가를 받았다. 피지컬의 한계로 장타력은 기대하기 어렵다. 대졸 신인이기 때문에 육성보다는 즉시 전력감, 대주자, 대수비로 커리어를 시작할 것이 유력하다. 단, 선구안이 좋은 센터 자원이라는 점에서 김경문 감독과의 궁합에 따라 파격적인 기용도 가능한 시나리오다.

5R 권현규

경북고 | 내야수
180cm/76cm | 우투우타

고교 기준 경북권 최고의 유격수로 꼽힐 만큼 수비 기본기가 견실, 27경기 동안 20도루를 기록하는 등 준족이 돋보인다. 컨택도 뛰어나 삼진을 거의 당하지 않지만, 적극적인 히트 앤 런 성향 때문에 출루 능력은 애매하다. 기동력과 수비가 뛰어나기 때문에 대주자, 대수비로 기회를 받을 것이 유력하며 타격 면에서는 장타력 향상 여부가 관건이다.

6R 하동준

라온고 | 투수
189cm/90kg | 좌투좌타

189cm의 장신을 활용한 높은 타점과 긴 익스텐션으로 찍어누르는 유형의 파워 피처다. 고교 기준 최고 147km의 포심, 커브, 슬라이더, 투심을 구사한다. 26.2이닝 동안 11개의 4사구를 기록한 애매한 컨트롤은 거친 폼의 소산이다. 몸 만들기가 프로 첫 과제로 여겨지며 변화구 완성도에 따라 보직이 결정될 것으로 보인다.

7R 여현승

대구고 | 투수

185cm/96kg | 우투우타

준수한 피지컬과 자기관리가 강점이다. 고교 시절 기준 기복 없이 꾸준한 성장세를 유지했으며 지명 직전 최고 140km 후반대의 포심을 구사하며 증속에도 성공했다. 공격적인 피칭 성향으로 고교 3학년 기준 13경기 동안 피 OPS가 0.94에 머무른 점이 주목할 부분이다. 컨트롤이 거친 편이지만 구위가 좋기 때문에 불펜으로 기용될 가능성이 높다.

8R 김준수

야탑고 | 내야수

184cm/77kg | 우투우타

2024시즌에는 타격상을, 2025 시즌 주말리그에서 홈런상을 받았다. 상황 대응 능력이 좋은 점이 강점으로, 체형에 비해 손목 힘이 좋아 장타력 향상이 기대되며 컨택 능력도 나쁘지 않다. 수비에서는 2024 시즌에는 3루수, 2025 시즌에는 유격수로 안정적인 송구를 보여줬다. 내야 전 포지션 소화도 가능하다는 평가다.

9R 이재환

물금고 | 외야수

176cm/74kg | 우투좌타

투타 겸업이 가능할 정도로 좋은 어깨와 함께 고교 3학년 기준 25경기 동안 도루 30개를 기록할 정도로 상당한 주력을 보유하고 있는 스피드스타 타입이다. 발로 안타를 만드는 유형이어서 장타력을 기대할 수는 없고, 공격적인 성향으로 수비에서 잔실수가 눈에 띈다. 공수주 모두 디테일을 보강할 필요가 있다. 백업 외야수로 시즌 데뷔가 유력하다.

10R 박주진

대전고 | 외야수

180cm/88kg | 우투우타

고교 통산 71경기 동안 11홈런을 기록한 펀치력이 돋보이며, 상당히 적극적인 타격 성향을 지니고 있다. 선구안이 나쁘지 않아 사사구도 많이 골라내지만, 칠 수 있다 싶으면 휘두르는 성향으로 삼진도 많이 당하는 유형이다. 주력이 빠른 편은 아니며 코너 외야수로 성장할 수 있는 자원이다. 수비나 주루보다는 타격에 중점을 둬야 한다.

11R 황희성

공주고 | 투수

180cm/78kg | 우투우타

180cm로, 투수로서는 크지 않은 체격이지만 최고 145km를 넘는 포심을 던지며, 공격적인 피칭 성향으로 맞거나 삼진을 잡는 핫가이 유형의 투수다. 제구력이 나쁘지 않지만 구위에 한계가 있다. 피지컬과 스태미너 보강을 통해 공에 힘이 붙으면 프로에서의 잠재 활용도는 높은 자원이다. 빠른 데뷔보다는 단계별 육성을 요한다.

 1R 김민준

대구고 | 투수

183cm/100kg | 우투우타

평균 140km 중후반, 최고 152km의 포심을 구사하지만 다양한 구종을 조합하는 경기 운영 능력이 돋보인다. 고교 3학년 기준 K/9이 11.90으로 탈삼진 능력이 뛰어난데, 구위보다는 구종 조합의 결과다. 183cm, 100kg의 피지컬은 향후 극적인 변화보다는 현재 상태의 솔리드한 발전을 기대하게 한다. 피지컬이 좋고 구종이 다양하며 구위가 애매한, 채병용 이래로 전형적인 SK-SSG 우완 에이스 스타일 계보를 잇는 인재다.

 2R 김요셉

세광고 | 내야수

188cm/81kg | 우투좌타

188cm, 81kg의 준수한 피지컬과 고교 기준 최상급 유격수 수비를 보여주며 차세대 센터라인 자원으로 기대받는다. 타격에서도 좋은 평가를 받았지만 적극적인 타격 성향 대비 선구안을 갖고 있고, 컨택은 평범한 수준으로 삼진과 4사구 비율이 1:1에 가깝다. 타격에 집중한다면 벌크업을 통한 장타력 강화가 가능하며, 수비를 살린다면 센터라인 자원으로 활용 가능한 유망주다. 스타일은 다르지만 기대치에서는 한화 하주석의 고교 시절을 연상하게 한다.

 3R 장재율

광남고 BC | 외야수

187cm/99kg | 우투우타

고교 1학년 때 토미존 수술을 한 경력이 있다. 3학년 투수로 등판하여 153km를 던진 강견으로 187cm, 99kg의 건장한 피지컬을 살린 호쾌한 스윙에서 나오는 파워는 향후 중심타선으로의 성장을 기대하게 한다. 다만 고교 3학년 기준 70타석 볼넷 6개, 삼진 21개, 선구안과 컨택의 개선이 필요하다. 하재훈의 예도 있기에 타격 능력의 성장 여부 및 건강 관리 여하에 따라 미래 불펜 투수의 가능성도 기대할 수 있을지도 모른다.

 5R 조재우

IMG 아카데미-센트럴 플로리다 대학 | 투수

190cm/99kg | 우투우타

미국 IMG 아카데미 코스에서 고평가받았던 재원으로 최고 153km의 포심을 구사했다. 2025년 3월 팔꿈치 수술을 받았음에도 동년 8월 해외파 트라이아웃에서 140km 후반대의 포심을 던진 것이 확인되었다. 투심 계열 변화구로 삼진을 잡을 수 있는 컨트롤까지 겸한 것으로 고평가되나 빠른 공 자체의 구위는 피지컬이나 구속에 비해 좋지는 않다. 전형적인 조기 해외진출 유망주 코스를 밟았다. 관건은 건강이다.

 6R 이승빈

경북고 | 외야수

180cm/75kg | 우투우타

고교 3학년에 장타력이 급성장하여 132타석 동안 5홈런을 기록하며 주목받았지만 그에 비례하여 삼진도 같이 늘어났다. (21개, 고교 통산 203타석 35삼진). 고교 기준으로는 무리 없는 중견수 수비력을 보여준 점도 있어 공격형 센터라이너 겸 리드오프가 최상의 시나리오다. 다만 확실한 기본기보다는 운동능력을 살리는 전형적인 급성장형 유망주의 플레이 스타일이기 때문에 아마추어 대비 프로의 경기력 격차에 적응하는 것이 관건이다.

7R 오시후

덕수고 | 외야수
185cm/85kg | 좌투좌타

수비보다는 타격에서 두각을 드러낸다. 강견에 발도 빠르지만 타구 판단 능력과 포구는 개선이 필요하다는 평가다. 스윙 폼이 부드러워 피지컬과 함께 장타력을 기대할 여지는 있지만 고교 시절 높은 평가를 받은 부분은 선구안과 컨택에 중점이 잡혀 있었다. 고교 3학년에는 83타수 32사사구 22삼진으로 장타력 증강을 꾀하면서 강점이던 정교한 타격에서 주춤한 모습을 보였다. 즉시전력감보다는 디테일 보강이 필요한 유형이다.

8R 신상연

경남고 | 투수
181cm/74kg | 우사우타

최고 150km까지 기록한 포심과 커브, 슬라이더, 스플리터를 구사한다. 경기 체감 대비 기록이 좋은 유형으로 구속과 구위는 뛰어나지만 변화구 완성도와 제구에서는 개선이 필요하다. 그러나 포심과 변화구 모두 볼의 움직임이 예측하기 어렵기 때문에 정석적인 컨트롤을 요구하기보다는 특성으로 강화하는 것도 방법이다. 정대현을 보유했던 SK의 전통을 이어간다면 재미있는 잠수함 불펜의 탄생을 볼 수 있을지도 모른다.

9R 김태현

광주진흥고 | 투수
184cm/87kg | 좌투좌타

특이하게도 고교 시절에는 1루수였지만 프로에서는 투수로 지명받았다. 3학년 기준 79타석 4홈런을 기록하는 장타력을 보였지만 선구안과 컨택에서 프로 레벨 기대치는 아니었다는 평가. 우수한 피지컬과 좌완이라는 강점, 투구폼 밸런스를 강조하고 있다. 야수에서 투수로 전향한 자원을 자주 활용하는 SSG의 마운드 운영 특성에 맞는 지명이다. 피지컬이 완성형이기 때문에 불펜 활용 가능성이 높다. 관건은 내구성의 유지다.

10R 김재훈

한광 BC | 투수
198cm/108kg | 우투우타

198cm, 108kg의 거구에 최고 151km에 달하는 포심, 주무기는 각이 큰 스위퍼다. 우수한 스펙에도 불구하고 저조한 지명 순위를 보면 짐작할 수 있듯, 고교 3학년 기준 25이닝 34탈삼진 41볼넷 WHIP 2.80으로 전형적인 와일드씽이다. 제구력을 교정하면 위협적인 구위를 살려 불펜으로 가능성이 엿보인다. 다만 클래식한 제구 교정과는 상극인 메커니즘이기 때문에 빠른 시일 내에 1군에서 보기는 어려워 보인다.

11R 안재연

장충고/고려대 | 내야수
177cm/80kg | 우투좌타

2025년 기준 16경기 67타석 53타수 타-출-장 0.396-0.478-0.528의 맹타를 휘두르며 고려대학교의 핵심 타선과 키스톤 수비를 책임졌다. 장충고 재학 중이던 2021년에도 62타석 동안 타율 0.438을 기록할 정도로 컨택과 선구안은 검증된 수준이다. 비교적 작은 피지컬에 비해 손목 힘이 좋아 갭 파워가 있어 일발장타의 기대치도 높은 편이다. 발도 빠르다. 완성형 대졸신인이기 때문에 백업 센터라이너로 빠른 데뷔가 예상된다.

1R 이호범

서울고 | 투수
190cm/95kg | 우투우타

'푸른 피의 에이스' 배영수와 닮은 모습으로 화제가 되었다. 최고 153km까지 나오는 포심과 스플리터, 슬라이더를 던지는 공격적인 피칭 패턴으로 주목받았다. 약점이라면 구속 지속 능력이 떨어지는 점이다. 최고 150km를 가볍게 넘기지만, 투구 수가 일정 이상 늘어나면 140km 초반대까지 구속이 떨어진다. 컨트롤에도 기복이 있고, 좋은 변화구에 비해 경기 운영 능력은 평범하다는 평이다. 삼성 불펜 사정상 불펜 투수로의 활약이 유력하다.

2R 김상호

서울컨벤션고 | 투수
191cm/95kg | 우투우타

고교 시절 최고 153km까지 기록한 포심을 던지는 파이어볼러지만 2024년 4월 토미존 수술 이후 3학년 드래프트 시점에는 구속이 140km 중반대에 머무르는 것으로 알려져 있다. 다만 3학년 이전에 150km가 넘는 강속구를 던진 전력이 있고, 191cm, 95kg의 우수한 피지컬은 구속 회복을 전제로 뛰어난 잠재력을 보장한다. 키워드는 포심 구속의 회복이다. 성공한다면 조상우의 전성기를 재현할 수도 있다.

3R 장찬희

경남고 | 투수
186cm/80kg | 우투우타

점프하는 듯한 투구폼이 특이하지만, 유연성이 좋아 어색하지 않다. 최고 147km의 포심은 수직 무브먼트가 좋아, 구속 이상의 구위를 인정받고 있으며 체인지업의 완성도가 높다는 평가다. 최고 구속은 다소 낮지만, 100구 전후를 던지면서도 평균 145km 전후를 유지할 수 있는 등, 구속 유지 능력이 좋아 삼성이 선호하는 선발형 투수의 재능을 보여준다. 프로에서의 기대치도 선발 투수에 초점을 맞추고 있다.

4R 이서준

인천고 | 투수
189cm/95kg | 우투우타

189cm, 95kg의 좋은 피지컬, 최고 150km에 달하는 포심은 무브먼트가 좋아 이른바 '볼끝이 더러운' 공이다. 다만 부상 전력으로 인해 평가가 많이 깎였다. 포심 외에는 여러 변화구를 구사하지만 완성도가 높지 않고, 내구성 이슈가 있기 때문에 즉시전력으로 분류하기는 어렵다. 다만 삼성의 마운드 설계 경향에 비춰볼 때 불펜에서 1군 경력을 시작할 것이 유력하다. 강점인 포심의 위력을 극대화한다면 필승조 합류도 기대되는 자원이다.

5R 박용재

공주고 | 투수
195cm/105kg | 우투우타

195cm, 105kg의 거구로, 최고 150km를 기록한 포심을 구사한다. 완성도가 높다기보다는 파워와 피지컬이 갖는 잠재력을 기대하게 하는 선수다. 컨트롤과 변화구 구사 능력에 아쉬움이 있기 때문에 2군에서 가능한 한 많은 경기에서 던져볼 필요가 있다. 삼성의 2026 드래프트 지명 경향으로 볼 때 불펜 자원으로 분류할 수 있다.

6R 정재훈

전주고 | 투수
185cm/85kg | 우투우타

KT가 1라운드에서 지명한 박지훈과 함께 전주고 마운드를 이끈 원투펀치. 박지훈이 강속구로 찍어 누르는 피칭을 했다면 정재훈은 우수한 컨트롤과 커브, 체인지업 등 다양한 변화구를 앞세운 기교파로 볼 수 있다. 포심 구속은 140km 초반대에 머물지만 변화구 습득이 빠르고, 상대에 맞춰 레퍼토리를 전개하는 운영 능력이 우수한 선수다. 오히려 삼성식 선발야구에는 선발 투수로 가능성이 더 큰 유형이다.

7R 이서준

성남고 | 포수

185cm/95kg | 우투우타

전형적인 공격형 포수로, 포수 수비는 고교 레벨에서도 아쉬운 점이 많다. 상황 파악 및 대응에서 타이밍을 잡는 능력이 떨어지고, 투수와의 교감에서도 다소 뻣뻣한 부분이 눈에 띈다. 강점은 185cm, 95kg의 좋은 피지컬에서 나오는 타격의 파워다. 장타력은 물론이고 집중력이 뛰어난 클러치 히터 기질이 있어, 무리하게 포수 수비를 강화하기보다는 최형우의 전례처럼 타격에 집중하는 것도 한 방법이다.

8R 임주찬

광주동성고/송원대 | 내야수

183cm/83kg | 우투우타

내야 전포지션 소화가 가능한 유틸리티 플레이어다. 2025 KUSF 대학리그 왕중왕전에서 도루상을 수상한 준족으로, 타격 자체보다는 빠른 발과 유연한 운동능력, 상황 판단력을 앞세운 공수주 밸런스가 강점인 유형이다. 즉시전력 가치를 요구받는 대졸신인이기도 해서, 프로에서는 대주자, 대수비 등 주전의 백업으로 우선 가치를 인정받을 가능성이 높다.

9R 한수동

서울고 | 투수

183cm/93kg | 우투우타

최고 149km까지 기록한 포심은 볼끝이 좋다는 평가를 받는다. 다만 변화구 습득 능력이나 구사 감각이 떨어지는 편으로, 다소 건장한 체형인 183cm, 93kg의 피지컬을 보더라도 억지로 레퍼토리를 늘리기보다는 강점인 포심을 살릴 수 있는 불펜에서의 활용이 더 유력할 것으로 보인다. 서울고 선배인 최원태를 롤모델로 하고 있다는 점도 참고할 수 있는 부분이다.

10R 황정현

제물포고 | 투수

187cm/90kg | 우투우타

2024년부터 투수로 전향했기 때문에 전형적인 실링픽이다. 포심과 함께 구사하는 커브의 폼이 뚜렷하게 다르기 때문에 이른바 '쿠세'를 간파당하기 쉽다. 경험 부족이 가장 큰 문제다. 커브의 완성도 자체는 훌륭하기 때문에 피칭 메커니즘을 조정하면서 2군 등 부담이 덜한 무대에서 꾸준히 경험을 쌓는 것이 중요하다. 장기 육성을 공언하며 지명한 선수이기 때문에 시간을 두고 지켜볼 필요가 있다.

11R 박주영

경북고 | 투수

183cm/93kg | 우투우타

최고 143km 전후의 포심은 그다지 인상적이지 않지만 낙차가 큰 커브가 심상치 않다. 빠르지 않은 구속에서도 불구하고 삼진을 잡아내는 능력이 뛰어난 비결이다. 커브를 결정구로 쓰거나, 타이밍 뺏기로 활용하는 등, 응용능력도 좋은 전형적인 피네스 피처다. 시니컬하게 본다면 로컬 픽이지만 매력적인 커브를 구사하기 때문에 강점을 살린다면 충분히 하위픽 신화를 쓸 수 있는 잠재력을 가지고 있다.

1R 신재인

유신고 | 내야수

185cm/83kg | 우투우타

타격 메커니즘 특성상 삼진이 적고 손목 힘이 좋아 피지컬 대비 장타력이 뛰어나다. 투수로도 140km 이상 구속을 기록하는 강한 어깨에 타구 판단능력이 좋아 3루 수비에 능하며, 발도 빨라 3루수 육성은 확정이다. 적응력이 뛰어나 타격폼 수정에 따르는 부작용도 적다. 모교 선배인 최정이 고점이겠지만, 피지컬 조건은 최정보다도 뛰어나다.

2R 이희성

원주고 | 포수

186cm/90kg | 우투우타

포수로는 2026 드래프트 최대어. 팝 타임이 최고 1.82초, 평균 1.86초에 달할 정도의 강견과 좋은 수비력을 가지고 있어 같은 팀 선배인 김형준에 비견된다. 다만 타격은 정확도와 장타력이 모두 떨어지는 편이어서 수비형 포수로 전망된다. 박세혁, 안중열의 거취가 불투명하므로 김형준의 백업으로 1군 경험을 쌓을 가능성이 높다.

3R 김요엘

휘문고 | 투수

185cm/78kg | 우사우타

휘문고 출신 사이드암 투수. 최고 145km의 포심과 체인지업을 구사한다. 제구가 안정적이며 공격적인 스트라이크 존 공략으로 이닝 소화력이 좋다. 2025 U-18 야구 월드컵에서도 13.2이닝 동안 19개의 탈삼진을 잡고 2개의 볼넷만 내주며 호투했다. 선발투수와 롱릴리프로 모두 기대치가 높은 자원으로, 변화구 완성도에 따라 데뷔가 앞당겨질 수 있다.

3R 최요한

비봉고/용인시 야구단 | 투수

180cm/80kg | 좌투좌타

한화가 손아섭 트레이드에서 맞교환한 3라운드 지명권을 NC가 행사하여 지명했다. 평균 140km 초반대의 포심과 슬라이더, 커브를 구사한다. 3학년 기준 9이닝 당 볼넷 수가 1.95로 제구가 뛰어나다. 역동적인 투구폼으로 디셉션이 좋아 구위도 준수하다. 롯데의 정현수처럼 좌타 스페셜리스트로는 즉시 기용이 가능한 완성도로 평가받지만, 이닝 소화력이 좋아 피지컬 보강 및 증속을 통한 선발 육성도 유력하다.

4R 김건

경기항공고 | 내야수

180cm/81kg | 우투좌타

SSG와 NC의 김성욱 트레이드에 따른 지명권 양도로 NC가 지명했다. 2학년 때부터 경기항공고 주전 2루수로 활약했으며 3학년 땐 주전 유격수 겸 3번타자로 활약했다. 3학년 기준 24경기에서 3홈런 7도루 타율 0.402를 기록했다. 스프레이 히터 유형으로, 피지컬은 크지 않으나 좋은 파워와 컨택을 가진 공격형 유격수이다.

4R 고준휘

전주고 | 내야수

181cm/85kg | 좌투좌타

레그킥을 활용한 적극적인 스윙 메커니즘을 갖고 있으면서도 상, 하체 중심이 안정적이어서 컨택이 좋다. 변화구 대처 능력도 빼어난 편이다. 스프레이 히터로 일발장타보다는 인플레이 타구 양산에 강점이 있다. 피지컬도 평균 수준이기 때문에 향후 파워를 보강하면 장타력도 향상 여지가 있으며, 중견수가 주 포지션인 점도 긍정적인 부분이다.

5R 정튼튼

순천효천고/고려대 | 투수

180cm/85kg | 좌투좌타

최고 147km까지 기록한 대학 리그 최고의 좌완투수. 투심과 슬라이더를 주로 구사하며, 투심으로 타이밍을 뺏고 슬라이더로 삼진을 잡을 수 있는 제구력을 갖췄다. 대졸 신인이라는 점과 좌완이라는 특성을 감안하면 2026 시즌 빠른 기용이 전망된다. 선발과 불펜 모두 가능하지만 멀티 이닝 연투가 가능하기 때문에 불펜 기용이 유력하다.

6R 안지원

부산고 | 외야수

188cm/85kg | 우투우타

공수주 강점이 뚜렷한 5툴 플레이어로 평가 받지만 특히 컨택에 강점이 있어 콜드 존이 거의 없다. 코스와 구종 불문 컨택이 되면서도 장타력이 있기 때문에 타선 배치가 유연하다는 점이 강점이다. 장타력에 집중한다면 거포, 컨택에 집중한다면 중장거리 교타자로 육성 가능한 포텐형 자원이다. 타격 전문가인 이호준 감독의 코칭이 기대되는 자원이다.

7R 허윤

충암고 | 내야수

177cm/73kg | 우투좌타

비교적 작은 피지컬로 파워는 두드러지지 않지만 발이 대단히 빠른 편으로 3학년 기준 25경기에서 30도루를 기록한 준족이다. 총 안타 37개 중 2, 3루타가 12개일 정도로 발로 장타를 만들어내는 유형이며 선구안이 뛰어나 볼삼비도 준수하다. 프로 투수들의 변화구 적응 여부가 관건으로, 대주자 자원으로 2026시즌 데뷔가 유력하다.

8R 윤성환

경기항공고/연세대 | 투수

185cm/97kg | 우투우타

경기항공고 시절에도 에이스급 투수로 주목받았으나 평균 130km대를 벗어나지 못하는 낮은 구속으로 미지명된 바 있다. 대학에서 포심 기준 최고 148km 까지 증속에 성공하면서 뛰어난 제구력과 경기 운영으로 호평을 받았다. 커브, 슬라이더, 포크볼을 비롯한 다양한 변화구로 스트라이크를 던질 수 있기에 선발 투수로서 가능성이 높다.

9R 김명규

장충고 | 내야수

188cm/93kg | 우투우타

키움 히어로즈 투수 김윤하의 동생이다. 십자인대 파열이라는 중상을 극복하고 시즌을 완주했으며, 고교 기준 20경기에서 타율 0.417을 기록하면서 3루수 자원으로 지명받았다. 188cm, 93kg라는 우수한 피지컬에 맞는 파워와 투수를 겸했던 강견 등 툴은 풍부하다. 다만 무릎 부상 전력 때문에 보강에 중점을 둔 단계별 육성이 필요하다.

10R 윤서현

서울동산고 | 투수

191cm/98kg | 우투우타

최고 147km까지 기록한 포심을 던지며 피지컬이 191cm, 98kg로 우수하다. 간결한 투구폼으로 빠르게 던지는 유형이기 때문에 타이밍 싸움에 강점이 있지만, 체인지업, 슬라이더, 커브로 이어지는 변화구 레퍼토리의 완성도와 운영력이 애매하고, 포심의 제구에도 의문점이 있다. 제구력 향상과 확실한 변화구 장착이 관건이다.

11R 손민서

장충고 | 투수

181cm/83kg | 우투우타

최고 147km의 포심과 투심, 슬라이더, 커브, 체인지업을 구사하는 우완 쓰리쿼터-사이드암 투수이다. 2025 고교야구 주말리그 후반기 서울디자인고와의 경기에 선발 등판해 무사사구 노히트 노런을 달성했다. 투심 위주의 피칭으로 땅볼 양산에 능한 유형이다. 고교 기준 공격적인 성향과, 안정적인 제구력과 강한 멘탈을 두루 갖췄다고 평가받는다.

1R 박지훈

전주고 | 투수

188cm/90kg | 우투우타

고교 2학년 때 토미존 수술 경력이 있다. 2025년 11월 프로 지명 이후 라쿠텐 골든이글스와 가진 교류전에서 최고 154km의 포심을 던지면서 파이어볼러의 자질을 입증했다. 주무기는 슬라이더로 컨트롤도 준수하지만 쓰리쿼터에서도 팔 각도가 낮은 편이기 때문에 변화구와는 상성이 맞지 않는다는 평가다. 애매한 탈삼진 능력도 이 때문이다. 팔 각도를 올리던가, 각도에 맞는 구종을 개발할 필요가 있다. 선발 자원으로 분류된다.

2R 이강민

유신고 | 내야수

180cm/82kg | 우투우타

고교에서는 유격수로 출전했다. 고평가받은 부분은 수비였다. 포구와 송구에 기본기가 잘 잡혀있고, 수비 범위가 넓다. 고교 3학년 기준 타율 0.390을 기록하면서 컨택 능력을 입증했지만 4사구 20개를 얻는 동안 삼진 16개를 기록하는 등, 선구안 면에서는 보완이 필요하다. 주목할 정도로 발이 빠른 것은 아니나 주루 센스가 나쁘지 않은 점도 포인트다. KT 내야 뎁스를 감안할 때, 대주자, 대수비 요원으로 우선 1군 데뷔가 점쳐진다.

3R 김건휘

충암고 | 내야수

180cm/86kg | 우투우타

2025년 이만수 홈런상 수상자로 충암고에서는 3루수로 뛰었다. 고교 최고의 파워히터로 꼽히며, 2025년 황금사자기에서 3게임 연속 홈런을 기록하는 등, 거포 스타일의 타자다. 180cm, 86kg의 피지컬도 나쁘지 않다. KT의 히트 상품이었던 안현민을 롤모델로 삼는 등, 일찌감치 장타로 초점을 맞추고 있다. 본인이나 팀 모두 장타에 집중하는 방향이기 때문에 수비에서 무리할 필요는 없을 것이다. 대타 요원으로 2026시즌 데뷔가 유력하다.

4R 임상우

경기고/단국대 | 내야수

178cm/75kg | 우투좌타

야구 예능 프로그램을 통해 지명 이전부터 인지도가 높다. 센터라인 수비를 중시하는 김성근 감독의 눈높이에 부합하는 내야 센터 수비를 보여주면서 프로에서의 기대도 주로 수비 쪽에 초점을 맞춰져 있다. 타구 판단력과 수비 범위가 특히 뛰어나며, 대학리그에서 20경기 16도루를 기록할 정도로 발도 빠르다. 다만 송구 면에서 미스를 범할 때가 잦고, 타격은 전형적인 컨택-출루형이다. 테이블세터 및 키스톤 자원으로 즉시 투입이 유력하다.

5R 고준혁

중앙고/동원과기대 | 투수

186cm/81kg | 좌투좌타

중앙고 재학 시절 낮은 구속으로 인해 미지명되었으나 동원과학기술대 진학 후 최고 151km에 달하는 포심을 던지면서 주목받았다. 포심과 슬라이더 투피치 타입의 투수로, KT 스카우트 팀이 꼽은 'ABS 최적화' 투수다. 컨트롤은 애매하지만 볼 끝이 좋아 치기 어려운 코스를 공략할 수 있는 감각이 있기 때문이다. 피지컬도 186cm, 81kg로 향후 구위 증대나 증속을 기대할 여지가 있다. 불펜으로 유력하다.

6R 이재원

마산고 | 외야수

180cm/80kg | 우투좌타

마산고 출신 좌타 외야수. 지명은 내야수로 받았으나 내야 수비에 필요한 유연성이 부족하다는 평가다. 강점은 빠른 발로, 고교 3학년 기준 23경기에서 20도루를 기록한 준족이다. 4홈런을 기록하는 등 갭 파워도 있으나 컨택과 선구안 면에서는 고교 레벨을 넘어설 만한 현재 가치를 인정받기는 어렵다. 대주자 자원으로 우선 기회를 받을 가능성이 높고, 코너 외야수 전향을 통해 수비보다는 기동력과 타격에 집중할 것으로 보인다.

7R 김경환

배재고 | 외야수

181cm/78kg | 우투좌타

고교 3학년에 22경기 20도루를 기록한 준족이며, 타격 면에서도 향후 피지컬 강화를 통한 펀치력 향상 여지가 크다는 평가다. 하지만 고교 레벨에서도 선구안이 아쉬운 편이었고, 빠른 발에 비해 주루 센스가 아주 뛰어난 편은 아니다. 전반적으로 2군에서 가능한 한 많은 경험을 쌓아야 할 자원으로, 기본적으로 운동능력이 뛰어나기 때문에 강점인 기동력을 살린다면 1군에서도 기회가 상당히 보장될 것으로 전망된다.

8R 정현우

인천고 | 투수

190cm/93kg | 우투우타

190cm, 93kg의 최상급 피지컬과 140km 후반대의 포심, 투심, 커브, 슬라이더를 구사하는 정통파 투수다. 2023년 후반기 팔꿈치 부상으로 1년 유급을 당했다. 포심의 구위는 위력적이지만 컨트롤 역시 애매한 편이다. 공을 어느 정도 던지면서 영점을 잡는 스타일이기 때문에 멀티 이닝을 소화하는 롱릴리프 내지 선발 투수의 적성이 있다. 프로에서는 컨트롤 보강과 확실한 주무기가 될 구종을 개발하는 것이 선행되어야 한다.

9R 이민준

휘문고 | 투수

190cm/93kg | 좌투좌타

190cm, 93kg의 좋은 체격 조건과 최고 145km 전후의 포심을 구사한다. 피지컬, 구속, 좌완의 희소성에도 불구하고 지명 순번이 크게 떨어진 것은 컨트롤과 경기 운영능력의 부재. 고교 3학년 기준 WHIP이 2.30로, 10.1이닝 동안 탈삼진 10개를 잡아내면서 4사구가 16개에 달했다. 전형적인 장기 유망주 유형으로, 컨트롤이 잡히면 일단 좌완 원포인트로 1군 투입도 가능할 것으로 보인다.

10R 김휘연

장안고 | 투수

183cm/83kg | 우투우타

140km 초반대의 포심은 고교 레벨을 넘어서기 어려워 보이지만, 이 선수의 최대 장점은 컨트롤이 되는 체인지업에 있다. 타자 눈앞에서 바로 사라지는 듯한 기묘한 무브먼트의 체인지업을 활용한다면 좌타 상대 스페셜리스트로 실전 투입이 가능하다는 평가다. 다만 평범한 피지컬로 인해 극적인 증속은 어려울 것으로 보이므로, 2군에서 상당기간 육성 과정을 거칠 것으로 보인다.

11R 김유빈

전주고 | 포수

184cm/90kg | 우투우타

좋은 신체조건으로 펀치력이 있지만 선구안이 좋은 편은 아니다. 포수 수비는 고교 주전급으로 무리 없을 수준이다. 컨택과 선구안을 개선하면서 코너 외야수로 활용될 가능성이 있다. 공격-수비-주루 모두 과제가 뚜렷하기 때문에 단기간에 1군에서 보기는 어려울 것이다. 2군에서 가능한 한 많은 타석에 서면서 포지션을 확정하고 수비 디테일을 개선할 필요가 있다. 강점인 파워에 집중한다면 기대할 만하다.

1R 신동건

동산고 | 투수

193cm/85kg | 우투우타

193cm, 85kg의 거구로 롯데 자이언츠의 스테레오 타입과 같은 지명이다. 최고 150km의 포심을 구사하며, 탈고교급으로 평가받는 커브는 낙차와 제구 모두 좋다. 고교 3학년 23경기 71.1이닝 ERA 0.51로 최동원상을 수상했다. 아웃코스에 대한 집착으로 제구가 흐트러질 때가 있다. 커브를 뒷받침할 구종 추가 여부에 따라 보직이 결정될 것.

2R 박정민

장충고/한일장신대 | 투수

188cm/95kg | 우투우타

최고 152km의 포심을 던지며 주무기는 체인지업, 슬라이더와 커브도 던지지만 프로 레벨에 통할 정도는 아니다. 188cm의 장신에서 타점이 높아 빠른 공의 무브먼트가 뛰어나나. 대플 신인으로 스카우트 코멘트도 노골적으로 즉시전력의 기대를 앞세웠다. 선발보다는 주무기 체인지업을 활용한 좌타 상대 불펜 투입이 유력하다.

3R 이서준

부산고 | 내야수

183cm/85kg | 우투우타

'부드러운 핸들링과 강한 어깨를 바탕으로 안정적인 수비력을 갖추었을 뿐만 아니라 타격에서 강한 회전력을 바탕으로 장타력을 갖춘 선수라는 지명 코멘트는 정교하지 못한 타격 디테일을 교묘하게 가린다. 장타력에 비해 선구안과 컨택이 아직 프로 수준은 아니기 때문에 2군에서의 체계적 육성을 필요로 한다. 코너 내야수로의 활용이 유력하다.

4R 김화중

덕수고 | 투수

188cm/90kg | 좌투좌타

최고 150km의 포심이 강점이며, 프로 레벨의 변화구는 없다. 188cm에 달하는 장신을 살려 내려 꽂는 듯한 피칭은 공격적이며, 이 때문에 탈삼진형 파워 피처로 평가받는다. 기교파 투수가 많았던 덕수고 출신으로서는 이례적인 케이스다. 구종 강화와 추가 여부가 관건이나, 좌완투수 풀이 약한 롯데이기 때문에 불펜 조기 기용도 유력하다.

5R 김한홀

휘문고 | 외야수

189cm/83kg | 우투좌타

189cm의 장신으로 고교에서도 코너 외야를 맡았기 때문에 프로에서도 포지션은 한정될 것으로 보인다. 큰 키에 비해 마른 체격으로 장타력에 한계를 보였지만 컨택이 뛰어나다는 점은 강점이다. 프로에서 피지컬을 보강한다면 갭 파워가 늘어날 것이라는 전망이 있지만, 타격 메커니즘이 정립되지 않았기 때문에 보디 밸런스 유지가 숙제다.

6R 김한결

성남고 | 투수

193cm/93kg | 우투우타

193cm, 93kg의 건장한 체격을 갖췄다. 최고 148km의 포심, 커브와 슬라이더, 스플리터를 구사하는 구종 패턴은 롯데 투수 코칭의 선호와 맞물린다. 어깨 부상 전력이 있기 때문에 내구성 강화가 필수다. 고교 기준으로도 실전 경험이 많은 편이 아니어서 상황 대처 능력이 떨어진다는 평가다. 2군에서 가급적 꾸준한 등판이 보장되어야 할 것이다.

7R 이준서

유신고 | 투수

181cm/82kg | 우투우타

최고 147km 전후로 형성되는 포심과 커브, 스플리터, 스위퍼 등 다양한 변화구를 구사한다. 투구폼이 단정하며 변화구 구사 감각이 좋기 때문에 크지 않은 피지컬에도 불구하고 이닝 소화력이 좋다. 고졸 신인이지만 컨디션 유지를 전제로 비교적 빠른 1군 데뷔도 가능하다. 하이 플로어 타입 피처로 선발 육성 가능성이 높다.

8R 남해담

물금고 | 투수

187cm/85kg | 좌투좌타

187cm, 85kg의 좋은 신체조건을 지니고 있고, 145km 전후로 형성되는 포심과 슬라이더, 스플리터를 주로 구사한다. 증속보다는 변화구의 강화가 점쳐지는 유형의 투수이나 신체조건이 좋기 때문에 프로에서의 육성에 따라 가능성은 열려 있다. 좌완이 부족한 팀 사정상 일단 불펜 자원으로 분류될 가능성이 높다.

9R 정문혁

경남고 | 포수

185cm/88kg | 우투우타

185cm, 88kg의 건장한 신체 조건을 갖추고 있으며 어깨가 강하고 펀치력이 뛰어난 점을 높게 평가받았다. 다만 포수로서의 완성도는 애매한 수준으로, 프로에서 포지션 전향 가능성도 높다. 장타력이 있기 때문에 코너 외야수 내지 1루수로 테스트될 확률이 더 클 것이다. 포수 육성에서 약점을 보여온 롯데인 점도 감안해야 한다.

10R 이로화

광주제일고 | 내야수

180cm/82kg | 우투우타

타격보다는 수비에 중점을 두고 프로에 낙점된 선수로, 내야 전포지션을 소화할 수 있는 주력과 어깨, 상황 판단 능력을 갖추고 있는 것으로 평가받는다. 180cm, 82kg의 신체조건은 준수하지만 장타력에서는 한계를 보이기 때문에 대수비 자원으로 일단 데뷔하게 될 것이다. 이호준 등 내야 유망주들의 상황에 따라 기회를 부여받을 것이다.

11R 김현수

장충고 | 투수

188cm/88kg | 우투우타

188cm, 88kg의 좋은 신체조건과 최고 시속 150km, 평균 시속 145km 전후로 형성되는 포심을 던지며 싱커와 분간이 되지 않을 정도로 떨어지는 투심의 무브먼트가 훌륭하다는 평가다. 그 외에는 슬라이더를 던진다. 지명 순위에 비해 스펙이 지나치게 좋은 이유는 종잡을 수 없는 제구력 때문, 모 아니면 도에 가까운 베팅 픽이다.

2R 김현수

광남고/BC | 투수

189cm/97kg | 우투우타

고교 진학 후 투수로 전향했다. 2학년 시점에서 포심 구속이 최고 145km를 기록했지만 경험 부족으로 인한 구속 저하로 인해 투구폼을 대폭 교정했고, 3학년 시점에서 포심 최고 구속 149km를 기록했다. 완성도를 인정받는 구종은 스위퍼다. 익스텐션이 221cm에 달하며 포심의 수직 무브먼트가 좋아 타자가 공략하기 까다로운 유형이다. 짧은 구력에 따르는 부상 위험이나 메커니즘의 불안정성 등이 변수가 될 수 있다.

3R 김민규

휘문고 | 외야수,

183cm/76kg | 우투우타

고교에서는 중견수를 맡았다. 두 자릿수 도루를 기록할 정도로 발이 빠르고 강한 어깨가 돋보인다. 타구 판단력도 좋은 편으로, 중견수 수비 자체는 고교 레벨에서는 최상급이라는 평가다. KIA 스카우트가 김호령의 수비 감각에 비견했을 정도다. 타격에서도 장타력은 아쉽지만 고교 3학년 기준 타율 0.410 OPS 1.026(21경기 95타석)에서 볼 수 있듯 컨택 능력이 좋다. 리드오프를 맡길 수 있는 중견수가 베스트 시나리오다. 공격력이 아쉬운 김호령의 타격이 되는 후계자로 성장한다면 최상이다.

5R 정찬화

청담고 | 투수

185cm/90kg | 우투우타

고교에서 내야수(3루수)에서 투수로 전향했기 때문에 구력이 짧은 편이다. 최고 150km에 달하는 포심은 구위가 위력적이라는 평가지만 다소 폼이 투박하고, 구속 유지 능력에 의문이 있다. 커브, 슬라이더, 스플리터로 구성되는 피칭 레퍼토리도 상대와 상황에 맞춰 던질 수 있는 완성도는 아니어서 컨디션에 따라 다소 난사하는 경향이 있다. 경험을 축적하면서 포지션을 재조정할 필요가 있는 원석형 유망주다.

6R 지현

제물포고 | 투수

183cm/81kg | 우투우타

183cm, 81kg로 투수로는 다소 아담한 체격이지만 최고 149km의 포심 구위가 좋고, 컨트롤도 준수한 편이다. 슬라이더와 너클 커브의 완성도가 높아 선발투수의 잠재력을 인정받고 있다. 다만 포심 구속이 평균 140km 초반대로 구속 유지가 다소 약하기 때문에 피지컬 보강을 통한 스태미너 강화가 선행되어야 할 것으로 보인다.

7R 박종혁

덕수고 | 내야수

190cm/88kg | 우투우타

190cm, 88kg의 균형 잡힌 피지컬에 훤칠한 용모로 프로 지명 이전부터 주목받았다. 장신이지만 주력을 비롯한 운동능력이 뛰어나 역동적인 수비 장면을 많이 만들어내는 에너지 플레이어. 하지만 컨택과 선구안이 아쉬운 부분이 있어 타격에서는 좀더 보강이 필요하다. 핫코너 내야수로 방향을 잡을 가능성이 높다.

8R 최유찬

아산 BC | 투수

189cm/95kg | 좌투좌타

포심 구속은 최고 145km 전후로 형성되지만, 투구폼이 독특하기 때문에 타자가 공략하기 쉬운 유형은 아니다. 다양한 변화구를 섞어 던지면서 헛스윙을 유도하는 피네스 피처로 컨트롤보다는 상대에 맞춘 공략을 중시하는 경기 운영능력이 돋보인다. 다수의 좌완 유망주를 이미 보유하고 있는 KIA가 2026 드래프트에서 유일하게 지명한 좌완투수로 윤영철의 전례가 있기 때문에 우선 선발투수로 육성 방향을 맞출 것으로 보인다.

9R 한준희

인천고 | 내야수

183cm/80kg | 우투우타

3학년 시점에서는 유격수로 출전했다. 내야 전포지션 소화가 가능한 유틸리티 플레이어로 고교 3학년 공식경기 23경기에서 12도루를 기록하는 등, 발이 빠른 편이고 운동능력이 좋다. 타격에서는 일발장타를 기대할 수 있는 갭 파워가 있고, 선구안도 나쁘지 않다. 컨택도 개선의 여지가 있다. 어느 한 부분에 뚜렷한 강점이 있다기보다는 고르게 발달할 수 있는 원석형이기 때문에 내야 뎁스 강화에 기여할 것으로 보인다.

10R 김상범

광주제일고/송원대 | 투수

188cm/100kg | 우투우타

최고 150km까지 기록한 포심이 위력적. 2025년 13경기 44이닝을 소화하면서 탈삼진 66개 4사구는 21개(볼넷 18개)를 기록했다. 컨트롤이 되는 빠른 공을 던질 수 있고, 경기운영 감각도 있어 투구수 대비 이닝 소화력이 높다. KIA 스카우트 자체 평가에 의하면 2025시즌 대학야구 투수 No 3였다고 할 정도로 고평가를 받았다. 초등학교 졸업 후 꾸준히 투수로 뛰었던 구력의 소유자로, 경험과 퍼포먼스 모두 준수하므로 선발투수 내지 롱릴리프로 빠르게 실전투입될 가능성이 높다.

11R 이도훈

광주동성고 | 포수

179cm/85kg | 우투우타

3학년 기준 타격 성적이 급성장하면서 주목받았다. 특히 고교 통산 홈런이 5개인데, 모두 3학년 시점에 몰아서 쳤을 정도로 장타력이 성장한 부분이 포인트다. 다만 포수 수비에서는 고교 레벨을 넘어설 만한 평가는 없으며, 장타력을 제외하면 컨택과 선구안에서도 개선할 여지가 많다. 로컬픽적인 성격도 강한 지명이기 때문에 향후 방향성은 수비와 타격 중 중점을 두는 부분에 따라 크게 변동될 것으로 보인다.

 1R 김주오

마산용마고 | 외야수,
181cm/94kg | 우투우타

투수 독식으로 치우치기 쉬운 상위 라운드에서는 파격적인 지명이다. 오재원에 이은 외야수 빅2로 평가받았다. 2025년 33경기 135타석 타율 0.365, 6홈런, 12도루 OPS 1.141을 기록한 호타준족. 변수는 수비인데, 용마고에서는 중견수였지만, 어깨와 수비 범위는 센터보다는 코너에 맞다. 수비 부담을 줄이며 공격에 초점을 맞추는 방향이 전망된다. 우타 거포에 대한 수요가 있는 두산이기 때문에 기용도 빠를 것이다.

 2R 최주형

마산고 | 투수
177cm/78kg | 좌투좌타

177cm, 78kg로 투수로서는 작은 편에 속한다. 2025년 기준 최고 시속 145km의 포심도 좌완으로서는 빠른 편이지만, 상위라운더로서는 무난하다. 슬라이더와 스플리터로 구성된 레퍼토리도 무난하지만 이 선수의 강점은 투구폼의 디셉션에 있다. 잭 로그와 비슷하게 타자의 타이밍을 혼선시키는 폼이기 때문에 변화구 한 개만 제대로 구사해도 원포인트로는 충분하다. 좌완 불펜이 부족한 두산 사정상 즉시전력 기용 가능성도 높다.

 3R 서준오

동산고/한양대 | 투수
181cm/85kg | 우투우타

한양대 출신 우완 투수. 얼리 드래프트로 대학 2년 차에 지명되었다. 최고 153km까지 기록한 포심과 종방향 커브, 슬라이더, 체인지업을 구사하는 정통파. 야마모토 요시노부와 비교되기도 한다. 대학리그 특성상 선발과 불펜을 모두 소화했는데 정면승부를 피하지 않는 적극적 성향이기 때문에 컨트롤 난조는 기술적 완성도 문제다. 컨트롤을 중점적으로 보강한다면 데뷔 1년 차에도 바로 불펜 투입이 가능한 수준의 대학 완성형 투수다.

 4R 신우열

배재고/마이애미 데이비드 칼리지/탬파베이 레이스 | 외야수
183cm/95kg | 우투우타

탬파베이 레이스 산하 마이너리그에서 활동한 우타 외야수. 외야 전포지션 소화 가능하다. 2025년 8월 해외파 트라이아웃에서 가장 양질의 타구를 만들어낸 파워 히터로, 수비에서도 타구 판단력과 강견이 돋보인다는 평가다. 2001년생으로 적지 않은 나이인데 병역 미필이므로 단기간에 병역을 해결하거나 리그에서 자리를 잡아야 한다는 부담이 있다. 두산은 즉시전력으로 판단하고 지명한 것으로 보이나, 해외파가 즉시전력으로 기능한 예가 적다는 것이 변수다.

 5R 이주호

경기항공고 | 투수
180cm/81kg | 좌투좌타

양우진과 함께 경기항공고의 원투펀치로 활약했다. 최고 148km까지 기록한 포심과 슬라이더를 구사하는 투피치 투수로, 디셉션이 좋기 때문에 프로에서도 원포인트로 바로 투입 가능하다는 평가다. 두산에서 이미 활약 중인 좌완 이병헌과 유사한 스타일로 평가받았다. 다만 컨트롤에 기복이 있고, 구종이 단조롭기 때문에 프로에서 역할을 늘리기 위해서는 디테일 교정은 필수다. 1군에서는 불펜으로 정착할 가능성이 높다.

 6R 엄지민

공주고/동의과학대 | 외야수
181cm/87kg | 우투좌타

대학에서 꾸준히 중견수 수비를 소화한 자원으로 눈에 띌 정도로 빠르지는 않지만 평균 이상의 주력을 갖추고 있다. 수비는 피지컬보다는 타구 판단력과 수비 범위가 돋보이는 자원이다. 장타력과 컨택에 강점이 있기 때문에 타격 면에서도 발전 가능성이 높다는 평가다. 대졸 신인이기 때문에 1군에서는 백업 외야로 우선 실전 경험을 쌓을 가능성이 높다. 두산 주전 외야수들의 연령대를 생각하면 기회는 부족하지 않을 것으로 보인다.

7R 임종훈

상동고 | 투수

177cm/75kg | 우투좌타

쓰리쿼터보다 약간 팔각도가 낮은 편이다. 고교 진학 전후로 투수로 전향한 케이스이기 때문에 전력가치보다는 미래 육성가치에 중점을 둔 지명이라 할 수 있다. 고교 기준 포심 최고 구속은 147km로, 투구폼이 와일드한 편인데도 일정한 코스를 유지하는 등 기본기가 잘 잡힌 것이 강점. 짧은 구력과 거친 폼이 유발할 수 있는 부상 위험에 유의한다면 2군에서 단기간에 두각을 드러낼 실링픽이다.

8R 임현철

제물포고 | 외야수

182cm/72kg | 우투좌타

고교시절에는 내야수로 활약했지만, 두산 스카우트팀은 외야수로 지명했다. 고교 3학년 기준 23경기에서 16도루를 기록한 준족형의 선수로, 타격에서도 장타보다는 선구안과 주력으로 승부하는 '쌕쌕이' 유형. 정수빈, 조수행 등 이른바 '육상부' 야구로 유명한 두산이기 때문에 가능한 지명이라고 할 수 있다. 발이 빠르기 때문에 대주자로 우선 실전경험할 가능성이 높고, 수비 숙련도에 따라 1군 기용 여부가 정해질 것으로 보인다.

9R 심건보

소래고/한양대 | 내야수

186cm/84kg | 우투좌타

대학에서 유격수로 활약했다. 프로 기준 장타력은 기대할 수 없지만 컨택 능력이 좋다. 삼진이 볼넷과 1:1 비율인 것은 칠 수 있는 공에 대해서는 무조건 휘두르는 적극적 성향의 작용. 조직력을 중시하는 두산이 점수를 준 부분이 내야 수비에 있다는 점이 고무적이다. 수비범위와 송구 정확도, 강견 등에서 유격수로 기용 가능한 수준이라는 평가다. 대수비와 하위타선 대타 등으로 내야 백업으로 등장할 확률이 높다.

10R 남태웅

대구상원고 | 내야수

177cm/77kg | 우투우타

고교 최고 수준의 유격수 수비를 보여준다는 평가다. 강견은 아니지만 수비 범위와 송구 정확도에서 높은 평가를 받는다. 피지컬이 덜 발달되었기 때문에 운동능력을 평가하기는 어렵고, 타격 역시 마찬가지. 두산에서 전형적으로 볼 수 있는 중장기 육성형 지명이다. 몸을 만들면서 기본기를 보강한 뒤 2군 경험부터 쌓거나 병역 문제를 해결한 후 언급될 것이 유력하다. 단, 수비가 좋기 때문에 육성 시간은 길지 않을 것이다.

11R 정성헌

대전제일고 | 투수

185cm/88kg | 우투우타

쓰리쿼터와 사이드암 사이의 낮은 팔 각도. 지명 시점 기준 최고 145km까지 기록한 포심을 던진다. 185cm, 88kg의 피지컬은 고교 평균 이상이며, 구속에 비해 볼끝이 좋고, 컨트롤에서도 점수를 받는다. 다만 레퍼토리가 극히 단조롭기 때문에 정타를 잘 맞는 것이 문제, 변화구 구종 개발이 시급하다. 불펜으로 유력하지만, 스태미너가 좋기 때문에 구종 패턴 추가 여부에 따라서는 선발 투수로도 가능성이 있는 실링픽이다.

1R 박준현

북일고 | 투수

188cm/93kg | 우투우타

평균 148~152km, 최고 157km 포심과 슬라이더를 구사한다. 제구가 나쁜 편은 아니지만, 단조로운 패턴과 밋밋한 구위가 약점으로 문동주와 유사한 유형이다. 2026시즌 조기 1군 불펜 투입이 유력하며 히어로즈의 육성 역량 감안할때 2~3년차 선발 로테이션 진입이 베스트다. 야구 외적 논란이 초반 커리어의 최대 변수다.

1R 박한결

전주고 | 내야수

177cm/76kg | 우투좌타

KIA와 조상우를 트레이드하면서 지명권을 양도받은 키움이 1라운드에서 지명했다. 부드러운 타격폼에 뛰어난 상체 회전과 강한 손목힘을 통한 배럴 타구 생산력이 돋보이는 스프레이 히터다. 하체 활용은 김혜성, 스윙은 이주형과 유사하다는 평가다. 센터 내야 수비도 준수하다. 키움 히어로즈 뎁스를 감안할 때 2026시즌 유격수-2루수 기용이 유력하다.

2R 김지석

인천고 | 내야수

185cm/83kg | 우투좌타

고교 시절 꾸준한 성장세와 멀티 포지션 소화 가능한 점이 고평가다. 배트스피드와 컨택이 강점이나 장타력 옵션도 보유한 중장거리형 타자. 수비 면에서도 강견과 빠른 타구 반응, 송구 정확도가 돋보이며, 평균 이상의 주력과 주루 감각을 보유하여 일발장타보다는 타선 흐름 유지에 강점이 있다. 상위 타선을 책임지는 핫코너 내야수로 기용될 전망이다.

3R 박지성

서울고 | 투수

190cm/93kg | 우투우타

최고 146km의 포심과 완성도 높은 체인지업을 구사하는 오버핸드 정통파로 구속보다는 구위가 돋보인다. 변화구 구사 감각이 뛰어나기 때문에 스태미너 보강을 전제로 선발 투수 육성도 가능한 유형이다. 고교 선배인 박윤성과 유사한 타입이다. 히어로즈 마운드 사정과 외부 변수를 감안하면 2026 신인 중 가장 빨리 두각을 드러낼 수 있다.

4R 정다훈

청주고 | 투수

183cm/85kg | 우투우타

최고 152km의 포심을 구사하는 파이어볼러. 하지만 프로에서 쓸 수 있는 변화구는 사실상 없다. 고교 2학년 때 토미존 수술 경력이 있어 2026시즌 조기 기용은 어려우며, 제구력을 보강하고 주무기가 될 수 있는 구종을 추가한다는 전제로 불펜에서 중용될 가능성이 높다. 포심의 구속 유지 능력이 뛰어나기 때문에 필승조 진입이 베스트다.

4R 최재영

휘문고 | 내야수

183cm/85kg | 우투우타

조상우 트레이드를 통해 KIA의 4라운드 지명권을 양도받은 키움이 지명했다. 1학년 기준 황금사자기 도루왕을 차지하는 등 준족형 유격수로 알려져 있지만 3학년 기준으로는 타격에 집중했다. 플로어 유형의 선수로 조기 실전투입보다는 장기 육성형 지명이다. 내야 전포지션 수비가 가능하기 때문에 백업멤버로 실전을 경험할 가능성이 높다.

5R 이태양

인천고 | 투수

180cm/80kg | 우투우타

최고 150km의 포심과 슬로 커브, 슬라이더, 체인지업을 구사한다. 고교 통산 K/9가 12를 넘는 압도적인 탈삼진 능력 보유. 다만 평균 구속이 낮고 피지컬이 작은 편이기 때문에 저평가된 감이 있다. 포심의 구위는 두산의 김택연에 비견될 정도고 변화구 완성도도 높기에 순간의 폭발력에 집중한다면 마무리 투수로 정착이 베스트다.

6R 최현우

배명고 | 투수

190cm/90kg | 우투우타

190cm에 달하는 좋은 피지컬과 최고 140km 후반대에 달하는 구속 면에서의 잠재력, 슬라이더와 커브의 완성도가 준수한 편이라는 점에서 롱릴리버 내지 하위 선발 투수로 유력한 자원이다. 다만 구속 유지능력이 떨어지기 때문에 체력을 키워 선발을 선택하든, 순간 폭발력에 집중하여 불펜에 정착하든, 선택과 집중이 중요한 유형.

7R 김태언

세광고 | 투수

183cm/84kg | 우투우타

고교 시절 최고 147km까지 나오는 포심을 던지고 완성도 높은 체인지업을 구사해서 주목받았다. 다만 드래프트 시점에서 구속 저하 현상을 보이면서 지명 순위가 떨어졌다. 맞춰잡는 유형의 피네스 피처로 하위 선발 내지 롱릴리프로서의 기대치가 높다. 내구성 면에서 의문이 있기 때문에 조기 기용보다는 피지컬 보강이 선행되어야 할 것이다.

8R 박준건

부산고 | 투수

187cm/92kg | 좌투좌타

최고 145km를 기록한 포심과 슬라이더를 주무기로 한다. 포심의 컨트롤과 커맨드가 우수하고, 슬라이더를 통한 타이밍 싸움에 능하여 이닝 소화력이 높은 편이다. 스태미너도 나쁘지 않아 좌완 선발로의 육성이 전망된다. 다만 평균 구속이 떨어지기 때문에 피지컬 보강을 통한 증속이 필요. 베스트 시나리오는 전성기 기준 장원삼이다.

9R 유정택

덕수고/고려대 | 내야수

170cm/70kg | 우투좌타

170cm의 작은 키에 마른 몸이지만 발이 빠르고 선구안이 좋다. 갭 파워도 어느 정도 있는 편이다. 내야에서는 유격과 2루가 가능하고, 중견수 수비도 맡는 등 멀티 포지션 소화가 가능하기 때문에 프로에서 빠르게 기회를 잡을 수 있다. 빠른 발과 수비 센스를 활용한 대수비, 대주자 요원으로는 즉시 기용이 전망된다. 베스트는 모교 선배 정근우다.

10R 김주영

마산용마고 | 포수

181cm/85kg | 우투좌타

명색은 포수이지만 포수보다는 타격 능력에 집중한 포지션 전환이 유력하다. 강견이긴 하지만 입스 의혹이 있을 정도로 송구 정확도가 떨어지는 반면, 일발장타의 위력이 뛰어난 거포형 스윙 메커니즘을 지니고 있기 때문이다. 키움 히어로즈의 육성 패턴상 수비 정확도보다는 타격 능력을 요하는 코너 외야수 내지 1루수 전향을 통한 빠른 경험 축적이 전망된다.

11R 김유빈

대구고 | 투수

189cm/75kg | 우투우타

189cm의 장신을 활용하여 높은 타점에서 내려꽂는 피칭 메커니즘 보유했다. 최고 147km까지 기록한 포심을 구사한다. 다만 75kg에 불과한 마른 체형 때문에 실전에서의 활용 여부보다는 피지컬 보강을 통한 구속 증가와 메커니즘 조정이 선행되어야 하는 전형적인 하위 지명 자원이다. 비슷한 유형인 하영민의 전례에 맞춰 육성될 것으로 전망이다.

경기장의 모든 플레이를 실시간으로 추적하고
정밀한 3D 데이터로 경기를 시각화하는

차세대 AI 통합 트래킹 솔루션

VIS·ONE
AI Vision Sports Intelligence Platform

VIS·ONE Core Technology

Part 1 : 독자적인 머신비전 센싱 & AI 기반 다객체 트래킹 시스템

ABS

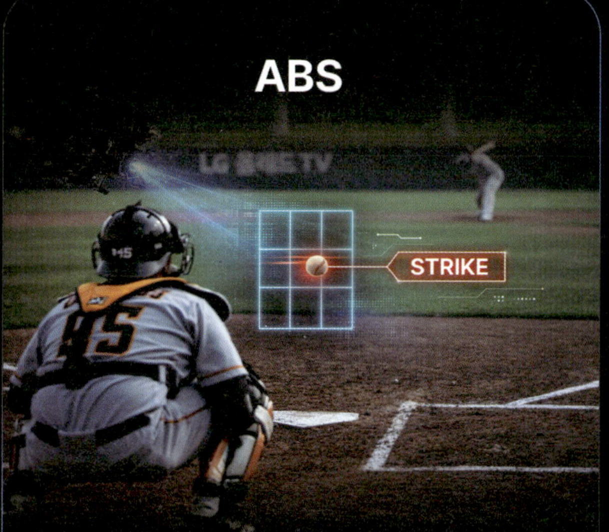

- 2026시즌 KBO, 퓨처스, KBSA 고교야구 리그 공식 운영
- 투구 궤적 mm 단위 정밀 추적
- 0.3초대 실시간 판정

Field Tracking

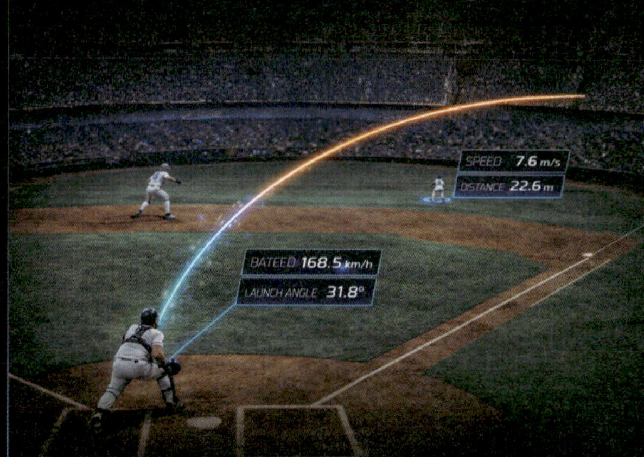

- 필드 위 수비수와 주자의 위치, 이동 경로, 가속도를 실시간 포착
- 선수 간의 유기적인 움직임을 정밀한 수치로 증명

Part 2 : 데이터 시각화 서비스 & 고정밀 3D 랜더링 기술

VIS-ONE Data Advanced

- 고도화된 VIS - ONE의 트래킹 데이터
- 선수별 성향 및 플레이 스타일 평가 서비스

3D Visualization

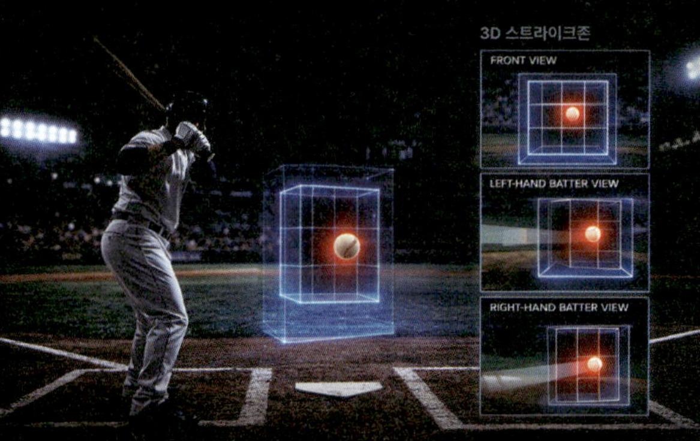

- 다양한 투구 및 타격 데이터를 가상 공간에 완벽 재현
- 데이터의 가치를 시각적으로 극대화
- 팬들에게 몰입형 관전 경험을 제공

2026 프로야구 퍼펙트 가이드

KBO 스카우팅 리포트

1판 1쇄 인쇄 2026년 3월 23일
1판 1쇄 발행 2026년 4월 3일

—

지은이 이종진 | 권보민 | 권혁웅

—

발행처 | 책보람
발행인 | 고찬규

—

신고번호 | 제2025-000225호
신고일자 | 2025년 8월 13일

—

주소 | (04029) 서울특별시 마포구 양화로7길 84 영화빌딩 4층
전화 | 02-325-5676
팩스 | 02-333-5980

—

—

값은 표지에 있습니다.
ISBN 979-11-94110-13-2 (13690)

사진 제공: 연합뉴스
본문 이미지: freepik.com